日本こどものあそび図鑑　口絵

錦絵に描かれたこどものあそび

子供遊竹馬尽し（諷刺画）　国立国会図書館蔵

「竹馬」解説：124 頁

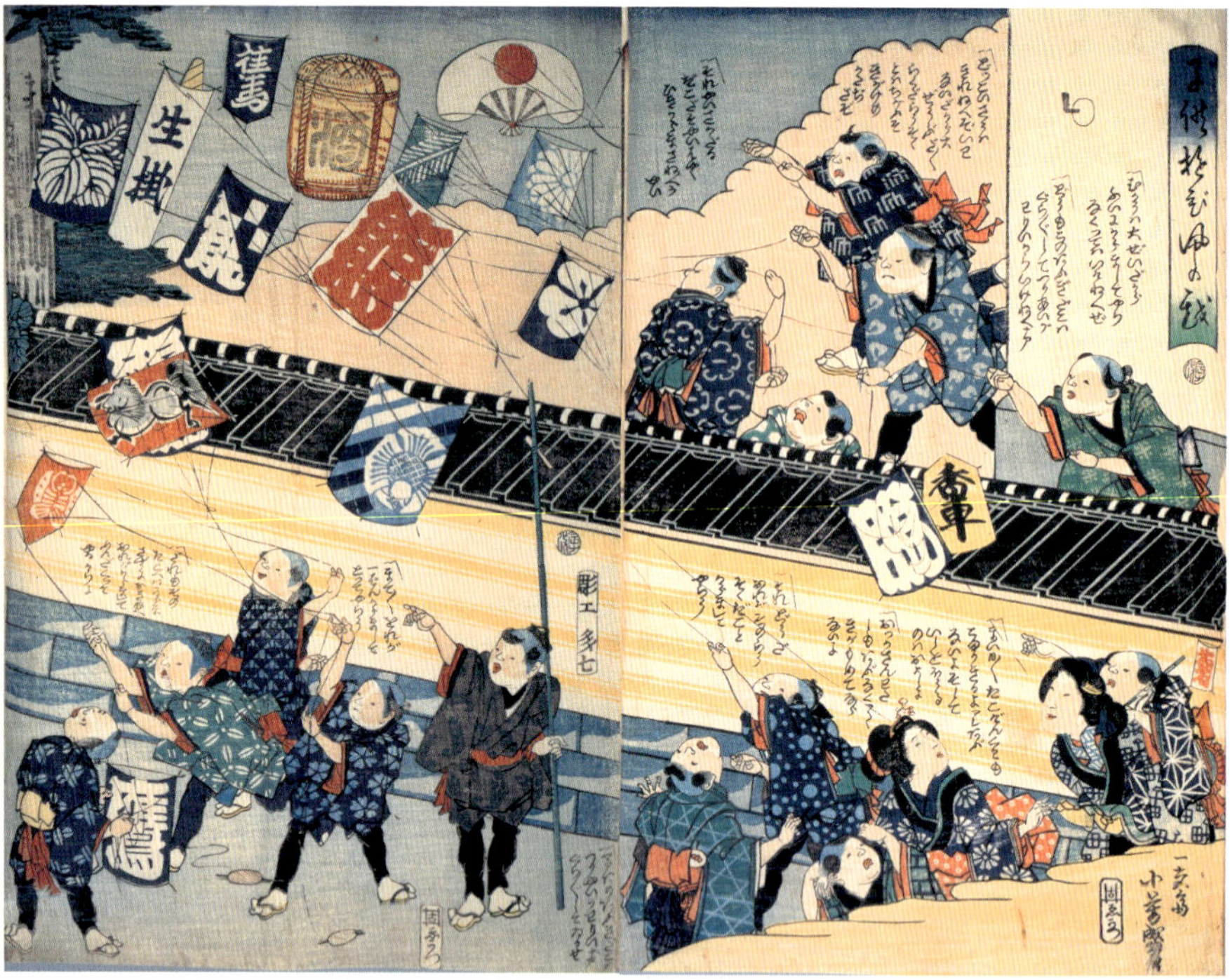

子供遊び凧の戯『教草』　一交斎小芳盛画　国立国会図書館蔵
「凧揚げ」解説：128 頁

幼童遊び子をとろ子をとろ（風刺画）広重画
国立国会図書館蔵
「子捕ろ子捕ろ」解説：88 頁

幼童《をさなご》遊《あそ》び 子をとろ子をとろ

落合ほたる『江戸自慢三十六興』広重、豊国画　国立国会図書館蔵
「蛍狩り」解説：210 頁

日本こどものあそび図鑑

笹間良彦 著画

遊子館

遊子館 歴史図像シリーズ 3

まえがき

平安時代の人々の生活歌謡を集成した後白河法皇編の『梁塵秘抄《りょうじんひしょう》』(歌番号三五九)に子供の遊びについての興味深い歌がある。

遊《あそ》びをせんとや生《う》まれけむ、戯《たはぶ》れせんとや生《う》まれけん、
遊《あそ》ぶ子供《こども》の声《こゑ》聞《き》けば、我《わ》が身《み》さへこそ動《ゆる》がるれ、

『梁塵秘抄』(『日本古典文学大系』七三、岩波書店)の注解によれば、遊女が無心に遊ぶ子供の声を聞いて、客と戯れる自らの境遇と悔恨に衝き動かされたことを謳《うた》ったものであろうと解説している。この歌謡の「遊」と「戯」とを合せたものが「遊戯」(あそび・たわむれ)であり、この用語には、子供から大人までの「あそび」が包括されている。また、この歌謡には、好奇心と創造力に満ちた子供の遊びと、身体的・精神的な快楽を求める大人の遊びという図式的な構造も読み取れる。

古代から子供たちは遊びながら成長してきたのである。大人たちの遊びや地域のさまざまな行事などを子供たちは自身の好奇心の世界に巧みに取り込んで「遊び」に加工し、創造してきた。たとえば、誰しも子供の頃にはかならず遊んだであろう「鬼ごっこ」(本書37~39ページ)は、鬼や悪霊を追い払う鬼事《おにごと》の行事(「追儺《ついな》」「鬼遣《おにや》らい」などとよばれる)が子供の世界に伝承され遊び化したものである。越谷吾山編の『物類称呼《ぶつるいしょうこ》』には「江戸にて鬼わたしと云、京にてつかまへぼと云、大坂にてむかへぼと云、東国及出羽辺又肥の長崎にて鬼ごとと云、奥の仙台にて鬼々と云、津軽にておくりごと云、常陸にて鬼のさらと云」とあり、地域によってさまざまに呼ばれている。鬼事の行事では鬼は追い払われるものであるが、「鬼ごっこ」では、鬼が子供たちを追い、子供たちは逃げる。多田道太郎氏が『遊びと日本人』で解説しているように「おそるべきものの追跡と、おびえるものの逃避」が醍醐味《だいごみ》の遊びである。しかも、鬼が捕まえた子は鬼に変身して、鬼はい

つまでも消えずに存在し続ける。「子殖やし鬼」（本書88～89ページ）という鬼ごっこは、全員が鬼になるまで続く。これは「遊び」を継続したいという子供たちの独創といえる。

一方、喜田川守貞著の『守貞漫稿《もりさだまんこう》』では、この鬼ごっこについて「比比丘女《ひふくめ》の一変せるものか」としている。この「比比丘女」は「子捕《こと》ろ子捕《こと》ろ」（本書88～89ページ）という鬼ごっこのことで、山東京伝著の『骨董集《こっとうしゅう》』には「今童遊びに子とろ子とろといふ事をすめり。これいと古き事也。古へは比比丘女といへり。その始原は恵心僧都経文の意をとり、地蔵菩薩罪人をうばひ取給ふを、獄卒取かへさんとする体をまなび、地蔵の法楽にせられしより始れりといへり」とあり、恵心僧都源信が考案した遊びとしている。『骨董集』には、亡者たちを捕らえようとする鬼の前に菩薩が立ちはだかり、菩薩のうしろには子供を最後尾にした亡者たちがつらなっている図が添えられている。この「子捕ろ子捕ろ」の遊びは、一人が鬼で、一人が親となり、残りは子となって、鬼が右や左に動いて、子を守る親の最後尾の子を捕らえる遊びで、子が捕らえられると、子が鬼となり、鬼が親となる。ここでも鬼は変身して仏教の輪廻のように途切れることなく遊びは継続される。世界にはこの鬼ごっこに類する遊びは数多くあるが、日本の鬼ごっこには、明らかに浄土信仰の影響が色濃く反映されている。

さらに「子捕ろ子捕ろ」の背後には、鬼に子を取られまいと、神仏に子の息災を願う親の強い願望もうかがえる。今日のように医療の発達していない時代に、家を継ぐ子供の健やかな成長は、親の最大の願いでもあったのである。そして、「隠れん坊」（48～49ページ）というなじみの深い遊びもまた、鬼遊びの一種であり、鬼の追尾から隠れ逃れる点で、「鬼ごっこ」「子捕ろ子捕ろ」との深い関係が認められる。

このように、子供の遊びには、地域の伝統的な行事や習俗、信仰などの影響を受けたものが多い。子供たちはいつも、親や兄姉、大人たちの生活全般を観察・模倣しながら遊びを考案し、成長してきたのである。その一方で、「とんぼ釣り」や「草すべり」など子供独自の好奇心が生んだと思われる遊びも多く見られる。

明治以降になると数多くの外国の遊びが輸入され、また、学校制度の導入により、運動や遊びが体育教育としても行われるようになり、これらと日本古来の遊戯が習合して、遊びの文化は加速度的に多様化していった。本書に収録された遊び図の視覚的なバリエーションの豊富さはそのことをあらしている。

本書を通覧すると、子供の遊びは、その道具だてにおいても、時代の技術や文化を反映していることがわかる。現代の子供たちが熱中するテレビゲームも一人遊びでありながら、仮想空間で仲間とコミュニケーションをはかる集団ゲームの様相がある。人気玩具である怪獣の人形もまた、鬼の変身したものと考えられるかも知れない。しかし、ともに共通するのは「遊び」の原点である身体と身体をぶつけ合う要素が希薄になっていることである。本書に収録した遊びの多くが過去のものとなっていることを考え合せると、隣近所の付き合いが豊かな長屋から閉ざされた空間のマンション生活へ、大家族から核家族へ、さらには農村の都市化など、子供たちを囲む生活環境はますます均一化し、閉塞しており、その影響で子供たちの遊びにも身体的なダイナミズムの衰微が感じられる。しかし、いずれにせよ、子供たちにとって「遊び」は大人への通過儀礼であり、子供の大事な世界であることには変わりはない。

さて、本書刊行の意図であるが、今日、わが国の遊戯を解説した名著として、大田才次郎編『日本全国児童遊戯法』、酒井欣『日本遊戯史』、小高吉三郎『日本の遊戯』などがあるが、それらは文章を主とした遊戯の解説書であり、登場する遊びの多くが視覚化されていないため、なかなか理解しにくい難点を感じていた。そこで、日本の伝承的な子供の遊びを、まず歴史資料として絵図のあるものを渉猟し、歴史資料を渉猟しえないものは、復元図として描き、目で見る「こどものあそび図鑑」をめざした。復元図の多くは、これら名著の解説と筆者自身の視覚見聞した情報をもとに可能な限りの再現を試みた想像復元図である。子供の遊びを理解する視覚的な資料として参考に供していただければ幸いである。さらに本書では、古代から昭和の歴史軸と全国各地の空間軸の双方から、可能な限り、実態のある遊びを収録することにつとめた。その結果、遊び項目は九〇〇余、歴史資料図四〇〇余、復元図八〇〇余を収録することができた。おそらく図鑑としては収録数において類を見ないものになったと思う。

子供の遊びほど示唆に富んでいるものはない。子供は遊びの天才である。本書を執筆した私の感想はこの言葉に尽きる。動物の子同士が遊びながら狩の手法を学ぶように、子供たちは「遊び」を通して、競争心や友情などのさまざまな情操、自然との触れ合い、道具づくりなどの創意工夫、体力の向上など、まさに自らの身体により、全人的な成長を育んでいる。

「遊び」の中には子供たちの可能性のすべてが揺籃されているといっても過言ではないと思う。もちろん歴史・民俗学的に見れば、それぞれの時代・社会を反映した「遊びの文化」ともいうべきすぐれた無形の歴史的文化財でもある。

本書によりいささかでも、人々の記憶や記録すら失われつつある日本の伝承的な子供の遊びを視覚的に復元し、記録し、後世に伝えることができることは、私の大いなる喜びである。読者は、古代から昭和期まで、日本の子供たちが、いつも変わらず無類の好奇心と創造力を持ち続けて来たことを実感されると思う。伝承されてきた遊びの歴史資料図と復元図を数多く収録することに力点をおいた本書が、とりわけ、幼児教育や児童教育、家政、体育、レクリエーションなどの教育現場での実践の参考書として役立てば幸いである。

なお、末尾ながら、膨大な量の図版資料と解説原稿の相関関係をつぶさに検証し、指摘をいただき、最後まで緻密な編集をしていただいた濱田美智子さん、ならびに図版収集・整理に助力をいただいた遊子館の編集部の皆さまに感謝を申し上げる。

龍山泊　笹間良彦

本書は、『日本こどものあそび大図鑑』の縮刷・新装普及版である。幸いにも先に刊行された大図鑑は、読者から好評をもって迎えられた。このたび、こどものあそびが描かれた江戸時代の錦絵をカラー口絵として追補し、『日本こどものあそび図鑑』（遊子館歴史図像シリーズ3）として刊行した。さらに多くの読者が本書を手もとに置き、日本のこどものあそびを理解いただき、研究資料として、また、あそびの現場で活用していただければ幸いである。（遊子館）

目次

口絵・錦絵に描かれたこどものあそび

まえがき

依拠・参考文献一覧

日本こどものあそび図鑑　本編

あ…2　い…8　う〜え…22　お…28

か…46　き…66　く…74　け…78　こ…84

さ…94　し…98　す…110　せ…116　そ…118

た…122　ち…134　つ…140　て…146　と…152

な…164　に…168　ぬ〜の…170

は…174　ひ…190　ふ…198　へ…206　ほ…208

ま…216　み…224　む…224　め…228　も…232

や…234　ゆ…236　よ…242

ら〜ろ…246

わ…250

［付録］近世遊戯わらべうた集…253

凡例

一、本書『日本こどものあそび図鑑』は「口絵」「本編」ならびに付録の「近世遊戯わらべうた集」よりなる。

二、あそび項目の見出し語の配列は、仮名表記の五十音順とし、一般に通用する漢字表記を記載した。同音の場合は、漢字表記の画数順に配列した。

三、同一内容のあそびの別名は、それぞれの音順の箇所に見出しとして立項し、解説のある本見出しへの参照ページを⬇で示した。

四、原則として解説を右ページとし、それに対応する図版を左ページに配し、読者の利用の便をはかった。

五、解説は、簡潔を旨とし、記述上必要なものは❶❷のように別項にした。

六、解説の末尾には、その項目の参考文献を示した。参考文献については「依拠・参考文献」を参照されたい。

七、歴史資料の図版には、資料名を『　』内に記した。資料名のない図版は復元図として収録したものである。

八、付録の「近世遊戯わらべうた集」は本編のあそび項目に対応した「わらべうた」を収録し、本編への参照ページを⬇で示した。

依拠・参考文献一覧

【江戸期まで】

『年中行事絵巻』（模本）一一五六～五九（保元期）
林羅山『徒然草野槌』一六二一（元和七）
初代長太夫武則編『大蔵長太夫扣狂言秘本』一六七三～八八頃（延宝・貞享頃）
『淋敷座之慰』一六七六（延宝四）
菱川師宣『和国諸職絵尽』一六八五（貞享二）
石河流宣『大和耕作絵抄』一六八八～一七〇三頃（元禄期）〈推定〉
『月次のあそび』一六九一（元禄四）
大木扇徳編『落葉集』一七〇四（元禄一七）
野間義学『筆のかす』一七〇四頃（宝永一頃）
長谷川光信『絵本御伽品鏡』一七三〇（享保一五）
『絵入狂言記拾遺』一七三〇（享保一五）
西川祐信『絵本美奈能川』一七三三（享保一八）
西川祐信『絵本玉かづら』一七三六（享保二一）
西川祐信『絵本浅香山』一七三九（元文四）
『ひな人形の故実』一七三九（元文四）
奥村政信『絵本小倉錦』一七四〇（元文五）
西川祐信『絵本十寸鏡』一七四八（延享五）
大枝流芳『貝尽浦の錦』一七四九（寛延二）
長谷川光信『絵本家賀御伽』一七五二（宝暦二）
新井白蛾『牛馬問』一七五五（宝暦五）
木崎愓窓『拾椎雑話』一七五七（宝暦七）
石川豊信『絵本江戸紫』一七六五（明和二）
多田南嶺編・西川祐信『絵本西川東童』一七六七（明和四）
北尾重政『絵本吾妻の花』一七六八（明和五）
鈴木煥卿『撈海一得』一七七一（明和八）
北尾重政『江都二色』一七七三（安永二）
伊勢貞丈『二見の浦』一七七三（安永二）
秋里籬島著、竹原信繁（春朝斎）画『都名所図会』一七八〇（安永九）
菅江真澄『菅江真澄日記』一七八三～一八二九（天明三～文政一二）
太田全斎『諺苑』一七九七（寛政九）
秋里籬島著、竹原信繁画『東海道名所図会』一七九七（寛政九）
野口文龍『長崎歳時記』一七九七（寛政九）
山東京伝『四時交加』一七九八（寛政一〇）
秋里籬島著、西村中和・佐久間草堰・奥文鳴画『都林泉名所図会』一七九九（寛政一一）
宗亭『阿保記録』一八〇三（享和三）
古川堺璋『紙鳶全書』一八〇四～一八頃（文化期）〈推定〉
栗田維良『弄鳩秘抄』一八〇四～二四（文化一～文政七）
菅江真澄『鄙廼一曲』一八〇九（文化六）
山東京伝『骨董集』一八一三年（文化一〇）
源成勝『てまり歌』一八一六（文化一三）
釈行智『童謡集』一八二〇（文政三）
柳亭種彦『還魂紙料』一八二四（文政七）
高橋仙果『おし花』一八二六（文政九）
〈諸国風俗問状答書〉等
　駒井乗邨編『陸奥国白川領答書』一八一八頃（文政一頃）〈推定〉
那珂通博編著『出羽国秋田領答書』一八一四（文化一一）

秋山多門編『越後国長岡領答書』一八一七（文化一四）
小泉氏計『北越月令』一八四九（嘉永二）
犬塚流水『紀伊国和歌山領答書』刊年不詳
菅茶山編著『備後国福山領答書』一八一九頃（文政二頃）
『淡路国風俗問状答』一八一八～三〇（文政一～天保一）
藤井彰民『淡路草』一八二五（文政八）
『阿波国高河原村答書』刊年不詳
朝岡宇朝『朝岡露竹斎　手録　子もり歌　手まり歌』一八二八～二九（文政一一～一二）
本間李平『越志風俗部　歌曲』一八三〇～四四頃（天保期頃）
喜多村信節『嬉遊笑覧』一八三〇（文政一三）
高橋仙果『熱田手毬歌　盆歌童諺附』一八三〇～三一頃（天保一～二）
松浦静山『甲子夜話続編』一八三一（天保二）
小寺玉晁『尾張童遊集』一八三一（天保二）
斎藤幸雄編、子の幸孝補修、長谷川雪旦画『江戸名所図会』一八三四～三六年（天保五～七）
鈴木牧之『北越雪譜』一八三六～四二（天保七～一三）
柳亭種彦『柳亭記』一八三九～四二頃（天保一〇～一三頃）〈推定〉
万亭応賀著・静斎英一画『幼稚遊昔雛形』一八四四（弘化一）
喜田川守貞『守貞漫稿』一八五三（嘉永六）
『古今栢毬歌』刊年不詳
西沢一鳳『皇都午睡』江戸後期
松園（序文）、辰景（絵）『竹馬之友』刊年不詳
山東京伝『絵本大人遊』『絵本続大人遊』刊年不詳
『絵本大和童』刊年不詳
『風俗鏡山』刊年不詳
『絵本常盤謎』刊年不詳

【明治以降】

村上小十郎・橋本季吉編『紀州童謡』明治初期頃〈推定〉
『小学読本』文部省、一八七四
師範学校編『小学読本』文部省、改正版一八七四
遊佐盈作編『小学体育全書』京都育英屋正宝堂、一八八四
工藤精一編『新読本』（三）一八八六
岡本佶次郎編『簡易戸外遊戯法』集英堂、一八八六
長谷信道『教育小児遊戯』（上・下）松成堂、一八八七
尾崎民太郎『小供角力之図』一八八六
花岡朋太郎『小学遊戯法』大辻文咸堂、一八八八
『遊戯運動法』寿盛堂、一八八九
大橋新太郎編・発行『絵入幼年遊戯』博文館、一八九三
尾形月耕画『以呂波引月耕漫画』一八九四
岡本昆石編『あづま流行　時代子供うた』一八九四
松田正典編『普通遊戯法』一八九四
白井規矩郎編『新編小学遊戯全書』同文館、一八九七
『遊戯運動法』寿盛堂、一八八九
『新撰東京名所図会』一九〇〇
大田才次郎編『日本全国児童遊戯法』（上巻「東京、京都、大坂　三都遊戯」、中巻「東海道、東山道　地方遊戯」、下巻「五畿内、外各道　地方遊戯」）博文館、一九〇一
近藤直次郎・他編『小学遊戯全集』普及舎、一九〇一
冨永岩太郎『教育的遊戯の原理及実際』同文館、一九〇一
平出鏗二郎『東京風俗志』富山房、一九〇二

西田常男編『室内のあそび』同文館、一九〇五
松浦政泰編『世界遊戯法大全』博文館、一九〇七
『現代娯楽全集』晴光館、一九一〇
『風俗画報』東陽堂、明治期
山中笑「山の手の童謡」〈雑誌・武蔵野〉所収、一九一九
可児徳・他『日本遊戯の解説』広文堂書店、一九二二
村越三千男『大植物図鑑』大植物図鑑刊行会、一九二七
中島海編『遊戯大事典』不昧堂書店、一九五七
岡本昆石編『吾妻の余波』（複製版）国際貿易観光協会、一九五九
竹之下休蔵・岸野雄三『近代日本学校体育史』東洋館出版社、一九五九
町田嘉章・浅野建二『わらべうた—日本の伝承童謡』岩波書店、一九六二
中田幸平『日本の児童遊戯』社会思想社、一九七〇
有木昭久・湯浅とんぼ『楽しい遊び　伝承遊戯編』（『フレーベル新書』五）フレーベル館、一九七一
尾原昭夫『日本のわらべうた』（室内遊戯編）社会思想社、一九七二
尾原昭夫『日本のわらべうた』（戸外遊戯編）社会思想社、一九七五
和歌森太郎『遊びの文化史』日本交通公社、一九七三
清水驍『伝承遊びのすすめ』教育出版、一九七五
北原白秋編『日本伝承童謡集成』三「遊戯唄篇」（上）、四「遊戯唄篇」（中）、六「遊戯唄篇」（下）三省堂、一九七五〜七六
菅原道彦・土岐幹男・清水驍・中島恵子・丸山久子・田原久著、金沢佑光画『ふるさとあそびの事典』一九七六
小高吉三郎『日本の遊戯』羽田書店、一九四三（復刻、拓石堂出版社、一九七六）
酒井欣『日本遊戯史』建設社、一九三三（復刻、拓石堂出版社、一九七七）
多田信作『伝承あそび入門』（『指導者の手帖』四三）黎明書房、一九七七
木村毅『日本スポーツ文化史』ベースボール・マガジン社、一九七八
かこさとし『日本の子どもの遊び』（上・下）青木書店、一九七九〜八〇
『下町の子どもの遊び』台東区教育委員会、一九八一
久保田浩『子どもと遊び—遊び研究入門』誠文堂新光社、一九八四
角田巖『子どもの遊びと文化』矢立出版、一九八四
小林剛『子どもの発達と文化—よみがえれ遊びと生活』椋の木社、一九八五
芸術教育研究所編『伝承遊び事典』黎明書房、一九八五
日本体育協会監修『スポーツ大事典』大修館書店、一九八七
大澤功一編著・島袋操絵『伝承あそびハンドブック　野外あそび編』『伝承あそびハンドブック　室内あそび編』千秋社（多田屋）一九八七
日本レクリエーション協会監修『遊びの大事典』東京書籍、一九八九
尾原昭夫『近世童謡童遊集』（『日本わらべ歌全集』二七）柳原書店、一九九一
須藤敏昭『現代っ子の遊びと生活—遊びからみた子育て論』青木書店、一九九一
仙田満『子どもとあそび—環境建築家の眼』（『岩波新書』新赤版二五三）岩波書店、一九九二
荻野矢慶記『街から消えた子どもの遊び—荻野矢慶記写真集』大修館書店、一九九四
森田勇造編著『野外伝承遊びの意義と変遷』青少年交友協会野外文化研究所、一九九四

日本こどものあそび図鑑

本編

［あ］

上がりこ下がりこ（あがりこさがりこ）

シーソーのこと。「上がり下がり」「ぎっかんこ」「ギッチャンコ」「ぎいこばったん」「お米屋ペッタンコ」「米つき」「臼杵《うすきね》」などともいう。起源ははっきりしないが、このような遊び自体はかなり古い時代から子供たちの間で行われていた。遊び方は、太い丸太か椅子《いす》状の物に細長いじょうぶな板を載せ、板の両端に向かい合わせにまたがる。一方が足で地面を蹴って跳ね上がると、他方は板にまたがったまま下がるので、これを交互に繰り返しながら、「ギッタン　バッタン」「ギッタンコ　バッタンコ」などと言う。大正時代頃には、荷物の載っていない荷車を利用して遊んだ。

［文献］日本全国児童遊戯法（中）、日本の遊戯、遊戯大事典、小学読本、日本遊戯の解説、遊びの大事典

上がり目下がり目（あがりめさがりめ）

指で目尻《めじり》を上げ下げして顔の表情が変わるのを見せっこする遊び。両手の人さし指で両目の目尻を押さえ、上に押すとつり上がった目になり、下に引くと垂《た》れ目になる。「あーがり目、さーがり目、ぐるりとまわってねーこ（猫）の目」ととなえながら、目尻を上げたり下げたり回したりし、小さい子供に見せて笑わせる。明治時代以降に流行した。

［文献］日本全国児童遊戯法（上）、遊びの大事典

商人遊び（あきんどあそび）

おやつにもらったお菓子や野原で摘んだ草花を商品に見立て、商人とお客さんになって売り買いのまねごとをする遊び。金銭にはおもちゃ屋で売っている紙製のお札や紙片、小石などを使った。

［文献］日本全国児童遊戯法（中）、遊びの大事典

あけこ

磐城《いわき》（福島県）の遊び。3人で遊ぶことが多いが、それ以上でも遊べる。輪になり、各自、他に見られないように、3個以下の銀杏《ぎんなん》を片手に握り、前に出す。「さんすくみーすくすくんでそっくりあけさんせ」とうたって、いっせいに手のひらを開く。ここで銀杏1個の者は2個の者に取られ、2個の者は3個の者に取られ、3個の者は1個の者に取られる。これを繰り返して銀杏の取り合いっこをする。

［文献］日本全国児童遊戯法（中）、遊びの大事典

揚羽根（あげばね）

1人で行う羽根つきの遊び。羽子板《はごいた》で羽根を打ち上げては受けて打ち上げることを繰り返す。羽根を落とさないで長く続くことを得意とする。

➡羽根《はね》つき

［文献］日本の遊戯、遊戯大事典

旭の門くぐり（あさひのもんくぐり）

美濃《みの》（岐阜県）の遊び。まず、背の高い者から順に横一列に並んで手をつなぐ。背の高いほうの2人がつないだ手をあげ、その下を背の低いほうから順に、手をつないだままくぐる。最後に背中合わせになった2人が一回転して一列になる。次に再びくぐって元の一列に戻るが、このとき門になった者がくぐる者の尻を打つので、打たれまいと素早くくぐる。初めにくぐるときは「旭の門くぐり門くぐり、旭の門くぐり」、戻りにくぐるときは「行きなだいない、戻りが大事」ととなえる。

［文献］日本全国児童遊戯法（中）、遊びの大事典

足押し（あしおし）

2人で向き合ってあぐらをかいて座り、右足を投げ出し、両手を後ろについて上半身を支える。この体勢で右足首をからませて、押し合ったり倒し合ったりする力競べ。

［文献］日本の遊戯、遊戯大事典

足ごき（あしごき）

片足跳びをしながら遊ぶこと。東京では「ちんちんもがもが」、京阪では「けんけん」という。

➡ちんちんもがもが

足じゃんけん（あしじゃんけん）

手の代わりに足を使ったじゃんけんで、「足じゃんけん」ともいう。「グー」は両足をそろえて立つ。「チョキ」は足を前後に開く。「パー」は左右に開く。「じゃんけん　じゃがいも　北海道」「じ

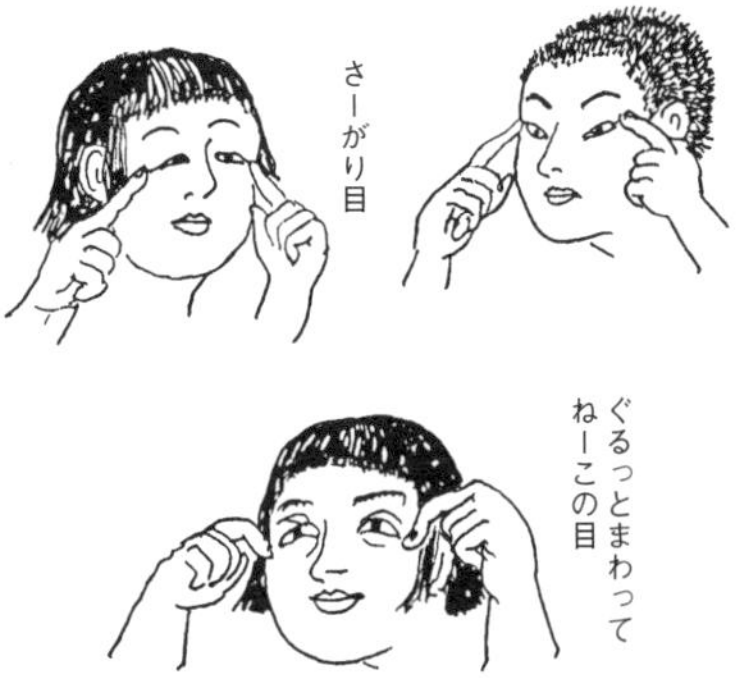

上がり目下がり目（あがりめさがりめ）

上がりこ下がりこ（あがりこさがりこ）

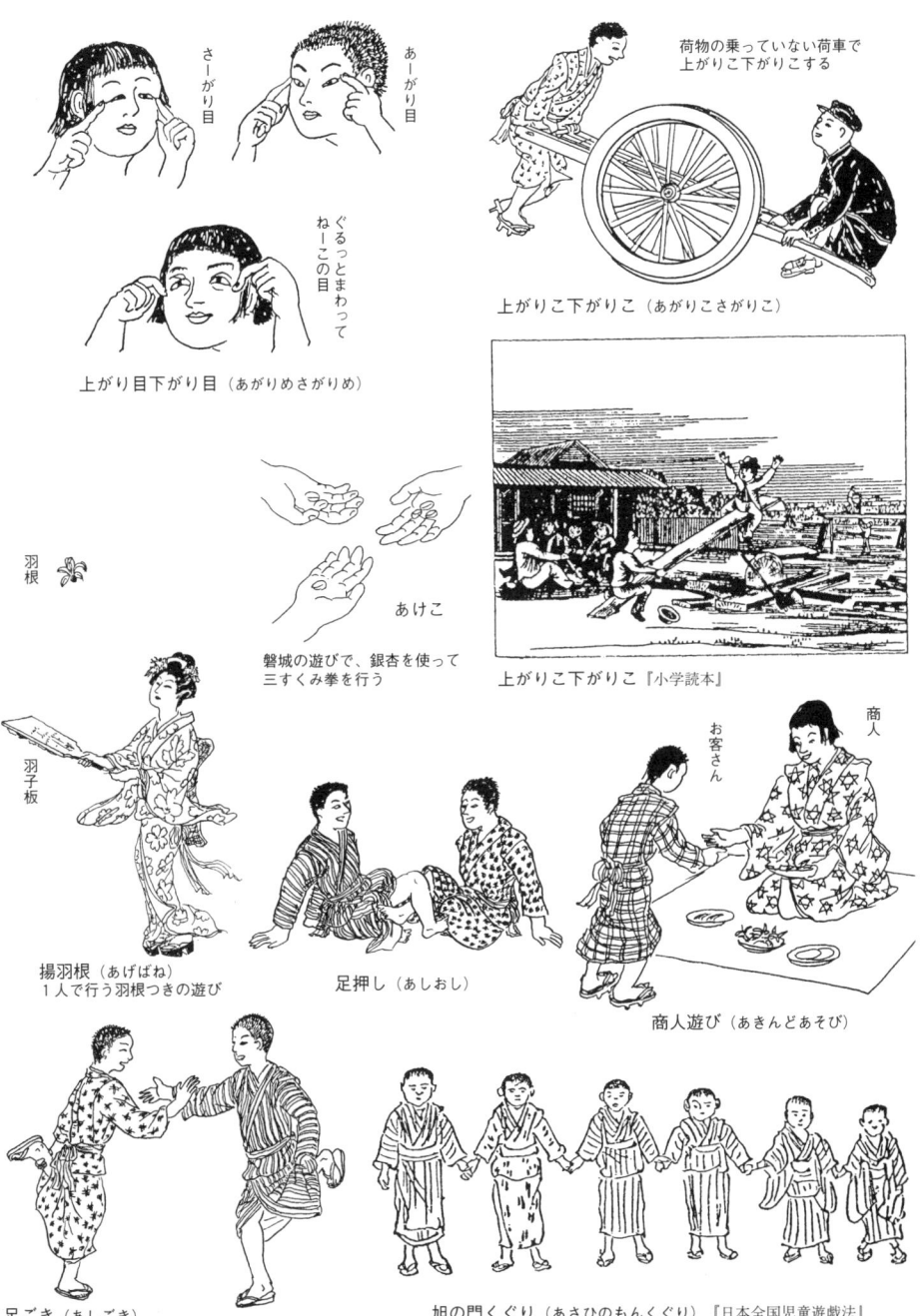

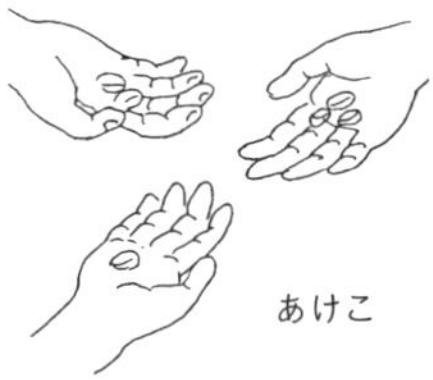

あけこ

磐城の遊びで、銀杏を使って
三すくみ拳を行う

上がりこ下がりこ『小学読本』

揚羽根（あげばね）
1人で行う羽根つきの遊び

足押し（あしおし）

商人遊び（あきんどあそび）

足ごき（あしごき）
片足けんけんで押し合ったり競争したりすること

旭の門くぐり（あさひのもんくぐり）『日本全国児童遊戯法』
美濃のくぐり遊び

ゃんけん　ほかほか北海道」「じゃんけん　たばこを一服吸ってホイ」「外外ホイホイ　中中ホイホイ　外中　中外　外中ホイ」（外はパー、ホイはチョキ、中はグー）などの歌に合わせて動作してからじゃんけんする。➡ほいほい

［文献］下町の子どもの遊び、遊びの大事典

足相撲（あしずもう）

2人が向かい合ってすわり、互いに片膝を立て、足首を相手の臑《すね》や足首にからませたり押したりしてころがす遊び。古くから子供だけでなく大人の間でも行われていた遊びで、昭和の頃まで見られた。古くは両手を後方について右足首で押し合い、これを「足押し」といった。また足相撲の一種に、膝を立てて臑を接して押し合う遊びがあり、これを特に「臑押《すねお》し」「臑相撲《すねずもう》」と呼ぶ。➡足押《あしお》し、臑押《すねお》し

［文献］日本全国児童遊戯法（中）、日本の遊戯、遊戯大事典、日本遊戯の解説、遊びの大事典

明日天気（あしたてんき）

「雨か日和か」のこと。➡雨《あめ》か日和《ひより》か

小豆たった（あずきたった）

問答の後、「鬼ごっこ」になる。手をつないで輪をつくり、中央にしゃがんだ鬼を囲んで「あーずきたった　煮えたった　煮えたかどうか食べてみよ　ムシャムシャ」とうたいながら回り、鬼に近づいて鬼の頭をいじくりまわす。「まだ煮えない。あーずきたった　煮えたった　煮えたかどうか食べてみよ　ムシャムシャ」。この所作を2、3回繰り返し、「もう煮えた。小豆を戸棚にしまって、おふろに入って寝ましょ」と言って鬼をしまうふりをし、一かたまりになって寝たふりをする。

鬼「トントン」　皆「あれは何の音」
鬼「風の音」　皆「ああ良かった」
鬼「トントン」　皆「あれは何の音」
鬼「雨の音」　皆「ああ良かった」
鬼「トントン」　皆「あれは何の音」
鬼「お化けの音」（「○○の音」のところは即興で答え、適当なところで「お化けの音」と言う）

ここで皆いっせいに逃げ出し、鬼は追いかける。捕まった子が鬼になって、これを繰り返す。

［文献］下町の子どもの遊び

熱いかいぬるいかい（あついかいぬるいかい）

図のように両手の指を組み合わせてお風呂をつくる。中に入れた相手の指先を、湯船にあたる3本の指でつまみ、「熱いかい、ぬるいかい」と言いながら、つまんだ指に力を入れたり抜いたりする。伊勢《いせ》（三重県）では「ふろ」といい、痛いときは「うめよ」と言った。

［文献］日本全国児童遊戯法（中）、下町の子どもの遊び

悪漢と探偵ごっこ（あっかんとたんていごっこ）

悪漢と探偵の二手に分かれて行う「鬼ごっこ」。探偵は悪漢を追いかけて捕まえ、牢屋につないでいく。ただしつながれても、味方がタッチすれば逃げられる。悪漢が全員捕まると交替する。

［文献］下町の子どもの遊び

当て鬼（あておに）

「目隠し鬼」のことで、「探し鬼」「めなしどち」「めんないちどり」ともいった。座敷の中や廊下で遊ぶ。1人を鬼として目隠しをする。その他が逃げ回るのを、鬼は両手を広げて右往左往して捕まえ、頭や顔、衣類などをなでて誰かを言い当てる。当たると鬼を交替する。逃げ手はなるべく捕まらないように逃げ、捕まっても誰かわからないように口を利かない。➡目隠《めかく》し鬼《おに》

［文献］日本の遊戯、遊戯大事典、日本遊戯の解説

穴一（あないち）

穴に向かって銭を投げる遊び。銭より少し大きい穴を掘り、少し離れたところに線を引いてそこから順に銭を投げ、入らなかった銭は入った者がもらえる。「穴打ち」「銭打《ぜにう》ち」などともいい、源順《みなもとのしたごう》編『倭名類聚鈔《わみょうるいじゅしょう》』に「意銭《ぜにうち》」の文字が見えることから、平安時代から行われていたと考えられる。江戸時代になって流行し、お正月になると子供たちがお年玉にもらった一文銭で穴一をして遊ぶのが慣わしとなった。当時の手鞠歌にも「一つとや、皆さん子供衆は楽遊《らくあそ》び楽遊び、穴一、こまどり、羽子《はご》をつく」というのがある。遊びというより賭博《とばく》に近く、江戸時代には博打《ばくち》に類するものとして禁止されている。あらかじめ数枚の貨幣を撒《ま》いておき、指定した貨幣に当たると取れるとする遊び方もあった。後には銭の代わりに面子《めんこ》や小石、銀杏《ぎんなん》、

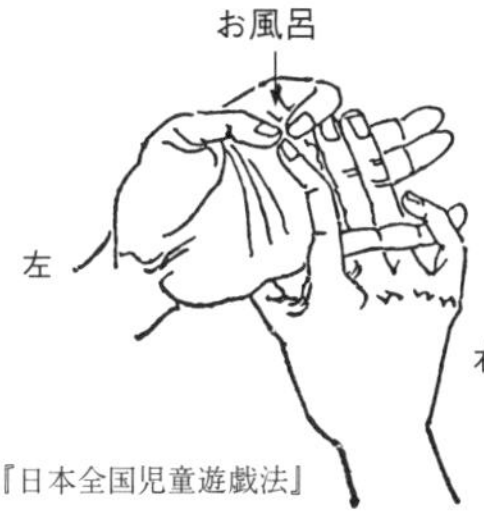

『日本全国児童遊戯法』

熱いかいぬるいかい
（あついかいぬるいかい）

足相撲（あしずもう）

足じゃんけん（あしじゃんけん）

悪漢と探偵ごっこ（あっかんとたんていごっこ）

小豆たった（あずきたった）

穴一『絵本常盤謎』

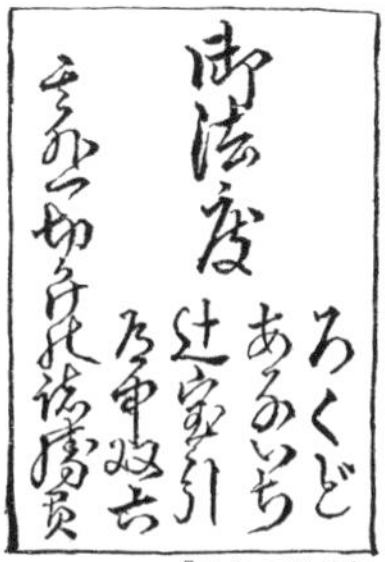

穴一禁止の布令（元和3（1617）年）

『日本の遊戯』

穴一（あないち）
江戸時代の子供たちは、正月になるとお年玉の貨幣で穴一をして遊んだが、賭博に類するものとしてたびたび禁止された

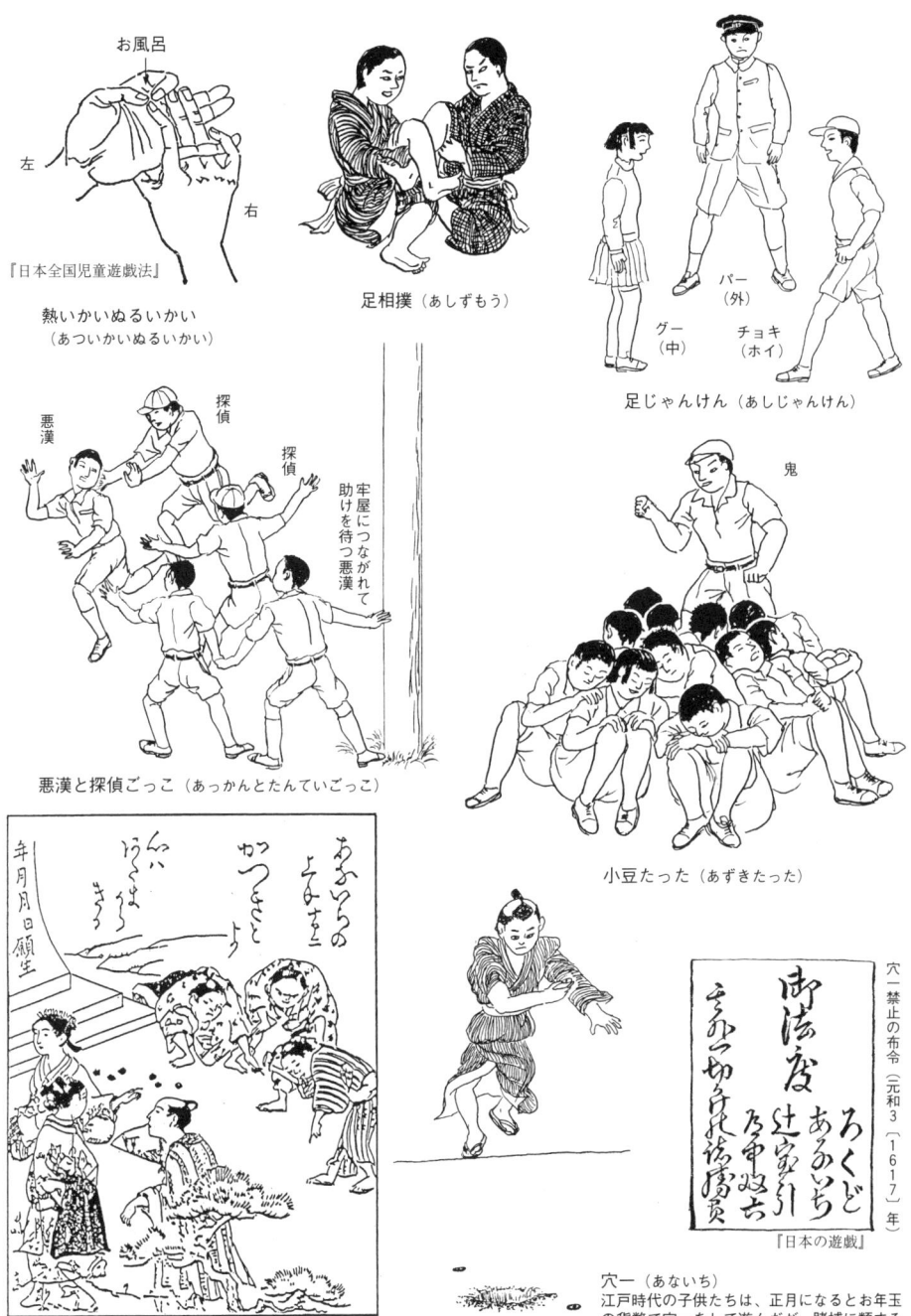

ビー玉などを使って遊ぶようになった。類似の遊びは全国各地に見られる。

［文献］日本全国児童遊戯法（上）（中）、日本の遊戯、遊戯大事典、日本遊戯史、絵本常盤謎、日本遊戯の解説、遊びの大事典

穴鬼（あなおに）
「場所取り鬼」「位置取り鬼」ともいう。大勢で内向きに円陣をつくる。1人の鬼がその外を回りながら任意の1人の背中をたたき、そのまま走る。たたかれた人は自分の位置から走り出て、鬼と反対向きに走る。ぐるっとまわって先にその位置に着いたほうが場所を取れる。
［文献］日本の遊戯、遊戯大事典、日本遊戯の解説

穴こお（あなこお）
周防《すおう》・長門《ながと》（山口県）のムクロジの実を投げる遊び。⇩**こおば**
［文献］日本全国児童遊戯法（下）

姉様ごっこ（あねさまごっこ）
「姉様遊び」ともいう。千代紙などで姉様人形をつくり、人形ごっこをして遊ぶ。
［文献］日本全国児童遊戯法（上）（中）、吾妻余波、東京風俗志、遊びの大事典

炙り出し（あぶりだし）
火の上であぶると絵や文字が現れてくる白い紙。昭和の初め頃まで、縁日などで香具師《やし》が「おまじないをかけた紙だから火にあぶると絵が現れるのだ」などと言いながら売っていた。1銭、2銭で買ってきて火鉢の火にかざすと、しだいに絵が茶黒く現れてくるので、子供たちは不思議がって喜んだ。これは白い紙に酒や塩水で絵や文字を描いて乾かしたもので、火にあぶると、紙に残ったアルコール分や塩分が熱で変色して浮き出てくる。みかんの絞り汁でも同じようにできる。
［文献］日本の遊戯、日本遊戯史、下町の子どもの遊び、遊びの大事典

雨か日和か（あめかひよりか）
❶各自履き物の片方をぬぎ、それぞれに「雨か日和か」と聞く。答えを聞いてから履き物を空中に投げ上げ、落ちた履き物が表向きだと晴、裏向きだと雨とする。予言が当たれば勝ちで、はずれると負け。
❷遠江《とおとうみ》（静岡県）の「履き物隠し」。そろそろ日が傾いて家に帰ろうかという頃、十数人集まって履き物の片方を脱ぐ。1人がそれを集めて「雨か日和か」と言いながら空に向かって投げ、落ちてきた履き物が上向きだと「日和」で勝ち、下向きだと「雨」で負けになる。勝った者は自分の履き物をはき、負けた者の履き物はもう一度集めて同じように投げる。こうして負けが1人になるまで続け、最後の1人になったら塀などに向かって目をつぶらせ、他の子たちはその履き物を隠す。隠し終えると「ようし」「夜が明けた」の合図で、目を開けて履き物を探しはじめる。他の子はその後に従って「天にぶぅらぶぅら、足下にぶぅらぶぅら」と言い、隠し場所の近くに来ると「お蔵へ火がついた」と繰り返す。見つけられないときは「豆腐を買え、豆腐を買え」と言って豆腐を買うまねをさせ、「一丁」と言って背中を1つたたいて隠した履き物を出してやる。⇩**下駄《げた》隠《かく》し**、**草履《ぞうり》隠《かく》し**
［文献］日本全国児童遊戯法（上）（中）、遊びの大事典

水馬釣り（あめんぼつり）
アメンボはカメムシ目アメンボ科の昆虫で、俗にミズスマシともいうが、ミズスマシ科の甲虫とは別種。6本の長い脚の先に細かい毛が生えていて、水上を滑るようにくるくると動く。これを釣るにはまずハエを捕らえて餌とする。細い竹を釣り竿とし、これに糸（馬の尾毛など）を結び、先にハエを結びつける。これをアメンボのいるところに垂らすと餌に飛びつく。ハエにしっかりつかまっているアメンボをはずして水を入れたびんなどに入れて持ち帰り、水がめなどに入れて眺めて楽しむ。アメンボは飛ぶので、いつの間にかいなくなる。
［文献］日本の遊戯、日本遊戯史

綾取り（あやとり）
おそらく平安時代頃から婦女子の間で行われてきた紐を使った遊び。約1.5メートルの長さの紐の両端を結んで輪にし、両手首に一巻きしたうえで、左右の指にひっかけて最初の形をつくる。それをもう1人が両手の指にかけて取り、違う形にして自分の指に糸を受け取る。これを繰り返して、川・橋・船・鼓などさまざまな形

姉様ごっこ『東京風俗志』

穴鬼（あなおに）

鬼は誰かの背中を
たたいてそのまま走る

姉様ごっこ（あねさまごっこ）

綾取り『吾妻余波』

炙り出し（あぶりだし）
炙り出しの紙を売る香《や》具師《し》

アメンボ

綾取り（あやとり）

水馬釣り（あめんぼつり）
ハエを餌にしてアメンボを釣る

雨か日和か（あめかひよりか）
落ちた履き物の裏表で明日の天気を占う

をつくる。1人で行う綾取りもある。

［文献］日本全国児童遊戯法（上）、日本の遊戯、日本遊戯史、吾妻余波、東京風俗志、日本遊戯の解説、遊びの大事典

荒海布なんぼ（あらめなんぼ）

羽前《うぜん》（山形県）の遊び。大勢で手をつないで輪をつくり、中央の目隠しした鬼を囲んで回る。鬼が誰かを捕まえて「あらめなんぼ」と言うと、他の子たちが「3文だ」と答える。鬼が「2文に負げろ」と言うと、「まげしけえ誰だ」あるいは「あがしたらまげろ」と言う。そこで鬼は捕まえた子の名を言い、当たるとその子が代わりに鬼になる。

［文献］日本全国児童遊戯法（中）

蟻どんたかれ（ありどんたかれ）

駿河《するが》（静岡県）の遊び。まるで蟻が群がるように1人に大勢が群がって、「蟻どんたかれ」と連呼しながら、町のあちこちをのし歩く。

［文献］日本全国児童遊戯法（中）

あんた方どこさ（あんたがたどこさ）

❶鞠つき歌の一つ。「あんた方どこさ　肥後《ひご》さ　肥後どこさ　熊本さ　熊本どこさ　せんばさ　せんば山には狸がおってさ　それを猟師が鉄砲で撃ってさ　煮てさ　焼いてさ　食ってさ　それを木の葉でちょいとかくせ」とうたいながらゴムまりをつき、「さ」のところで片足またぎ、とびこしをし、最後の「かくせ」で股をくぐらせて跳ね上がってくるゴムまりをスカートでとる。

❷「あんた方どこさ」に合わせて行う足遊び。まず、地面に円を描いて放射状に線を引き、区画に分ける。図のように2つの区画に両足を置いて立ち、「あんた方どこさ」をうたいながら両足とびで右に1マスずつ移動して行き、歌詞の「さ」に来たら左に1マス戻る。慣れたら歌のスピードを上げる。

［文献］下町の子どもの遊び

あんたちょっと

指遊びの一つ。「あんた　ちょっと　みかけに　よらない　にっぽん　いちの　クルクルパー」「あんた　ちょっと　みかけに　よらない　ゴリラの　むすめの　7代目」などと言いながら、指を出したり指先を回したりする。

［文献］下町の子どもの遊び

按摩遊び（あんまあそび）

「按摩《あんま》さん」ともいう。中央に目隠しした按摩役がしゃがみ、そのまわりを大勢で手をつないでうたいながら回る。皆「按摩さん、あんまさん、上下《かみしも》いくらで揉《も》みますか」。按摩役「○○円で揉みますよ」。皆「それはあんまりお高いね」。歌が終わると按摩役は立ち上がって手探りで誰かをつかみ、揉むまねをして笑わせる。笑わせて相手が誰かを推理して名を呼び、当たると今度はその子が按摩役になる。伊豆《いず》（静岡県）では、回るとき「按摩さんヤレ、あきやさんヤレ、どこへ盃《さかずき》さぁしましょ」とうたう。

［文献］日本全国児童遊戯法（中）、日本の遊戯、遊戯大事典

【い】

一い二う三い四お（いいふうみいよぉ）

「ずいずいずっころばし」と同様の遊びで、美《み》濃《の》（岐阜県）で鬼定めを行うときにうたった歌。「一い二う三い四おあげどーふーふのかみさま稲くて藁くてつづらの十匁れのれのれとして一っちょひきやれ」⬇鬼定《おにさだ》め

［文献］日本全国児童遊戯法（中）、日本の遊戯

烏賊幟（いかのぼり）

関西で「凧揚《たこあ》げ」のことを「烏賊幟」といった。明治の頃、兵庫県では正月だけでなく夏の土用（立夏の前の18日間をいう）にも盛んに烏賊幟をした。半紙1枚張りから4枚張りの大きさで、「天狗さん、もっと風吹いてんか。あまったらかえすで」と繰り返しうたいながら揚げた。

［文献］日本全国児童遊戯法（下）、日本の遊戯、遊戯大事典、絵本西川東童、日本遊戯の解説、遊びの大事典

⬇凧揚《たこあ》げ

軍ごっこ（いくさごっこ）

「軍《いくさ》遊び」「戦争ごっこ」「軍人遊び」などともいう。明治以降にはやった「チャンバラごっこ」「水雷遊び」なども同様の遊びといえる。一

あんた方どこさ（あんたがたどこさ）

「あんた方どこさ」の歌に
合わせてぴょんぴょん跳ね
て移動する足遊び

荒海布なんぼ（あらめなんぼ）
羽前の遊び

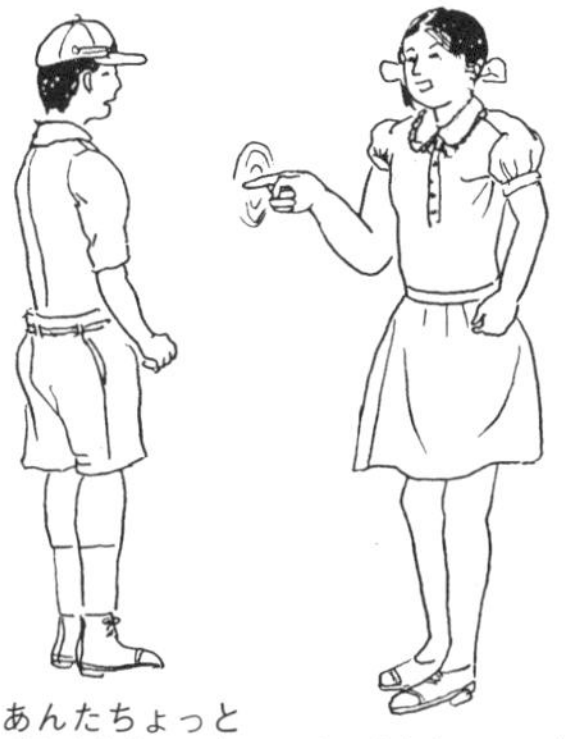

蟻どんたかれ（ありどんたかれ）
駿河の遊び

あんたちょっと
「あんたちょっとみかけによらない……」
と言葉に合わせて指を出す

烏賊幟（いかのぼり）『絵本西川東童』

按摩遊び（あんまあそび）

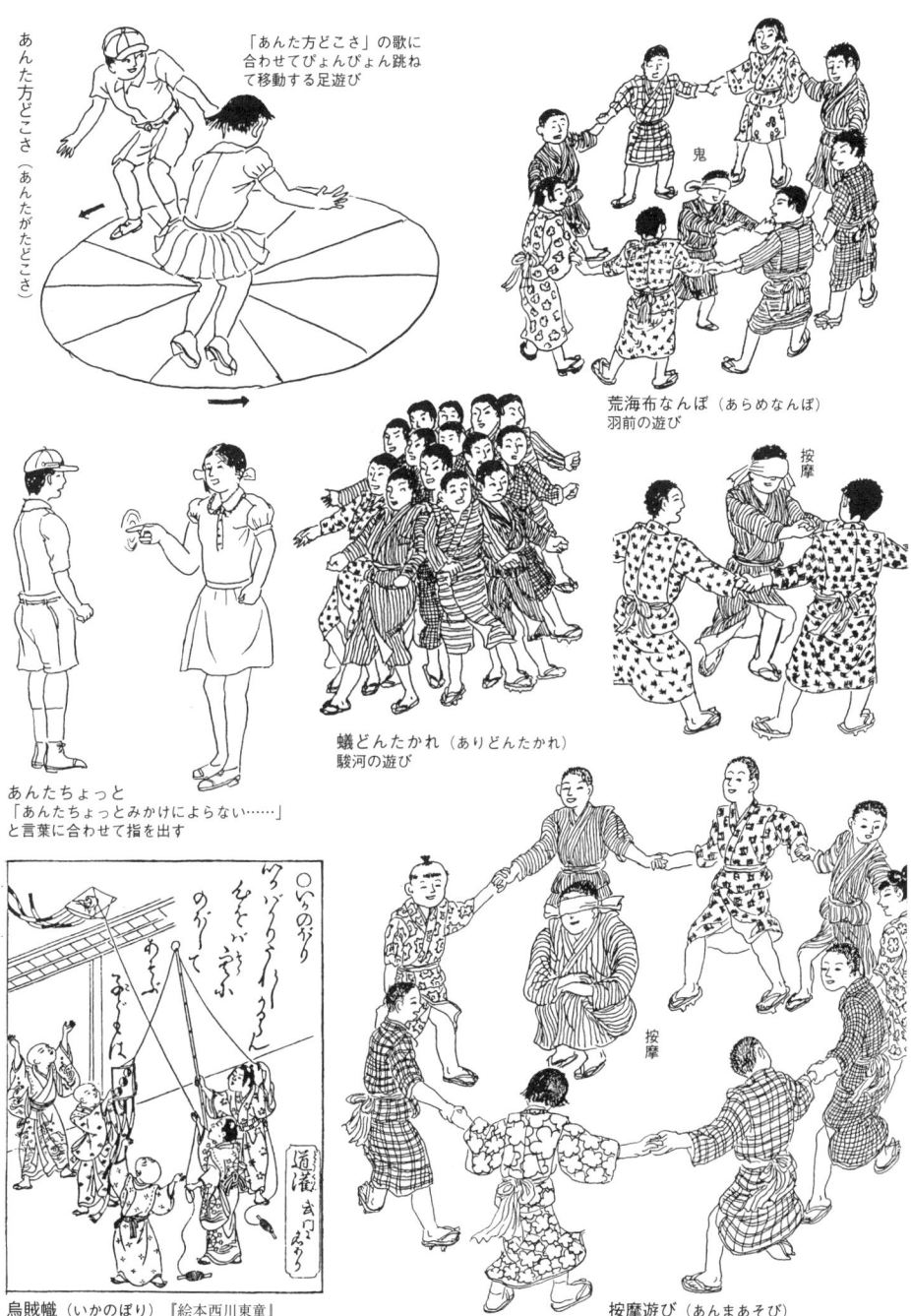

定の形やルールがあるわけではなく、どの国においても、古い時代からさまざまな形で行われてきた。平安時代の『年中行事絵巻』には町中で子供たちが棒切れを振り回し、小弓を用い、石つぶてを投げ合って軍ごっこをする様子が描かれている。また『梁塵秘抄《りょうじんひしょう》』（後白河法皇編）にも「武者を好まば小やなぐい、狩を好まば綾藺笠《あやいがさ》、捲《ま》き上げて、梓《あずさ》の真弓《まゆみ》を肩にかけ、軍遊びをよ軍神」という歌がみえる。明治以降は、おもちゃ屋で売っている玩具の刀剣・弓矢・針金鉄砲・山吹鉄砲なども武器となった。たいてい大勢が二手に分かれ、それぞれ年長者が大将となり、その指揮のもとに竹や棒で打ち合ったり、斬り合ったりする。ただし斬り合うまねをするだけで、実際に相手を傷つけることはしない。『日本全国児童遊戯法』には、「国旗軍旗を紙製し二、三尺の竹などを腰に横たえ剣となし、竹鎗《たけやり》などを持ち、大将を選び、東西に分れ、町の周囲の山々に山を隔てて陣し、軍歌を唱え、喇叭《らっぱ》を吹き、大将之《これ》を指揮し（中略）即ち旗を奪うを以《もっ》て目的と為《な》す」と、磐城《いわき》（福島県）での大規模な軍ごっこが記録されている。⬇**チャンバラごっこ**、**水雷遊《すいらいあそ》び**

［文献］日本全国児童遊戯法（中）、日本の遊戯、遊戯大事典、東京風俗志、日本遊戯の解説

石合せ（いしあわせ）

「何個《なんこ》」に同じ。⬇**何個《なんこ》**

［文献］日本の遊戯、遊びの大事典

石打ち（いしうち）

❶石投げ、印地《いんじ》打ちに同じ。⬇**石投《いしな》げ**、**印地《いんじ》打《う》ち**

❷伊勢《いせ》（三重県）の遊びで、2人以上で遊ぶ。直径3センチぐらいの平たい石を拾い、地面に円を描いてその中央にちょうど石が入るぐらいの凹みをつくる。じゃんけんで順番を決める。Aから打つとすると、Bは自分の石を穴の中になるべく打ち出されないように押し込む。Aはそれに自分の石を打ちつけて穴の外に打ち出す。打ち出したときの石の位置で勝負が決まり（図を参照）、勝つ（2つの石が円の内と外にある）と相手の石を取れる。打ち損なうと打ち役を交替する。手持ちの石を全部取られると、あらかじめ決めておいた罰則を行う。3人以上で遊ぶときは、凹みを少し大きくして打ち役以外の石を全部入れ、打ち役が打ち損なうと、打たれた石の持ち主が打ち役になる。

［文献］日本全国児童遊戯法（中）、日本の遊戯、遊戯大事典、遊びの大事典

石落とし（いしおとし）

瓦を地面に立てて、5メートルぐらい離れたところに線を引き、その位置から石を落として瓦を倒す遊び。最初は石を手の甲に載せて落とし、成功すると足の甲、肩、頭と、だんだん狙いにくい場所に変えていく。

［文献］下町の子どもの遊び

石紙鋏（いしかみはさみ）

伊勢《いせ》（三重県）で、ボール紙などを円形に切って、石、紙、鋏《はさみ》の絵を描き、じゃんけんに使ったもの。古来の英雄や戦争の将校を描いたものもあり、これは面子遊びに使った。⬇**面子《めんこ》**

［文献］日本全国児童遊戯法（中）、遊びの大事典

石崩し（いしくずし）

小石を山のように積み上げ、じゃんけんで順番を決めて1個ずつ石を取る。取ったときに他の石が動かなければ続けて取ることができる。少しでも他の石が動けば次の者に交替する。たくさん石を取った者の勝ち。なお、将棋の駒でこれを行う遊びを「盗み将棋」という。⬇**盗《ぬす》み将棋《しょうぎ》**

［文献］日本の遊戯、遊戯大事典、日本遊戯の解説

石蹴り（いしけり）

片足けんけんで石を蹴りながら、決められた区画を移動する遊び。地面に白墨などでいくつか区画を描き、第1の区画に小石を投げ入れる。そこから片足立ちでけんけんしながら小石を蹴り、第2の区画、第3の区画……と移動していく。区画の形は図のように四角、円、渦巻といろいろで、一通り終えると逆の順で戻ってくることもある。途中で蹴り損なったり、石が順番と違う区画に入ると失格で、次の者と交替する。

⬇**渦巻石蹴《うずまきいしけ》り**、**長石蹴《ながいしけ》り**

［文献］日本全国児童遊戯法（上）（中）（下）、日本の遊戯、遊戯大事典、下町の子どもの遊び、東京風俗志、日本遊戯の解説

石打ち（いしうち）
穴に押し込んだ石を打ち出す
伊勢の遊び

軍ごっこ『東京風俗志』

軍ごっこ（いくさごっこ）

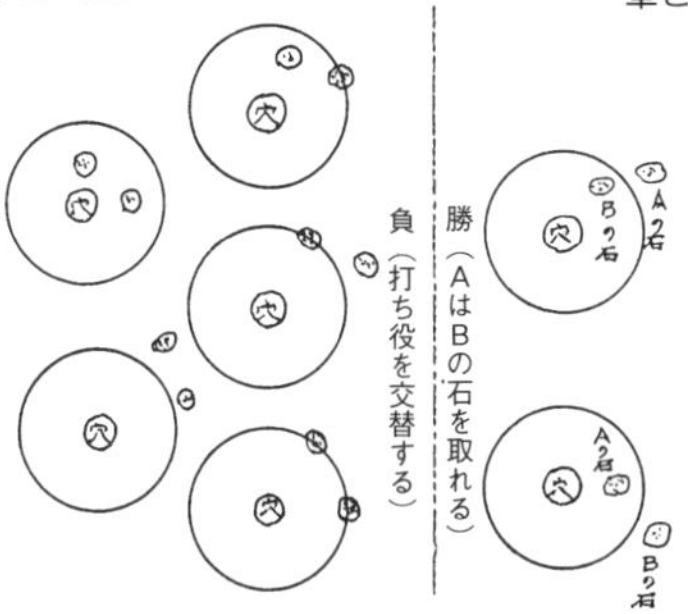

石打ちの勝負の決め方

石崩し（いしくずし）

大阪の石蹴り

石落とし（いしおとし）

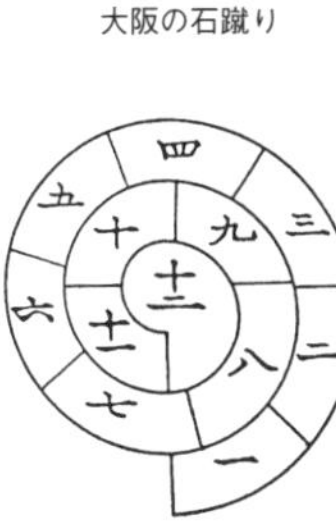

渦巻石蹴り

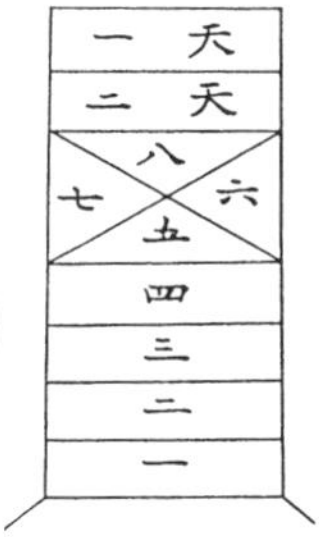

長石蹴り

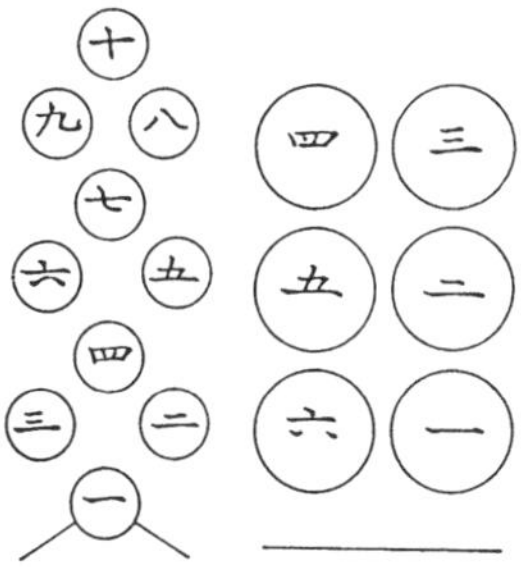

円石蹴り

石蹴り（いしけり）

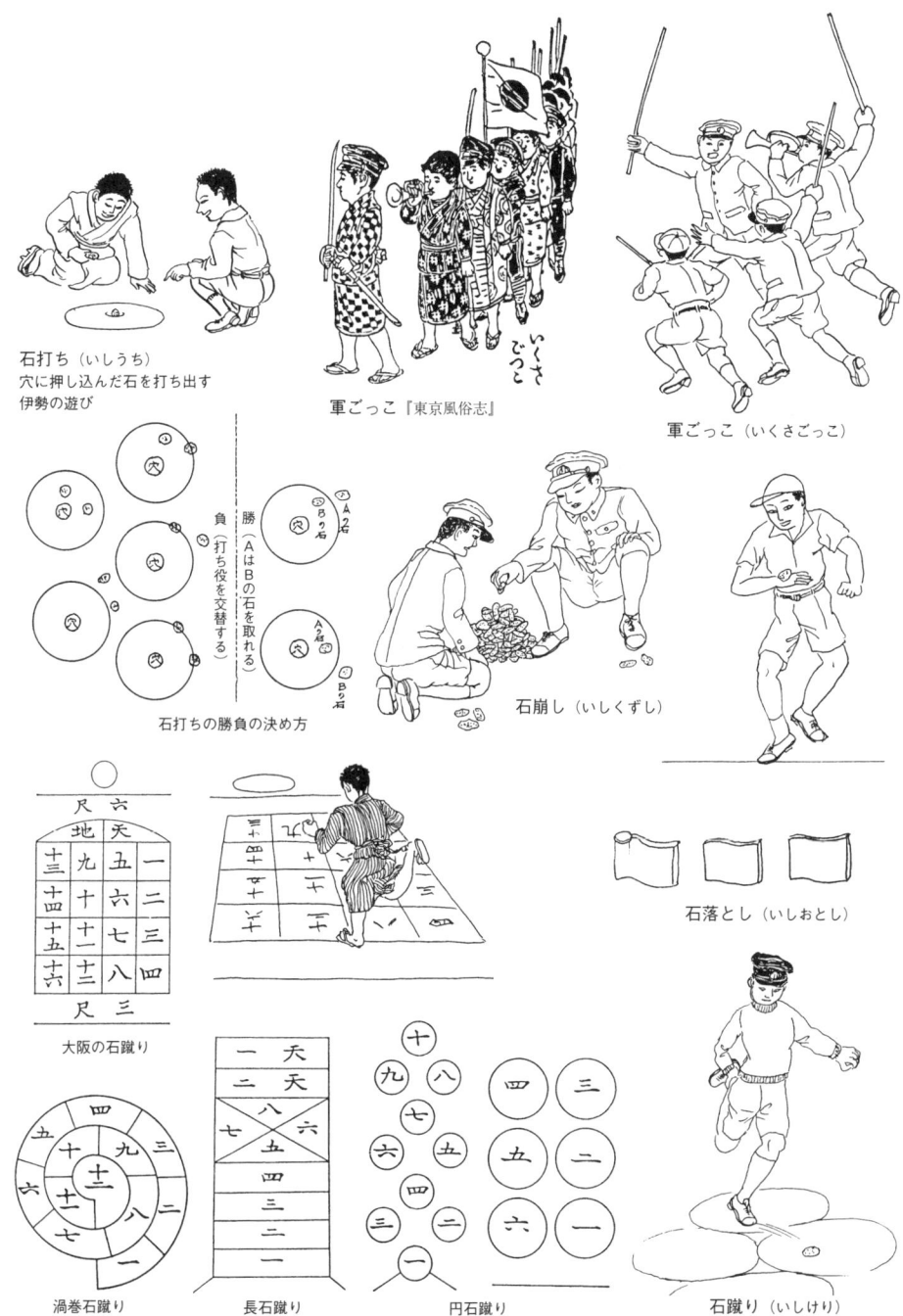

石拳（いしけん）

「じゃんけん」のこと。⬇じゃんけん

［文献］日本の遊戯、遊戯大事典、日本遊戯史、日本遊戯の解説、遊びの大事典

石積み（いしつみ）

「石崩し」と逆の遊び。同数の小石を持ち、それを1個ずつ順に積み上げていく。積んだ石が崩れるとその石は無効となり手もとに戻す。早く手持ちの石を積み終わった者が勝ち。「積み将棋」は将棋の駒でこれを行う遊び。⬇積《つ》み将棋《しょうぎ》

［文献］日本の遊戯、遊戯大事典、日本遊戯の解説

石投げ（いしなげ）

❶石投げは、「擲石《いしなげ》」「飄石《つんばい》」「石打《いしうち》」「礫打《つぶてうち》」などともいい、穴居時代から食糧を得る手段や戦いの手法として用いられた。素手で投げる方法と用具を使って投げる方法があり、「雁殺《がんころ》し」「竹はさみ」（60センチぐらいの長さの竹の先を2つに割り、その間に石をはさんで投げる）などは後者である。また多数が二手に分かれ石を投げ合う石合戦のことを「印地打《いんじう》ち」という。より単純な遊びとしては、石をできるだけ遠くへ投げたり、高く投げたりして石が飛んだ距離を競った。⬇印地打《いんじう》ち、雁殺《がんころ》し

❷石で的を狙う遊び。紙に直径20センチぐらいの三重丸を描いて薄い板かボール紙に貼ったものを的とする。これを3つぐらい、塀か電柱のもとに少し斜めに立てかける。約3メートル離れた位置から順番に的を狙って小石を投げ、命中すると続けて石を投げることができる。全員が命中すると50センチぐらい後退して、また投げる。これを繰り返して、的から10メートルぐらい離れると、もはや的に当てるのは困難になる。石はなるべく平たくて丸いものを選んだ。どんぐりの実を投げることもあったが、命中率は低かった。

［文献］日本全国児童遊戯法（上）、日本の遊戯、遊戯大事典、日本遊戯の解説、遊びの大事典

石投子（いしなご）

小石で行うお手玉遊び。手頃な石を拾い、投げ上げたり取ったりして遊ぶもので、現在のお手玉の前身ともいえる。平安時代以前から行われていた。「石投」「石子」「石擲石《いしなげいし》」「石投取《いしなとり》」「石投子取」などとも書き、また地方によっては「いしなんご」「なつこ」「はんねいはな」「だま」「ななつご」「おのせ」などともいった。

また、伊勢《いせ》（三重県）では、柳の木などでつくった一辺1.5センチぐらいの立方体の木片に彩色したものを、9個（5個の場合もある）一組として、「おひと、おひと、おひと…（8回繰り返す）。おふた、おふた、おふた…（4回繰り返す）。おみつ、おみつ。およつ、およつ、およつ。五つ、三つのけ。六つ、おふたのけ。七つ、おひとのけ。おみーんな」と言いながら石投子取りをした。⬇お手玉《てだま》

［文献］日本全国児童遊戯法（中）、日本の遊戯、遊戯大事典、尾張童遊集、日本遊戯の解説、遊びの大事典

石弾き（いしはじき）

「お弾き」のこと。明治時代にガラスのお弾きができるまでは、碁石や小さい平らな石、細螺《きさご》（小さい貝殻。きしゃご、いしゃら貝ともいう）、木の実や草の実をはじいて遊んだ。⬇お弾《はじ》き

［文献］日本全国児童遊戯法（中）、日本の遊戯、遊戯大事典、日本遊戯の解説、遊びの大事典

石拾い（いしひろい）

河原や砂利の多いところで、珍しい形の石やきれいな石を拾い、あとで見せて自慢し合う。「石めっかりこ」と言いながら拾った。拾った石をコレクションして大切にしまっておく子もいた。

［文献］日本全国児童遊戯法（上）、日本の遊戯、日本遊戯の解説、遊びの大事典

いしゃら弾き（いしゃらはじき）

細螺《きさご》弾きのこと。⬇お弾《はじ》き、細螺弾《きさごはじ》き

［文献］日本全国児童遊戯法（下）、日本遊戯の解説

板落とし（いたおとし）

「宙返《ちゅうがえ》り」のこと。喜多村信節《きたむらのぶよ》の『嬉遊笑覧《きゆうしょうらん》』に「この板落といへるは宙返りなり、筋斗《きんと》は勢すくなく板落はいたく勢あるさまにや、さてこの戦闘の学び今歌舞伎のタテといふものに似たり」とある。⬇宙返《ちゅうがえ》り

［文献］日本の遊戯、遊戯大事典、日本遊戯の解説

鼬ごっこ（いたちごっこ）

「鼠《ねずみ》ごっこ」ともいう。男女にかかわらず幼児の間で行われてきた遊び。まず左手の甲を出し、それを相手が左手の親指と人さし指でつま

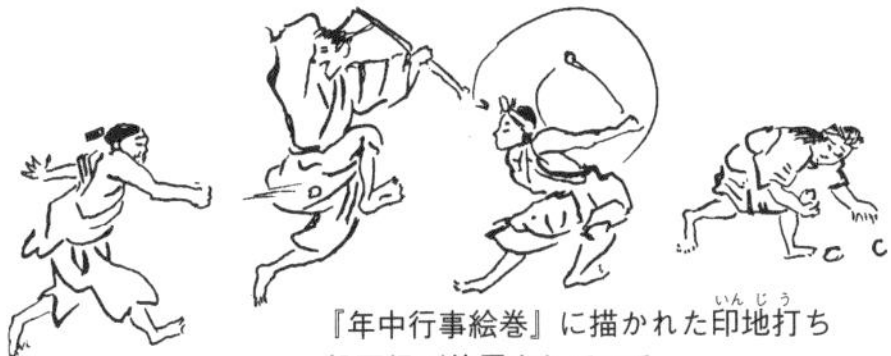

『年中行事絵巻』に描かれた印地打《いんじう》ち
投石紐が使用されている

投石紐

石投げ（いしなげ）

石積み（いしつみ）

石投子（いしなご）『尾張童遊集』
現在のようなお手玉ができる前は小石などを投げて遊んだ

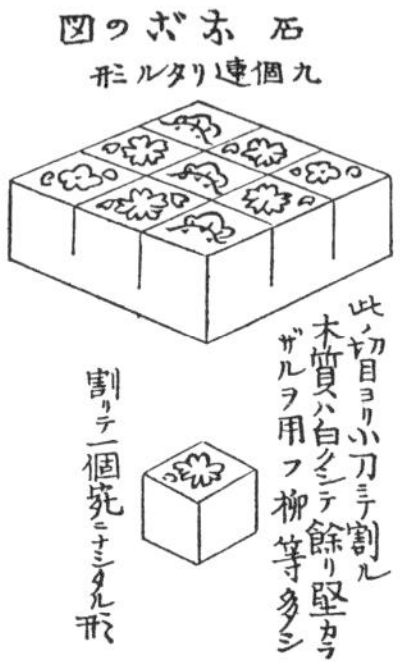

伊勢の石投子
『日本全国児童遊戯法』

石投げ（いしなげ）

板落とし（いたおとし）

石拾い（いしひろい）

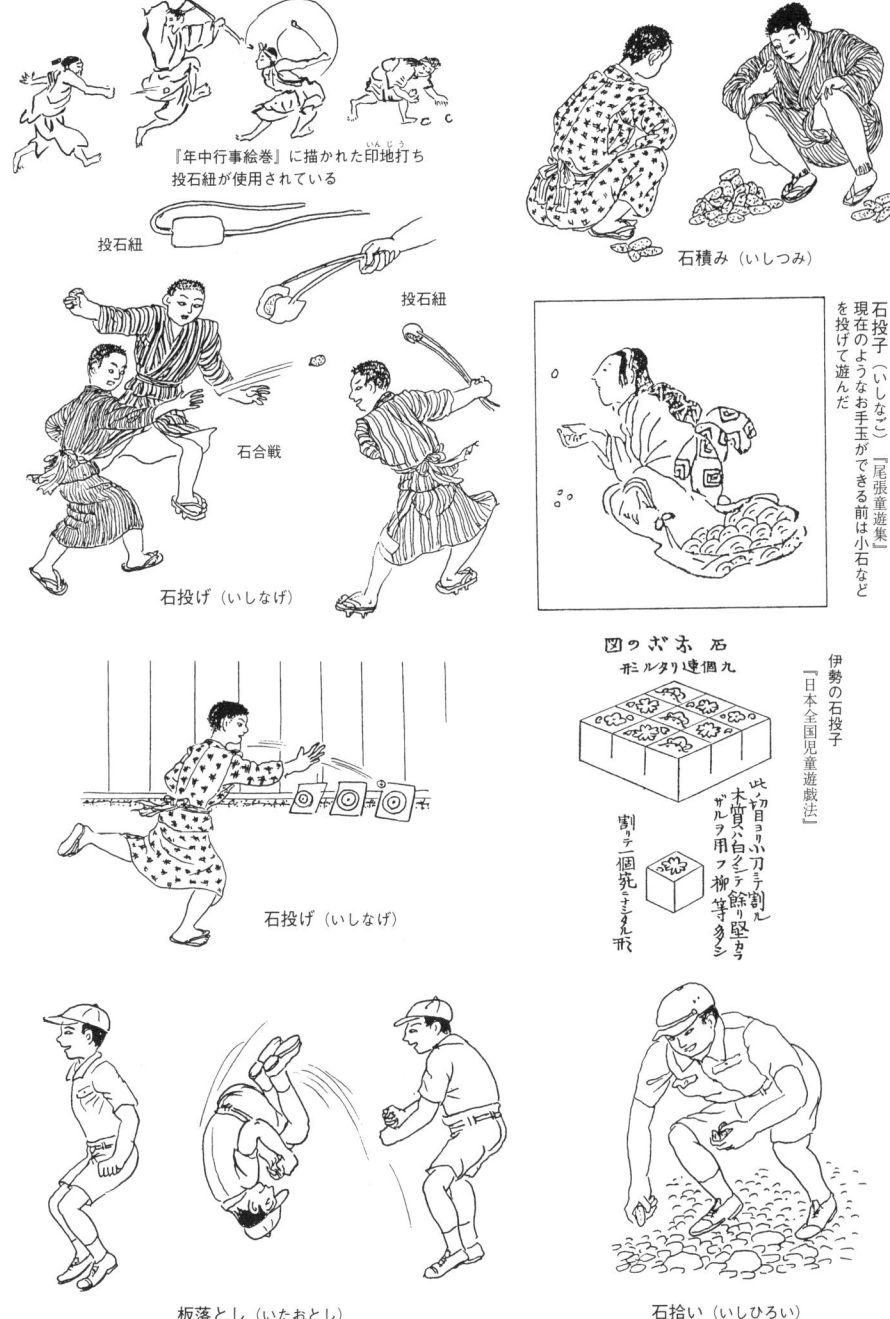

み、その甲を自分の右手で同様につまみ……と交互に続け、手が足りなくなると一番下の手を外して上に続ける。「いーたちごっこ、ねーずみごっこ」ととなえながらこれを行う。手の高さを動かしてはいけないのでだんだんと高くなっていき、座った姿勢から立ち上がり、やがて手が届かなくなると終わり。さらに上の手を下に戻して、元の高さになるまで続けることもある。

源《みなもとの》順《したごう》編『倭名類聚鈔《わみょうるいじゅしょう》』に「小鼠相㆓衙尾㆒而行」（衙尾は尾をくわえること）とあるように、鼠は前の鼠の尾をくわえ一列になって移動すると考えられていて、その様子を模した遊び。この遊びから転じて、双方が互いに無益なことを繰り返すことを「鼬ごっこ」という。

［文献］日本全国児童遊戯法（上）、日本の遊戯、遊戯大事典、日本遊戯史、吾妻余波、東京風俗志、日本遊戯の解説、遊びの大事典

いた面遊び（いたづらあそび）

卵の殻に目鼻を描いたり紙を貼ったりして、いろいろな顔をつくる遊び。

［文献］絵入幼年遊戯

一おいてまわろ（いちおいてまわろ）

摂津《せっつ》（大阪府）の「音ごく（遠国）」で、盆の前後に女子が連なって歩きながらうたった歌。

「一おいてまわろ、わしゃ市やたてん、市場ならこそ、市やたてまする。二おいてまわろ、わしゃ庭はかん、でっちならこそ庭はきまする。三おいてまわろ、わしゃ三味《しゃみ》ひかん、芸者ならこそ三味ひきまする。四おいてまわろ、わしゃ皺よらん、としよりならこそ皺よりまする。五おいてまわろ、わしゃ碁はうたん、えいしゅ（金満家のこと）ならこそ碁はうちまする。六おいてまわろ、わしゃ艪《ろ》はおさん、舟子《せんど》ならこそ艪はおしまする。七おいてまわろ、わしゃ質《しち》やおかん、貧乏ならこそ質やおきまする。八おいてまわろ、わしゃ鉢わらん、あわて者ならこそ鉢わりまする。九おいてまわろ、わしゃ鍬《くわ》もたん、百姓ならこそ鍬は持ちまする。十おいてまわろ、わしゃ地もたん、もぐらならこそ地はもちまする」➡遠国《おんごく》

［文献］日本全国児童遊戯法（下）

一かけ二かけ（いちかけにかけ）

「一かけ二かけ三かけて、四かけて五かけて橋をかけ、橋の欄干手を腰に、はるか向こうを眺めれば、十七八のねえさんが、片手に花持ち線香持ち、もしもしねえさんどこ行くの。私は九州鹿児島の、西郷隆盛娘です。明治十年戦争で討たれて死んだ父さんのお墓参りにまいります。お墓の前で手を合わせ、なむあみだぶつと拝みます。それを見ていた幽霊が、ふわりふわりとじゃんけんぽん」とうたいながら「せっせっせ」をし、最後にじゃんけんをする。➡せっせっせ

［文献］下町の子どもの遊び

一年級（いちねんきゅう）

駿河《するが》（静岡県）の遊び。地面に線を描いて何階級かを示し、各自が順番に石を投げて進級を競う。➡等級遊《とうきゅうあそ》び

［文献］日本全国児童遊戯法（中）

一もんめの一助さん（いちもんめのいちすけさん）

鞠つき歌の一つ。「一もんめの一助さん　一の字が嫌いで　一万一千百億　一斗一斗一斗豆お蔵におさめて　二もんめに渡した」。このあと、「二もんめの二助さん」「三もんめの三助さん」……と続く。

［文献］下町の子どもの遊び

いちょう打ち（いちょううち）

「銀杏《ぎんなん》打ち」のこと。➡銀杏打《ぎんなんう》ち

［文献］日本全国児童遊戯法（中）、日本の遊戯、遊びの大事典

いちりっとら

鞠つき歌の一つ。「いちりっとら　らっきょくわし　しんがらもってきゃ　きゃべつには　目がないよ」とうたいながらゴムまりをつき、その間に15回ぐらい片足またぎをし、最後は股をくぐらせてスカートで取る。このほか「いちりっとらんらん　らっきょくってしっし　しんがらもちゃきゃっきゃっ　（ひっくりかえってきゃっきゃっきゃ）　きゃべつでホイ」や「いちりっとせ　らっとりっとせ　しがほけきょ　たからじま」という歌もあり、同様に遊ぶ。

［文献］下町の子どもの遊び

いっちくたっちく

「ずいずいずっころばし」と同様の遊びで、鬼定めをするときにうたった歌。「いっちくたっち

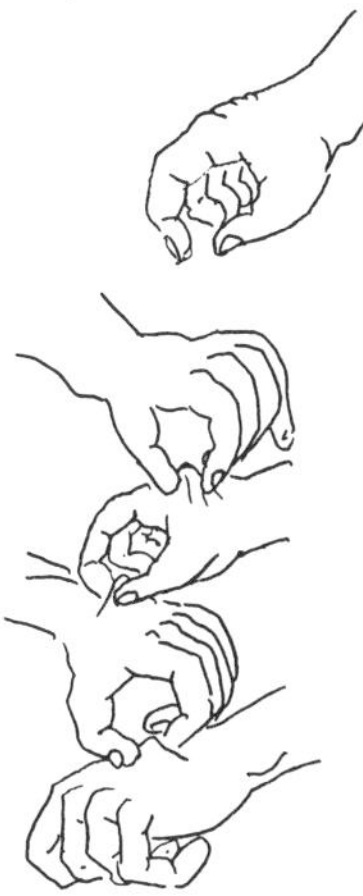

鼬ごっこ（いたちごっこ）

鼬ごっこ『東京風俗志』

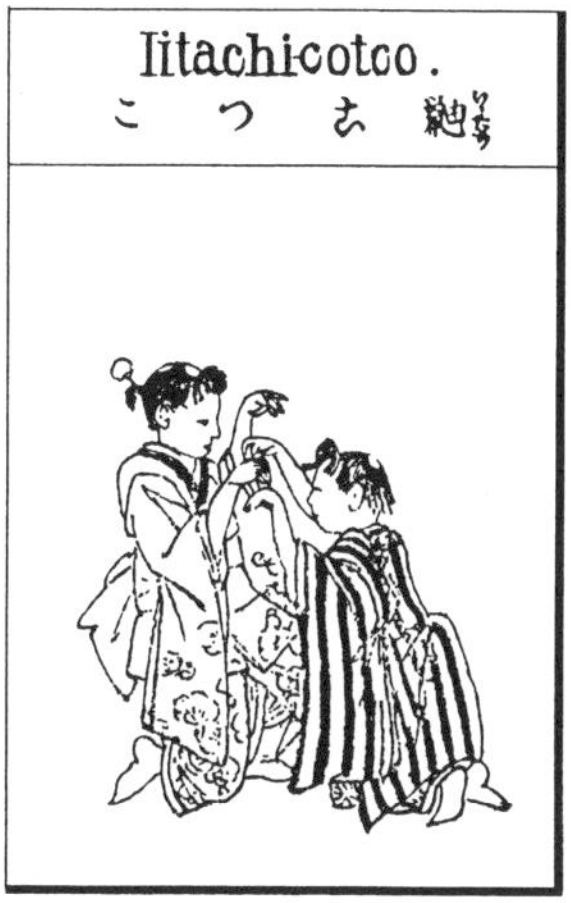

鼬ごっこ『吾妻余波』

一かけ二かけ（いちかけにかけ）
「一かけ二かけ三かけて、……」とうたいながら
「せっせっせ」をする

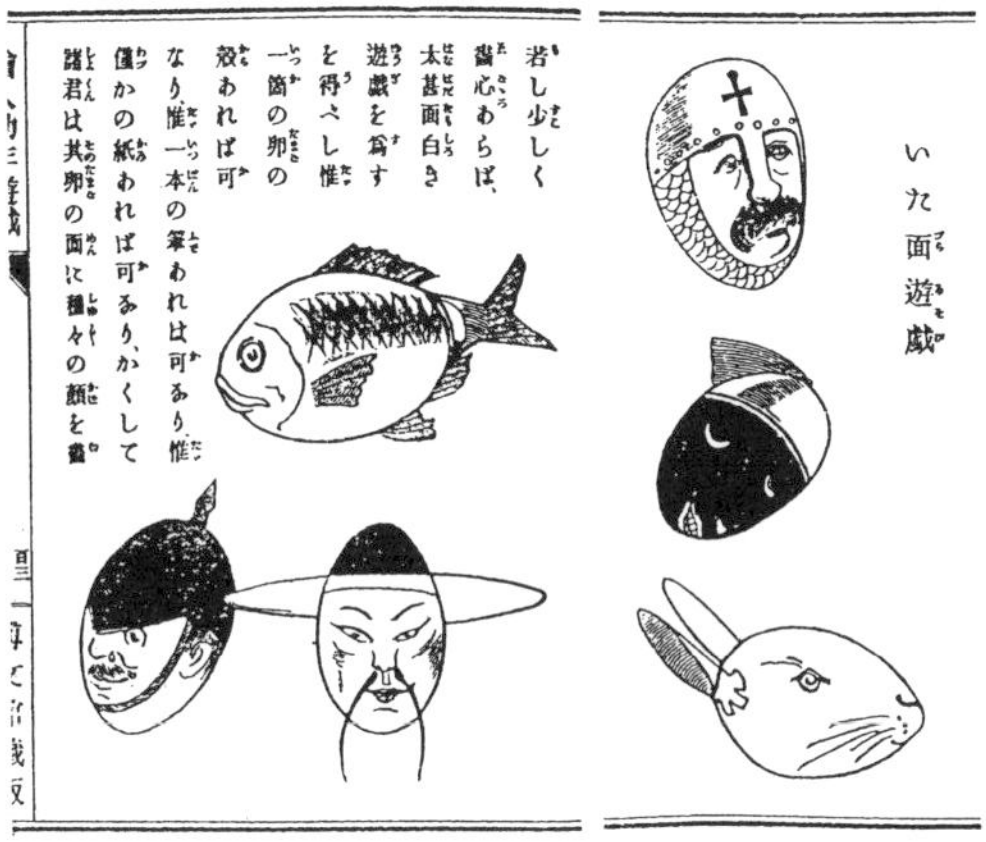
いた面遊戯

若し少しく畫心あらば、太甚面白き遊戯を為すを得べし惟一箇の卵の殻あれば可なり惟一本の筆あれば可なり惟僅かの紙あれば可なりかくして諸君は其卵の面に種々の顔を畫

いた面遊び（いたづらあそび）

若《も》し少《すこ》しく絵心《えごころ》あらば、
太甚面白《はなはだおもしろ》き遊戯《ゆうぎ》を為《な》すを得《う》べし
惟一箇《ただいっか》の卵《たまご》の殻《から》あれば可《か》なり、
惟一本《ただいっぽん》の筆《ふで》あれば可《か》なり、
惟僅《ただわず》かの紙《かみ》あれば可《か》なり、
かくして諸君《しょくん》は其卵《そのたまご》の面《おもて》に
種々《しゅじゅ》の顔《かほ》を……

『絵入幼年遊戯』

いっちくたっちく
「ずいずいずっころばし」
と同じ鬼定めの歌

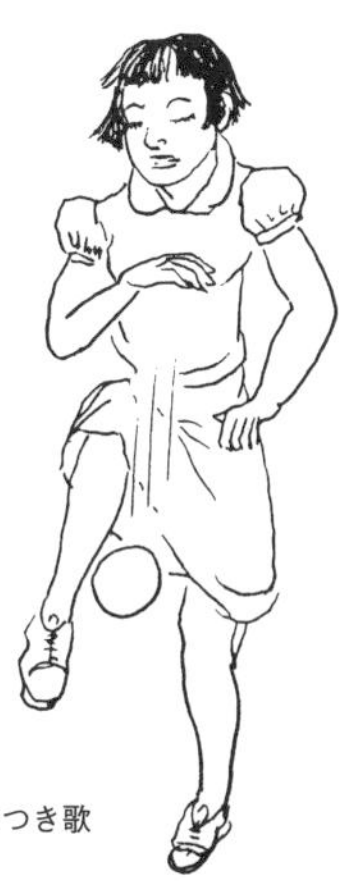

いちりっとら
東京の下町の鞠つき歌

く太衛門《たいえもん》さんの乙姫様は、湯屋で押されて泣く声聞けば、ひっひっひーらの貝、ほっほっほーらの貝、ちんちんもがもが、おひゃりこひゃぁりこ」 ⬇鬼定《おにさだ》め、ずいずいずっころばし

[文献] 日本全国児童遊戯法（上）（中）、日本の遊戯

いっぽてっぽててがいやんま

「ずいずいずっころばし」と同様の遊びで、美濃《みの》（岐阜県）で鬼定めをするときにうたった歌。「いっぽ、てっぽ、ててがい、やんま、やまやま、かさの雫が、ちみどり、こどり、あーぶらどり、こどり、昔のさむらい、つーきーのーけーたー」

⬇鬼定《おにさだ》め、ずいずいずっころばし

[文献] 日本全国児童遊戯法（中）、日本の遊戯

糸電話（いとでんわ）

「電話ごっこ」ともいう。長さ10センチぐらいの紙筒で片側に底があるもの（紙コップなど）を2つ用意し、底に長い糸を貼り付ける。糸をピンと張り、1人が筒を口に当てて話をし、もう1人が筒を耳に当ててそれを聞く。

[文献] 遊びの大事典

糸巻き戦車（いとまきせんしゃ）

ミシン糸の糸巻きを利用したおもちゃで「糸巻きタンク」ともいう。糸巻きの貫通した穴に輪ゴムを通し、片方は栓で固定し、反対側は短い棒（割り箸など）でとめる。その棒をぐるぐる巻いて平らなところに置くと、輪ゴムのねじれが戻ろうとする力で糸巻きが前進する。糸巻きは両側が大きな車輪のようになっているので、戦車に模して遊んだ。

[文献] 下町の子どもの遊び、遊びの大事典

糸みみず採り（いとみみずとり）

糸みみずは貧毛綱イトミミズ科の環形動物で、地方によりボッタ、イトメなどとも呼ばれる。かつて溝や小川の泥の中には、よく糸みみずが塊になって真っ赤になっていた。針金を小さい輪にして竹竿の先に付け、すくうようにしてバケツに採り、水槽に入れて飼ったり金魚の餌にしたりした。

[文献] 下町の子どもの遊び

糸屋のおばさん（いとやのおばさん）

大勢で手をつないで輪になり、手をつないだままいろいろな形に複雑に入り乱れると、手がもつれたり絡まったりする。そこで「糸屋のおばさん、といとくれ」と言うと、糸屋のおばさん役が出て来てほどきはじめる。

[文献] 下町の子どもの遊び

稲荷講（いなりこう）

東京で2月の初午《はつうま》に子供が喜捨《きしゃ》を乞う行事で、明治の初め頃まで見られた。町内の子供が集まり、「稲荷万年講　御稲荷さんの　御初穂《おはつ》ごじゅんにお上げ　お上げに戸あげ　戸あげの上から落っこちた。赤い〇〇〇をすりむいて　膏薬代をおくれ　おくれおくれ　小判のはじをちょいと切っておくれ、おーくれ、おくれ」と合唱しながら家々をまわる。5厘銭を差し出すと「身上や身上、5千円の身上　金蔵建てろ」と合唱して次の家に行く（当時の5千円は現在の5千万円以上の価値があった）。1銭ももらえないと「貧乏や貧乏　金蔵潰せつぶせ」と悪口を言って次に行く。こうして町内をまわって集めた金で絵馬や供物を買って稲荷社に納め、残りで駄菓子などを買って食べた。東京以外にも、初午には同様の子供の行事が見られた。⬇初午《はつうま》の遊《あそ》び

[文献] 日本全国児童遊戯法（上）（中）、遊びの大事典

稲荷様（いなりさま）

周防《すおう》・長門《ながと》（山口県）の遊び。中央に目隠しした稲荷様がしゃがみ、そのまわりを大勢で手をつないで「稲荷様　稲荷様　何で腰がかがんだ。親の日に海老を食うて　それで腰がかがんだ」ととなえながらぐるぐる回ってしゃがむ。そのとき稲荷様が輪になった子の1人を指さして名前を呼び、当たると稲荷様を交替する。

[文献] 日本全国児童遊戯法（下）、遊びの大事典

猪の子祭り（いのこまつり）

陰暦11月に美作《みまさか》（岡山県）で明治の初め頃まで行われていた子供の行事。壺のような形をした石に縄をつけ、赤黄白の短冊をよったものを付けて猪の子石とする。夜になると白い鉢巻きに草履ばきの青年たちが集合し、提灯を持ち、猪の子石を引いて町中を歩きまわる。各家の前にくると「いーのこ、いーのこ」と言いながら、猪の子石を地面に打ち付けて鬨《とき》の声をあげる。ふだんから嫌っている家の前では、猪の子石を振り降ろして敷石を壊したり、土橋を打ち割っ

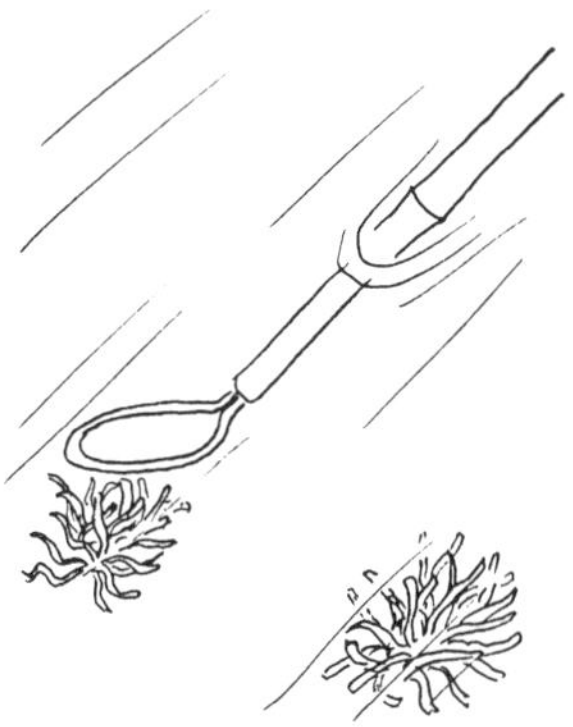

糸みみず採り（いとみみずとり）
採った糸みみずは金魚の餌にした

不要になった糸巻きを利用してつくる

糸巻き戦車（いとまきせんしゃ）

糸電話（いとでんわ）
糸をピンと張って話をすると音が伝わる

稲荷講（いなりこう）
2月の初午に子供が町内をまわって喜捨を乞う

猪の子祭り（いのこまつり）
美作の陰暦11月の子供行事

糸屋のおばさん（いとやのおばさん）

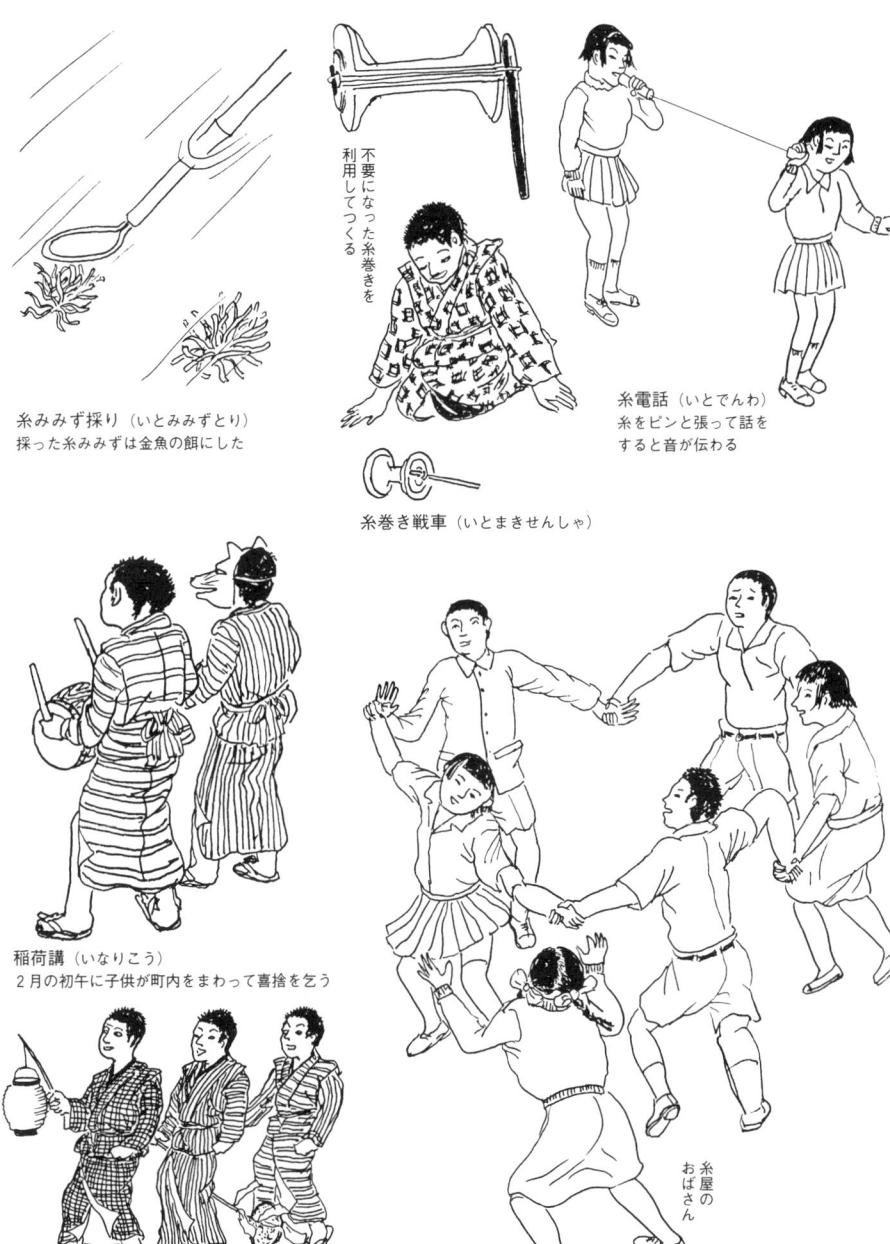

たりする。敵対するグループと会うと猪の子石の奪い合いになり、危険なために厳しく取り締まられたという。子供の亥の子行事は各地で見られ、たとえば広島では、陰暦10月の亥の日に、子供たちが家々を回って庭先を石でついて歩く行事があった。

［文献］日本全国児童遊戯法（下）、遊びの大事典

芋虫ころころ（いもむしころころ）

「芋虫遊び」ともいう。芋虫は蝶や蛾の幼虫で、毛がなく草木の葉を食べて成長し、さなぎになる。この芋虫が這《は》っている様子を模した遊び。大勢が一列になり、前の子の帯をつかんでしゃがむ。この体勢で「いもむしこーろころ、ひょうたんぼっくりこ」と言いながら、上半身を左右に振りつつ前進する。これだけで遊べるが、『日本全国児童遊戯法』によると次のような問答が続いたという。途中で先頭の者（親）が「後の千次郎」と呼ぶと、最後尾の者が列を離れて前に来る。千次郎「何のご用でございます」。親「手前、今まで何をしていた」。千次郎「棚から落ちたぼた餅を食べていました」。親「それならば雪がふったか槍がふったか見てこい」。千次郎は見に行くまねをし「雪（槍）が降りました」。親「それなら雪（槍）や雪（槍）っていって売ってこい」。千次郎は「雪（槍）やあ」と呼んで売るまねをし「へいへい、みんな売れました」。親「そんならご褒美につねり餅がいいか、すべり餅がいいか」。千次郎が「すべり餅がいい」と言うと、すべるまねをさせる。親「店がいいか、奥がいいか」。千次郎が「店がいい」と言えば列の一番前に置き、「奥がいい」と言えば最後尾に戻し、再び「いもむしこーろころ……」を繰り返す。喜田川守貞《きたがわもりさだ》の『守貞漫稿《もりさだまんこう》』には「京坂にては、晩のいもむし、尾はちんがらちんがらよ、ちんがらよ、とくり返す。江戸にては、いもむしころころ、ひやうたんぽつくりこ」とある。

［文献］日本全国児童遊戯法（上）（中）、日本の遊戯、遊戯大事典、日本遊戯史、絵本西川東童、下町の子どもの遊び、日本遊戯の解説、遊びの大事典

色鬼（いろおに）

「鬼ごっこ」の一種。最初に鬼が色を指定し、鬼ごっこが始まると、逃げ手は指定の色の物を探して、そこに触れる。触れている間は捕まらない。触れる前に捕まると鬼になる。全員が指定の色に触れてしまうと、鬼は次の色を言う。

［文献］下町の子どもの遊び、遊びの大事典

伊呂波がるた（いろはがるた）

カルタとりに使うカルタの一種。いろは48文字（47文字と「京」）を頭文字にした覚えやすい諺《ことわざ》と、それを絵解きした絵札の組み合わせ。いくつか種類があり、京・大坂・江戸では諺の文言が異なる（20ページ参照）。絵札を床に並べ、読み手が読み上げる諺に合わせて絵札を取る。江戸後期から盛んになった。➡カルタ

［文献］日本の遊戯、日本遊戯史、日本遊戯の解説、遊びの大事典

鰯来い（いわしこい）

年長者2人が互いに左手を取り合って高く上げ、「いわし来い来い、飯食《まま》わしょ。まんまがいやなら魚食《とと》わしょ」と言い、他の者はその下をくぐり抜ける。手をつないだ両人はくぐる者の尻を右手で打つので、くぐる者は打たれないように素早くくぐり抜ける。喜多村信節《きたむらのぶよ》の『嬉遊笑覧《きゆうしょうらん》』に「二人前と後とになりて立並び手をひき合、その手を高く挙、いわしこいこいままくはしよといふ。あまたの子供その引合たる手の袖下をくぐり抜る時、手を引たる者潜りに来る者のかたに向たる者くぐる者の尻をうつ、くぐる者はうたれじとするなり」とある。これに似た遊びに「おほわた来い来い豆食わしょ」というのがあった。「おほわた」は蛾の一種。

［文献］日本全国児童遊戯法（上）、日本の遊戯、遊戯大事典、日本遊戯史、日本遊戯の解説、遊びの大事典

印地打ち（いんじうち）

「印地」「印陣」「印陣打ち」ともいう。5月の節句前後に、河原や浜辺に大勢の子供が集まり、二手に分かれて小石を投げ合って勝負する遊び。「印地」は「石打ち」のなまったものともいわれる。石合戦自体は平安以前から行われており、『年中行事絵巻』の稲荷祭のところに石を投げ合う様子が描かれている。大人も行い、『北条九代記』には両陣に死傷する者が出て危険なので禁令が発せられたということが記されている。戦国時代には敵を挑発するために石礫《いしつぶて》を投げるこ

○いもむし遊ひ
いもむしも
春にあそぶや
蝶のもと
読人不知

『絵本西川東童』

芋虫ころころ
（いもむしころころ）

色鬼（いろおに）
指定された色に触っていれば
捕まらない鬼ごっこ

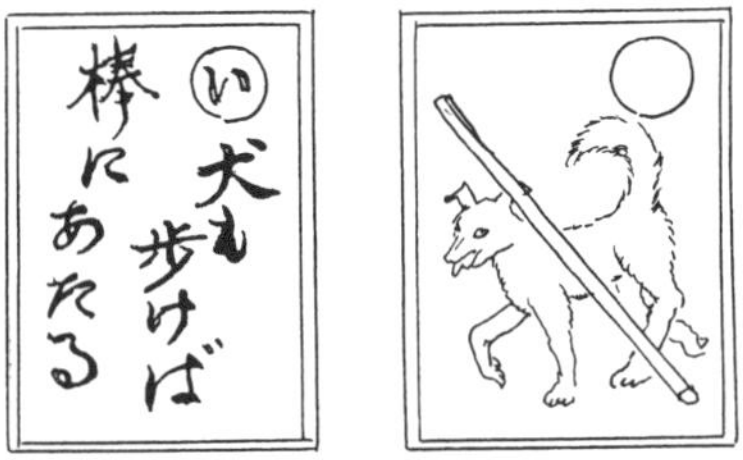

江戸いろはがるた

伊呂波がるたの文言は京都・大坂・江戸で少しずつ違う

鰯来い（いわしこい）
くぐるときには注意しないと尻を打たれる

伊呂波がるた（いろはがるた）

〈江戸いろはがるた〉

犬も歩けば棒にあたる
論より証拠
花より団子
憎まれっ子世にはばかる
骨折損の草臥《くたび》れ儲け
屁をひって尻つぼまる
年寄の冷水《ひやみず》
塵《ちり》も積れば山となる
律儀者の子沢山《こだくさん》
盗人の昼寝
瑠璃も玻璃も照せば光る
老いては子に従う
割鍋《われなべ》に閉蓋《とじぶた》
かったいの瘡怨《かさうら》み
葭《よし》のずいから天井覗く
旅は道連れ世は情け
良薬は口に苦し
惣領の甚六
月夜に釜を抜く
念には念を入れ
泣っ面に蜂
楽あれば苦あり
無理が通れば道理ひっ込む
嘘から出た誠
芋の煮えたも御存知ない
咽元過れば熱さ忘るる
鬼に鉄棒《かなぼう》
臭い物には蓋をする
安物買いの銭失い
負るが勝ち

芸は身を助くる
文はやりたし書く手は持たず
子は三界の首つかせ
得手《えて》に帆を上げ
亭主の好きな赤烏帽子《あかえぼし》
頭かくして尻かくさず
三辺回って煙草にしょ
聞いて極楽見て地獄
油断大敵
目の上のたん瘤
身から出た錆
知らぬが仏
縁は異なもの味なもの
貧乏暇《ひま》なし
門前の小僧習わぬ経よむ
背に腹はかえられぬ
粋《すい》は身を食う
京の夢大阪の夢

〈大坂いろはがるた〉

一を聞いて十を知る
六十の三つ子
花より団子
憎まれっ子神直し
惚れたが因果
下手の長談義
遠い一家より近い隣
地獄の沙汰も金次第
綸言汗の如し
盗人の昼寝
類をもって集まる
鬼の女房に鬼神
若い時は二度ない
かげ裏の豆もはじけ時
よこ槌で庭を掃く
大食上戸の餅食ひ
連木で腹を切る
袖振り合うも他生の縁
爪に火を点す
寝耳に水
習わぬ経は読めぬ
楽して楽知らず
無芸大食
牛を馬にする
炒豆に花が咲く
野良の節句働き
陰陽師身上知らず
果報は寝て待て
闇に鉄砲
待てば甘露の日和あり

下戸の建てた蔵はない
武士は食わねど高楊枝
志は松の葉
閻魔の色事
天道人を殺さず
阿呆につける薬がない
さわらぬ神に祟なし
義理とふんどし
油断大敵
目の上の瘤
身うちが古み
尻食えの観音
縁の下の力持ち
貧相の重ね食ひ
桃栗三年柿八年
背戸の馬も相口
墨にそまれば黒くなる
（「京」はナシ）

〈京いろはがるた〉

一寸先は闇
論語読みの論語知らず
針の穴から天井をのぞく
二階から目薬
仏の顔も三度
下手の長談義
豆腐に鎹
地獄の沙汰も金次第
綸言汗の如し
糠に釘
類をもって集まる
鬼も十八
笑う門には福来る
蛙のつらに水
夜目遠目傘の内
立板に水
連木で腹を切る
袖すり合うも他生の縁
月夜に釜を抜く
猫に小判
なす時の閻魔顔
来年の事をいえば鬼が笑う
馬の耳に風
氏より育ち
鰯の頭も信心から
鑿といえば小槌
負うた子に教えられて浅瀬を渡る
臭い物には蠅がたかる
暗夜に鉄砲
播かぬ種は生えぬ

下駄に焼味噌
武士は食わねど高楊枝
これに懲りよ道斉坊
縁の下の力持ち
寺から里へ
足の下から鳥が立つ
竿の先に鈴
義理と褌かかねばならぬ
幽霊の浜風
目くらの垣覗き
身は身で通る裸ん坊
しわん坊の柿の種
縁と月日
瓢箪から駒
餅は餅屋
聖は道によりて賢し
雀百まで踊忘れず
京に田舎あり

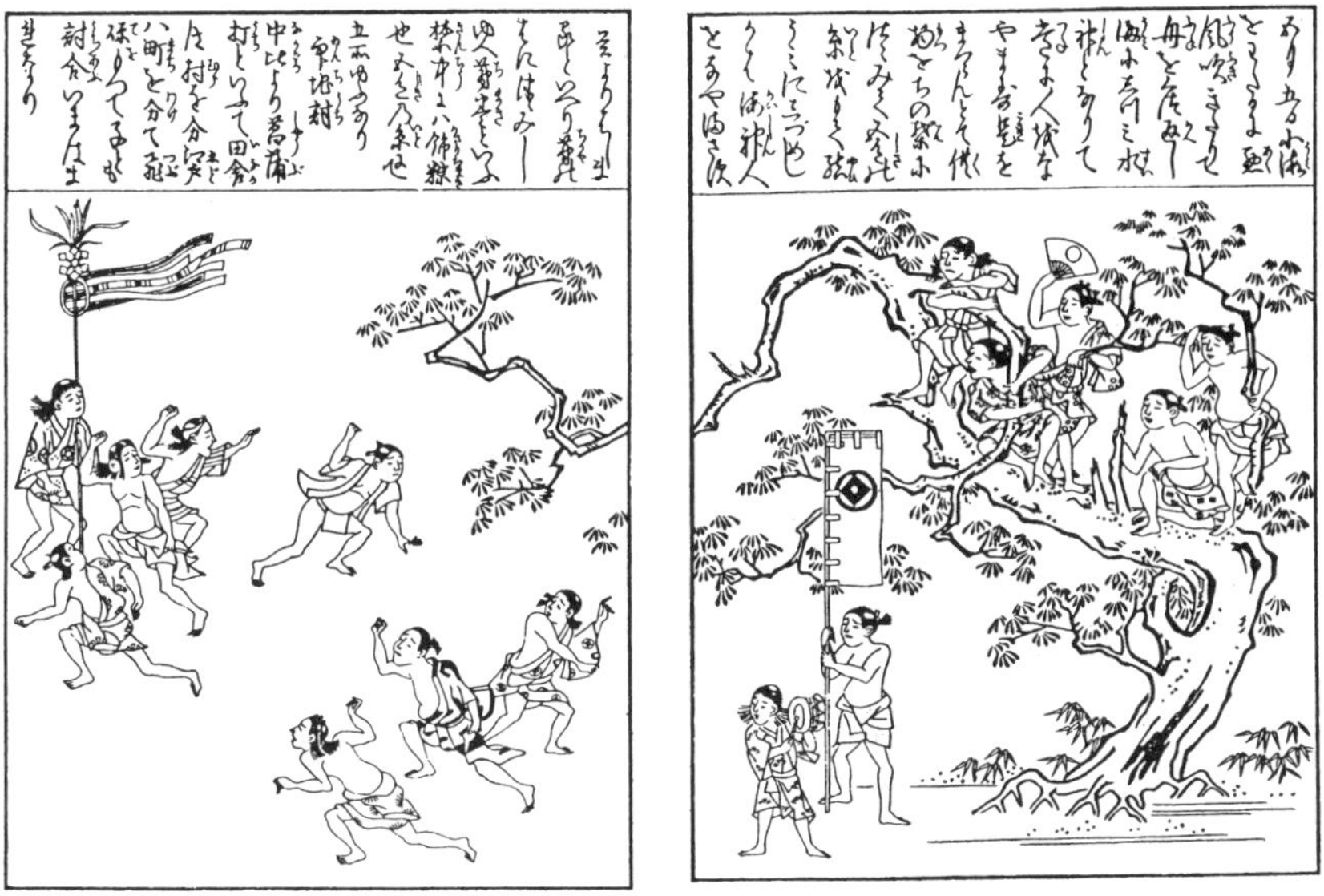

印地打ち『月次のあそび』

印地討《いんじうち》　中頃より菖蒲打《しようぶうち》といふて、田舎《ゐなか》は村を分け、江戸は町を分けて飛礫《つぶて》をもつて、子ども討合ふ。いまはまれなり。

印地打ち『大和耕作絵抄』

あやめのせつくには、京もゐなかにも、らうにやくうちまじりて、河原おもてに出でて、石をつぶてとして、ゐんじゆきりをする。東西に立わかりて、たがひにしやうぶをけつせんとせしが、すでに両方しるしを立て、つぶてをうちあふ。はたいろなほりてうちかつときは、かひをふきたててみかたにいさみをつくる。うちたてられては、くつきやうのわかきものも、あるいはくがをさしてにげるも有り、川へとび入りてながるるもあり。互ひに石をうつ事、そうまくりの矢のごとし。　川ごしやみみせくもふちさつきあめ

とも行われた。江戸時代になっても盛んに行われ、『大和耕作絵抄』にも印地打ちが描かれている。「雁殺し」という石投げ器も考案されて用いられた。これは紐の真中に袋を付けたもので、そこに石を置き、紐の両端を持って振り回してから片方の端を手離すと、回転力が加わって石を勢いよく飛ばすことができた。⬇雁殺《がんころ》し

［文献］日本の遊戯、遊戯大事典、大和耕作絵抄、日本遊戯の解説、遊びの大事典

【う〜え】

浮き出し（うきだし）

「水字」ともいう。焼みょうばんを水に溶かしたものを筆につけ、紙に絵などを描いて乾かす。それを水に浸けると描いた絵が浮き出てくる。江戸時代に子供たちの間ではやった。⬇水字《みずじ》

［文献］日本の遊戯、下町の子どもの遊び

兎うさぎ（うさぎうさぎ）

「うさぎごっこ」ともいう。かつて夜は暗くて子供が外で遊ぶことはなかったが、満月の夜だけは別であった。月明かりで影ができ、うずくまると兎のようにも見える。こうした晩などに小さい子が集まって「うーさぎうさぎ、何見てはねる、十五夜お月さま見てはねーる」とうたいながら歩き、歌が終わるとしゃがんではピョンピョンと跳びはねたり、しゃがんでいる子を飛び越したりする。喜田川守貞《きたがわもりさだ》の『守貞漫稿《もりさだまんこう》』に「江戸の児童、八月十五日の月を見て産跪り飛て云、京坂無レ之、うーさぎうさぎ何を見てはねる、十五夜おつきさん見てはーねる」とある。夏の夜は涼みがてら外に出る機会も多いだろうが、8月15日に限った遊びではない。

［文献］日本全国児童遊戯法（上）、日本の遊戯、遊戯大事典、吾妻余波、下町の子どもの遊び、東京風俗志、日本遊戯の解説、遊びの大事典

兎狩り（うさぎがり）

最初に兎役1〜2名、猟犬役、猟夫役、執鞭者役（猟犬を指揮する役）各1名を決める。兎は細かい紙片をたくさん入れた袋を持ち、紙片を撒《ま》きながら逃げるが、一度通った道を横切ったり元のところに戻ったりしてはいけない。猟夫は白旗を持ち、執鞭者は赤旗を持つ。兎が逃げて約10分してから、猟犬、猟夫、執鞭者は紙片をたよりに兎を追う。猟犬は紙片をたどっていき、もし兎を目で見つけても紙片の道を外れてはいけない。兎が捕まると終わり。なるべく広く、木や岩の多いところで行うとおもしろい。

［文献］小学体育全書

牛事（うしごと）

「牛ごっこ」ともいう。じゃんけんで負けた子が牛の役になる。牛役は自分の帯と木などを紐で結ばれ、紐の長さの範囲しか行動できない。それを他の子たちがからかったり、紐を引っ張って木にぐるぐる巻きにしたりする。牛役は角突きをするようなまねをして、からかいに近づいて来る子を捕まえようとするが、紐でつながれているので一定の範囲外には行けない。他の子を捕まえると牛役を交替する。

［文献］日本全国児童遊戯法（中）、日本の遊戯、遊戯大事典、日本遊戯の解説、遊びの大事典

後ろん坊（うしろんぼ）

京都の遊び。ちょうど両手を広げたぐらいの幅の廊下で遊ぶ。鬼は両手を広げて、廊下を後ろ向きに歩きながら他の子を捕まえようとする。他の子は、捕まらないように背をかがめて鬼の両手の下をくぐり抜ける。皆くぐり抜けると、鬼は方向を変えて捕まえに行く。捕まると鬼を交替する。

［文献］日本全国児童遊戯法（上）、日本の遊戯、遊戯大事典、日本遊戯の解説、遊びの大事典

臼杵（うすきね）

「上がりこ下がりこ」の東京での呼び方。⬇上《あ》がりこ下《さ》がりこ

［文献］日本全国児童遊戯法（上）

渦巻石蹴り（うずまきいしけり）

渦巻の形の石蹴り遊び。地面に大きな渦巻きを描き、適当に区切って中心を12とし、そこから外に向かって順に1まで番号を振る。片足を上げ、片方の足だけで石を蹴りながら1から12まで行き、また逆に戻ってくる。大正時代の東京では、荷馬車の通る往来でよくこれをして遊

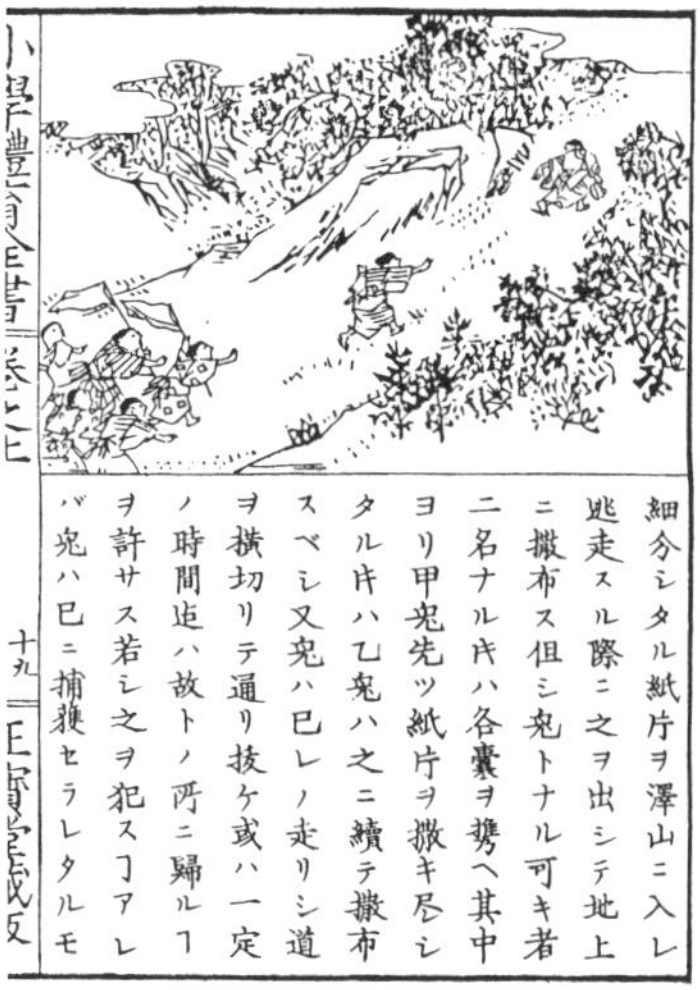

細分シタル紙片ヲ澤山ニ入レ逃走スル際ニ之ヲ出シテ地上ニ撒布ス但シ兎トナル可キ者二名ナル𪜈ハ各嚢ヲ携ヘ其中ヨリ甲兎先ツ紙片ヲ撒キ尽シタル𪜈ハ乙兎ハ之ニ續テ撒布スベシ又兎ハ已レノ走リシ道ヲ横切リテ通リ抜ケ或ハ一定ノ時間迠ハ故トノ所ニ歸ルヿヲ許サス若シ之ヲ犯スヿアレバ兎ハ已ニ捕獲セラレタルモ

十九

兎狩り（うさぎがり）『小学体育全書』

兎うさぎ（うさぎうさぎ）
影は兎がはねているようにも見えた

兎うさぎ『吾妻余波』

牛事（うしごと）
牛役は紐でつながれて、一定以上には行けない

渦巻石蹴り（うずまきいしけり）

『日本全国児童遊戯法』

後ろん坊（うしろんぼ）
京都の遊び。廊下で両手を広げて後ろ向きに歩く鬼の手の下をくぐって逃げる

んだ。⇩石蹴《いしけ》り

[文献] 遊びの大事典

渦巻陣取り（うずまきじんとり）

地面に大きな渦巻を描いて二手に別れ、一方は渦の中心に、他方は渦の外側に陣をつくる。「よーいどん」の合図で各陣から1人ずつ出て走り、出会ったところでじゃんけんをする。勝つと前に進み、負けると次の子が走り出て、また出会ったところでじゃんけんをする。こうして先に相手の陣に着いたほうが勝ち。

[文献] 遊戯大事典、下町の子どもの遊び

渦巻く水（うずまくみず）

一列になって手をつなぎ、以下の歌をうたいながら歩調を合わせて渦の形をつくる遊戯。先頭が渦の中心にくると、逆に歩いて渦を解き、渦の端の2人がつないだ手の下をくぐる。順にくぐって端の2人がくぐり終えると、今度は端の者が歩いて渦の中心になる。これを繰り返す。

「みよみよ　子供うずまく水を　うずまく水にならいてめぐれ　みよみよ　子供うずまく水を　みよみよ　子供うずまく水を　うずまく水のまきてぞとくる　みよみよ　子供うずまく水を　みよみよ　子供うずまく水を　うずまく水のよるひるわかずつとめよ子供　みよみよ子供」

[文献] 小学遊戯全集

うそこ

面子遊びで、勝っても相手の面子を取り上げないこと。面子の勝負を「ほんこ」といったので、「ほんこ」に対して「うそこ」といった。⇩面子《めんこ》

歌がるた（うたがるた）

和歌をもとにしたカルタで、俗に「百人一首」という。『伊勢物語』『古今集』『源氏物語』などの和歌を用いた歌がるたもあるが、通常は「小倉百人一首」をいう。鎌倉時代に成立した「小倉百人一首」は、江戸時代になって和歌の入門書となり、歌がるたの普及とも相まって庶民にも広く親しまれた。和歌に歌仙絵（歌人の肖像画）を添えた読み札と、下の句を書いた取り札の組み合わせで、取り札を場に散らして、詠み手が詠みあげる和歌を聞きながら取る。この場合は、札をたくさん取った者の勝ち。また札を人数で均等に分けて、各自の手もとに並べ、手もとの札が早くなくなると勝ちという遊び方もある。大勢のときは2組に分かれて争うこともある（「源平《げんぺい》」という）。少しでも早く取るためには、ふだんから百首全部を暗誦できるようにしておく必要があり、昭和の中頃までは少年少女の高尚な遊びとして正月に欠かせないものであった。⇩カルタ

[文献] 日本の遊戯、ひな人形の故実、日本遊戯の解説、日本遊戯史、遊びの大事典

打独楽（うちごま）

「鞭独楽《むちごま》」「貝独楽《ばいごま》」（なまって「ベーゴマ」という）のこと。⇩貝独楽《ばいごま》

[文献] 日本の遊戯、遊戯大事典、遊びの大事典

腕押し（うでおし）

「腕相撲」のことを古くは「腕押し」といった。虎関師錬《こかんしれん》の著ともいわれる『異制庭訓往来《いせいていきんおうらい》』に「日比、頭引、膝挟、指引、腕推《うでおし》、指抓」とあり、また『義経記』にも「腕おし、首引、すまふなどぞこのみける」とあることから、鎌倉から室町時代にはすでに「腕おし」という言葉が用いられていたようである。榎本其角《きかく》の『五元集』にも以下の句がある。「芭蕉庵をとひて――腕押のわれならなくに梅の花」⇩腕相撲《うでずもう》

[文献] 日本全国児童遊戯法（上）、日本の遊戯、遊戯大事典、日本遊戯の解説、遊びの大事典

腕縛り（うでしばり）

2人が向かい合い、1人が太い紐（襷や手ぬぐいなど）を緩く結んで手で持つ。もう1人がそれに腕を入れ、1・2・3の合図と同時に、一方は縛ろうと紐を引き、片方は縛られまいと腕を素早く引き抜く。敏捷性を競う遊び。

[文献] 日本の遊戯、遊戯大事典、日本遊戯の解説

腕相撲（うでずもう）

2人が向かい合って肘《ひじ》を畳か机につけ、右の手のひらを握り合い、力を入れて相手の腕を倒す。相手の手の甲を畳か机につけると勝ち。正式には左手で相手の右肘を押さえるが、左手をついて自分の支えにすることも多い。子供に限らず大人も行い、競技会では相撲にならって行司役が軍配団扇を持ってつとめることもある。

[文献] 日本全国児童遊戯法（上）、日本の遊戯、遊戯大事典

渦巻く水（うずまくみず）『小学遊戯全集』

渦巻陣取り（うずまきじんとり）
出会ったところでじゃんけんし、勝つと前に進む

歌がるた（うたがるた）
俗に百人一首といい、小倉百人一首が最も一般的

うそこ
面子勝負で取ったり取られたりしない遊び方。「ほんこ」に対していった

女子百人一首歌かるた合体、ひな形本品々、箱に絵画いろいろ御座候

歌がるた『ひな人形の故実』京都清水屋

歌がるた『女中風俗艶鏡』

腕相撲（うでずもう）

腕縛り（うでしばり）
左側の者が輪に腕を入れ、縛られる前に腕を抜く

典、日本遊戯の解説、遊びの大事典

腕引き（うでひき）

2人が向き合って座り、右肘を机などにつき腕を曲げる。手ぬぐいか太い紐のようなものを結んで輪にし、互いの腕に通して引っ張り合う。輪にせずに肘の内側にはさんだ状態で引っ張り合うこともある。この場合には腕の力だけでなく、肘ではさむ力も必要である。子供だけなく大人も行った。

［文献］日本の遊戯、遊戯大事典、日本遊戯の解説

鰻の瀬登り（うなぎのせのぼり）

江戸時代に行われていた遊びで、瀬登りは「背登り」とも書く。大勢の子供が一列になり、前の子の帯をつかんで腰を曲げ、首を伏せて上半身を低くする。1人の子が後ろから走ってきて背中に飛び乗り、皆の背の上を這《は》って前に進む。一番前まで来ると降りて、自分が最前に立って背をかがめる。次に一番後ろになった子が同じことを繰り返す。渡る子が重くて列が左右にくねくね揺れる様子を鰻にたとえたもの。浅《あさ》井了意《いりょうい》の『東海道名所記』に「みやこがたにては、いとけなき子どものあまた集りて、帯にとりつきて、ながくならびたるせなかの上を、一人のぼりてはひありくを、うなぎの瀬のぼりと名づけてたはふれとす」とある。

［文献］日本の遊戯、遊戯大事典、日本遊戯史、遊びの大事典

唸り独楽（うなりごま）

「唐独楽」「ごんごん独楽」ともいう。「ごんごん」というのは、回るときに独楽が発する音に由来する。つくり方は、直径約7、8センチ、長さ約12～13センチの竹筒の側面に縦長のすき間をあけ、桐の薄板で上下に蓋をし、穴をあけて竹の心棒を通す。心棒の下端は少し尖らせておく。回し方は、心棒の上端を穴のあいた竹片で押さえ、心棒に巻いた紐を一気に引いて、竹片を離す。回るとき竹筒のすき間から奇妙な唸り音を発するが、竹筒の中に灯心を入れておくと微妙に良い音がするともいわれた。長い時間、止まらずに回り続けることを競うもので、「寿命比べ」といった。大正初期までよく縁日などで売られていた。➡独楽《こま》

［文献］日本の遊戯

馬遊び（うまあそび）

江戸時代、一定以上の身分の武士は馬に乗って登城するので、幼い頃から乗馬に親しんでおく必要があった。実際に馬に乗って練習するのは12～13歳からであるが、それまでも8～9歳ぐらいから庭に木馬を置き、それにまたがって馬の操り方を習った。特に12月は寒稽古といい、木馬に鐙《あぶみ》・切付肌付《きっつけはだつけ》・泥障《あおり》などの馬具を付け、手綱の扱い方を練習したので、武家屋敷町ではあちこちから、鐙の張り方を指導する声や、速足・駆足の掛け声、馬具の触れ合う音などが聞こえてきた。➡木馬《もくば》

［文献］絵本西川東童、小学体育全書

馬合戦（うまがっせん）

「騎馬戦」のこと。➡騎馬戦《きばせん》

馬競べ（うまくらべ）

❶「競《くら》べ馬」「走り馬」「競い馬」「駒競べ」などともいう。➡競《くら》べ馬《うま》

❷子供の遊びで竹馬や玩具の春駒《はるごま》による競争。➡竹馬《たけうま》、春駒《はるごま》

［文献］日本の遊戯、日本遊戯史

馬ごっこ（うまごっこ）

「馬事」「おうまごっこ」などともいう。大人や年長者が手と膝をついて幼児を背に乗せ、「おうま、はいどうどう」などと掛け声をかけながら、四つん這いで家の中を移動する。紐や布切れを口にくわえて、手綱として幼児に持たせてやることもある。戸外でするときは両手に杖をついて、前足に見立てた。『篗絨輪』に「若子の抱守り袴きた馬」という句があり、守役の武士が袴を着けたまま馬役をしている様が詠まれている。以上は、主に大人が幼児をあやすための遊びであるが、2人あるいは3人が馬の役をして1人が乗り、競争したり闘ったりすることを「馬ごっこ」と呼ぶこともある。➡騎馬戦《きばせん》

［文献］日本全国児童遊戯法（上）、日本の遊戯、遊戯大事典、絵入狂言記拾遺、吾妻余波、日本遊戯の解説、遊びの大事典

馬跳び（うまとび）

❶「蛙跳び」のこと。➡蛙跳《かえると》び

❷2組に別れ、じゃんけんで負けた組が馬に

唸り独楽（うなりごま）

鰻の瀬登り（うなぎのせのぼり）

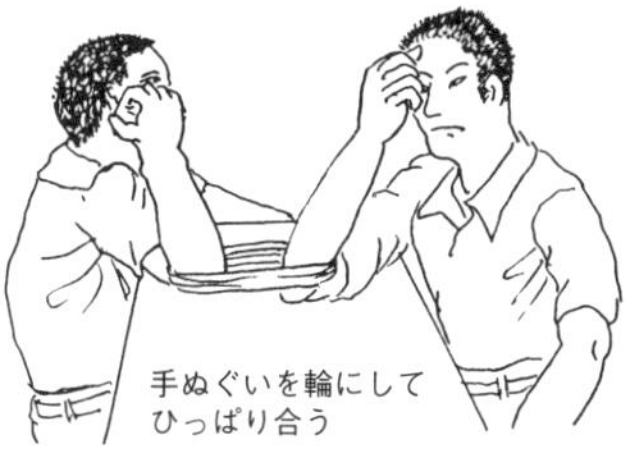
手ぬぐいを輪にして
ひっぱり合う

手ぬぐいをはさんで
ひっぱり合う

腕引き（うでひき）

『絵本西川東童』

『法然上人行状絵図』に
描かれた竹馬
これにまたがって馬競べ
をした

江戸時代の春駒《はるごま》

家来3人が馬になる

車輪付き木馬

戸外の馬ごっこは、両手で杖を
ついて前足に見立てた

四つん這いになり
幼児を背に乗せる

馬ごっこ（うまごっこ）・馬競べ（うまくらべ）・馬遊び（うまあそび）

なる。馬は1人が壁などを背にして立ち、他の者は前の者の腰につかまって前かがみになる。勝った組は次々と馬の上に飛び乗るが、馬は振り落とそうとし、乗り手はドシンと乗って馬をつぶそうとする。乗り手が落ちると馬と交替、馬がつぶれるとやりなおし。全員が乗ったところで、先頭同士がじゃんけんをして、負けた組が馬になる。

［文献］下町の子どもの遊び、日本遊戯の解説

馬の腹くぐり（うまのはらくぐり）

大正から昭和の初期までは荷馬車が健在で、馬が盛んに往来を行き来していた。小さい子がその馬の腹の下をくぐり抜ける遊びである。止まっている馬だけでなく歩いている馬の腹の下もくぐるので危なく、親からはよく叱られた。

絵描き歌（えかきうた）

うたいながら歌詞に合わせて書いていくと、絵ができあがる。「みみずが3匹這ってきて　石を3つ投げたなら　雨がざぁざぁ降ってきて、あられがコンコン降ってきて　袋をかぶせりゃ蛸入道」、「お皿かな　お皿じゃないよ　葉っぱだよ　葉っぱじゃないよ　カエルだよ　カエルじゃないよ　アヒルだよ　6月6日　雨ザァザァ　三角定規にひびいって　アンパン2つ　豆3つ　コッペパン2つ　くださいな　アッというまに　かわいいコックさん」など。

［文献］下町の子どもの遊び、遊びの大事典

S陣（えすじん）

「Sけん」ともいう。地面に大きなSの字を書き、それぞれ陣地とし、奥に場所を決めて宝物（小石や空缶）を置く。12人ぐらいが二手に分かれ、宝物を奪い合う。S陣の中は両足で駆けてもよいが、外側は片足でけんけんしながら移動しなければならない。敵の陣地には図の入り口から入るが、宝を防御している敵にS陣から押し出されたら、またけんけんしてS陣の外側を回っていかなければならない。S陣の外側には要塞（あるいは島）というスペースがあって、そこまで行くと両足で立って休憩できる。敵に倒されたらアウト、S陣の外で両足を着いてもアウトである。先に宝を奪ったほうが勝ち。

［文献］下町の子どもの遊び、遊びの大事典

絵凧（えだこ）

凧の種類。竹ヒゴで凧の骨をつくって紙を貼り、文字や絵を描いたもの。鎧武者や歌舞伎役者の大首絵、龍の首などを紙面いっぱいに勇壮に描いて彩色したものが多い。大きいものになると高さ4メートル、幅2メートルほどになる。

➡**凧《たこ》揚《あ》げ**

縁結び（えんむすび）

数本のこよりを束にして相手に持たせ、それを1本ずつ抜き取るとき、からませて抜き取る遊び。

［文献］吾妻余波

［お］

追羽根（おいばね）

「追羽子《おいはご》」ともいう。2人（あるいは2人ずつ4人）で相対してつき合う羽根つき遊びのこと。

➡**羽根《はね》つき**

［文献］日本の遊戯、遊戯大事典、遊びの大事典

扇引き（おうぎびき）

❶平安時代に宮中の女房たちの間で行われた扇のくじ引き。何本かの扇に色とりどりの紐をつけ、これを引いて一番きれいな扇を引いた者が喝采される。

❷「扇子打ち」のこと。➡**扇《せん》子《す》打《う》ち**

❸「扇相撲」ともいう。たたんだ扇の両端を親指と人さし指でつまんで引き合う遊び。大人も行い、引き勝ちするとその扇を自分のものにできるという賭もあった。

［文献］日本の遊戯、遊戯大事典、日本遊戯史、日本遊戯の解説、遊びの大事典

扇屋店（おうぎやみせ）

京都の遊び。30センチ四方ぐらいのお店をつくり、縮緬粉という扇の地紙屑の縮んだものなど、多くは紙でつくったものを商品にして売るまねをした。お客さんは小石を拾ってお金に見立て、これを買った。

馬の腹くぐり（うまのはらくぐり）
危ないので、よく大人に注意された

馬跳び（うまとび）『普通遊戯法』
この本には「齣ヨ躍々」という
名称で紹介されている

絵凧（えだこ）

S陣（えすじん）

絵描き歌（えかきうた）

扇屋店（おうぎやみせ）
京都のお店屋さんごっこ

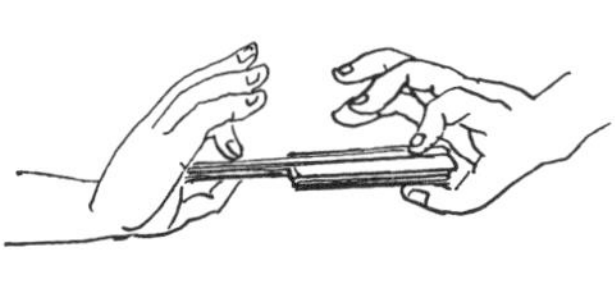

扇引き（おうぎひき）
扇相撲ともいい、扇を指で
引き合う遊び

縁結び（えんむすび）『吾妻余波』

[文献] 日本全国児童遊戯法（上）

お馬ごっこ（おうまごっこ）

➡馬《うま》ごっこ

大阪遠国（おおさかおんごく）

➡遠国《おんごく》

大波小波（おおなみこなみ）

縄跳び遊びの一つ。2人が長めの縄の両端を持って、「おおなみ、こなみ」とうたいながら左右に揺らし、最後に「ぐるっとまわってねーこの目」と言いながら縄を大きく回す。跳び手はぴょんぴょん跳ねて縄を跳び越し、最後「ねーこの目」で縄をまたいで止まる。➡**縄跳《なわと》び**

[文献] 遊戯大事典、下町の子どもの遊び、遊びの大事典

オオバコの機織り（おおばこのはたおり）

オオバコの茎を折ると数本、白い糸のようなすじが残る。このすじに他のオオバコのすじをはさみ、機織りのようにする。この遊びからオオバコを「機織り草」と呼ぶ地域もある。

[文献] 日本全国児童遊戯法（中）、遊びの大事典

オオバコの引っぱりっこ（おおばこのひっぱりっこ）

草花遊び。オオバコの茎をからませて引っぱりっこをする。

[文献] 下町の子どもの遊び

お駕籠（おかご）

「駕籠遊び」ともいう。伊勢《いせ》（三重県）では、2人が互いに両手を差し違えに組んで（右手で自分の左手の腕をつかみ、左手でもう1人の右腕をつかむ）他の子を乗せ、「お駕籠の乗り手はないかな、京から江戸まで何匁、お駕籠があいたにのってんか」と言いなから門前まで送った。甲斐《かい》（山梨県）では4人が駕籠になり、「お駕籠でぎしぎし」と言いながら歩いた。➡**道中駕籠《どうちゅうかご》**

[文献] 日本全国児童遊戯法（中）、日本遊戯史、遊戯大事典、遊びの大事典

おかたっこ

甲斐《かい》（山梨県）の結婚式をまねた遊び。

[文献] 日本全国児童遊戯法（中）

お釜（おかま）

お弾きを場に撒《ま》いたとき、2個以上が重なり合ってかたまりになったのを「おねぼ」という。これを撒き直す方法の一つ。片手の指で輪をつくって、その間から下に落とす。他の方法に「お高」「肘つき」がある。➡**お弾《はじ》き**

[文献] 日本全国児童遊戯法（上）

お亀じょん女郎まき（おかめじょんじょろうまき）

2人の子が紐の両端を持ち、油断している子にそっと近寄り、「お亀じょん女郎まき大根しょって踊れ」と言いながらぐるぐる巻きにする。ぐるぐる巻きにされた子が逃げられなかったら、今度は巻くほうの役になる。

[文献] 日本全国児童遊戯法（上）、吾妻余波

起き上がり小法師（おきあがりこぼうし）

底におもりを入れて、倒れてもすぐに起き上がるようにした達磨形の人形。これを台の上などに並べ、少し離れたところから厚紙などでつくった玉を投げて倒す。一番大きい起き上がり小法師を倒した者が勝ち。

[文献] 小学体育全書

おきち

相模《さがみ》（神奈川県）の遊び。伊豆半紙を賭け、図のような四角い独楽を回して勝負する。

[文献] 日本全国児童遊戯法（中）、遊びの大事典

お客っこ（おきゃくっこ）

甲斐《かい》（山梨県）の遊び。食べ物を持ち寄って席を設け、互いに主人とお客になり、お客を招待してもてなすまねごとをする。

[文献] 日本全国児童遊戯法（中）、遊びの大事典

お給仕（おきゅうじ）

お給仕1人は目隠しし、茶盆を持って中央に立つ。大勢が輪になってそのまわりを回り、合図で止まる。輪の1人が「お茶をください」と言い、お給仕は「○○さん、お茶をおあがんなさい」と言って茶盆を差し出す。名前が当たるとお給仕を交替する。「お茶坊主」に似た遊び。

[文献] 普通遊戯法

おくまどろどろ

「子捕ろ子捕ろ」の伊勢《いせ》（三重県）での呼び方。➡**子捕《こと》ろ子捕《こと》ろ**

[文献] 日本全国児童遊戯法（中）、遊びの大事典

おくりご

「鬼ごっこ」の津軽《つがる》（青森県）での呼び方。➡**鬼《おに》ごっこ**

[文献] 日本の遊戯、遊戯大事典

駕籠遊びの形態はいろいろあり、
これは甲斐のお駕籠

お駕籠（おかご）

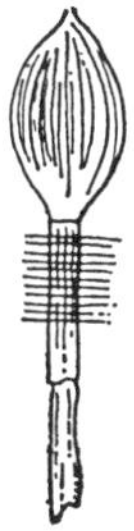

オオバコの機織り（おおばこのはたおり）
オオバコの茎から白い糸のようなすじを
とって機織りのように交差させて遊ぶ
『日本全国児童遊戯法』

おーなみこなみ
（縄を地面で揺らす）
ぐるっとまわって
（縄を回す）
ねーこのめ
（縄をまたいで止まる）

大波小波（おおなみこなみ）
２人まわしで縄跳びをするときに
大声でうたいながら跳ぶ

お釜（おかま）
重なったお弾きを撒き直す方法の一つ

おかたっこ
甲斐の結婚式ごっこ

起き上がり小法師（おきあがりこぼうし）『小学体育全書』

お亀じょん女郎まき
（おかめじょんじょろうまき）

お給仕（おきゅうじ）『普通遊戯法』

お客っこ（おきゃくっこ）
甲斐のお客様ごっこ

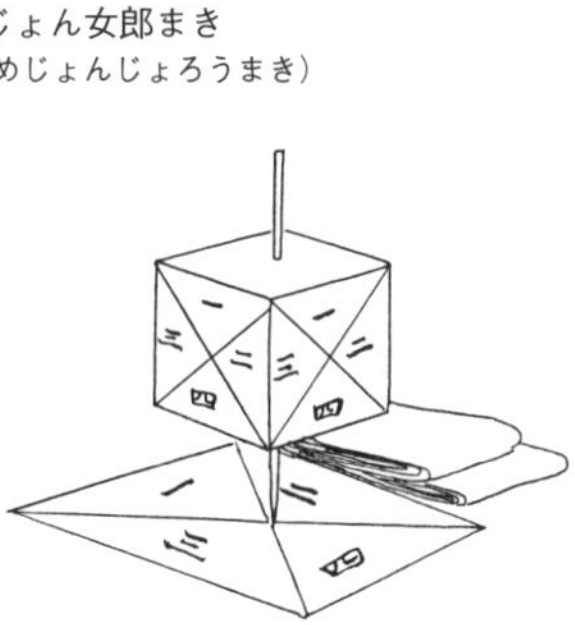

おきち『日本全国児童遊戯法』
相模の賭け独楽遊び

おこし
最も一般的な面子遊び。自分の面子を、地面に置いた相手の面子にたたきつけて、相手の面子がひっくり返ればそれを取れる。ひっくり返らなければその場にためておくので、しだいに面子が山になる。そこで相手の面子をひっくり返せば全部取れる。これを「つぎめん」といった。⇩面子《めんこ》
［文献］下町の子どもの遊び

お米屋ペッタンコ（おこめやぺったんこ）
「上がりこ下がりこ」のこと。⇩上《あ》がりこ下《さ》がりこ
［文献］日本の遊戯、遊戯大事典

おこんめ
「お手玉」の京都での呼び方。⇩お手玉《てだま》
［文献］日本全国児童遊戯法（上）、日本の遊戯、遊戯大事典、日本遊戯の解説

牡鹿（おじか）
「鹿遊び」「鹿や鹿や」ともいう。⇩鹿《しか》や鹿《しか》や
［文献］小学体育全書

押しくら（おしくら）
相撲に似た遊びで、「押しっ競べ」「押しっくら」ともいう。2メートルぐらい距離をおいて線を3本引き、中央の線をはさんで2人で組み合い、相手を後方の線まで後退させると勝ち。力競べで、東京の男の子がよくやった。
［文献］日本全国児童遊戯法（上）、遊戯大事典、吾妻余波

押しくら饅頭（おしくらまんじゅう）
「押しくらまんぞ」ともいう。大勢で塀などに背をつけ、「押しくらまんじゅう、押されて泣くな」と言いながら、いっせいに両端から真ん中に向けて押し合う。真ん中の者は左右から押されるので、堪えきれなくなると脱出して端に回る。全身に力をこめて隣の者に寄りかかって押すので、寒い季節に行うと体が暖まった。
［文献］日本全国児童遊戯法（上）、日本の遊戯、遊戯大事典、下町の子どもの遊び、日本遊戯の解説、遊びの大事典

お仕事や（おしごとや）
能登《のと》（石川県）の女の子の遊び。年長の1人をお師匠様とし、他はその弟子となる。お師匠様の指導で、弟子たちは紙で雑巾を縫うまねなどをする。⇩ままごと
［文献］日本全国児童遊戯法（下）

お獅子ぱくぱく（おししぱくぱく）
東京の遊び。皮をむいたみかんの一房の中心をかみ切り、内皮を両方に開いて指の先につけると獅子の面のように見える。指を動かして「お獅子ぱくぱく」と言いながら他人に見せる。
［文献］日本全国児童遊戯法（上）

押しづけ沢庵（おしづけたくあん）
⇩沢庵押《たくあんお》し
［文献］日本全国児童遊戯法（上）

お釈迦の水（おしゃかのみず）
周防《すおう》・長門《ながと》（山口県）の遊び。何人でもいいが、偶数で行う。2人ずつ手をつなぎ、「お釈迦の水をどんどん汲んで抹香はたいて此《この》よにくぐろ」とうたいながらぐるぐる回る。
［文献］日本全国児童遊戯法（下）

おしゃくい
⇩細螺《きさご》おしゃくい
［文献］日本全国児童遊戯法（上）

おじゃめ
伊勢《いせ》（三重県）の遊び。歌に合わせて、お手玉を5個、右手の甲に載せて落とすことを繰り返す。「お一つ落して、おさーらい。二つ落して、おさーらい。三つ落して、おさーらい。お四つ落して、おさーらい。おみーんな落して、おさーらい。お手のお手の、おさーらい。おつかみ、おつかみ、おさーらい。おちりんこおちりんこ、おさーらい。お左お左、ぐなり合して、中ば中よ、つまよさらひこ、よつーをつけ、やっちょめやっちょめ、やっちょめ、おさーらい。おんばさんおんばさん、ばさんで、おさーらい。しいる、しるしる、しいるで、おさーらい。おしじおしじ、おさーらい。お袖お袖、おさーらい。ちいさな橋くぐれくぐれ、くぐって、おさーらい。おおきな橋くぐれくぐれ、くぐって、おさーらい。どっこいねかいっしょ」⇩お手玉《てだま》
［文献］日本全国児童遊戯法（中）

お尻の用心（おしりのようじん）
大正時代頃までは、東京でも子供たちは着物を来て遊んでいた。着物の後の裾を股の間から

『吾妻余波』

押しくら（おしくら）

おこし
最も一般的な面子遊びで、
相手の面子にたたきつけて
ひっくり返す

押しくら饅頭（おしくらまんじゅう）
左右から真ん中に向けてぎゅうぎゅう押し合う

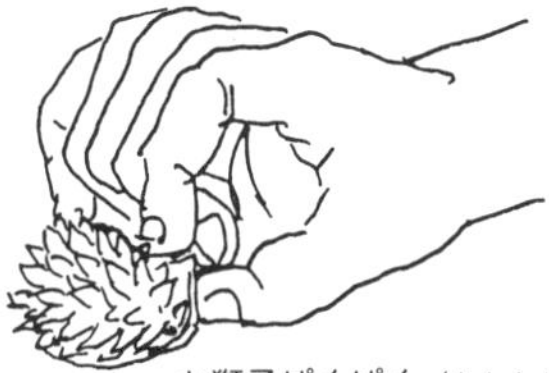

お獅子ぱくぱく（おししぱくぱく）
東京の遊びで、みかんの房を使う

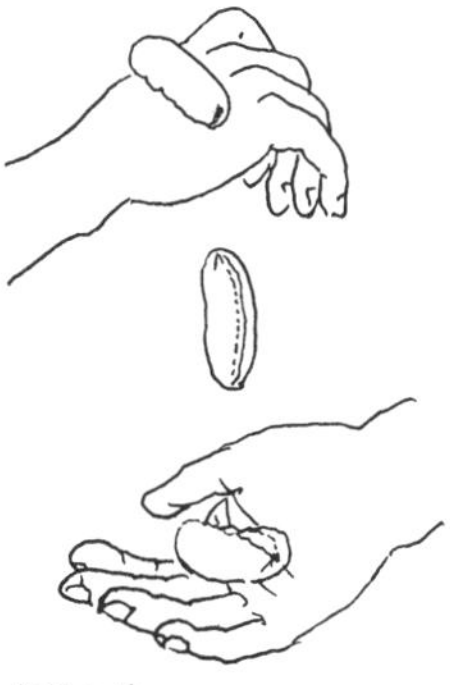

おじゃめ
伊勢のお手玉遊び

お尻の用心（おしりのようじん）
東京の遊びで、前帯にはさんだ裾をはずしっこする

お釈迦の水（おしゃかのみず）
周防・長門の遊び

前に回して前帯にはさみ、「お尻の用心ご用心今日はにーじゅうはーちんち、明日はお亀の団子の日」とうたいながら、互いに相手の着物の裾をはずそうとする。

［文献］日本全国児童遊戯法（上）、東京風俗志、遊びの大事典

お煎餅焼けたかな（おせんべやけたかな）

子供たちが冬に火鉢で暖をとりながら行う遊び。火鉢に集まって両手をかざし、中の1人が「おせんべやけたかな」と言いながら、手の甲を順に指でついていく。最後の「な」に当たったら、手の甲をひっくり返す。もう一度同じ手に当たったら、手を引っ込める。これを繰り返して先に両手とも抜けた子が一番になる。

［文献］下町の子どもの遊び

お茶坊主（おちゃぼうず）

「お茶ひき」ともいう。お茶坊主を1人決める。お茶坊主は目隠しして、お茶台を持って輪の中に座る。大勢が輪になってそのまわりをまわり、合図で止まってすわる。お茶坊主は「○○さん、お茶をおあがんなさい」と言ってお茶を差し出す。その方向に名指しされた人がいれば、お茶坊主を交替する。当たらなかったときに「おあいにく様」という。

［文献］日本全国児童遊戯法（上）、遊戯大事典、普通遊戯法、東京風俗志、日本遊戯の解説、遊びの大事典

おちゃらか

「おちゃらか、おちゃらか、おちゃらかホイ、おちゃらか勝ったよ（負けたよ）（あいこで）おちゃらかホイ」とうたいながら「せっせっせ」をし、ホイでじゃんけんをする。勝つと「勝ったよ」でばんざいをし、負けると「負けたよ」で頭を下げる。あいこのときは「あいこで」と両手を腰に当てる。➡せっせっせ

［文献］下町の子どもの遊び

お月様いくつ（おつきさまいくつ）

明治の初め頃まで子守歌としてうたわれていた歌。「お月様いくつ、十三七つ、まだ年や若いな、あの子を産んで、この子を産んで、誰に抱かしょ、お万に抱かしょ。お万どこいった、油買いに、茶買いに、油屋の前（角）で氷が張って、滑って転んで、油一升こぼした。その油どうした。太郎どんの犬と次郎どんの犬と皆なめてしまった。その犬どうした。太鼓に張って、あっち行っちゃドンドコドン、こっち行っちゃどんどこどん」

月を見てこの歌をうたいながら、しゃがんだり跳ねたりして遊ぶこともあった。江戸時代に流行した童謡らしく、喜田川守貞《きたがわもりさだ》の『守貞漫稿《もりさだまんこう》』にも記されている。地方によって歌詞が違い、伊勢《いせ》（三重県）では「お月さんいくつ、十三ひとつ、そりゃまだ若いな、ばんに煎餅こて（買って）、ままごと（食事）しょんな」と繰り返す。越前《えちぜん》（福井県）では「お月さんいくつ、十三七つ、お婆《ばば》はどこへ、油かえに茶かえに、油屋の庭で、すべってころんで、油一升こぼした。その油どうした。犬めがねぇぶった。その犬どうした。皮屋へやった。その皮どうした。太鼓に張った。その太鼓どうした。燃いてしもた。その灰どうした。灰屋へ売った。その金どうした。隣のこーとこーちのこーと飴こーてべーろべろー」。

［文献］日本全国児童遊戯法（中）（下）、日本の遊戯

お月様くぐり（おつきさまくぐり）

遠江《とおとうみ》（静岡県）の遊び。2人以上で手をつなぎ合って、「お月様くぐるはどうくぐる。つるべをかかげてこうくぐる」とうたいながら、つないだ手をくぐって背中合わせになったり、またくぐって元に戻ったりする。これを繰り返すだけだが、5、6人でやると間違える者が出ておもしろい。

［文献］日本全国児童遊戯法（中）、日本遊戯の解説、遊びの大事典

お手玉（おてだま）

端切れでつくった片手で握りやすい大きさの袋に、小石や小豆などを半分ぐらい入れて縫いとじたもの。「おこんめ」「おむく」「だま」「なつご」「ななつご」「おのせ」「おひと」「おじゃみ」など、地方によりさまざまな呼び名がある。平安時代頃からあった遊びで、古くは「石投子《いしなご》」といい、手頃な石を拾って投げて遊んだ。現在のような布製のお手玉がいつごろ創作されたのかははっきりしないが、『源平盛衰記』にある「あの知康は九重第一の手皷と一二《ひふ》との上手とき

お茶坊主
（おちゃぼうず）

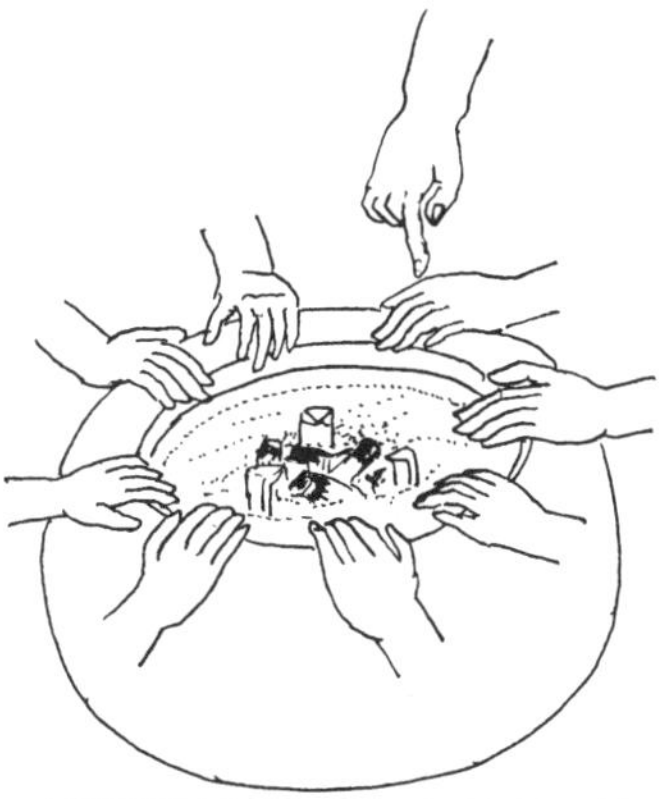

お煎餅焼けたかな（おせんべやけたかな）

立ってお手玉を取る

お月様くぐり（おつきさまくぐり）
遠江の遊び

お月様いくつ（おつきさまいくつ）
江戸時代に流行した童謡で、地方により
歌詞に多少変化がある

2人でお手玉を取り合う

お手玉（おてだま）

『東京風俗志』

く」の「一二《ひふ》」はお手玉の別名である。喜田川《きたがわ》守貞《もりさだ》の『守貞漫稿《もりさだまんこう》』に「江戸にては縮緬小裁を以て方寸ばかりに袋を造り、其中に小石或は小豆等四五粒或七八粒縫込めて為レ之こと同前也。名けて御手玉と云、てだまとりと云」とあり、また喜多村信節《きたむらのぶよ》の『嬉遊笑覧《きゆうしょうらん》』にも「津軽にてはさまざまみごとなる絹にて丸く袋に縫ひ、その内に鈴と赤小豆又は銭などを入て是を手玉とし、その数三ツばかりは片手にてつき、五ツより以上は両手にてつくといへり」とある。

お手玉の遊び方には大きく分けて2つある。一つは、2～数個のお手玉を順にほうり上げては取り、ほうり上げては取りを繰り返す遊び。これには両手で取る方法、片手だけで取る方法、立って行う方法、2人が相対して取り合う方法などがある。もう一つは、場に決まった数のお手玉（5～8個）を撒《ま》き、親玉（1個だけ目立つよう大きめにつくったお手玉）を投げ上げて、落ちてくるまでに場のお手玉を拾ったり手に載せたりする遊びで、これを「おさらい」とも呼ぶ。拾うとき最初は1個ずつ拾い、次は2個ずつ、その次は3個ずつ……というように、数を多くしていく。また拾い方も、最初は手前にとる、次は拾って反対の手の甲に載せる、その次は指の間にはさむなど、だんだんと難しくしていく。失敗すると交替する。うたいながら調子を合わせて遊ぶための歌がいろいろある。⬇石《いし》投子《なご》

［文献］日本全国児童遊戯法（上）（中）、日本の遊戯、遊戯大事典、吾妻余波、下町の子どもの遊び、東京風俗志、日本遊戯史、遊びの大事典

おてっ払い（おてっぱらい）

お弾き遊びのときの「おやつ」のこと。⬇おやつ

おでこ双六（おでこすごろく）

絵双六の一種で、当時の歌舞伎役者や有名な商人の顔が描かれたもの。「おでこ」は「御出木偶」と書き、江戸時代の見世物に用いた人形、または小屋掛け・菰垂れの芝居をいう。⬇双六《すごろく》

［文献］日本の遊戯、遊びの大事典

おてへ

甲斐《かい》（山梨県）の遊び。草木の実や貝殻を同数持ち寄り、順序を決めておく。持ち寄ったものを手のひらに取って手の甲に置き、また手のひらに取って数を数え、偶数なら取れる。奇数なら次の者に代わる。

［文献］日本全国児童遊戯法（中）

お寺の水汲み（おてらのみずくみ）

2人で両手をつなぎ、「お寺の水汲み、どうして汲むぞや。つるべを傾げてこうして汲むのじゃ」とうたう。「つるべを傾げて」までは手を左右に振る。「こうして」で一方の手をつないだまま高く挙げ、その下をくぐって背中合わせになり、つづいて同様にして元の向かい合わせに戻る。これをうたいながら繰り返す。

［文献］日本全国児童遊戯法（中）、日本の遊戯、遊戯大事典、日本遊戯の解説、遊びの大事典

おでん屋遊び（おでんやあそび）

東京の遊びで、おでん屋の商売をまねた「鬼ごっこ」の一種。1人がおでん屋、1人が買い手、その他大勢はおでんの役になって頭を並べる。買い手が「おでんをくれ」と言うと、おでん屋はおでん役の子の頭をなで、「これは硬いから芋だ」「これは軟らかいからこんにゃくだ」などと選別する。買い手に「味噌をつけるか」と聞き、買い手が「そうだ」と答えると、「味噌が足りないから買ってくる」と言って出ていく。その隙におでん役はいっせいに逃げ出し、戻ってきたおでん屋が買い手と一緒にそれを追い回す。おでん屋については、喜田川守貞《きたがわもりさだ》の『守貞《もりさだ》漫稿《まんこう》』五、生業下に「上燗おでん――燗酒と蒟蒻の田楽を売る、江戸は芋の田楽も売る也」とあるが、それ以前の出版物には見あたらない。したがってこの遊びも、おそらく江戸後期から行われたものであろう。

［文献］日本全国児童遊戯法（上）、日本の遊戯、遊戯大事典、日本遊戯の解説

滑稽手遊び（おどけてあそび）

手の指を図のように握り、滑稽じみた顔を描く。頭の部分にはハンカチなどをかぶせても良《よ》い。親指と他の指との間を開けたり締めたりすると、人形がしゃべっているように見えておかしい。

［文献］絵入幼年遊戯

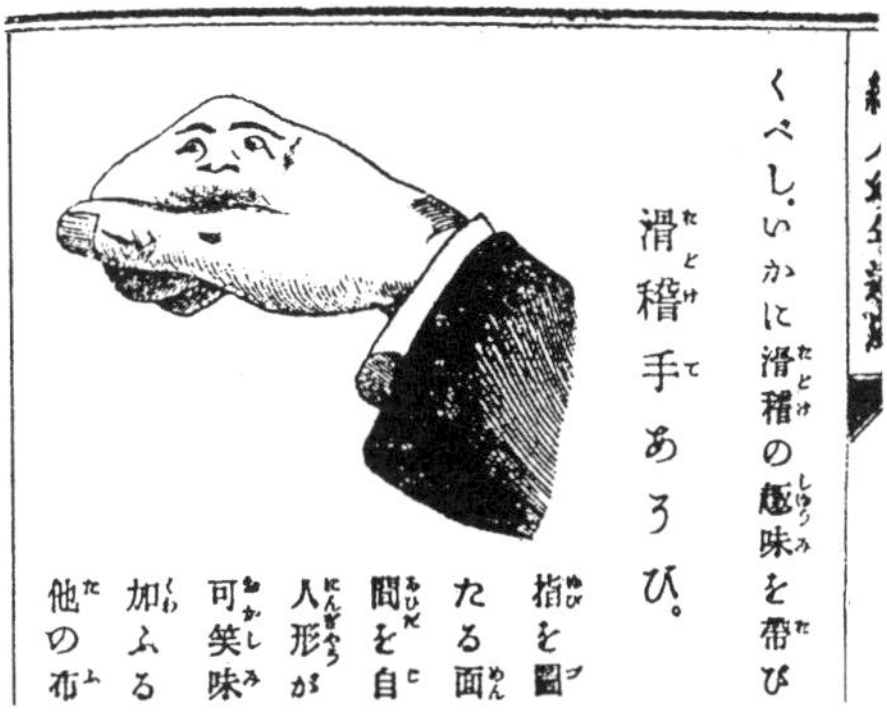

滑稽手遊び（おどけてあそび）『絵入幼年遊戯』
手に目鼻を描いて指を動かすと、表情が変わって見える

おでん屋遊び（おでんやあそび）
江戸時代からある東京の遊び

鬼ごっこ（おにごっこ）『小学体育全書』
この図では、後方の樹木が休憩場所に指定されている

落とし合い
（おとしあい）

落とし合い（おとしあい）

「落としっこ」ともいう。太い丸太か平均台に2人が上がり向き合う。足を前後に開いてバランスを取りながら、手で突いたり払ったりして落とし合いをする。自分からバランスをくずして落ちても負けである。

［文献］日本の遊戯、遊戯大事典、日本遊戯の解説

鬼ごっこ（おにごっこ）

「鬼事」「鬼遊び」「鬼子」などともいう。大勢で集まり、じゃんけんなどで鬼役を1人決め、他は全員逃げ手となっていっせいに逃げる。鬼は追いかけて捕まえ、捕まった子が今度は鬼になる。捕まえるには腕でも服でもつかむだけでいい。あらかじめ逃げられる範囲が決まっているので、いったん遠くへ逃げてから、鬼をからかいに戻ってくる子もいる。ただし「溜《た》まり鬼」「子殖やし鬼」といって、捕まった子に交替せずに一緒に鬼になり、全員が鬼になるまで続ける遊び方もある。また鬼が手を出せない休憩場所（柱、家、宿などと呼ぶ）をいくつか設けたり、年少者を「糟」「かわらけ」などといって捕まえないルールもある。

　地方によりさまざまな呼び名があり、遊び方にも変化が見られる。越谷吾山《こしがやござん》の『物類称呼《ぶつるいしょうこ》』に「江戸にて鬼わたし、京にてつかまへぼ、大坂にてむかへぼ、東国及出羽又肥の長崎にて鬼ごとといふ、奥の仙台にて鬼々、津軽にておくりご、常陸にて鬼のさらといふ」とあるように、

江戸時代の京都では「つかまえぼ」、大坂では「むかえぼ」といった（ただし、幕末になると京坂では「きつきりもう」と称していたと前田勇の『児戯叢考』にある）。江戸では「鬼渡し」といい、鬼がぼんやりしていると「鬼ぬけ間抜太鼓しょって逃げろ」とはやした。遠江《とおとうみ》（静岡県）の「鬼遊び」では、鬼が遠ざかったときに「鬼様留守だ、豆煎ってかましょ」と言って、豆を煎るまねをして休憩した。紀伊《きい》（和歌山県）では、鬼事をもう止めようというときは「もーせんき、はーらいた、腹の虫やおしこった」と言った。磐城《いわき》（福島県）では「鬼事」、伊勢《いせ》（三重県）では「鬼さん」、出雲《いずも》（島根県）では「鬼さん事」、山口では「鬼さご」、金沢では「鬼かいぼう」、越前《えちぜん》（福井県）では「鬼かえぼう」、仙台では「鬼々」、青森では「おくりご」、常陸《ひたち》（茨城県）では「鬼の皿」といった。なおこの言葉は、「目隠し鬼」「隠れん坊」「穴鬼」「子捕ろ子捕ろ」など、鬼のいる遊びの総称としても用いられる。

［文献］日本全国児童遊戯法（上）（中）（下）、日本の遊戯、遊戯大事典、小学体育全書、東京風俗志、日本遊戯の解説、日本遊戯史、遊びの大事典、下町の子どもの遊び

鬼定め（おにさだめ）

子供たちが集まって「鬼ごっこ」や「隠れん坊」などをしようというときに鬼を決める方法。(1)「じゃんけん」で決める方法、(2) 拳《こぶし》を出して「ずいずいずっころばし」で決める方法、(3) 拳はつくらず年長者がうたいながら各人を指さしていき、歌詞の語尾が当たった者をはずしていき、最後に残った者を鬼とする（あるいは語尾が当たった者を鬼とする）方法、(4)「草履近所」といって、履き物の片方をぬいで集め、履き物を順次指していって決める方法などがある。(2)～(4)は、同じ歌でもうたう調子やスピードが違うと、誰が鬼になるか予測が難しかった。歌は「ずいずいずっころばし」だけでなく、「いっちくたっちく……」「一人二人三めの子……」「一い二う三い四お……」「いっぽてっぽててがいやんま……」「ちゅうちゅう鼠の……」などがある。➡一《い》い二《ふ》う三《み》い四《よ》お、いっちくたっちく、いっぽてっぽててがいやんま、一人二人三《ひとりふたりさん》めの子、じゃんけん、ずいずいずっころばし、草履近所《ぞうりきんじょ》、ちゅうちゅう鼠《ねずみ》の

［文献］日本全国児童遊戯法（上）（中）、日本の遊戯、遊戯大事典、東京風俗志、日本遊戯の解説、遊びの大事典

鬼の留守に洗濯（おにのるすにせんたく）

「鬼の留守」ともいう。1人が鬼になり、他の者は両手で着物の褄《つま》を握り「鬼の留守に洗濯じゃぶじゃぶ」と言いながら洗濯するまねをする。そこに鬼が近づいてきて「糊は要らぬか、糊はよろしい」と言って糊を売ろうとする。他の者は「糊をください」と言って着物の褄を出してそこに糊を入れてもらおうとする。すると鬼は糊を入れる代わりに、ここぞばかりに褄を平手で払い落とす。褄を払い落とされた者が代わって鬼になる。糊を入れてもらいに近づいてきたときに、飛びかかって捕まえることもある。喜多村信節《きたむらのぶよ》の『嬉遊笑覧《きゆうしょうらん》』に「各々着物の褄を両手に持ち洗ふまねびして、鬼どのの留守に洗濯しよといひつつ居れば、鬼になりたるもの糊売らむと言ふ時、着るものの褄をかかげたるにて受くる。鬼平手して力を入れ其褄持ちたるを打払ふ、払ひ落されたるは鬼にかはりてなるなり。鬼の留守の洗濯といふ諺より出でたる遊戯なり」とある。

［文献］日本の遊戯、遊戯大事典、日本遊戯史、竹馬之友、遊びの大事典

鬼渡し（おにわたし）

「鬼ごっこ」の江戸での呼び方。➡鬼《おに》ごっこ

［文献］日本の遊戯、遊戯大事典

おねぼ

「おくっつき」「ぐつ」などともいう。お弾き遊びで最初に床に撒《ま》いたとき、2個以上がくっつき合って一かたまりになっている状態。その部分のお弾きはうまくはじくことができないので、そこだけ撒き直しをするか、次の順の者が預かっておく。撒き直す方法には「お高」「お釜」「肘《ひじ》つき」などがある。➡お弾《はじ》き、お釜《かま》

お弾き（おはじき）

碁石や小石をはじいて遊ぶことは、古代より行われてきた。平安時代には、特別な盤の上で碁石をはじき合う「弾碁《だんぎ》」という遊びがあったが、これは貴族の間で行われたものである。一

鬼ごっこ（おにごっこ）

東京の鬼ごっこにはタンマがあった

遠江の鬼ごっこでは、鬼が近くにいないとき豆を煎るまねをして休憩した

年少者は「糟」などといって捕まえない

鬼定め（おにさだめ）

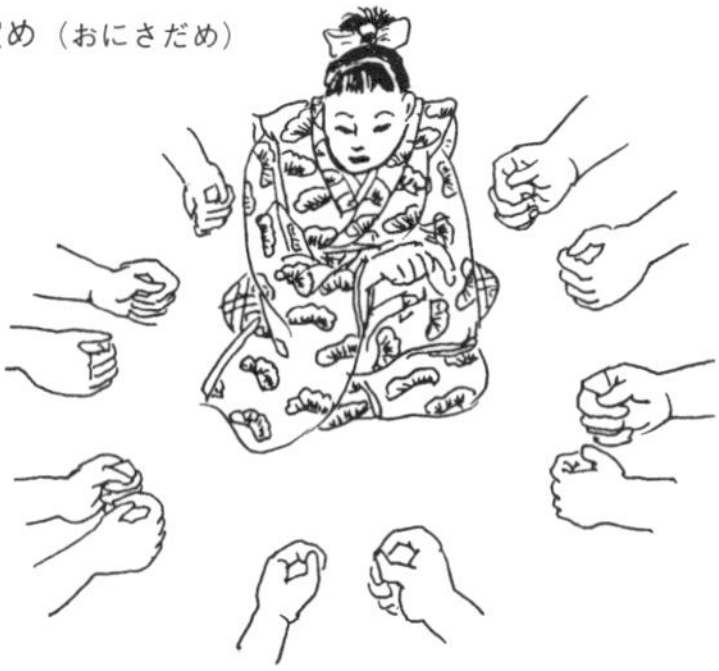

拳を出して「ずいずいずっころばし……」をうたいながら鬼定め

履き物を集めて指さしながら鬼定め

鬼の留守に洗濯（おにのるすにせんたく）『竹馬之友』

手のなるほうへ　手のなるほうへ　おにさのるすにせんたくしましよ
松さがおにならおやどはいらぬ　手のなるほうへ　手のなるほうへ

年長者が一人ひとり指さしながら鬼定め

般には平たい小石を用いて遊び、「石弾き」といった。『宇津保物語《うつぼ》』にも「中のおとどに庚申し給ひて、男女、方わきて石はじきし給ふ」とある。その後、石の代わりに細螺《きさご》という小さな巻貝の貝殻が用いられるようになり、「細螺弾き」「きしゃご弾き」「いしゃら弾き」などと呼んだ。『長崎歳時記』には「猫貝を小児弄ぶことを云て、其法のせはじきと云は貝を握り、手の甲にうけ又手心にうけ、握り取、畳の上にちりたる余り貝は一々はじきて取て勝負を決す」とある。また、豆粒大の小豆や木の実、草の実などをはじいて遊ぶこともあった。明治後半になって現在のようなガラス製の円形のお弾きがつくられ、駄菓子屋などで売られるようになった。

遊び方にはいくつかある。まず、お弾き十数個を床にぱらりと撒《ま》き、接触し合ったものは(「おねぼ」という)、それだけを撒き直す(次の順の者が預かっておくというルールもあり)。撒いたお弾きの1個を親指と人さし指ではじいて、他の1個に当てる(はじく前に2個のお弾きの間に小指で線を引くこともあり)。このとき2個以上のお弾きに当たる(「おやつ」という)と失敗で、次と交替する。はじいた1個と当たった1個の間に指で線を引いて(2個のお弾きの間を、他のお弾きをはじき通すというのもあり)、他のお弾きに触れなければ成功。成功するとお弾きを取り、何度でもこれを繰り返すことができる。失敗したときは次に交替する。取った数の多さを競う。

お弾きには独特の数え方がある。2本の指(中指と人さし指)で一度に2個ずつを手前に寄せながら数えるが、そのとき「ちゅうちゅうたこかいな」で10個になる。20個は「はまぐりはむしのどく」と数える。喜多村信節《きたむらのぶよ》の『嬉遊笑《きゆうしょう》覧《らん》』にも「きさごはじきにツマと云はツマヅクの略、ヤツといふはやつあたりなり。きさごをかぞふるに、ちうしちうじたこのくはへが十てうと云ふ。ちうじは重二なり。それを重ぬれば八ツとなる。章魚《たこ》の足の数なり。是に又二ツ加へて十となるをいふ」とある。また周防《すおう》・長門《ながと》(山口県)では、10個のときは「つーつーたーけーじょう」、20個のときは「やまぶしのほらのかい」、30個のときは「お茶屋のはしをわたるちーてこけた」と数えた。➡石弾《いしはじ》き、お釜《かま》、おねぼ、細螺弾《きさごはじ》き、弾碁《だんぎ》、ちゅうちゅうたこかいな

[文献]日本全国児童遊戯法(上)(中)(下)、日本の遊戯、遊戯大事典、下町の子どもの遊び、日本遊戯の解説、遊びの大事典

お花独楽(おはなごま)【参考】

六角形の独楽の各側面に絵を描き彩色したもので、回して倒れたときにどの面が出るかで賭《と》博《ばく》を行った。一説によると、延享年間(1744~48)頃に俳優の助高屋高助が気まぐれにつくらせ、お花の絵姿だけが彩色されていたのでお花独楽といわれるようになったという。しかし喜多村信節《きたむらのぶよ》の『嬉遊笑覧《きゆうしょうらん》』には、「近く延享の頃作りそめしといふ説は無根のそら言也。余が家にも倉のすみに、こまと札とくづれたるが有し。其画は今よくも覚えず、桜花、傾城、達磨、和藤内、チャラメラ吹る唐人などは覚ゆ。六枚おなじ絵にて札は大なり。こまのしんぼうは銀めつき、すべて黒上花ぬりの処は、絹地に金箔おして上に彩色画をかけり。こまにヒイ、タルといふも是にてしらる。思ふにこの絵、かの八方の花鳥風月、春夏秋冬の如く二枚づつ対になることとみゆ」とあり、この説を否定している。なお、同様の独楽で八角形のものを「八方独楽」という。➡独楽《こま》

[文献]日本の遊戯、日本遊戯の解説、日本遊戯史、遊びの大事典

オヒシバ

草花遊び。オヒシバを簪《かんざし》にする。またオヒシバで傘をつくり、開いたり閉じたりする。

[文献]下町の子どもの遊び

お雛様ごっこ(おひなさまごっこ)

東京の遊び。1人を売り手、1人を客とし、他はお雛様となって売り手の後ろに並ぶ。客はお雛様を買いに来て売り手と会話する。客「雛一つおくれ」。売り手「どの雛みつけ」。客は1人を指さし「ちょいと見ちゃこの子、この雛おくれ」。売り手「何でまま食わす」。客「ととでまんま食わしょ」。売り手「小骨がつーく」。客「かんで食わしょ」。売り手「つばきがつーく」。客「洗って食わしょ」。売り手「水気がつーく」。

細螺の貝殻

ガラスのお弾き

お弾き（おはじき）

お弾き『吾妻余波』
ガラスのお弾きができる前は、細螺《きさご》の貝殻をはじいて遊んだ

お花独楽（おはなごま）

おひなめころころ
相模で3月節句に女の子が遊んだ

オヒシバでつくった傘

客「ほして食わしょ」。売り手「てんと虫たかる」。客「観音様のじゃじゃ豆十買って食わしょ」。売り手「それは大毒虫の毒」。客「一匁」。売り手「いいや否や」（十匁になるまで繰り返す）。客「十匁」。売り手「いいや否や」。ここで客は片方の履き物をそこに置いて片足けんけんしながら行こうとする。それを見て売り手は「もしもし、昔の古金玉《こきんぎょく》が落ちましたから十文のかけらに負けておきましょう」と言う。それから売り手の右手と客の左手の指を組み合わせて雛の頭上十数センチのところにかざし、雛を跳び上がらせる。小指に触れたら雛の前に薪《まき》の図を描き、雛に薪割りの格好をさせる。薬指のときは円形を描き、肥溜《こえだめ》で釣をする様子をさせる。中指のときは三味線を描き、三味線をひくまねをさせる。人さし指のときは扇の図を書いて踊り子のまねをさせる。これを繰り返して1人ずつ買い、全員を買い終わるとまた売り手と客を決めて繰り返す。 ⇩子買《こか》お

［文献］日本全国児童遊戯法（上）

おひなめころころ

相模《さがみ》（神奈川県）の女の子の遊び。3月の雛の節句の前に、小さな組重（組み重なるようにつくった重箱）にいろいろな料理や菓子を入れて雛棚の前に置く。近所の女児を集めて組重の中を広げ、おもちゃのまな板や包丁で思い思いに刻んで食べる。

おぶさりっこ

あらかじめどこからどこまでと決めておき、交替で相手を背負って歩く。

［文献］日本全国児童遊戯法（中）

御神輿遊び（おみこしあそび）

「御神輿ごっこ」「お祭りわっしょい」ともいう。3人一組で行う。大きい子が2人向き合って手を差し違えに組むと（右手で自分の左手の腕をつかみ、左手でもう1人の右腕をつかむ）ちょうど井桁のようになり、これが神輿の長柄の代わりとなる。ここに少し小さい子を乗せて腰を下ろさせ、「祭りだ、ワッショイ」などと言いながら練り歩く。またけんか神輿のまねをして、神輿を2組以上つくってぶつけあったり、上に乗った子が他の神輿の子と組み合ったりする。手を組んで乗せるので「手車」、なまって「てんぐるま」とも呼ばれた。➡**手車《てぐるま》**

［文献］日本の遊戯、遊戯大事典、日本遊戯の解説、遊びの大事典

女郎花遊び（おみなえしあそび）【参考】

平安時代に行われた歌合せの一種。女郎花に歌を添えて出し、花の美しさと歌の優劣を競った。

［文献］日本の遊戯、日本遊戯史

おむく

お手玉遊びの大阪での呼び方。➡**お手玉《てだま》**

［文献］日本の遊戯、遊戯大事典、日本遊戯の解説

おやつ

お弾き遊びで、はじいたお弾きが2個以上のお弾きに当たること。罰としてそれまでに取ったお弾きを全部、場に返して次の者に代わる。喜多村信節《きたむらのぶよ》の『嬉遊笑覧《きゆうしょうらん》』に「きさごはじきにツマと云はツマヅクの略、ヤツといふはやつあたりなり」とある。➡**お弾《はじ》き**

［文献］日本の遊戯

親取り子取り（おやとりことり）

「子捕ろ子捕ろ」のこと。➡**子捕《こと》ろ子捕《こと》ろ**

［文献］日本の遊戯、遊戯大事典、日本遊戯の解説

お山のお山のおこんさん（おやまのおやまのおこんさん）

「お山のおこんさん」「お山のお山のおっこんさん」ともいう。問答の末に「鬼ごっこ」になるが、遊び方は文献によって多少違いがあり、たとえば『日本全国児童遊戯法』によると以下のようである。

おこん、母親役、鬼役の3人で、おこんは母親の後に隠れ、鬼がやってくる。鬼「海越して河こしてお山のお山のおっこんさんえ」。母親「まだ寝ているよ」。鬼は「おやおや、お寝ぼうだね」と言ってちょっと後ろを向き、すぐ前向きになる。鬼「お山のお山のおっこんさんえ」。母親「今起きて顔を洗っておしろいをつけているよ」。鬼は「おやおや、おしゃれだね」と言ってまた後ろを向き、すぐ前向きになる。鬼「お山のお山のおっこんさんえ」。母親「いま便所へ入っているよ」。鬼は「おやおや、臭いね」と言ってまた後ろを向き、すぐ前向きになる。鬼「お山のお山のおっこんさんえ」。母親「今よそに行きましたよ」。鬼「おやおや、あなたの後ろにあるものなーに」。母親「これは私の踏み台ですよ」。鬼「おや、足が見えるよ。あれ、手が見えるよ。おやおやおかしいね、踏み台ではないんでしょう」。母親「いいえ、これは私の踏み台ですよ」。鬼はちょっとのぞき見て「おやまあ嘘つきだねー。おこんさんだよ。ちょっとどいてごらんなさい」。母親「どくとはできませんよ」。鬼「いえ、それでもどいておみせなさい」。ここで母親はおこんに「早くお逃げよ」と言い、おこんが逃げるのを鬼が追いかけて捕まえ、背中を打つと交替する。

また『東京風俗志』によると、おこんが鬼。他の子たちが「お山のおこんさんどうしたえ、少し貸しておくれ」と求めるのを、母親役が「ただ今、留守」と断る。問答のあげくに連れ出し、「先だって貸した香箱、どうしたえ」と聞く。おこんが「なくなした」と言うと、他の子たちは「ばかばか」と言って逃げる。おこんはそれを追いかけ、捕まった子が今度はおこんになる。

［文献］日本全国児童遊戯法（上）、日本の遊戯、遊戯大事典、吾妻余波、東京風俗志、日本遊戯の解説、遊びの大事典

お山の大将（おやまのたいしょう）

❶小高いところに登り、「お山の大将、われ1人、あとから来る者突き落とせ」と言いなが

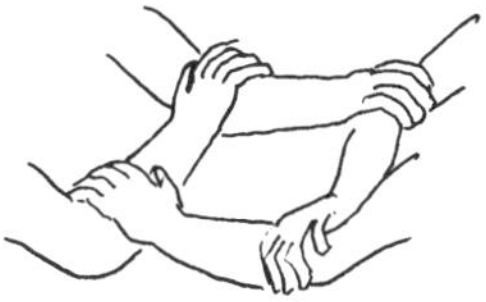

腕を井桁状に組む

御神輿遊び（おみこしあそび）

お山のお山のおこんさん『吾妻余波』

おぶさりっこ
相手をおんぶして歩く遊び

親取り子取り（おやとりことり）『小学体育全書』
明治期のこの本には、「蛇」という遊びとして紹介されている

お山のお山のおこんさん（おやまのおやまのおこんさん）
このほか、おこんが鬼になって皆を追いかける遊び方もある

ら、後から登ってくる者を妨害する遊び。❷山の上と平地に分かれ、境界線を引いておく。山の上の子たちは「お山の大将、われ1人」と言って、平地に向かい、境界線のところで平地の子をひっぱり上げようとする。平地の子たちはひっぱり上げられないよう連合して抵抗する。境界線からひっぱり込まれた子は囚人となり、山の上の者に協力しなければならない。ひっぱり上げるほうが力がいるため、山の上の子には大きくて力の強い者をあてる。

［文献］日本全国児童遊戯法（上）、小学体育全書、下町の子どもの遊び、遊びの大事典

折紙（おりがみ）

「折居《おりすえ》」「折形《おりがた》」ともいう。正方形の紙を折って、鶴、兜、奴、舟、提灯、蛙、風車、三番《さんば》（三番叟のときにかぶる帽子）、砲船、菊皿、ふくら雀、福助、煙草入れなどさまざまな形をつくって楽しむ。平安時代の歌人藤原清輔の歌集に「青き筋ある紙にて、かへるのかたを作りて書きつけてやりける」とある。また、江戸時代の俳人榎本其角の句に「鶴折て日こそ多きに大晦日」、中川麦林の『俳諧三疋猿』に「折形の舟ながさばやかきつばた」など、俳句にも多く詠まれている。また喜多村信節《きたむらのぶよ》の『嬉遊笑覧《きゆうしょうらん》』には、「此ごろ浅草に折紙たたみて、種々の物を作り、人物、鳥獣何にても人の望に任せて造る者あり」とある。

［文献］日本の遊戯、日本遊戯の解説、遊びの大事典

折居（おりすえ）

「折紙」のこと。井原西鶴の『好色一代男』に「或る時は、おり居をあそばし、比翼の鳥のかたちは、是ぞと給はりける」とある。➡折紙《おりがみ》

［文献］日本の遊戯

遠国（おんごく）

「大阪遠国」ともいう。盆踊りから来た子供の行列遊び。7～8月の夜に子供が十数人連なって提灯《ちょうちん》を持ち、歌をうたいながら町を回る。「わしは遠国越後の者で、親が邪見で七つの年に、売られて来ました」という童謡をもとに江戸中期にできた遊びで、「おんごくなははなははや　おんごくなさよいよい　舟は出ていく帆かけて走る　茶屋の娘は出てまぁねく　さちぁのむーすめーはでーてまぁねく　アリャリャコリャサァサヨイヨイサ。おんごくなははなははや　おんごくなさよいよい塞の河原で　碁石をひろて砂磨てあこやいあって　阿古屋姉さんかねかと思って　金じゃござらん碁石でござる　是がかねなら帯買ぁおをとさ　こーれがかねならおおびかぁをと　アリャリャコリャリャサァサァヨイヤヨイヤサ」とうたいながら連なり歩いた。かつては京・江戸でも行われ、喜田川守貞《きたがわもりさだ》の『守貞漫稿《もりさだまんこう》』に「三都ともに七月初より同月末迄女童の遊戯あり。三都各相以て又異也。……大坂は四五十年前迄は盛に行れ、其後漸くに衰へ昔の如くに非ずと雖ども、尚十数の女児行ㇾ之。蓋当地は毎街狭きを以て横に列せず、十数の児女幼年を先とし年長を後とし雁行の如く竪に連り、各々己が前に立つ児女の帯を以て繋ぎとす。蓋婢は団扇等を持ちかしづき従ひ往けども、僮僕箱挑灯を携ること無ㇾ之。又婢に非れど処女も年長じたるは不ㇾ繋ㇾ之を、脇に添て介抱するもあり」とある。歌詞は時代や地域によって違うようで、『日本全国児童遊戯法』には「おんごくな葉々《はは》な葉々なおんごくなはよいよい何がやさしや、蛍がやさし、草の御蔭で火をとーもす。アラーコラー、サーサ、ヨイヤサー。内の隣の九太郎様が馬に乗ろとて馬から落ちて、医者に掛けよか眼医者にかきよか。医者も眼医者も御無用でござる。あの山越えよか賽の河原で小石をひろて、砂で磨いて箱屋にやって、箱屋姉さん金かと思て、之れが金なら帯買おか。アラーコラコラヨイヤサー」とある。また摂津《せっつ》の「音《おん》ごく」では「一おいてまわろ、わしゃ市やたてん……」とうたった。➡一《いち》おいてまわろ、盆々《ぼんぼん》

［文献］日本全国児童遊戯法（上）（下）、日本の遊戯、遊戯大事典、日本遊戯史、遊びの大事典

おんばはたおり

越前《えちぜん》（福井県）で、いなごを捕まえて足が動く様子を見ながらうたった歌。「おーんば　はたおり　おーや子に負けんな　翌《あーす》は大瀬戸のさーるまの祭り　一本植えれば百ほどでける　二本植えれば二百ほどでける　三本植えれば三百ほどでける……」と10本になるまで繰り返す。

［文献］日本全国児童遊戯法（下）

お山の大将『小学体育全書』

お山の大将（おやまのたいしょう）

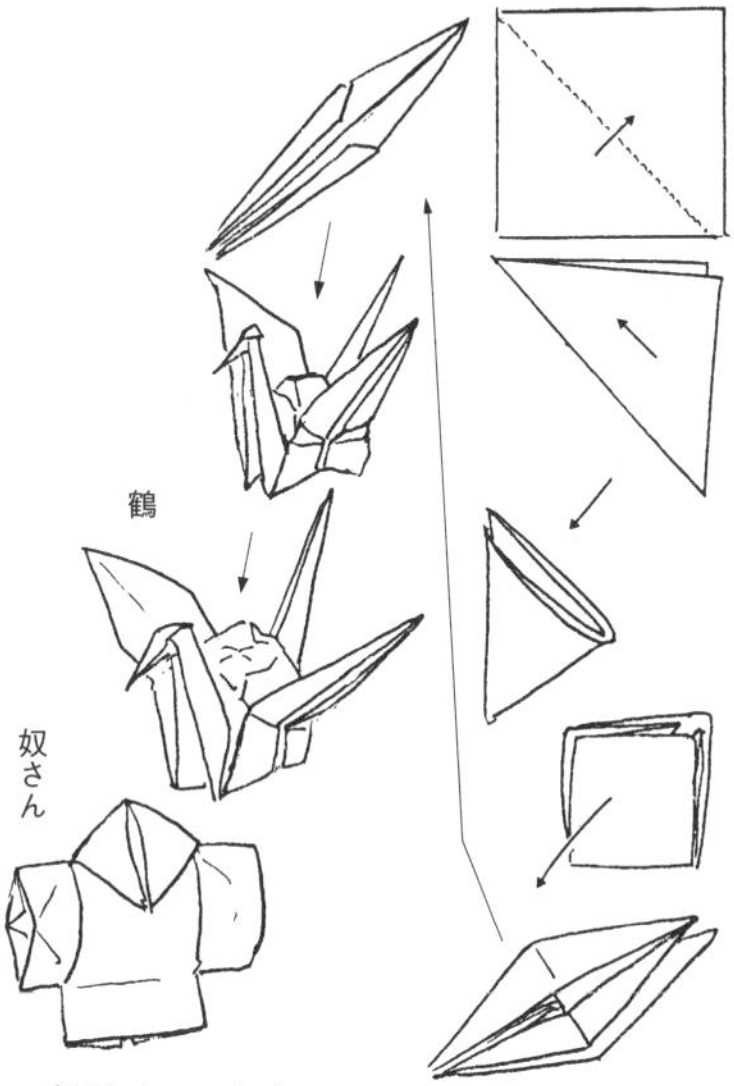

折紙（おりがみ）

折紙『絵本十寸鏡』

大阪遠国に出る幼女が着た衣装の袖口。細くくけた色とりどりの縮緬を数条下げた

盆の連なり歩きは各地に見られ、地方によっては男児も一緒に歩いた

遠国（おんごく）

[か]

貝合せ（かいあわせ）【参考】

平安時代に上流貴族の間で行われた物合せの一種。種々の貝を持ち寄って優劣を競い、その貝によせる歌を詠んで添えた。後になって「貝覆い」のことを指すようになった。⬇貝覆《かいおお》い

［文献］日本の遊戯、日本遊戯の解説、遊びの大事典

貝覆い（かいおおい）【参考】

平安時代から行われている、蛤《はまぐり》の貝殻を使った貴族や裕福な者の高級な遊び。起源ははっきりしないが『源平盛衰記』に記述が見え、平安末期には広く行われていたらしい。後世になるにつれて一般にも広まり、それに用いる貝が店で売られるようになった。貝は六角形の筒状の貝桶《かいおけ》に入れて蓋をし、紐で縛って保管した。貝桶は黒漆塗《くろうるしぬり》に金蒔絵《きんまきえ》の高級品で、はまり合う蛤の貝殻《かいがら》は一対しかないことから嫁入り道具ともなった。江戸時代には貝覆いの作法がますます複雑になったこともあってしだいに廃れ、貝桶は単なる装飾品にすぎなくなった。貝殻の内側には大和絵風の絵が描かれ、絵合せも行われた。貝覆いと貝合せは混用されることが多いが、本来は別の遊びである。

遊び方は『雍州府志《ようしゅうふし》』によると、360の蛤貝《はまぐりがい》の殻を2分し、一片を地貝《じがい》、もう一片を出貝《だしがい》とする。貝桶《かいおけ》から地貝を出して12個を輪のように並べ、その外側にも輪を重ねるように並べ、中央の空いているところに出貝を1個ずつ置く。集まった人々は円座になって、出貝と地貝を合わせ、合った貝を多く取った者が勝ち。貝の持ち方や合わせ方には複雑な作法があり、地貝と出貝をおおうようにして合わせた。⬇貝合《かいあわ》せ

［文献］日本の遊戯、日本遊戯の解説、日本遊戯史、遊びの大事典、二見の浦、貝尽浦の錦、絵本十寸鏡

かいごうかいごう

周防《すおう》・長門《ながと》（山口県）の遊び。幼児が手をつないで、「かいごう　かいごう　友達　昨日まで遊んで　今日は友に取られたぁ」ととなえて回り、歌が終わるとその場にうずくまる。

［文献］日本全国児童遊戯法（下）

海水浴（かいすいよく）

日本にはもともと漁師以外に海で泳ぐという習慣はなく、海水浴は明治以降に外国人によってもたらされた。明治10年代には千鳥浜、鎌倉、大磯などに海水浴場ができ、健康に良いと奨励されたこともあって一般にも広まった。

［文献］遊びの大事典、小児遊戯

回旋塔（かいせんとう）

遊戯器械の一種で、「循環台」ともいう。運動場など広い場所に長い棒を1本立て、上端に鉄製の回転する装置を取り付ける。そこから数条の索を下げるが、索の端に各1個環が付いている。子供はそれぞれこの環を握り、合図でいっせいに同方向に走って回る。勢いがつくと足を地面から離し、環にぶら下がって旋回する。

［文献］小学体育全書

開戦ドン（かいせんどん）

大勢が2組に分かれて互いに陣地を持つ。「開戦ドン」の合図で陣地から離れ、敵に合うとタッチしてじゃんけんをする。負けたほうは逃げ、勝ったほうは追いかけて捕まえる。味方の陣地に逃げ込めば助かるが、捕まると敵の陣地に連れてこられる。味方がタッチしてくれると解放されて、再び活動できる。

［文献］下町の子どもの遊び、遊びの大事典

回転木馬（かいてんもくば）

「メリーゴーラウンド」ともいう。遊園地などにある遊具で、中央の軸のまわりを木馬が回るもの。大正の初めから昭和にかけて、東京の浅草公園内に木馬館があった。なかには大きい円形の台の上に木馬が2列になって並び、機械仕掛けで回るようになっていた。台の中央では音楽隊が心はずむような曲を演奏していた。お金を払って乗ると、馬はゆっくりと上下しながら音楽隊のまわりを回る。子供たちはいつまでも乗っていたくて、回転木馬が動きを止めてもなかなか馬から降りようとしなかった。

［文献］遊びの大事典

掻い掘り（かいぼり）

池や沼、溝の一部を泥土などでせき止めて、

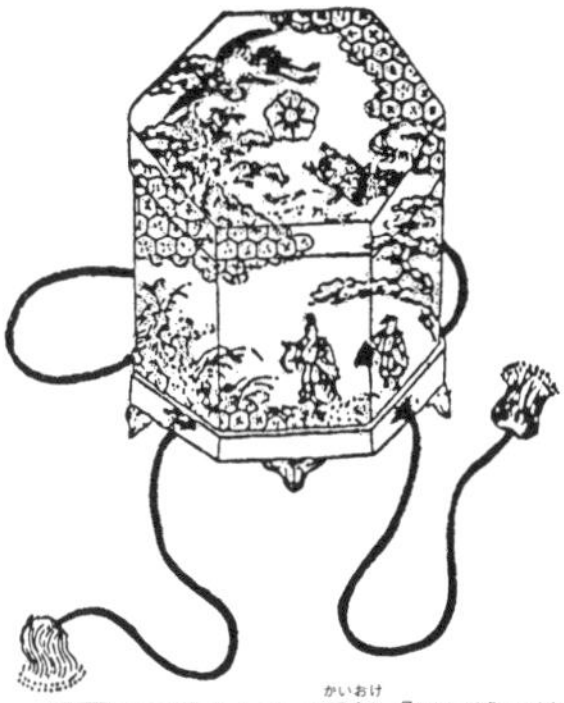

貝覆いの貝をしまう貝桶《かいおけ》『貝尽浦の錦』
黒漆塗りに金蒔絵仕様で印籠蓋をして
緒で結んだ

貝覆い『絵本十寸鏡』

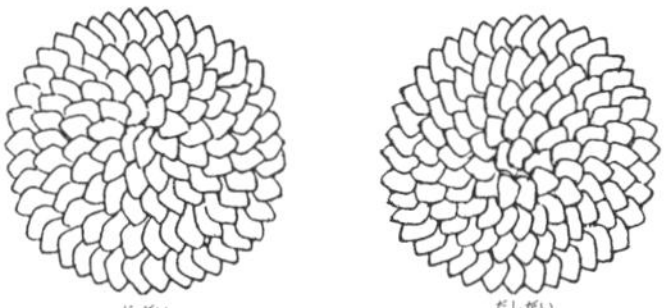

貝の納め方『貝尽浦の錦』

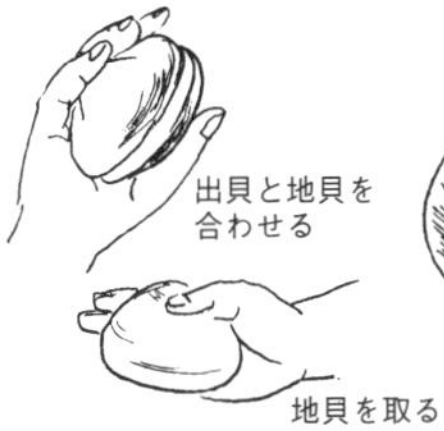

貝覆い（かいおおい）

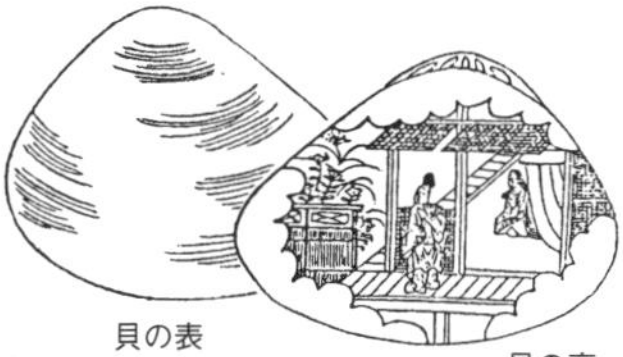

貝の表裏『二見の浦』

回転木馬（かいてんもくば）

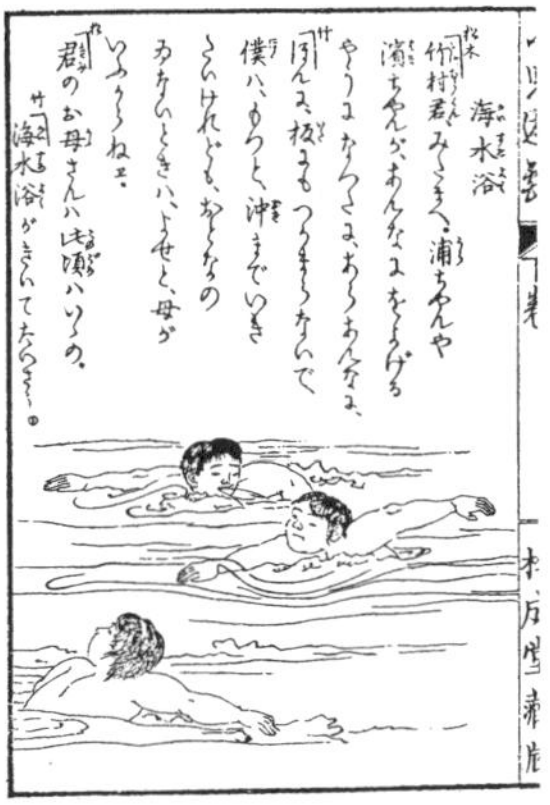

海水浴（かいすいよく）『小児遊戯』

掻い掘り（かいぼり）

回旋塔（かいせんとう）『小学体育全書』

開戦ドン（かいせんどん）

中の水をバケツなどで掻き出し、鮒《ふな》、鯉《こい》、どじょう、鯰《なまず》、めだかなどを捕まえること。

［文献］日本全国児童遊戯法（上）

蛙釣り（かえるつり）

「かわず釣り」「蛙捕り」ともいう。これには方法が2つある。(1) 狗尾草《えのころぐさ》（稲科の1年草で「ネコジャラシ」ともいう）の茎の先を巻いて罠をつくり、輪の部分を蛙の前に垂らす。蛙がそれに飛びついて輪の中に入った瞬間に茎を引くと、輪が締まって蛙を捕まえることができる。江戸時代からあった遊びで、寺島良安の『和漢三才図会』にも「狗尾草、原野多有ㇾ之。小児用ㇾ之釣ㇾ蛙戯者」と記されている。(2) 1～1.5メートルぐらいの細い竿の先に糸を結び、飯粒や蝿を結びつけて蛙の目の前に垂らし、餌に飛びついてくる蛙を捕まえる。東京では「蛙まま食え、食えよ、親の乳よりうまいものやるぞ」と言いながら釣った。

［文献］日本全国児童遊戯法（上）（下）、日本の遊戯

蛙跳び（かえるとび）

「かわず跳び」「台跳び」「馬跳び」ともいう。数人が間隔をあけて立ち、それぞれ両手を膝に当てて前かがみになる。最後尾の子が離れたところから助走をつけて、前かがみになっている子の背中に手をつき、跳び箱の要領で跳び越える。跳び終えたら先頭になってかがみ、次は最後尾になった子が跳ぶ。これを繰り返す。

［文献］日本の遊戯、遊戯大事典、下町の子どもの遊び、日本遊戯の解説、東京風俗志、遊びの大事典、小学体育全書

蛙の弔い（かえるのとむらい）

死んだ蛙にオオバコ（車前）の葉をかぶせておくと生き返るという迷信が古くからあり、子供が捕まえた蛙が死んでしまうと、車前の葉を1枚かぶせて弔いをした。この迷信は古くから信じられていたようで、平安時代の『蜻蛉日記』にも、「おほばこの神のたすけやなかりけんちぎりしことをおもひかへるは」という歌がある。また鎌倉時代の『伊呂波字類抄』にも「車前草蝦蟇衣」という記述がみえる。

［文献］日本の遊戯、日本遊戯史

屈み鬼（かがみおに）

「鬼ごっこ」の一種で、鬼に捕まりそうになるとしゃがむ。しゃがむと捕まらないが、無制限だといつまでも捕まらないので、1人3回までというように制限を設けておく。

［文献］日本の遊戯、遊戯大事典、日本遊戯の解説、遊びの大事典

鍵渡し（かぎわたし）

煙管、火箸、箸などを鼻の下と上唇ではさんで、リレーしていく遊び。次の人も同じようにして受け取る。東京の小学生がよく遊んだ。

［文献］日本全国児童遊戯法（上）

かくかくかくれんぼうや

美濃《みの》（岐阜県）の「隠れん坊」の鬼定めの歌。「かくかくかくれんぼうやそうれんぼうやそうたか入道茶碗《にゅうどうちゃわん》に茶柄杓《ちゃびしゃく》すっぺらぽん」と言いながら各自の胸をたたいてまわり、最後の「ぽん」に当たった者を抜いていく。最後の2人になると「すかっと切ってどちらが鬼じゃ手のつく方が鬼じゃ」と胸を交互にたたき、最後の「じゃ」が当たったほうが鬼になる。⬇鬼定《おにさだ》め、隠《かく》れん坊《ぼ》

［文献］日本全国児童遊戯法（中）

かくぷかちゅう

北海道の遊び。各自2メートルぐらいの棒を持ち、6、7人ずつ二手に分かれて20メートルぐらい離れて立つ。葡萄の蔓《つる》をからめてつくった輪を一つ投げ合い、この棒で突いて受ける。『日本全国児童遊戯法』には「成長の後、海或は河中にて鎗をとり大魚を突くの修業なるべし」とあるが、『遊びの大事典』では「毬打」「浜投げ」の変形と解説されている。⬇毬打《ぎっちょう》、浜投《はまな》げ

［文献］日本全国児童遊戯法（下）、遊びの大事典

隠れん坊（かくれんぼ）

「隠れ遊び」「隠れ鬼」「隠れんぼう」ともいう。ほぼ全国に見られ、地方により「隠れ子」（山口）、「隠ればち」（羽前《うぜん》）、「隠れくじ」「隠れんこ」（出雲《いずも》）、「隠れかんしょう」（相模《さがみ》の一部）、「隠れ案山子《かがし》」「隠れかしこ」（仙台）などの呼び方がある。遊び方は、まず鬼が一定の場所で目をおおって、他の子の動きを見ないようにする。その間に他の子たちは、自分の好きな場所に隠れる。隠れる範囲は、あらかじめ決めておく。鬼は目隠ししたまま「もう、いいかい」と聞き、

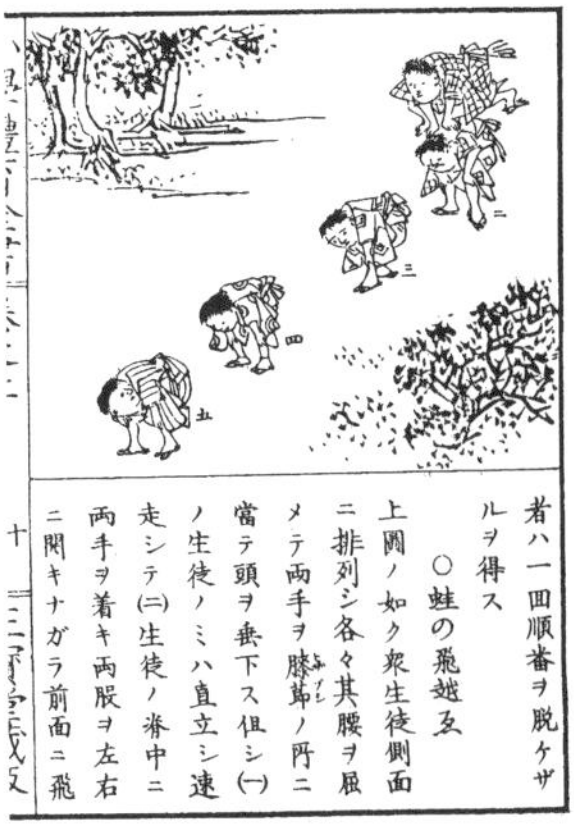
者ハ一回順番ヲ脱ケザルヲ得ス
○蛙の飛越亙
上圖ノ如ク衆生徒側面ニ排列シ各々其腰ヲ屈メテ両手ヲ膝節ノ円ニ當テ頭ヲ垂下ス但シ(一)ノ生徒ノミハ直立シ速走シテ(二)生徒ノ脊中ニ両手ヲ着キ両股ヲ左右ニ開キナガラ前面ニ飛

蛙跳び『小学体育全書』

蛙跳び（かえるとび）

糸に餌を結んで釣る

蛙釣り（かえるつり）

エノコログサ（狗尾草）の茎で罠をつくり、飛び込んだ瞬間に締めて捕まえる

鍵渡し（かぎわたし）
東京の遊び

屈み鬼（かがみおに）

蛙の弔い（かえるのとむらい）
オオバコの葉をかぶせておくと死んだ蛙が生き返るという迷信

君等ハハヤクコヽニ來レ　カクレゴトヲナシテ遊バン　ソレハ面白キ遊ビナルベシ　太郎君ヨ君ハ見出ス人トナレ　ヨシ吾レハ見出ス人トナラン　君等ハハヤクカクルベシ　然ラバ

隠れん坊『新読本』

かくかくかくれんぼうや
美濃での隠れん坊の鬼定め

かくぷかちゅう

北海道の「浜投げ」に似た遊び

隠れん坊（かくれんぼ）
『栄華物語』に隠れ遊びという記述があり、平安時代に隠れん坊は遊びとして成立していた

かくぷかちゅう
『日本全国児童遊戯法』

まだ隠れていない者は「まーだだよ」と答える。全員が隠れ終わって誰かが「もう、いいよ」と言うと、鬼は目を開けて探しはじめ、最初に見つかった者が鬼を交替する。あるいは、全員が見つかるまで鬼を続けるという遊び方もある。

　姿を消して探させるという遊びに似た所作は古代からあったらしい。『栄華物語』には「かの四條大納言の御姫君は、去年よりただならぬ御気色なりければ、大納言も尼上もいみじう思して、様々の御祈りどもいみじ。男君はいみじう思ひ聞え給へれど、猶いと心づきなく、ともすれば御隠れ遊びの程も、童《わらは》げたる心地して、それをあかぬ事にぞ思されたる」という記述が見え、平安時代にはすでに遊びとして成立していたと推察できる。

［文献］日本全国児童遊戯法（上）（中）、日本の遊戯、遊戯大事典、日本遊戯の解説、下町の子どもの遊び、遊びの大事典、新読本

かくれんぼに隠れ笠（かくれんぼにかくれがさ）
伊勢《いせ》（三重県）の「隠れん坊」の鬼定めの歌。「かくれんぼに、隠れ笠、打出《うちで》の小槌《こづち》に、ちょんがらもち、ちょい」あるいは「かくれんぼに、十れんぼ、角助やっこに、どっこいしょ」ととなえて、末尾に当たった者をはずしていき最後に残った者を鬼とした。➡**鬼定《おにさだ》め、隠《かく》れん坊《ぼ》**
［文献］日本全国児童遊戯法（中）

影絵（かげえ）
「手影絵」ともいう。夜に灯火のもとに集まって、両手の指を組み合わせ、いろいろな物に似せた影をつくって障子や壁に映す遊び。兎、石灯籠、天狗、鳩、銚子、釈迦、狐、猿、座頭、阿弥陀、鉄瓶などの影絵ができる。江戸時代には「影人形」といい、手指に切った紙などを補って洒脱なものを考案し、酒宴の興として盛んに行われた。『洛陽集』に「春の夜や影人形のはつ芝居」の句がある。
［文献］日本全国児童遊戯法（上）、日本の遊戯、日本遊戯史、日本遊戯の解説、遊びの大事典、絵入幼年遊戯、風俗鏡見山、現代娯楽全集

かけ競べ（かけくらべ）
「かけっこ」のこと。略して「かけっくら」ともいう。➡**かけっこ**
［文献］日本の遊戯、遊戯大事典、小学体育全書

かけっこ
「かけ競べ」「かけっくら」ともいう。「徒競走」のことで、一定の距離を走って速さを競う。古くは「みちくらべ」「はしりくらべ」といったようで、源順《みなもとのしたごう》編『倭名類聚鈔《わみょうるいじゅしょう》』には「牽道和名美知久良閉《ミチクラベ》」とあり、『箋註倭名類聚鈔』（狩谷掖齋）では「趨競《ハシリクラベ》」と註がついている。また『枕草子』（清少納言）にも「……今の世にははしりくらべをなんする」とある。
［文献］日本の遊戯、遊戯大事典、日本遊戯の解説、遊びの大事典、吾妻余波

影踏み鬼（かげふみおに）
「影踏み」ともいう。遊び方には2通りある。（1）合図でいっせいに影を踏み合う。他人の影を踏もうとし、自分の影は踏まれまいとする。（2）鬼を1人決め、合図で逃げ手はいっせいに逃げる。鬼は逃げ手を追って、影を踏む。影を踏まれた者は鬼を交替する。
［文献］日本全国児童遊戯法（上）、日本の遊戯、遊戯大事典、下町の子どもの遊び、日本遊戯の解説、遊びの大事典、以呂波引月耕漫画

影や道禄神（かげやどうろくじん）
東京の「影踏み鬼」のことで、「影や唐禄人《とうろくじん》」ともいう。互いの影を踏み合って遊ぶとき、手を打ちながら、「影やどうろくじん、十三夜《やー》のぼーた餅、さぁ踏んでみぃしゃいな」とはやした。昼間の太陽の影でもできるが、日中はあまり行わず、月明かりの影で遊ぶことが多かった。➡**影踏《かげふ》み鬼《おに》**
［文献］日本全国児童遊戯法（上）、日本の遊戯、遊戯大事典、遊びの大事典、東京風俗志、吾妻余波

駕籠遊び（かごあそび）
➡**お駕籠《かご》、道中《どうちゅう》駕籠《かご》**
［文献］遊戯大事典

籠目かごめ（かごめかごめ）
❶「籠目かごめ」の伝承遊びでうたう歌。「かーごめ、かごめ、籠の中の鳥はいついつ出やる、夜明けの晩に（七日の晩に）、つるつるつっぺったぁ（つるとかめがすべったぁ）」。文政6（1823）年に江戸市村座で興行された所作事、清元「月花茲友鳥《つきとはなここにともどり》」に「足の冷たいに草履買う

『風俗鏡見山』

いろいろな影絵『絵入幼年遊戯』

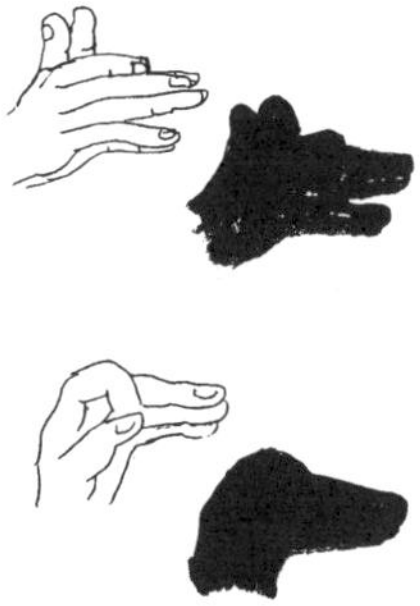

影絵（かげえ）

江戸の酒席で演じられた
鳥刺しの影絵と歌
『日本遊戯史』

むこの岸へはしり寄つて
あし原の中をわけ見たれば
やんまがら、とんがら
ひは、ぬか、めじろ
十内雀に、ほつとときす
チュク チュツ チュク チュツと
ゆてさいづるを
ふるきもちをしごいてとつて
あたらしきもちを腰から出して
くるくるまきつけて
くるくるとまきつけて
子供やかましいふな
子供やかましいふな
あの鳥をさいてみしよ
あの鳥をさいてみしよ
ちよいとさいてひつとつた
シャンリシャンリシャンリ

影踏み鬼（かげふみおに）

かけっこ
平安時代にはハシリクラベ、
ミチクラベといわれた

『吾妻余波』

東京では影踏み鬼を「蔭《かげ》や唐禄人《とうろくじん》」（影《かげ》や道禄神《どうろくじん》）
と言って遊んだ

影踏み鬼『以呂波引月耕漫画』

てたもれ。子を取ろ子を取ろどの子が目つき、あとの子が目つき。籠目かごめ籠の中の鳥はいついつ出やる、夜明けのばんに、つるつるつつはいた」とあることから、江戸後期には一般に流行していたと考えられる。

❷「籠目かごめ」の歌に合わせて行う遊びで、「籠目遊び」ともいう。伝わっている遊び方はいくつかある。⑴ 1人が両手で目をおおって中央にしゃがむ。他の子たちは手をつないで、「籠目かごめ」をうたいながらまわりを回り、最後に「うしろの正面だぁーれ」と言って止まり、その場にしゃがむ。中央の子はしゃがんだまま、自分の後ろにいる子の名前を言い当てる。当たると交替する。⑵ 2人が両手をつないで、中に1人がしゃがむ。2人が「籠目かごめ」をうたいながら手を代わる代わる上下に降り動かし、「つるつるつっぺったぁ」と言い終わると同時に、片方の手を高く上げると、中の1人が素早く抜ける。すぐに代わりの子が入って繰り返す。⑶ 全員が手をつないで「籠目かごめ」をうたいながら回り、一度回ると2人が向かい合って両手をつないで高く上げ、みんながその下をくぐって元の形に戻る。⑷ 集まった者全員が両袖口を手で押さえ、鳥が羽を広げたような形で、「籠目かごめ」をうたいながら体を左右に振る。

［文献］日本全国児童遊戯法（上）（中）、日本の遊戯、遊戯大事典、下町の子どもの遊び、日本遊戯の解説、東京風俗志、遊びの大事典

籠揺り（かごゆり）

大きな籠あるいはモッコ（藁縄で編んだ農産物や土塊を運ぶためのもの）を樹木の枝や家の梁からつるす。棒を持ってこの中に乗り、棒で地を押して揺らして遊ぶ。

［文献］日本の遊戯、遊戯大事典、日本遊戯の解説

風車（かざぐるま）

風を受けると羽根がクルクルと回るおもちゃ。江戸初期の『雍州府志《ようしゅうふし》』七、土産の項に「風車」という記載があり、当時から幼児の一般的な玩具であった。江戸時代には風車屋という行商が風車を売り歩き、子守娘がこれで背中の赤ん坊をあやした。現在はセルロイドでできた色とりどりの風車が縁日などでよく売られているが、画用紙と竹ひごで簡単につくることもできる。

つくり方にはいくつかある。⑴ 正方形の紙を斜めに切って三角形にしたものを数枚用意する。端と端を合わせて羽根をつくるが、このとき中央をふくらませて折り目をつけないようにする。厚紙を丸く切って芯とし、羽根を放射状に貼り付ける。芯に穴をあけて針金を通し、針金が自由に回転できるようにして竹筒などにさし込む。⑵ 4枚羽根の風車。正方形の紙に図のような切り込みを入れ、竹ヒゴを通す穴をあける。竹ヒゴを軸として真ん中の穴に通し、順に羽根の四隅の穴を通す。羽根の前後に厚紙片を通して押さえにする。さらに消しゴム片を通して止める。⑶『日本全国児童遊戯法』に採録された京都の風車。長さ20センチぐらいの紙を幅1.5センチぐらいにたたみ、それを3、4本を組み合わせたものの中央に針金を通し、筆軸に挿入する。

［文献］日本全国児童遊戯法（上）、日本の遊戯、下町の子どもの遊び、日本遊戯の解説、絵本家賀御伽

かずけ鬼（かずけおに）

磐城《いわき》（福島県）の遊びで、「鬼ごっこ」の一種。鬼が捕まえた子に「誰にかずけた」と聞き、「○○さんにかずけた」と答えると名指しされた子が鬼になる。➡鬼《おに》ごっこ

［文献］日本全国児童遊戯法（中）、遊びの大事典

数取り（かずとり）

地面に適当に長方形を描き、それをさらに区画してそれぞれに点数を書き込む。1人ずつ手前から平たい石を投げて、入った区画の点数を競う。区画からはずれると交替する。遠い区画ほど小さくし、また点数は高くする。最後に点数を合計して多い者が勝ち。

［文献］日本の遊戯、遊戯大事典、日本遊戯の解説

かずら

❶かもじ（髢）草は、イネ科の越年生雑草で、畑や道ばたによく見られる。9月9日の重陽の節句の頃に、女の子がかもじ草を摘み取り、細かく引き裂いて櫛で髪を結って人形の頭をこしらえ、紙や布切れで着物をつくって着せ、ままごとをして遊ぶ。かもじ草という名前はこの遊びから来たもの。

❷羽前《うぜん》（福井県）の草遊び。すすきの穂を採

籠揺り
（かごゆり）

籠目かごめ（かごめかごめ）
「籠目かごめ」は江戸時代後期に流行した童謡、
この歌にに合わせて所作を繰り返す遊びにはいく通りかある

風車を持つ幼児『絵本家賀御伽』

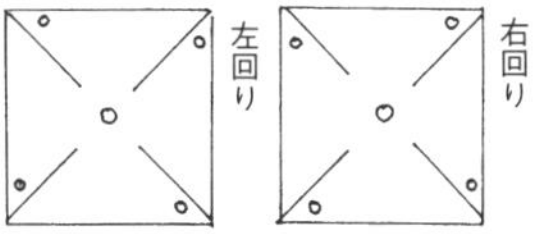

4 枚羽根の風車の切り込みの入れ方

4枚羽根の風車

風車（かざぐるま）
画用紙、竹ヒゴ、消しゴム片など
でつくる風車。つくり方はいくつ
かあるが、羽根が自由に回るよう
にしておくのがポイント

『骨董集』

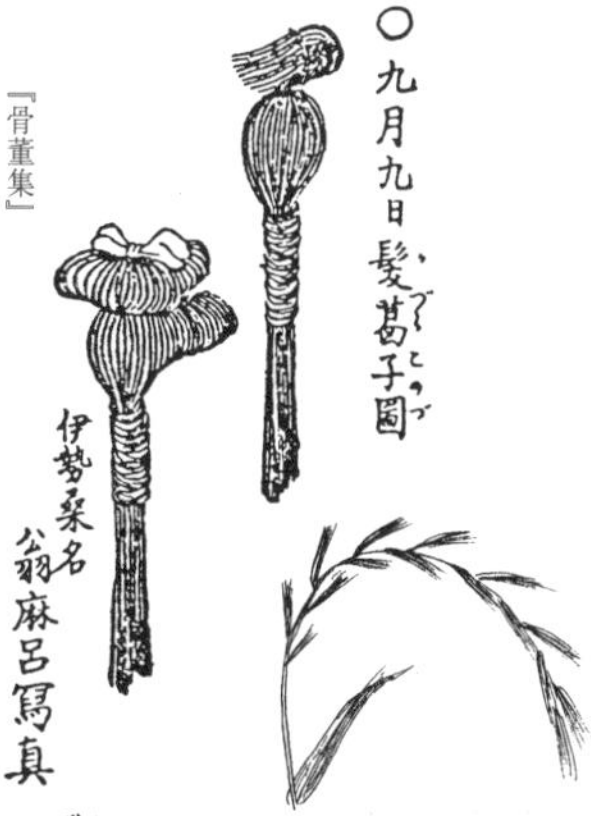

かずら
重陽の節句に、かもじ草（右）を細かく
引き裂いて髪を結い、人形（かずら子）
をつくって遊んだ

数取り（かずとり）

かずけ鬼（かずけおに）磐城の遊び

り、よくもんで鬘《かずら》をつくって遊ぶ。

［文献］日本全国児童遊戯法（中）（下）、遊びの大事典

肩押し（かたおし）

相手と向かい合って片方の肩を突き合わせ、力を入れて相手をよろめかせるか倒そうとする。あるいは両足を揃えていた場合は、押されて片足を後ろに出すと負け。また向き合って互いに右手を相手の肩に当てて押しくらべをし、後退したほうが負け。

［文献］日本の遊戯、遊戯大事典、日本遊戯の解説

肩頸（かたくび）

「肩車」のこと。⇒**肩車《かたぐるま》**

［文献］日本の遊戯、遊戯大事典、日本遊戯の解説、遊びの大事典

肩車（かたぐるま）

小さい子を肩の上に乗せて、前向きにまたがらせること。両足は頸をはさむようにして胸の前に垂らして押さえ、乗った子は乗せた者の頭を押さえて落ちないようにする。数組が集まって落とし合う遊びもあるが、大人や年長者が幼児をあやすために行うことが多い。また混雑した場所で、小さい子が見晴らしがよいように、踏みつぶされないように肩車をしてやることもある。東京浅草の年の暮れのお酉様《とりさま》は混雑するので、よく肩車をして子供を連れた。古くは「肩頸《かたくび》」「肩くま」といい、『義経記』にも「長吏の許に、ねんいち、みだ王とて名誉の児《ちご》あり。花折りて出で立たせ、若大衆のかたくびに乗つてぞ来りける」とある。『東海道中膝栗毛』の大井川のところに書かれた「かたくま」も同じであるが、これは遊びではなく、川越の人足がこの格好で客を背負って運んだということである。

［文献］日本全国児童遊戯法（上）、日本の遊戯、遊戯大事典、日本遊戯の解説、日本遊戯史、東京風俗志、遊びの大事典、吾妻余波

カタバミの引っぱりっこ（かたばみのひっぱりっこ）

紫カタバミの引っぱりっこ。葉の茎を折って芯を出してからませ、合図で引っぱり合う。切れたほうが負け。

［文献］下町の子どもの遊び

ガチャガチャ

ゴム跳びの一種。長いゴム紐を半分に折って両端を2人が持ち、「ガチャガチャ」と言いながらゴムを1本ずつバラバラに動かす。跳び手が「止まれ」と言ったところで手を止めるが、なるべく跳びにくい格好をつくる。飛び手は勢いをつけて2本一緒に跳び越し、ひっかかると交替する。⇒**ゴム跳《と》び**

［文献］下町の子どもの遊び、遊びの大事典

かつぶし

竹馬遊びの一種。竹馬に乗って竹を進めるときに、竹と竹をこすって音を立てて歩く。音がするように無理に竹を交わらせると落ちやすくなる。⇒**竹馬《たけうま》**

［文献］下町の子どもの遊び

活弁遊び（かつべんあそび）

大正時代の映画は無声映画で、弁士という説明役がいた。弁士は略して「活弁」といい、映画を見て雰囲気や状況を説明し、登場人物のセリフをしゃべった。子供も人気のある活弁の名文句を覚えて、他の子の前で披露して遊んだ。「降り仰げば星月の空鮮やかに、今を盛りに咲き誇る桃花の梢、白く残して夜は更ける。春や春、春南方のローマンス……」「花のパリーかロンドンか、月が鳴いたか一声は……」等々、意味がよくわからなくても結構楽しかった。

カト打ち（かとうち）

常陸《ひたち》（茨城県）の正月の賭け遊びで、半紙を半分に切ったものを賭ける。小半紙を賽の目に区画して「カ」「ト」と書き込む。小釘または畳針に色糸で房をつけ、針先を口に含み房の先を右手で持って、その紙を打つ。針が「ト」の区画に入れば仲間の賭けた紙を取り、「カ」の区画に入ると打ち手を代わる。

［文献］日本全国児童遊戯法（中）、日本遊戯の解説、遊びの大事典

角ぶつけ（かどぶつけ）

小さなボールを、建物や溝の立ち上がりの角にぶつけて上げたフライを取り合う。取った子が今度は投げる。

［文献］下町の子どもの遊び

かなづち跳び（かなづちとび）

「蛙跳び」に似ているが、台になった子の後ろ

肩車『吾妻余波』

『東京風俗志』
肩車（かたぐるま）

肩押し（かたおし）

活弁遊び（かつべんあそび）

かつぶし

がちゃがちゃ
女の子の間ではやった
ゴム跳び遊び

角ぶつけ（かどぶつけ）
小さなボールを角にぶつけて取り合う遊び

カト打ち（かとうち）常陸の正月の遊び

からではなく、側面から跳ぶ。蛙跳びより股を大きく広げないとうまく跳べない。

［文献］日本の遊戯

金胴独楽（かなどうごま）

「鉄胴独楽《てつどうごま》」のこと。⇩鉄胴独楽《てつどうごま》

［文献］日本の遊戯

金輪投げ（かなわなげ）

薩摩《さつま》（鹿児島県）で正月に行われていた遊び。2組に分かれ、30～40間（約60～80メートル）隔てて東西に陣を構える。大将を「ダイユウ」、配下を「セコ」という。まず東組から直径5寸（約15センチ）の金輪を放り投げて転がし、西組はこれを列になって待ち受け、竹竿で貫き止める。首尾良く貫き止めると、東組から降参者として1人を送る。これを繰り返してセコがいなくなったら負け。⇩毬打《ぎっちょう》

［文献］日本の遊戯、遊戯大事典、日本遊戯の解説

壁かけ（かべかけ）

淡路《あわじ》（兵庫県）の女の子の遊び。毛糸を15センチぐらいの長さに切ったものを順番に荒壁《あらかべ》に打ち付け、壁に引っかかって落ちなければ勝ち。荒壁は、昔の家の側面などで羽目板を打ち付けていない壁。

［文献］日本全国児童遊戯法（下）

壁離れ（かべはなれ）

壁に向かって70～80センチ離れて立ち、壁に両手を突いて寄りかかる。壁に向かって両手を一突きし、その反動で体を起こして直立する。壁から離れるほど難しくなるが、熟練者は自分の身長ぐらい離れた場所から行う。1人でもできるが、数人が並んで競争することもある。元に戻るときに時間がかかったり、よろけたりしたら負けである。

［文献］日本の遊戯、日本遊戯の解説

鎌遊び（かまあそび）

「輪さがし」ともいう。草刈りをする子たちが縄、藁《わら》、雑草、蔓《つる》、小枝などで小さい輪をつくり、刈った草を積み重ねたところに隠す。各自、輪があると思うところに自分の鎌を刺し、最後に草をどけて、輪の中に鎌の刺さっている子を勝ちとして、輪を取る。

［文献］日本全国児童遊戯法（中）（下）

釜鬼（かまおに）

地面に大きな釜（あるいは円）の形を書き、各自履き物の片方を脱いでその中に入れる。各自「鬼のお釜にちょいと足入れて」ととなえながら、自分の履き物を取りに行くが、片足けんけんしながら取りに行く。鬼は釜の中にいて、履き物を取りに来る子を捕まえる。捕まらずに履き物が取れると、両足で走って逃げる。捕まると交替する。また最後まで自分の履き物を取れなかった者が次の鬼になる。これを複雑にした遊びとして、円形の両端に半鐘梯子を描き、外でけんけんしている子たちが「鬼さん、鬼さん、あそこが火事だ」と言うと、鬼は梯子に登って半鐘をたたくまねをしなければならない。その隙に他の子たちが履き物を取りに来るので、鬼には不利である。昭和の初め頃までよく東京で見られた。

［文献］日本全国児童遊戯法（上）、日本の遊戯、遊戯大事典、日本遊戯の解説、東京風俗志、遊びの大事典、吾妻余波

鎌の柄割り（かまのえわり）

和歌山の遊び。鎌を地面に突き立てて、じゃんけんで順番を決めて鎌の柄を自分の鎌で切る。切り込みが入っただけでもその鎌をもらえるが、熟練者は鎌の柄を切断できた。

［文献］日本全国児童遊戯法（中）

かまやかまや

京都の遊び。5、6人の子が集まって、その中の1人が親となり、他の子は一列に並ぶ。端の子に親が「かまや、かまや」と聞くと、「一軒おいた隣」と言う。次の子にも「かまや、かまや」と聞き、その子も同様に答える。順に聞いていって、最後の子に聞くと、はじめて「手前でござる」と言う。親が「夜前（昨夜）の釜はどうした」と聞くと、「飯炊いて割れてしもうた」。親「その飯どうした」。子「1人して食ってしもうた」。ここで親は「飯食いよ食いよ」と言って逃げ、「鬼ごっこ」になる。

［文献］日本全国児童遊戯法（上）、遊びの大事典

紙兜（かみかぶと）

折紙で兜を折る要領で、新聞紙や包み紙などで大きな紙の兜をつくる。それをかぶって得意

壁かけ（かべかけ）
淡路の女の子の遊び

金輪投げ（かなわなげ）
薩摩で正月に行われていた遊びで、毬打《ぎっちょう》に似ている

かなづち跳び（かなづちとび）
蛙跳びに似てるが、背面からではなく、側面から跳ぶ

釜鬼（かまおに）

鎌遊び（かまあそび）
『日本全国児童遊戯法』

釜鬼『東京風俗志』

壁離れ（かべはなれ）

紙兜の折り方

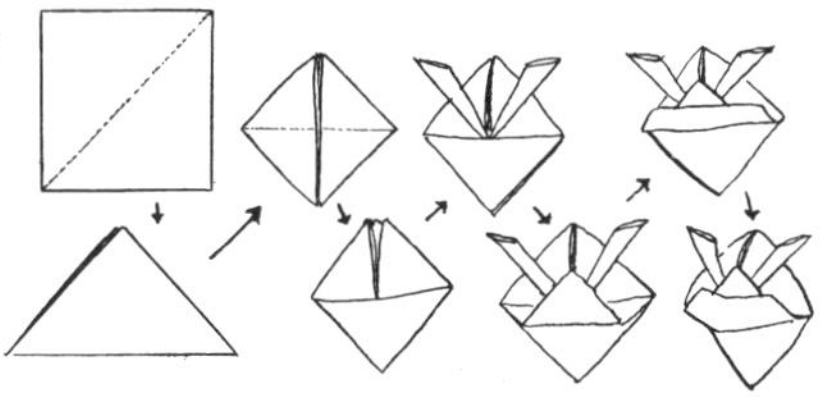

紙兜（かみかぶと）

かまやかまや
京都の遊び

『日本全国児童遊戯法』

鎌の柄割り（かまのえわり）

になり、軍《いくさ》ごっこなどをした。

紙芝居（かみしばい）

❶昭和の初め頃まで寺社の祭礼にはいろいろな見世物小屋がでたが、なかでも紙芝居は子供に人気があった。中に入ると舞台も背景も黒い布でおおわれている。そこで「孫悟空」や「猿飛佐助物語」などが演じられた。登場人物は、高さ15センチ、幅10センチぐらいのカードに描かれていて、裏返すと違うポーズになる。カードには串がはさんであって、その串の下を持って登場人物を動かしていた。たとえば、左足が先になっている表と、右足が先になっている裏を順次ひっくり返して、歩いているように見せた。また首だけ振り返るときは、カードの頸のあたりにさし込みをつくり、振り返った首を素早くさし込んだりしていた。音楽は太鼓や銅鑼であった。入場料は2、3分の場面につき2銭ほどで、続きを見たいときはざるを持ったおじさんに追加料金を払った。

❷物語の場面を連続的に描いた絵を重ねておき、順番にめくって見せながら物語を話して聞かせるもの。絵は、高さ30センチ×幅50センチ程の額縁のついた枠にはめて見せる。駄菓子売りなどが客寄せのために街頭で演じたもので、よく自転車の荷台に紙芝居を置いて子供が遊んでいるところにやってきて、飴や駄菓子を買った子供相手に演じて見せた。

［文献］遊びの大事典

紙相撲（かみずもう）

紙の土俵で紙の相撲取りを戦わせるもの。駄菓子屋で土俵と相撲取りの絵を印刷したものを売っていた。それを切り抜いて、土俵の上に相撲取りを並べて組み合わせる。机をたたくと振動で少しずつ動く。先に倒れたほうが負け。

［文献］遊びの大事典

紙玉鉄砲（かみだまでっぽう）

「紙鉄砲」ともいう。竹筒に紙の弾を詰めて飛ばすおもちゃ。内径約0.6センチの竹22～23センチと、太さ約0.5センチの丸い竹箸を用意する。竹材を6～7センチ切って握りとし、残りは筒にする。握りに竹箸をさし込んで固定し、ピストン棒をつくる。ピストン棒を筒にさし込んで、筒先より約1センチ短い長さに切ると完成。紙を湿らせて丸め、筒先にこめる。もう1個紙玉をつくって筒に詰め、ピストン棒をさし込んで勢いよく押し込むと、紙玉に圧縮された空気の力で、先に詰めた紙玉が飛び出す。➡山吹鉄砲《やまぶきでっぽう》

［文献］下町の子どもの遊び

紙鉄砲（かみでっぽう）

❶「紙玉鉄砲」のこと。➡紙玉鉄砲《かみだまでっぽう》

❷四角い紙を四つに折り、その一端を握って勢いよく振り下ろすと、中に折り込まれた紙がふくらんでバーンと音がする。これが鉄砲のような音なので紙鉄砲といった。

［文献］日本全国児童遊戯法（中）、日本の遊戯、遊びの大事典、風俗画報

雷遊び（かみなりあそび）

「雷様」「雷落とし」ともいう。数人が鬼を囲んで円くなって座る。鬼は目を閉じて「ゴロゴロ」と言い、周囲の者は品物（ボールでも鉛筆でも何でもよい）を右隣の者に順々に渡していく。鬼が見計らって「ゴロゴロピカッ」と言ったとき、品物を手にしていた者が次に鬼になる。いつ「ピカッ」と言うかわからないので、品物が来るとすぐに次に回す。東京では「ゴロゴロピカッ」の代わりに「ゴロゴロすってんちゃん」と言った。

［文献］日本全国児童遊戯法（上）、日本の遊戯、日本遊戯の解説、遊びの大事典

紙抜き（かみぬき）

東京の遊び。1枚の紙を机上に置き、その上にいろいろな重量のある物を積み重ねておく。紙の一端を持って素早く紙を引き抜き、上の物が崩れなければ成功。

［文献］日本の遊戯

髪引き（かみひき）

数人集まり、じゃんけんで負けた子が目をおおってうつ伏せになる。まわりの1人が髪を引き、誰が引いたかを当てさせる。当たると交替する。

［文献］日本全国児童遊戯法（上）、吾妻余波

紙飛行機（かみひこうき）

四角い紙を折ってつくる飛行機で、よく使用済みのはがきを折ってつくった。折り方にはい

紙芝居（かみしばい）駄菓子屋が客寄せに、よく往来などで演じて見せた

紙芝居（かみしばい）
昭和の初めまで見られた小屋掛けの紙芝居

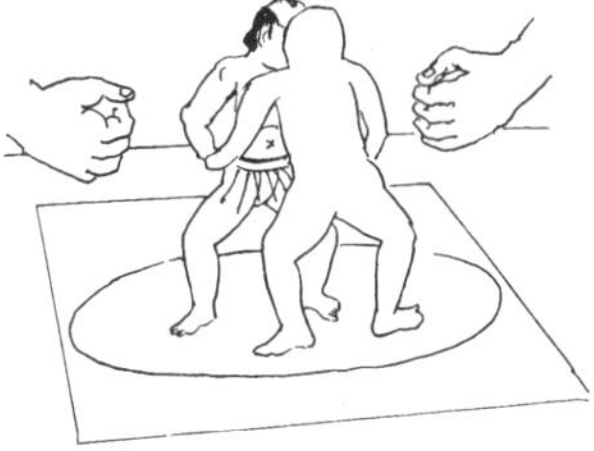

紙相撲（かみずもう）

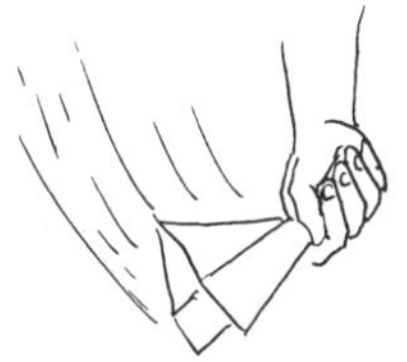

紙鉄砲
（かみでっぽう）

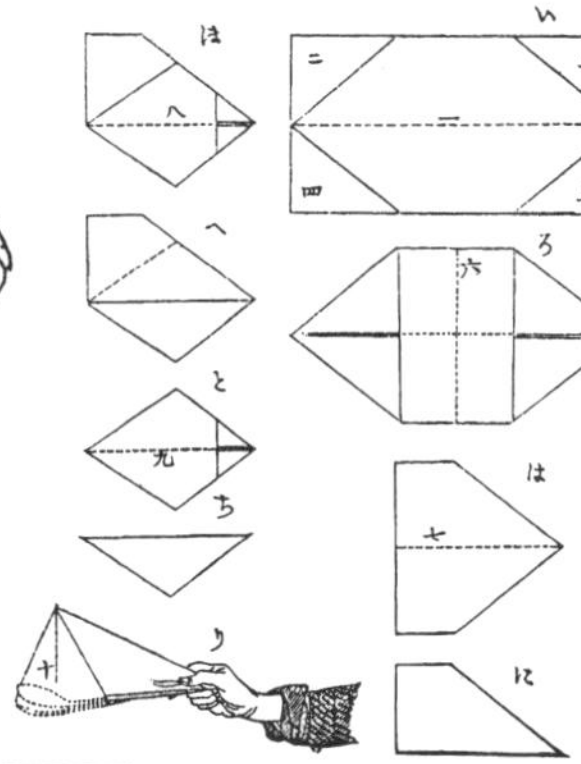

紙鉄砲の折り方『風俗画報』

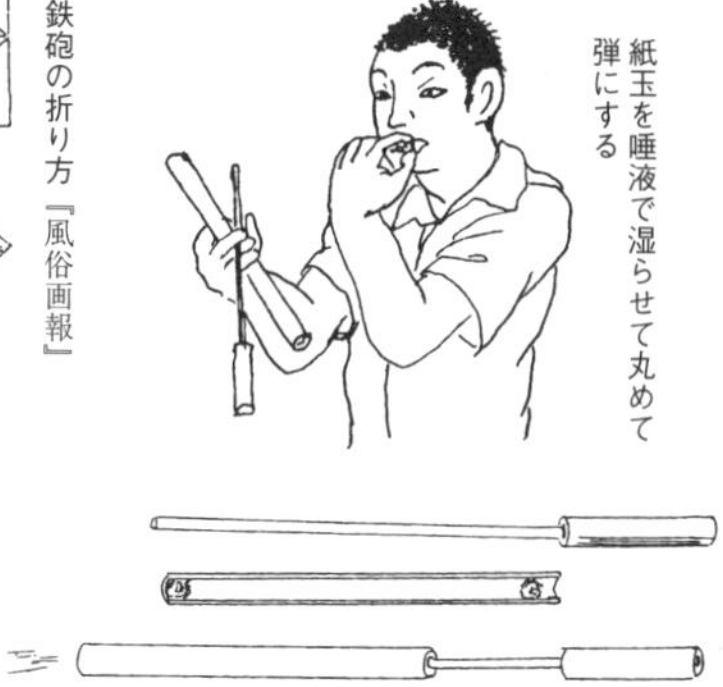

紙玉を唾液で湿らせて丸めて弾にする

紙玉鉄砲（かみだまでっぽう）

髪引き（かみひき）『吾妻余波』

紙抜き（かみぬき）
東京の遊び

雷遊び（かみなりあそび）

くつか種類がある。できた紙飛行機の下辺を持ち、手を前方に振って離すと飛ぶ。翼の部分を少しねじると曲線を描いて飛ぶ。うまく折れた紙飛行機はよく飛び、遠くまで飛ばしたり、落ちないで長く飛ぶことを競う。

〔文献〕遊びの大事典

紙吹き（かみふき）

「紙付け」ともいう。長さ10センチぐらい（所によって違う）の細長い紙の端につばをつけて自分の額に貼り、顔に垂らす。それに息を吹きかけて落とそうとする。1人でも遊べるが、数人で競うこともある。

〔文献〕日本全国児童遊戯法（上）、日本の遊戯、日本遊戯の解説

蚊帳釣り（かやつり）

東京の遊び。かやつり草（莎草）を採り、茎をさいて絡み合わせ、蚊帳を釣ったようにする遊び。

〔文献〕日本全国児童遊戯法（上）、吾妻余波

粥杖（かゆづえ）【参考】

明治頃までは正月の15日に粥をつくって食べる習慣があった。その粥を煮るときに用いた枝や燃えさしの薪で女性の尻を軽くたたくと男児を産めるという迷信があり、粥杖といった。松の木の枝などの表皮を鋭利な小刀で途中まで削ると、削られた表皮がくるくると巻き反る。これをいくつも削ってこんもりとさせ、その下にめでたい絵などを描いてあった。粥杖の風習は平安時代からあり、清少納言の『枕草子』にも、「十五日は、もちかゆの節供《せく》まゐる。かゆの木ひきかくして、家の御達《ごたち》女房などのうかがふを、打たれじと用意して、常にうしろを心づかひしたるけしきも、をかしきに、……」という記述がある。それがいつの間にかおもしろ半分の遊びのようになり、15日には子供が粥杖を持って、女性と見ると尻をたたいた。縁起の良い正月の飾り物として用意する家もあった。

〔文献〕日本の遊戯、遊びの大事典

嘲弄鬼（からかいおに）

地面に直径2メートルぐらいの円を描き、その中に鬼を置く。他の子たちは円を囲み、鬼をからかったり、鬼の隙を狙って円を突っ切ったりする。突っ切るときに円中で鬼に捕まると、その子が鬼になる。

〔文献〕日本の遊戯、遊戯大事典、日本遊戯の解説、教育的遊戯の原理及実際

唐独楽（からごま）

「唸り独楽」「ごんごん独楽」ともいう。⇩唸《うな》り独楽《ごま》

〔文献〕日本の遊戯、日本遊戯史、遊びの大事典

烏凧（からすだこ）

凧《たこ》の一種で「鳶凧《とんびだこ》」に同じ。⇩鳶凧《とんびだこ》

〔文献〕日本の遊戯

がらちょん

伊勢《いせ》（三重県）山田地方の遊び。明治の中頃から始まった。「がらちょん　なら　相手なしこい」といって仲間を集め、それぞれが茶の実を持ち寄る。中から1個ずつ出し、1人がそれを両手に入れて下に置く。そのとき実がうつ伏せになると負けで、仰向きになったほうに取られる。一端が突出した実はなかなかうつむかないので強く、「天狗」と呼んだ。

〔文献〕日本全国児童遊戯法（中）

樗蒲（かりうち）【参考】

賭博《とばく》の一種で、「カリ」という楕円・扁平の木製物を投げ打って行う。古くは「カリタ」「チョボ」といい、賭博系のカルタを指したという説があるが、詳細は不明。⇩カルタ

〔文献〕日本の遊戯、遊びの大事典

カルタ

ポルトガル語のcartaから来た言葉で、漢字では「骨牌」あるいは「歌留多」と書く。いくつか種類があり、大きく賭博《とばく》系と遊戯系に分けることができる。賭博系には「天正かるた」「うんすんかるた」「花札（花がるた）」「かぶ札」などがある。遊戯系は「歌がるた（百人一首）」「いろはがるた」「お化けかるた」などで、カルタとりをして遊ぶ。

カルタとりでは、厚紙に絵や文字を書いた二組のカードのうち、一組を場に広げ、もう一組を読み手が読み上げる。競技者は場を囲んで座り、読み上げられたカードに対応するカードを早く取ることを競う。勝負の方法には「散らし」と「お伏せ」がある。「散らし」は枚数を多く取

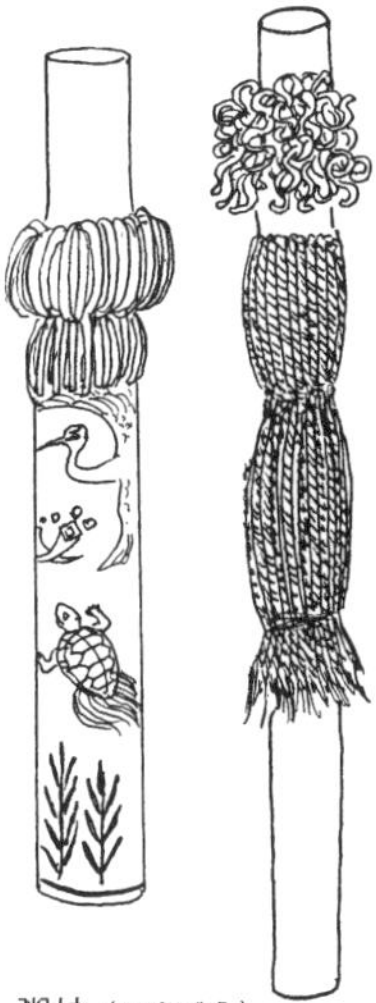

粥杖（かゆづえ）
正月の縁起物でもあった

かや釣り（かやつり）
『吾妻余波』

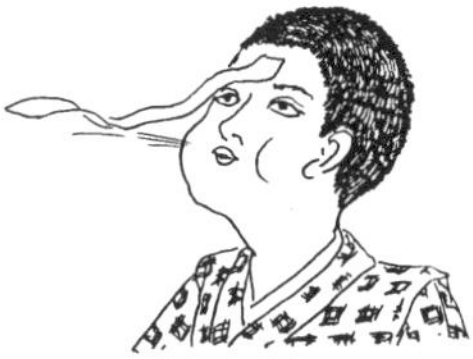

紙吹き（かみふき）

紙飛行機
（かみひこうき）

嘲弄鬼のバリエーション『教育的遊戯の原理及実際』

鬼は円の中にいる（基本）

鬼は内側の円内にいる

鬼は中央の区画にいる

嘲弄鬼（からかいおに）

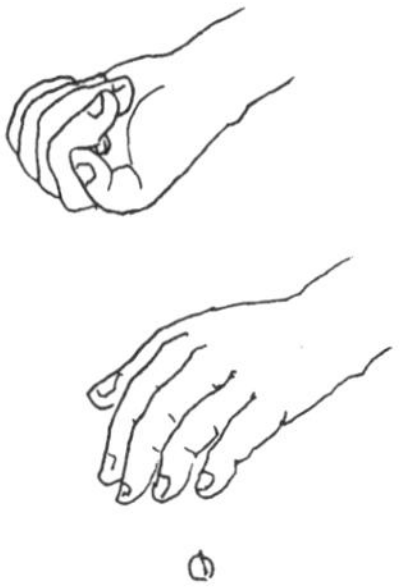

がらちょん
伊勢の茶の実を使った遊び

カルタ『東京風俗志』

カルタ『小児遊戯』

カルタ『ひな人形の故実』
弘法大師御作の実語教のかるた
小児方によませたまへば
実語教を空におぼゆる品也

カルタ『絵本教之種』

カルタ『吾妻余波』

川遊び『小児遊戯』

川遊び（かわあそび）

罐蹴り（かんけり）

罐下駄（かんげた）

雁雁（がんがん）

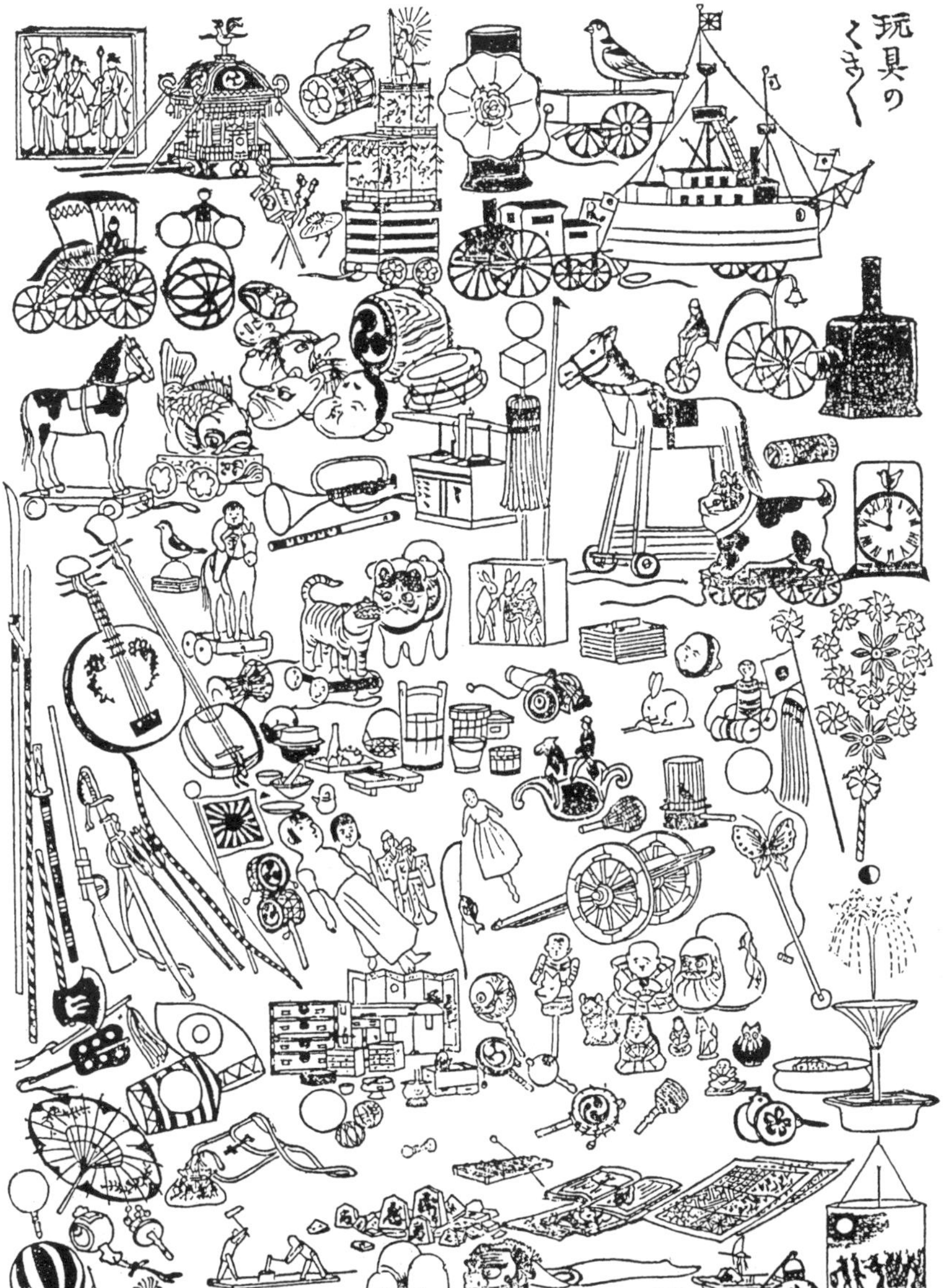

『東京風俗志』

ることを競う。「お伏せ」はあらかじめカルタの総数を人数で等分して自分の前に並べ、手持ちの札が早くなくなったら勝ち。他の者の札を取ると決まった枚数を相手に送る。また、二手に分かれてカルタとりを行うことを「源平」という。⬇**伊呂波《いろは》がるた、歌《うた》がるた、花札《はなふだ》**

［文献］日本全国児童遊戯法（上）、日本の遊戯、日本遊戯史、日本遊戯の解説、遊びの大事典、小児遊戯、吾妻余波、ひな人形の故実、東京風俗志

川遊び（かわあそび）

夏に子供が川で泳いだり、浅瀬に入って貝や小魚を採ったりして遊ぶこと。

［文献］小児遊戯

かわず跳び（かわずとび）

⬇**蛙跳《かえると》び**

［文献］日本の遊戯、日本遊戯の解説、遊戯大事典

蝙蝠捕り（かわほりとり）

⬇**蝙蝠《こうもり》取《と》り**

［文献］日本全国児童遊戯法（下）

雁雁（がんがん）

❶東京の幼児の遊び。秋になると渡り鳥の雁が夕焼け空を背景に飛んで行くのが見られた。雁の群が縦一列になったり横一列になったりするのを見上げながら、「がん、がん、見《み》ぃつくち。あぁとの雁が先になりや、笄《こうがい》取らしょ」または「がんがん、竿（一列）になーれ、鍵（への字）になーれ」などと言って喜んだ。⬇**竿《さお》になれ釣瓶《つるべ》になれ**

❷美濃《みの》（岐阜県）の遊び。針売りを1人決め、残りは（雁の群のように）背の高い順に一列になって前の子の帯を持つ。針売りは針の代わりに松葉を持って「針はいらんかな」と一番前の親のところに売りに行く。親は「まずよかったわな」と言って買わない。次に子のところに順に売りに行く。買う子もいれば買わない子もいる。最後に親のところに行って代金を請求すると、親は「買った人にもらいなさい」と言う。各自に請求すると、皆一様に「ありません」と言う。親は「引き出し（戸棚）を探してみなさい」と言うと、各自帯を持った手の下をくぐって親のところに行き、「ありません」と言う。そこで親が「もはやいたしかたない。最後の子を取りなさい」と言うと、針売りは一番最後の子を捕まえようとする。親や他の子はそうさせまいとしてかばう。「子捕ろ子捕ろ」に似た遊び。

［文献］日本全国児童遊戯法（中）、遊びの大事典

玩具（がんぐ）

子供が持って遊ぶ道具。お玩《もちあそび》がなまって「おもちゃ」というようになった。

［文献］日本遊戯の解説、遊びの大事典、東京風俗志

罐下駄（かんげた）

「罐馬」ともいう。ジュースなどの空き罐に紐を付けたものを2個つくる。これをちょうど下駄のように両足にはき、紐を両手に持って歩く。円筒形なので乗りにくく、要領がいった。

罐蹴り（かんけり）

小さい円を描き、そこに空き罐を立てる。最初1人が空き罐を蹴り、鬼がそれを拾って元の場所に立てるまでに皆いそいで隠れる。鬼は隠れた子を探し、見つけると罐に足を乗せて「○○ちゃん」と名前を呼ぶ。見つかった子は出てくるが、誰かが鬼の隙を見て罐を蹴飛ばすと、再び隠れることができる。全員見つかると、最初に見つかった子が鬼になる。

［文献］遊戯大事典、下町の子どもの遊び、遊びの大事典

かんごかんご

出雲《いずも》（島根県）の遊び。幼児が向かい合って両手をつなぎ、「かんごかんごしようや、仲良くしようや、地蔵さんの水をドンドと汲んで、松葉に水入れて、まっこう返せ」とうたいながら手を振り、歌が終わると互いに手の下から抜けて背中合わせになる。それからまた歌をうたって手を振り、繰り返して前向きに戻る。

［文献］日本全国児童遊戯法（下）

かんころ

面子遊びの一つ。塀や壁の近くの地面に二重丸を描いて十字を入れて8等分し、面子を塀や壁にぶつけて、跳ね返して円の中に入れる。(1)円の中に入れれば勝ちで、はずれた面子を取れるとするもの、(2)あらかじめ区画に点数を書き込んでおき、取った点数を競うなどの遊び方などがある。⬇**面子《めんこ》**

［文献］日本全国児童遊戯法（下）、日本の遊戯、遊戯

かんころ
あらかじめ区画に点数を書き込んでおく場合と
区画に入れば良しとする場合があった

かんごかんご
出雲の幼児の遊び

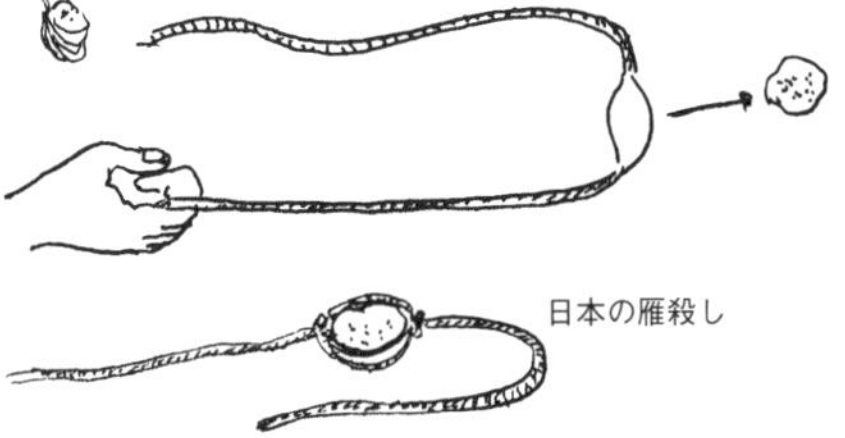

雁殺し（がんころし）
紐を使った石投げ器。古代のヨーロッパにも同様の石投げ器があった

大事典、日本遊戯の解説

雁殺し（がんころし）

紐を使って石を投げる道具。同じように紐を加工した石投げ器が、古代のヨーロッパでも考案されている。日本でもこの石投げ器は、平安時代の印地打《いんじうち》（子供による石合戦）にすでに用いられているが、子供の遊戯としては危険である。喜多村信節《きたむらのぶよ》の『嬉遊笑覧《きゆうしょうらん》』に、熟練を要する石投げで、強力な勢いで飛んで雁に当たったら死ぬであろうというところから名付けられたということが書かれている。「武州寄合《よりひ》といふ処は熊谷宿より五里ばかり秩父《ちちぶ》の方なり。ここに児童の戯に石を抛合ふことあり。細き麻縄を長さ一尋《ひとひろ》半或は二尋ばかりにして、中程五六寸が間を三節に取、両端を結びとめ、三筋になりたる処の正中に小石を載せ、縄の片端は右の手の小指に結ひ、今一ツの端をその手に取て肩にかけ、縄に載せたる石を左の手掌に居へ、後の方へ投越すを、右の手にて二ツ三ツと打ふり向ふの目当の方へ抛る時、縄の端を放てば、石は飛行き縄は片端小指に結び留たれば手に残る。かくすれば石の飛ぶこと極めて高遠なり。手練熟したるものは格別なり、是を名付けて雁殺といふ。雁などをうつにや、勢のするどきにて名付しなるべし」

［文献］日本の遊戯、遊戯大事典、日本遊戯の解説、遊びの大事典

［き］

きぃぐわきぃぐわ

羽前《うぜん》（山形県）で菊の花を摘みながらうたった歌。「きぃぐわきぃぐわ花折り遊《あん》ばなぇか、何花折ろや、菊の花おろや、一本折って引っ担《かつ》ね、二本折って引っかつね、三本目に日《ひい》暮れて、烏宿《かーらすやんど》に泊《とーま》ろか、雀やんどにとぉまろか、橋《はーし》の下《しった》さ宿借《やどか》りで、朝《あーさ》ま早く、起《おーぎ》て見《みい》だれば、ちごのようだ姉様は、黄金《こがね》の柄杓《ひしゃく》さ酒酌んで、父御《ててご》に一杯《いっぺえ》めぇれめれ、母御《ははご》の一杯《いっぺえ》めぇれめれ、此辺《おら》あだりの肴《さつかな》は、高《たつ》げぇ山のたっげの子、低《ひっき》い山のひっ蕈《ぎのこ》、あんまり塩がきっつぐて、前《めえ》の井戸《えんど》も替乾《けえほ》して後ろのえんどもけぇました、あんまり腹くっづくで、十王堂《じおど》の前《めえ》さ行《え》て屁《ひ》をぽんと放《ひっ》たれば、十王達《じおだち》臭《くさえ》どてさうえーだ騒《さーうえー》だ」

［文献］日本全国児童遊戯法（中）

ぎいこばったん

「ぎいこばたん」ともいう。「上がりこ下がりこ」のこと。➡上《あ》がりこ下《さ》がりこ

［文献］遊戯大事典、日本遊戯の解説、遊びの大事典

菊合せ（きくあわせ）【参考】

平安時代から宮中の公家たちによって行われた物合せの一種。菊の花を持ち寄って優劣を競う。菊は奈良時代初期に中国から伝わったとされ、『甲斐風土記』に「甲斐国鶴郡有二菊花山一流水洗レ菊飲二其水一人寿如レ鶴」と記されるように、縁起の良い花として宮廷人に珍重された。菊合せの現存する最古の史料『寛平御時菊合《かんぴょうのおおんときのきくあわせ》』では、菊花を持ち寄るだけでなく、それぞれの菊に寄せた歌を詠んで歌合せも行っている。菊の栽培は江戸中期以降、庶民の間にも広まり菊合せも盛んに行われたが、これは丹精込めて咲かせた花の優劣を競うだけで、歌を添えることはなかった。

［文献］日本の遊戯、日本遊戯史、遊びの大事典

木杭隠し（きくいかくし）

大阪の遊び。数人の子供が集まって、あらかじめ区域を指定する。1人が鬼になって目をおおい、その間に他の子たちは、それぞれ細い木片を指定区域内のどこかに隠す。全員が隠し終わると鬼は探しはじめ、最初に見つけた木杭の持ち主が次の鬼になる。

［文献］日本全国児童遊戯法（上）

菊相撲（きくずもう）

草花遊び。菊の花の引っぱりっこ。

［文献］竹馬之友

細螺おしゃくい（きさごおしゃくい）

細螺《きさご》（キサゴの小さな貝殻）遊びの一つで、東京の女の子がよく遊んだ。持ち寄った細螺を場にばら撒《ま》き、それを順番に蛤《はまぐり》の貝殻で1個ずつすくい取る。すくうときに他の細螺に触れてはいけない。すくい損なったり、他の細螺に触れたりすると次の者に代わる。細螺が2個以上重なり合ってかたまりになっているのを「おねぼ」といい、おねぼは一度に一かたまりをすくい取らなければならない。これを失敗すると、「おねぼがったくり」といって、それまでに取った細螺全部を場に戻す。しかしこれにもルールがあって、「がったくりなし」のときは全部を戻す必要はない。➡細螺弾《きさごはじ》き

［文献］日本全国児童遊戯法（上）、吾妻余波

細螺弾き（きさごはじき）

「きしゃご弾き」「いしゃら弾き」ともいう。細螺はニシキウズガイ科の2センチぐらいの巻き貝で、「いしゃら貝」ともいう。ガラス製のお弾きができる前、女の子はこの貝殻をはじいて遊んだ。➡お弾《はじ》き

［文献］日本全国児童遊戯法（上）（中）、日本の遊戯、日本遊戯の解説、吾妻余波、遊びの大事典

汽車ごっこ（きしゃごっこ）

「汽車遊び」「汽車ぽっぽ」「電車ごっこ」ともいう。汽車（電車）の走る様子を模倣した遊びで、遊び方はいろいろ。一例をあげると、ロープや縄を輪にし、数人が一列になって入る。先頭が運転手で最後尾が車掌、その間はお客さんでこれは年少者が多かった。準備ができると、運転手が「発車オーライ、ピー、シュシュポッポッ」と言って、小走りに駆け出す。皆一緒に走り、車掌が「次は上野」などと駅名を言うと、

菊合せ（きくあわせ）
平安貴族が行った物合せの一種。
菊の花を持ち寄り、それを賞美
する歌を添える

ぎいこばったん

きいぐわきいぐわ
羽前で菊を摘みながらうたった歌

細螺おしゃくい『吾妻余波』

菊相撲（きくずもう）『竹馬之友』

あげうつはおもしろくねへ
きくすまふはつよいほうか
かつからいいねへ
さアあげなさらんか
わたしのあをぬいたけへ

汽車ごっこ（きしゃごっこ）

細螺おしゃくい（きさごおしゃくい）
キサゴの貝殻を蛤の貝殻ですくって遊ぶ

運転手が「上野、上野」と言って停まる。車掌が「お降りの方はおはやく」と言うと、客の何人かが降り、入れ替わりに何人かが乗車。車掌の「発車オーライ」の合図で走りはじめると、運転手が「ボーッ」と警笛の声を出して早足になる。長旅のときは町内中の通りを「シュッシュッ」と声を出しながら駆け回った。このほか、あらかじめ地面に駅の印と名前や軌道を描いておき、それに沿って走ったり、またロープや縄がないときは、先頭の子は両手を体の横で回してピストンが車輪を回す仕草をし、後の子は前の子の肩や腰につかまって走った。

［文献］日本全国児童遊戯法（上）、遊戯大事典、下町の子どもの遊び

きず

面子遊びの一種。地面にいろいろな形を描き、それを6～16ぐらいに区画して、一定の位置から自分の面子（タマという）を投げ入れる。次の者はそれをめがけて面子を投げ入れ、重なれば勝ちとして相手の面子を取れる。区画の線にかかると負けで面子を1個取られる。面子遊びとして古くから行われたもので、安永4（1775）年の『物類称呼《ぶつるいしょうこ》』（越谷吾山《こしがやござん》）に「京の小児はむさしと言ひ、大坂にてはろくと言ひ、和泉、尾張《おわり》、下野、陸奥地方にては六道といふ。相模、上総にては江戸と言ひ、津軽も同じ、江戸の町々にたとへていふなり、信濃にては十六、江戸にてきづといふ」とある。➡面子《めんこ》

［文献］日本全国児童遊戯法（上）、日本の遊戯、遊戯大事典、日本遊戯の解説、遊びの大事典

着せ替え人形（きせかえにんぎょう）

衣服や持ち物を取り替えて遊ぶ人形。江戸時代にも、木彫や鋸屑《のこくず》でかたどった胴体に白い胡粉《ごふん》を塗り、眉・目・鼻・口などを描いた着せ替え人形があった。この人形の寸法に合わせて端切れで衣装を縫い、着せて楽しむという、主に裕福な家の女の子の遊びであった。木版技術が発達してから、一枚の紙の表と裏に、人形と衣装の前と後ろを描いた絵が、色刷り木版で印刷されて出回るようになった。それを切り抜いて、紙の人形に紙の衣装を着せて遊ぶもので、昭和の初め頃までおもちゃ屋や駄菓子屋で安く売っていた。昭和中期以降はビニル製の手の込んだ着せ替え人形が流行し、衣装だけでなく家や家具、人形の生活用品まで取り替えられる豪華なものも登場している。

競い馬（きそいうま）**【参考】**「馬競べ」「競べ馬」「走り馬」「駒競べ」などという。➡競《くら》べ馬《うま》

［文献］日本の遊戯

擬打球（ぎだきゅう）

阿波《あわ》（徳島県）の遊び。藁縄で小さい輪をつくり、紅白の紙を巻いたものをそれぞれ同じ数用意する。2組に分かれて、棒切れでその輪を引っかけ、決まった場所まで運搬する。先に目的地に運んだほうが勝ち。

［文献］日本全国児童遊戯法（下）

ぎちょう

「毬打《ぎっちょう》」のこと。➡毬打《ぎっちょう》

［文献］日本の遊戯、遊びの大事典

ぎっかんこ

「上がりこ下がりこ」のこと。➡上《あ》がりこ下《さ》がりこ

［文献］日本の遊戯、遊戯大事典、日本遊戯の解説

きつきりもう

幕末の頃、京坂では「鬼ごっこ」のことをこう呼んだ。喜田川守貞《きたがわもりさだ》の『守貞漫稿《もりさだまんこう》』第二十五編遊戯の項に、「きつきりもう」というのは「きりきり舞ふ」の訛で、京坂では「きつきりもうよ、きつきりもうよ」と呼びながら手をたたいて逃げるためにこういうとある。➡鬼《おに》ごっこ

［文献］遊戯大事典

樹尽くし（きづくし）

羽前《うぜん》（山形県）の室内遊戯。こよりなどに火をつけ、消えるまでに順番に木の名前を言う。同様に「草尽くし」「鳥尽くし」もある。

［文献］日本全国児童遊戯法（中）

ぎっこばたん

「上がりこ下がりこ」のこと。➡上《あ》がりこ下《さ》がりこ

ぎっちゃんこ

「上がりこ下がりこ」のこと。➡上《あ》がりこ下《さ》がりこ

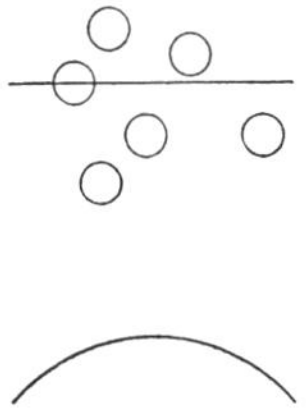

手前の曲線から直線に
向かって面子を投げる

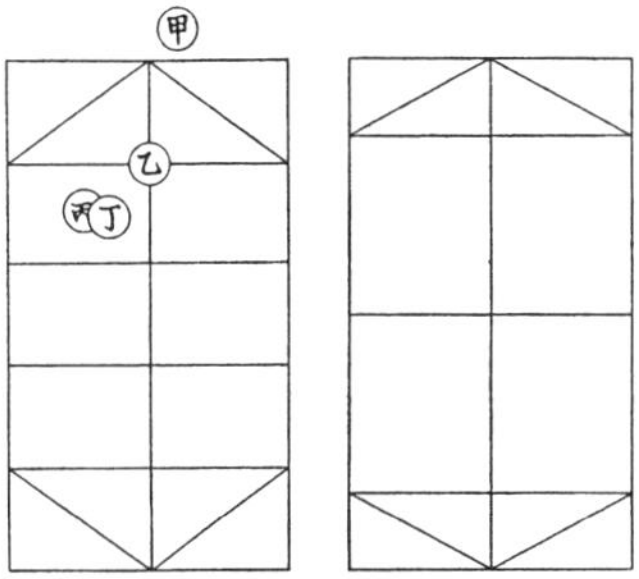

前の者が投げた面子に重なれば取れるが、
線の上にかかると取られる

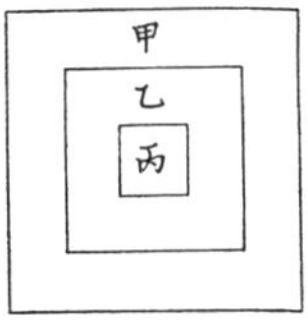

「升入れ」という
「きず」に似た遊び

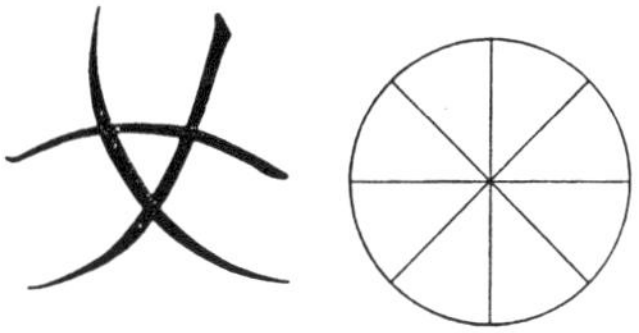

面子を投げ入れる区画の形のいろいろ

きず

擬打球（ぎだきゅう）
阿波の遊び

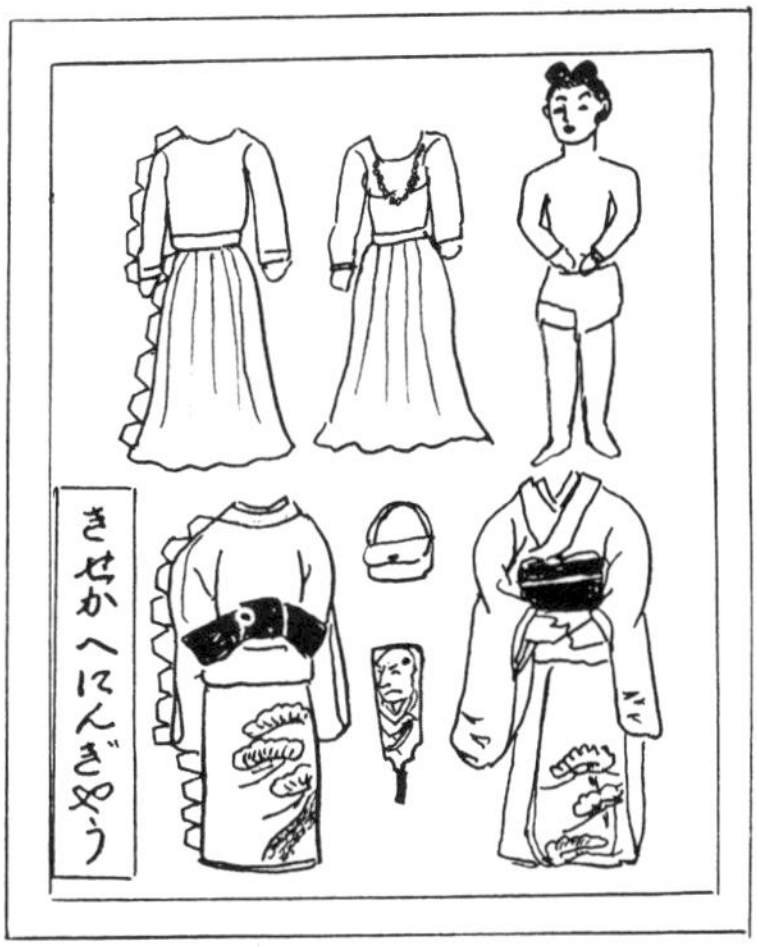

着せ替え人形（きせかえにんぎょう）

紙に印刷された人形と衣装を
切り抜いて着せ替えて遊ぶ

火が消える前に、木の名前を言って
次に回す

樹尽くし（きづくし）

毬打・毬杖（ぎっちょう）【参考】

「ぎちょう」とも読む。奈良・平安時代に武士の間で行われた球技である「打毬《だきゅう》」に用いた杖。後に打毬をまねて子供が玉を打ち合う遊びができ、この遊びも「ぎっちょう」といった。山東京伝の『骨董集』には「正月男童のもてあそぶ毬打は、もと打毬の変風なるべし。打毬は馬上に武事をならはす業にて、和漢ともにその来ること久し」「毬杖といへるは椎《つち》の形したる杖也。玉といへるは片木を平けづりて、玉のかたちに作りたるもの也」とある。25メートルぐらい離れて二手に別れ、柄の長い槌で玉を打ち合う。玉を受け損ねて味方の陣に入ると負け、打ち止めると勝ちである。『年中行事絵巻』には、十数人の子供が門松の立った屋敷前で毬杖を振りかざしている絵が描かれており、すでに平安時代には子供の正月の遊びとして行われていたことがわかる。後に遊び自体はすたれ、用具である毬杖に装飾が施されて正月の飾り物となった。正徳3（1713）年の『滑稽雑談』に「惣長さ一尺八寸許、土をつかね紙を剪り糊粉丹緑青等にて彩どり粗糙につくりたるもの也。京なる青李庵曰、今京師の俗に小児は男女とも生れて初の正月母方の親、里などよりぎつてうを贈りて祝儀とす。是何所用もなく唯すゑおきて小児の目を慰むのみ也」（1尺8寸は約55センチ）とあるのは縁起物の玩具で、土でつくった六角の槌に紙を貼ってめでたい絵を描き、柄の中ほどを房で飾り、また木を薄く削った玉には宝珠などを描いてあった。➡打毬《だきゅう》

［文献］日本の遊戯、遊戯大事典、年中行事絵巻、骨董集、日本遊戯の解説、日本遊戯史、遊びの大事典

狐拳（きつねけん）

「庄屋拳」「藤八拳」ともいう。三すくみ拳の一つで、猟師・狐・庄屋で勝負をする。猟師は狐に、狐は庄屋に、庄屋は猟師に勝つ。猟師は鉄砲を撃つ手つきをする。狐は両手を額の両脇に立てて耳のようにする。庄屋は両手を膝に置いて姿勢を正す。藤八拳というのは、藤八という幇間《ほうかん》（太鼓もち）が始めたからとも、薬売りの「藤八、五文、奇妙」という売り声を拳の掛け声にしたからともいう。江戸では文化・文政（1804〜30）頃から流行した。調子をとる歌がつくられ、酒席で三味線などにあわせて行った。「酒はけんのん隠居さん、首はひょこひょこみひょこひょこ、血はぬらぬらげんじでまいりましょ、雨はざらざらざんざらだ、小僧は番頭にしかられた、ところは浅草三筋町、御番へさぁ来なせ」➡拳《けん》

［文献］日本の遊戯、遊戯大事典、日本遊戯の解説、日本遊戯史、遊びの大事典

狐のお窓（きつねのおまど）

指遊びの一種。まず両手で狐の形（親指と中指・薬指で物をつかむ格好をして、人さし指と小指をピンと立てる）をつくって、左の小指と薬指の間に右の人さし指を入れ、右の小指と薬指の間に左の人さし指を入れる格好で両方の狐の耳を組み合わせる。それから指を開いて、右手の親指で左手の中指・薬指を、左手の親指で右手の中指・薬指を押さえる。その中央にできるのが「狐のお窓」で、そこからのぞいて遊ぶ。江戸時代の『奇異雑談集《きいぞうたんしゅう》』に「竈《かまど》の下の火焔の中から見ると、狐が雁を膝の上に置いて撫でている。不思議に思い、立って竈の上から見ると、女が子を膝に置いている。また竈の下から見るとやはり狐が見える」という内容の話が載っている。もとは、物事には裏表があるので正しく見るようにという戒《いまし》め。

［文献］日本の遊戯、日本遊戯史

木に鳥とまった（きにとりとまった）

東京の言葉遊び。数人で行い、問答の順番を移しながら木と鳥の名前を挙げていく。たとえばこんなふうに行う。A「木に鳥とーまった」。B「何の木にとーまった」。A「梅の木にとーまった」。B「何の鳥とーまった」。A「鶯《うぐいす》とまらせてそっちへ渡《わた》した」。B「受け取りかしこまってなかなかもって合点だが、木に鳥とーまった」。C「何の木にとーまった」。B「桃の木にとーまった」。C「何の鳥とーまった」。B「雀とまらせてそっちへ渡《わた》した」。C「受け取りかしこまってなかなかもって合点だが、木に鳥とーまった」……。

一度、使った木と鳥は使えない。長く続いて返事に窮して来ると、「箒《ほうき》にとーまった」「ごみ

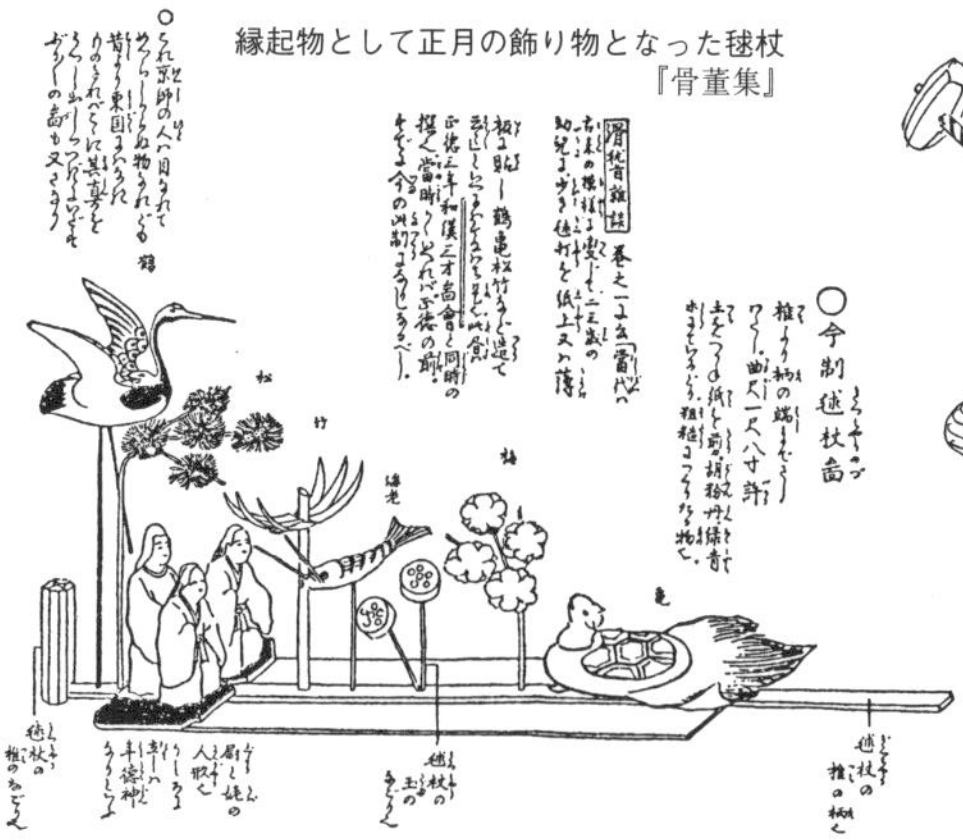

縁起物として正月の飾り物となった毬杖
『骨董集』

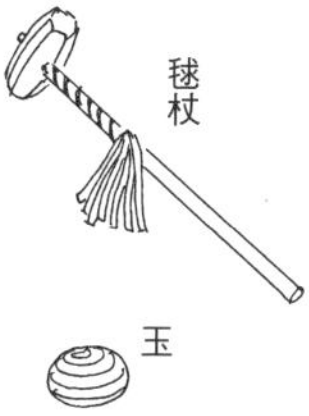

『訓蒙図彙』

毬打・毬杖
（ぎっちょう）
古代の武士の球技である打毬《だきゅう》をまねた子供の遊び

正月の毬打『年中行事絵巻』

狐のお窓（きつねのおまど）『尾張童遊集』
中央にできた穴からのぞいて見る

『骨董集』

打毬《だきゅう》に用いた杖を毬杖《ぎっちょう》といった

木に鳥とまった（きにとりとまった）
東京の言葉遊び

狐拳
（きつねけん）

三すくみ拳の一つで、庄屋は猟師に、猟師は狐に、
狐は庄屋に勝つ

とりとまらせてそっちへ渡《わーた》した」などとトンチのきいた答えも現れて楽しめた。

［文献］日本全国児童遊戯法（上）、遊びの大事典

木登り（きのぼり）

木によじ登る遊び。『日本書紀』に「井上有百枝杜樹《ももえのかつらのき》。故《かれ》彦火々出見尊 跳昇《おどりのぼりて》其樹 而立之……」という記述が見える。木登りは食糧を得るといった実用のためだけでなく、遊びとしてもおそらく有史以前からあっただろう。

［文献］日本全国児童遊戯法（上）（中）、日本の遊戯、遊戯大事典、吾妻余波、遊びの大事典、日本遊戯史

木の実ふりこ（きのみふりこ）

尾張《おわり》（愛知県）の遊び。椿の実を使う。椿の実を割ると中から種が出てくる。それを「はいり子」「はいらぬ子」に分け、「はいり子」だけを持ち寄る。もし「はいらぬ子」を出す子がいると文句を言って拒否する。「はいり子」を双方同じ数だけ出し、それを手のひらにくるんで振り、板の上に置く。ここで、木の実が上向きになったのを勝ちとし、下向きのものを取れる。木の実の中には決して下向きにならないものがあって、これを「大将」といって大事にした。なかには木の実に赤うるしで「大将」「金時」などと書き、相手が強い実を出すと、こちらもそれに対抗できる実を出して競った。

［文献］日本全国児童遊戯法（中）、遊びの大事典

騎馬戦（きばせん）

「擬馬戦闘《ぎばせんとう》」「騎兵戯《きへいぎ》」ともいう。騎馬武者の戦いを模した遊び。1人が馬となって騎手を背負う簡単なもの、2～3人が馬を組んで上に騎手を乗せるものなどがある。2人が馬となる場合は、1人が立ち、それにもう1人が腰をかがめてしがみついて馬をつくり、かがんだ子の上に騎手が乗る。3人で馬を組む場合は、1人が前に立ち、その後ろ左右に2人が立つ。後ろの2人は内側の手を前の子の肩にかけ、外側の手は前の子の手と組み合わせる。騎手は外側の組んだ手を鐙《あぶみ》代わりにして、内側の手の上にまたがる。これを何組かつくり、二手に分かれて戦う。騎手が落馬したり、帽子を取られたりすると負けである。だいたい馬には大きい子を、騎手には小柄な子をあてる。⇒馬《うま》ごっこ

［文献］日本全国児童遊戯法（中）、日本の遊戯、遊戯大事典、遊びの大事典、下町の子どもの遊び

木鉢回し（きばちまわし）

正月に相模《さがみ》（神奈川県）津久井郡の子供たちの間で行われていた遊び。木鉢の中で貨幣を独《こ》楽《ま》のように回し、重なると取れた。喜多村信節《きたむらのぶよ》の『嬉遊笑覧《きゆうしょうらん》』に「木ばちまはし、相州津久井郡にては正月、児童女、木ばちの中にて、小銭をまはして、まひ止たる時、又次の者銭を出してまはして、こま止たる時、先の銭に少しにても重りたるは勝にて、その銭を取もし重ならざれば、先者に負を取らるるなり」とある。

［文献］日本の遊戯、遊びの大事典

騎兵戯（きへいぎ）

「騎馬戦」のこと。⇒騎馬戦《きばせん》

［文献］日本全国児童遊戯法（下）

肝だめし（きもだめし）

江戸時代はもちろん、明治・大正頃までは夜は暗いうえに、妖怪やお化けが存在すると信じられていた。夏の夜、子供を集めて、怪談話を聞かせたうえで、廃屋や墓所を指定し、1人ずつ行かせ、行ったという証拠の品を持ち帰らせる。墓地などでは年長者が幽霊の格好をしておどかすので、怖がって逃げ帰る子もいた。

［文献］遊びの大事典

客呼び鬼遊び（きゃくよびおにあそび）

鬼を1人決め、残りは甲乙2組に分かれて、それぞれ一定の場所を決めて立つ。鬼はその中ほどに立つ。甲から乙に向かって「向こうのお客さんおいでんか」、乙「鬼がこわくて行かれませぬ」、甲「鬼の来ぬ間にちょっとおいで」と声を掛け合い、鬼の隙を見て走り出し、甲乙の居場所を入れ替わる。その間に鬼も走りどれか一つ場所を取れば、取られた者が鬼を交替する。⇒向《む》こうのおばさん

［文献］普通遊戯法

金毬（きんきゅう）【参考】

「揚毬」ともいう。奈良・平安時代に武士の間で行われた「打毬《だきゅう》」という球技で、予定数の毬を先に毬門に投げ入れた組が最後に投げ入れる金色の毬。⇒打毬《だきゅう》

［文献］日本の遊戯

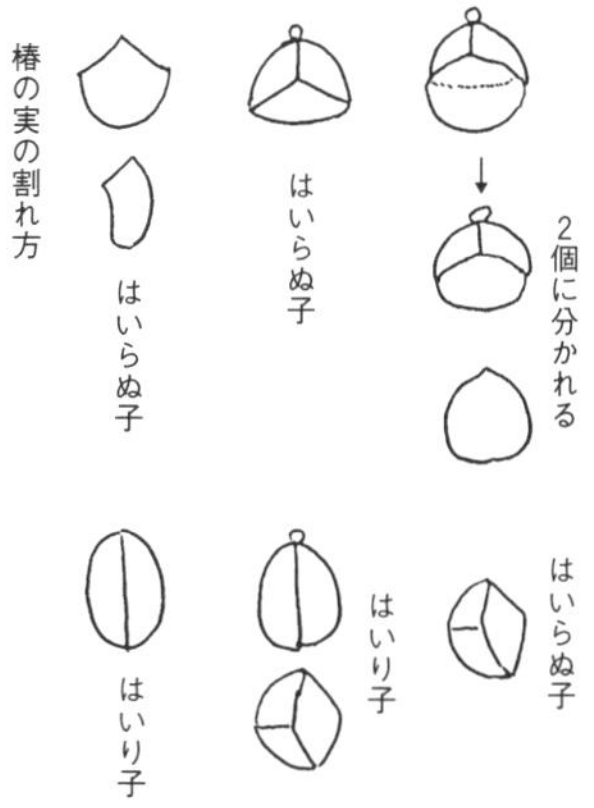

木の実ふりこ（きのみふりこ）
『日本全国児童遊戯法』

木登り『吾妻余波』

木登り（きのぼり）

木鉢回し（きばちまわし）
木鉢の中で貨幣を回す賭け遊び

馬が１人の場合

馬が２人の場合

騎馬戦（きばせん）

第七圖

第二十七
客呼鬼遊ビ
此遊戯ハ最モ女子ニ適シタルモノニシテ其法ハ先ヅ一人ノ鬼ヲ撰ミ置キ他ヲ甲乙ノ二組ニ等分シ二組ノ間四間許ヲ隔テ、
的トシテ競争スルモノトス

客呼び鬼遊び（きゃくよびおにあそび）
『普通遊戯法』

肝だめし（きもだめし）
お化けや幽霊の話を聞かせてから、墓地などに１人ずつ行かせる

銀杏打ち（ぎんなんうち）
「いちょう打ち」ともいう。銀杏（いちょうの実）を並べて打つ遊び。銀杏を地面に撒《ま》き、少し離して線を引く。そこから順番に自分が持っている銀杏を投げてぶつける。あるいは約1～2メートルあけて線を2本引き、1本の線に銀杏を並べる。もう一本の線のところから、順番に銀杏を投げてぶつけ、当たれば銀杏を取り、はずれると交替する。明治以降はガラスのビー玉を用い、「ビー玉打ち」といった。⇒ビー玉《だま》
［文献］日本全国児童遊戯法（中）、日本の遊戯、遊びの大事典、吾妻余波

【く】

杭打ち（くいうち）
「根っ木」のこと。⇒根《ね》っ木《き》
［文献］日本全国児童遊戯法（中）、日本の遊戯、遊戯大事典、日本遊戯の解説

釘隠し（くぎかくし）
常陸《ひたち》（茨城県）の遊び。各自小さい釘を持って集まり、地面に円などの境界線を引く。じゃんけんで鬼を決め、鬼が目をおおっている間に、各自釘を境界内に埋めて隠す。鬼がそれを探して最初に見つかった釘の持ち主が、次の鬼になる。⇒芥隠《ごみかく》し
［文献］日本全国児童遊戯法（中）

釘独楽（くぎごま）
独楽の一種で、本体は木製であるが、心軸が細い鉄でできているもの。⇒博多独楽《はかたごま》
［文献］日本の遊戯

草合せ（くさあわせ）
「闘草」ともいう。平安時代に宮中で行われた物合せの一種。諸国から珍しい草々を持ち寄り、和歌を添えて優劣を競う。源　順《みなもとのしたごう》編『倭名類聚鈔《わみょうるいじゅしょう》』に「闘草荊楚歳時記云、五月五日有闘百草之戯　闘草此間云久佐阿波世《クサアワセ》」とあり、もとは貴族の風雅な遊びであった。いつしか子供の遊びとなり、草花の名前を言いながら出し合い、美しいと思われるほうが勝ち。大正の頃まで行われていた。
［文献］日本の遊戯、日本遊戯史、遊びの大事典、年中行事絵巻

草隠し（くさかくし）
越前《えちぜん》（福井県）の遊び。区域を定め、各自決まった草を隠す。鬼がそれを探し、発見すると交替する。
［文献］日本全国児童遊戯法（下）

草滑り（くさすべり）
河の土手の雑草が生えた頃に、腰にござを敷いてすべり降りる。止まるときに姿勢をうまく保たないと転がった。プラスチックの桶に乗ってすべり降りることもあった。
［文献］遊びの大事典

草相撲（くさずもう）
芝生や砂地に円を描いて土俵とし、その中で相撲を取って遊ぶ。よく寺社の祭礼では、境内に土俵をつくって自由参加の相撲が行われた。
［文献］遊びの大事典

薬屋（くすりや）
信濃《しなの》（長野県）の薬屋のまねごと遊び。年長者がお父《とう》さん、お母《かあ》さんになり、以下、兄《にい》さん、姉《ねえ》さんを定める。お父さん、お母さんが指示をして、色の付いた石瓦を拾って粉末にする。何の薬は誰というように担当を決めて、「さぁ、さぁ買いにおいで」と呼ぶと、他の子は小石をお金に見たてて買いに来る。
［文献］日本全国児童遊戯法（中）

グッスイ・チーリ・ハイヨ
じゃんけん遊びの一種で、遊び方は「グンカン・チンボツ・ハワイ」と同じ。⇒グンカン・チンボツ・ハワイ
［文献］下町の子どもの遊び

頸っ引き（くびっぴき）
「首引き」「首相撲」ともいう。2メートルぐらいの紐（兵児帯《へこおび》など頸が痛くないもの）を結んで輪にし、向かい合った両人の頸にかけて引き合う。立って行うもの、腰を下ろし足の裏を合わせて行うものなどがある。前にのめったほうが負け。『鳥獣戯画』に子供の遊びとして描かれ、『義経記』の「弁慶生まる」の文に「腕おし、首引、すまふなどぞ好みける」とある。

釘隠し（くぎかくし）

銀杏打ち『吾妻余波』

銀杏打ち（ぎんなんうち）

草滑り（くさすべり）

草合せ（くさあわせ）『年中行事絵巻』
『和名類聚鈔』には5月5日の遊びと記されているが、わが国ではこの日に限ったものではなかった

子供の遊びとなった草合せ

頸っ引き（くびっぴき）
『義経記』にも記載のある古い遊び

薬屋（くすりや）
信濃の薬屋さんごっこ

草相撲（くさずもう）

［文献］日本の遊戯、遊戯大事典、日本遊戯の解説、日本遊戯史、遊びの大事典、吾妻余波

組手相撲（くみてずもう）

図のように2人が井桁状（右手で自分の左手の腕をつかみ、左手でもう1人の右腕をつかむ）に腕を組んで相対する。この姿勢で引っ張り、自分のほうに引き寄せた者の勝ち。だいたい体格の同じ者同士で行う。

［文献］小学遊戯法

蜘蛛組まし（くもぐまし）

加賀《かが》（石川県）の遊び。地蜘蛛を捕まえて、他の地蜘蛛の巣に投げ込むと、蜘蛛と蜘蛛の争いとなる。一方がかみ殺されるか糸で巻き殺されると、勝ったほうを捕まえて、また他の蜘蛛の巣をみつけて挑戦させる。こうして強い蜘蛛を手に入れて自慢の種にする。

［文献］日本全国児童遊戯法（下）

競べ馬（くらべうま）【参考】

「馬競べ」「競い馬」「走り馬」「駒競べ」ともいう。古代には宮中の行事として武官により行われた。最古の記録として『続日本紀』に「大宝元（701）年五月癸酉朔丁丑令群臣五位已上出走馬天皇臨観焉」とある。冠に捲纓《りんえい》、両頬においかけをつけ、裲襠《りょうとう》に行縢《むかばき》をはいて、鉦鼓《しょうこ》を合図に2騎ずつ埒内《らちない》を走り、優劣を決めた。平安末期には神社の神事として行われるようになり、現在も続く京都上賀茂神社の競べ馬は寛治7（1093）年、堀河天皇の「天下泰平五穀成就」の勅願によって始められたという。

［文献］日本の遊戯、遊びの大事典

暗闇遊び（くらやみあそび）

甲斐《かい》（山梨県）の遊びで「肝試し」と同じ。⇒肝《きも》だめし

［文献］日本全国児童遊戯法（中）

暗闇細工（くらやみざいく）

東京の遊び。「福笑い」と同様の遊びで、観世《かんぜ》撚《よ》りで、顔の輪郭・眉・目・鼻・口をつくる。1人が目隠しをし、これで顔をつくる。他の者は「鼻」とか「目」とか言いながら1個ずつ渡すが、渡す順序は決まっていない。

［文献］日本全国児童遊戯法（上）

グリコ

じゃんけん遊びの一種。じゃんけんしてグーで勝つと「グリコ」と言いながら3歩進める。チョキだと「チョコレート」で6歩、パーだと「パイナップル」で6歩。目的地に先に着いたほうが勝ち。よく寺社の長い階段で遊んだ。

［文献］下町の子どもの遊び、遊びの大事典

繰言葉（くりことば）

「早口言葉」と同じ。言うのが難しく間違えやすい文句を、早口で誤りなく繰り返す遊び。「隣の客はよく柿食う客か、よく柿食わぬ客か、うちの客はよく柿食う客だ」「向こうのくぐり戸は栗の木のくぐり戸でくぐりにくい栗の木のくぐり戸だが、うちの栗の木のくぐり戸はくぐりいい栗の木のくぐり戸だ」など。⇒早口言葉《はやくちことば》

［文献］日本全国児童遊戯法（上）

グリン・チリン・パリン

じゃんけん遊びで、「グンカン・チンボツ・ハワイ」と同じ。⇒グンカン・チンボツ・ハワイ

［文献］下町の子どもの遊び

車返り（くるまがえり）

翻筋斗《もんどり》の一種で、地上に手をつき体を横にして回転する。喜多村信節《きたむらのぶよ》の『嬉遊笑覧《きゆうしょうらん》』に「車がへりは、身を横になして返る毎に、手は地につきて、つづけさまに返る事、車輪のめぐるやうなるをいふ。漢土に翻筋斗《もんどり》といふ事諸書に載るところ、すこしづつ異同はあれ共、大かたは手を下につきて返るわざ也、しかもそのさまゆるやかなる様なり」とある。現代の腕立て側転のことだと考えられる。

［文献］日本の遊戯、遊戯大事典

胡桃打ち（くるみうち）

地面に1メートルほど間隔を置いて2本線を引き、その間に各自が1個ずつ出した胡桃（これを「掛子」という）を撒《ま》く。1人ずつ線の外側から、指定された掛子めがけて自分の胡桃（これを「親玉」という）を打ちつけ、狙った胡桃が線外に出れば、掛子を全部とれる。当たらなければ次に交替する。地方によって名称や遊び方に多少の違いがあり、また胡桃の代わりに銀杏《ぎんなん》を用いることもある。

［文献］日本の遊戯、日本全国児童遊戯法（中）、日本遊戯の解説

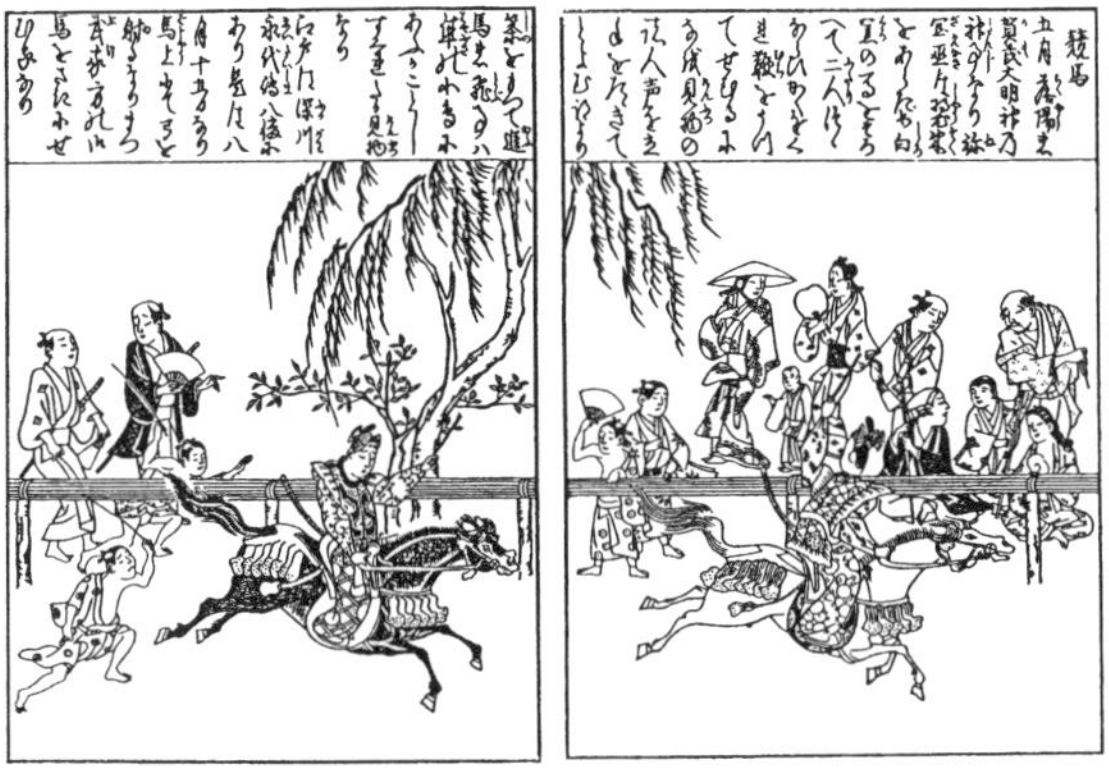

競べ馬（くらべうま）『大和耕作絵抄』
5月5日には上賀茂神社の境内で競べ馬の神事が行われる

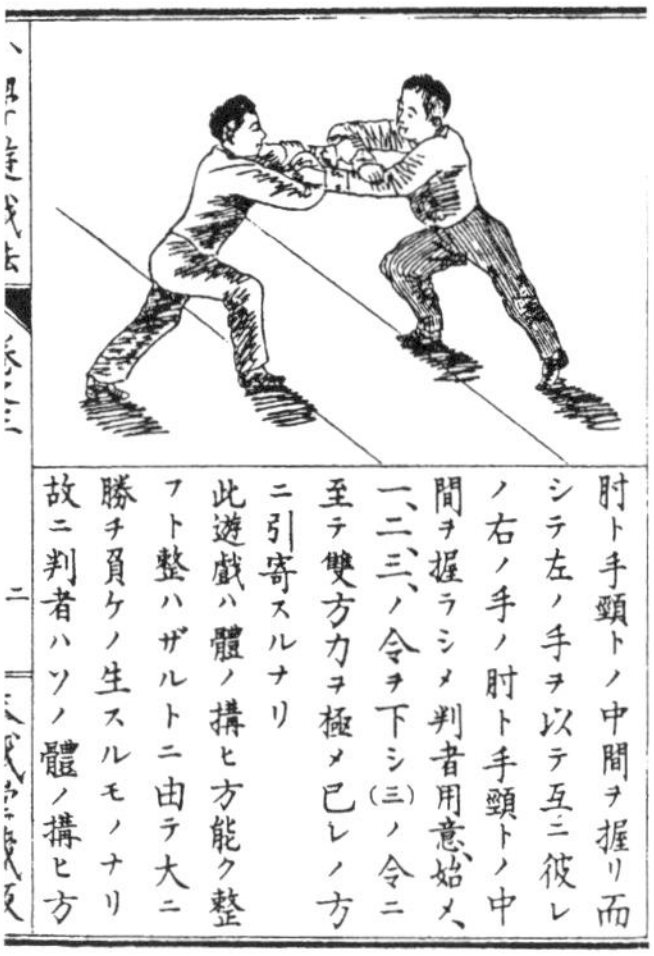

肘ト手頸トノ中間ヲ握リ而シテ左ノ手ヲ以テ互ニ彼レノ右ノ手ノ肘ト手頸トノ中間ヲ握ラシメ判者用意始メ、一、二、三、ノ令ヲ下シ(三)ノ令ニ至テ雙方力ヲ極メ已レノ方ニ引寄スルナリ
此遊戯ハ體ノ構ヒ方能ク整フト整ハザルトニ由テ大ニ勝テ負ケノ生スルモノナリ故ニ判者ハソノ體ノ構ヒ方

組手相撲（くみてずもう）『小学遊戯法』

車返り（くるまがえり）

グリコ
じゃんけん遊びの一種

暗闇細工（くらやみざいく）

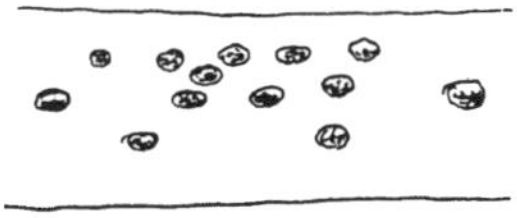

胡桃打ち（くるみうち）
胡桃を打ちつけて線外に出す遊びで、代わりに銀杏を用いることもあった

暗闇細工
『日本全国児童遊戯法』
東京の遊び

クロッケー
ボールを木槌で打って、ゲートをくぐらせながら進む球技。数か所のゲートをくぐらせ終えて、先に目的地に着いたほうが勝ち。明治期の本には小学生向けとして紹介されているが、第二次大戦後に日本化してゲートボールとなった。
［文献］遊戯大事典、遊びの大事典、小児遊戯

クローバーの首飾り（くろーばーのくびかざり）
草花遊び。クローバーを摘み、茎を編んで首飾りにする。
［文献］下町の子どもの遊び

クーロ・ミッキ・ベッティ
じゃんけん遊びの一種で、遊び方は「グンカン・チンボツ・ハワイ」と同じ。⬇グンカン・チンボツ・ハワイ
［文献］下町の子どもの遊び

グンカン・チンボツ・ハワイ
2人でさし向かいで行うじゃんけん遊び。グーは「グンカン」、チョキは「チンボツ」、パーは「ハワイ」と言う。最初は普通にじゃんけんをして、勝ったほうが主導権を握る。最初グーで勝ったとすると、主導権のあるほうが「グンカンは○○」（○○には次に出す手）と言いながら、じゃんけんをする。じゃんけんで負けると主導権が移る。主導権が相手にあるときに合い子になると負けなので、つられて同じ手を出さないように注意する。だんだん早口になってくると、言い間違えることも多い。「ハワイ　ハワイ　グンカン」と3つ続けて言う遊び方もある。
［文献］下町の子どもの遊び

軍人遊び（ぐんじんあそび）
「軍《いくさ》ごっこ」のこと。⬇軍《いくさ》ごっこ
［文献］日本全国児童遊戯法（中）

［け］

毛糸編み（けいとあみ）
毛糸で編み物をすること。手芸としての毛糸編みには、先が鉤状になった針で編む鉤針編みや、まっすぐな編み棒2本で編む方法、また最近では針を使わずに指で編む方法などもある。
［文献］東京風俗志

競馬（けいば）【参考】
「競べ馬」のこと。⬇競《くら》べ馬《うま》
［文献］日本の遊戯、日本遊戯の解説、日本遊戯史、遊びの大事典

げえ
「竹返し」の古い呼び方。⬇竹《たけ》返《がえ》し
［文献］日本の遊戯、日本遊戯史

撃剣遊び（げきけんあそび）
信濃《しなの》（長野県）の剣術ごっこ。面の代わりに前垂れ（商人がつける前掛け）を顔にかぶり、とうもろこしの茎を竹刀代わりにして遊んだ。
［文献］日本全国児童遊戯法（中）

下駄隠し（げたかくし）
「草履隠し」ともいう。ただし、隠すものは下駄や草履に限らず、履き物なら何でもよい。鬼になった者が目を閉じるか後ろを向いている間に、各自履き物の片方を隠して探させる。そのとき他の子は「天に一つ、足もとに一つ、こう屋の曲がりにまた一つ」ととなえ、自分の履き物を隠した所に鬼が近づくと「おいらのお蔵に火がつきそうだ」とはやした。⬇草履隠《ぞうりかく》し
［文献］日本全国児童遊戯法（上）、日本の遊戯、下町の子どもの遊び、吾妻余波、遊びの大事典

下駄スケート（げたすけーと）
細工をした下駄《げた》をはき、スケートをして遊ぶもので、アイススケート用とローラースケート用があった。⑴アイススケート用は、下駄《げた》の裏に割った竹を1、2片釘づけしてつくる。それをはいて、氷の張った往来の水たまりや小さい池沼の上をすべって遊んだ。池沼では氷が割れて水中に落ちることがあるので、よく親に注意された。往来の水たまりの氷だと2、3メートルもすべると、すぐに土につっかえた。大人が滑って遊ぶアイススケート場ができはじめたのは大正から昭和にかけてで、そこでは靴の裏に鉄の刃をつけた専用のスケート靴ですべった。⑵ローラースケート用は、下駄の裏に戸車（引き扉の下部につけてすべりを良くするもの）を打ち付けてつくった。下駄片方の前と後に2個（両方で4個）付けるのと、前1個後ろ2個（両

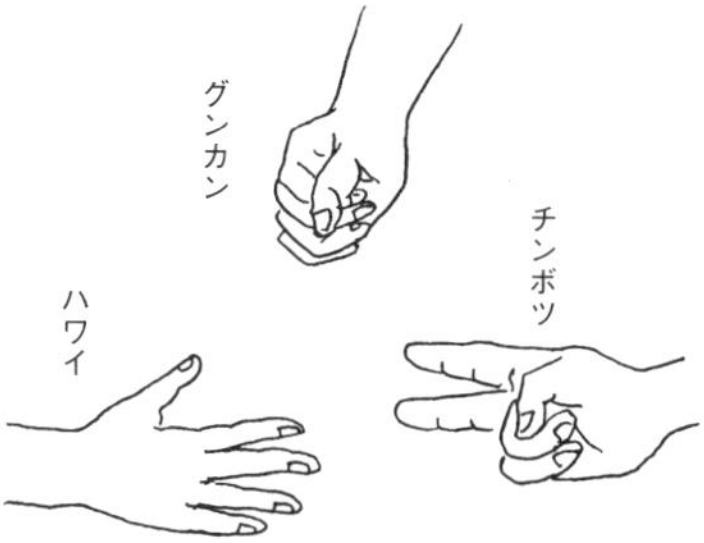

グンカン・チンボツ・ハワイ
2人でさしで勝負するじゃんけん遊び。「クーロ・ミッキ・ベッティ」「グリン・チリン・パリン」も同様の遊び

クロッケー『小児遊戯』
明治期のこの本には「ころっけ」として紹介されている

下駄隠し『吾妻余波』

下駄隠し（げたかくし）

撃剣遊び（げきけんあそび）
信濃の遊び

毛糸編み（けいとあみ）
『東京風俗志』

下駄の裏に戸車を付ける

現在のアイススケート

ローラースケート用

アイススケートの専用靴

アイススケート用

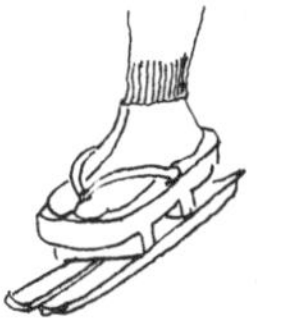

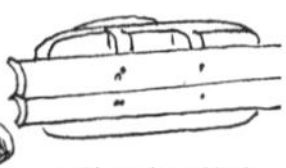

下駄の裏に竹片を釘づけする

下駄スケート（げたすけーと）

方で6個）付けるのと、前2個後ろ2個（両方で8個）付けるのがあった。本物のローラースケートと違って、絶えず歩くように力を加えなければ進まない。昭和の初め頃から大通りが舗装されはじめたが、まだ土や砂利の道が多く、力を入れてもたいしてスピードは出なかった。

［文献］風俗画報、遊びの大事典

月火水木（げっかすいもく）

縄跳び遊びの歌。「月　火　水　木　金　土　日よう日　山の子　ハイキング　電車にひかれてぺっちゃんこ　そら入れ　入れ　そら出ろ　出ろ」あるいは「月　火　水　木　金　土　日よう日　山の風　そよ吹けば　桜の　いずこえてー　ピーヒャラ　ピーヒャラ　さんだーす　おわりの神様　よんだーす　猫におわれて　まきたばこ　それ入れ　それ出ろ」とうたいながら跳び、「それ入れ」で新しい子が入り、「それ出ろ」で先に跳んだ子が出る。入った子は歌を繰り返して続けて跳ぶ。

［文献］下町の子どもの遊び

蹴鞠（けまり）

❶「しゅうきく」とも読む。古代から貴族の間で行われた球技。仏教とともに中国より伝わったとされ、7世紀半ばに中大兄皇子が法興寺（飛鳥寺）で鞠を蹴った話は有名。平安末期〜鎌倉期にかけて盛んになるとともに様式化し、飛鳥井家・難波家などが師範となって流儀を伝えた。蹴鞠を行うにはまず、懸《かかり》という特別の場をこしらえ、四隅に桜、柳、かえで、松を植えて懸の木とする。鞠《まり》は白韋と燻韋《ふすべがわ》の2種で、綿を韋《かわ》でくるんだだけなので現在のボールのような弾力はない。これを蹴鞠用の鴨沓《かもぐつ》（つま先が丸くなったもの）で蹴り上げる。4人立ち、6人立ち、8人立ちがあり、『日本の遊戯』によると、8人立ちは懸の四方に図のように位置する。最初、八が中央に出て七に向けて鞠を上げ、七はこれを受けて一に送る（一の座は「軒」ともいい、師範家が立つ）。以後一→二→三……と順に送り、最後に軒に戻して高く蹴り上げる。蹴り方にはそれぞれ細かい作法がある。これが一巡りすると、人が入り混じって員鞠《かずまり》を行う。これは鞠を落とさないように蹴り上げることを続けるもので、本来は勝敗を競うというより、協力して長く蹴り続けることを楽しむ遊びであった。

❷ボールを蹴り合う遊び。地面に大きく敵味方の陣を描いて、最初ボールを両陣の境に置き、じゃんけんで勝ったほうが先に敵陣に蹴り込む。蹴り込まれて、蹴り返し損なうと1点負け。狭い往来で遊ぶので、ボールが近くの物に衝突して、狙いどおりに蹴り返せないことも多かった。

［文献］日本の遊戯、遊戯大事典、日本遊戯の解説、日本遊戯史、遊びの大事典、和国諸職絵尽、絵本江戸紫、都林泉名勝図会、小学体育全書

獣狩りあて物（けものがりあてもの）

越前《えちぜん》（福井県）の遊び。この地方には真宗門徒が多く、10月頃から信徒が集まって互いにもてなす報恩講が行われる。そのとき集まった子供たちが遊んだ。付木《つけぎ》（檜の薄板の先に硫黄を塗ったもので、マッチの代わりに用いた）に「庄屋」「猟師」「狐」「狸」「熊」などと書き、各自に1枚ずつ配り、銀杏《ぎんなん》を各自10〜20個賭ける。庄屋役が猟師役に「熊」「狐」などと命じると、猟師役はその動物の札と思われる付木に銀杏をぶつける。当たれば銀杏を取り、間違えるとその札の持ち主が銀杏を取れる。

［文献］日本全国児童遊戯法（下）

拳（けん）

2人以上が相対して、手や腕で形をつくって勝負する遊び。いくつか種類があり、大きく数拳と三すくみ拳に分かれる。数拳には本拳（長崎拳）、四谷拳、何個拳、商人拳、太平拳などがある。たとえば本拳では、調子を合わせて同時に指を出し、その合計を瞬時に言い当てる。これを箸でやるのが箸拳《はしけん》である。三すくみ拳の代表は石拳（じゃんけん）で、ほかに虫拳、狐拳（庄屋拳・藤八拳ともいう）、虎拳などがある。また雑拳《まぜけん》（交ぜ拳とも書く）では、本拳と虫拳を混ぜて打つ。おもに酒席の座興として行われ、三味線に合わせて「ちょんきなちょんきな、ちよんちょんきなきな、ちょんがよいやさで、ちょちょんがよい。ちょんぬげちょんぬげ、ちょんちょんぬげぬげ、ちょんがよいやさで、ちょちょんがよい」などとはやしながら打った。江戸初期に中国から長崎に伝わり、江戸でも盛ん

蹴鞠づくりの職人『和国諸職絵尽』

競技者の位置
（8人立ち）
『日本の遊戯』

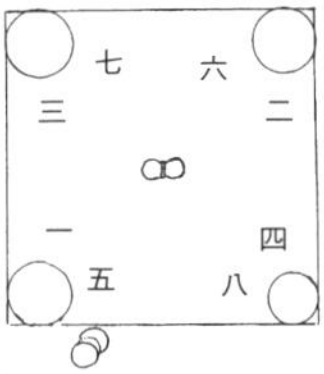

蹴鞠用の鴨沓《かもぐつ》

蹴鞠（けまり・しゅうきく）
古代には貴族の球技であった

月火水木（げっかすいもく）
縄跳び遊びの歌

蹴鞠『都林泉名勝図会』
正式には鞠場（懸《かかり》）の四隅に桜・柳・かえで・松を植えた

蹴鞠『絵本江戸紫』

明治期の本では現在のサッカーのような遊びを蹴鞠（蹴球）として
紹介している『小学体育全書』

蹴鞠（けまり）
二手に分かれてボールを蹴り合い、受け損なうと負け

になった。⬇狐拳《きつねけん》、じゃんけん、虫拳《むしけん》

［文献］日本の遊戯、遊戯大事典、日本遊戯の解説、日本遊戯史、遊びの大事典

源九郎はん遊び（げんくろうはんあそび）

大阪の遊び。「お山のお山のおこんさん」に似た問答形式の遊びで、最後は「鬼ごっこ」になる。1人の子が聞き役になり、「大和の大和の源九郎はん、お遊び」と言う。答え役が「今、寝ています」と言って、両手を広げて後ろにいる多くの子を隠すまねをする（後ろの子はしゃがんでいる）。聞き役は「そうだったか」と言って帰り、また走ってきて「大和の大和の源九郎はん、お遊び」。答え役「今、寝ています」。聞き役「そうだったか」と言って帰り、また走ってきて「大和の大和の源九郎はん、お遊び」。答え役「今、手水《ちょうず》使っています」。聞き役は「そうだったか」と言って帰り、また走ってきて「大和の大和の源九郎はん、お遊び」。答え役「今、お膳《ぜん》出しています」。聞き役は「そうだったか」と言って帰り、また走ってきて「大和の大和の源九郎はん、お遊び」。答え役「今、ご飯食べています」。聞き役「何のおかずで」。答え役「蛇のおかずで」。聞き役「生きたんか、死んだんか」。答え役「生きたんで」。ここで他の子は逃げだし、答え役は大声を上げて追い回す。捕まった子が次の答え役になる。

［文献］日本全国児童遊戯法（上）

けんけん

「足ごき」の京阪での呼び方。東京の「ちんちんもがもが」のこと。⬇ちんちんもがもが

［文献］日本の遊戯、遊戯大事典、日本遊戯の解説、遊びの大事典

拳固打ち（げんこうち）

東京の遊び。1人が拳を握り、机などの上に小指のほうを下にして置く。もう1人は中指の中の節を、先の子の拳の上に置いてぎゅっと圧する。ころあいをはかって先の子が拳をパッと引くと、上の子は拳が机に当たって痛い。もし、机に拳が当たると交替する。上の子はそうならないように、力を加減しながら圧する。

［文献］日本全国児童遊戯法（上）

拳固落とし（げんこおとし）

東京の遊びで「拳はずし」と同じ。⬇拳《こぶし》はずし

［文献］日本全国児童遊戯法（上）

げんじ

摂津《せっつ》（兵庫県）の遊び。古くなった草履や草鞋、大根や人参を縄の端にくくりつけたものを「げんじ」という。二手に分かれてそれぞれげんじを持ち、それを絡め合わせて、両方から引き合う。縄が切れたほうが負け。

［文献］日本全国児童遊戯法（下）、遊びの大事典

源氏合せ（げんじあわせ）

『源氏物語』にちなんだかるた遊びで、「源氏かるた絵合せ」ともいう。1枚摺りの錦絵に、五十四帖それぞれの内容に応じた絵と和歌の上の句を書いてある。ほかに下の句を書いた札が54枚あり、これを全員に分配する。「桐壺」から順番に札を合わせていき、手持ちの札にないときは他の帖の上の句を読み上げる。読まれた上の句に対応する札の持ち主はその札を出せる。先に手持ちの札がなくなったほうが勝ち。

［文献］吾妻余波、日本遊戯の解説、遊びの大事典

剣玉（けんだま）

「拳玉」とも書く。一端を剣のようにとがらせ、もう一端は猪口のように凹みをつくった約15センチの棒に、直径約数センチの木の玉を紐で結んでぶら下げた遊具。棒を片手で持ち、紐を振って反動をつけながら、玉を剣の先端にさし込んだり、猪口で受けたりする。江戸時代に中国から伝わり、遊廓で酒席の座興として流行した。喜多村信節《きたむらのぶよ》の『嬉遊笑覧《きゆうしょうらん》』に「安永六七年の頃拳玉と云うもの出来たり。猪口の形して柄あるものなり。それに糸を付て先に玉を結たり、鹿角にて造る。其玉を投て猪口の如きものの凹にうけ、さかしまに返して、細きかたにとどむるなり、若うけ得ざる者に酒を飲ましむ」とある。明治以降、子供の遊具となった。

［文献］日本の遊戯、日本遊戯の解説、遊びの大事典、小学遊戯法、遊びの大事典

ケンパー

石蹴りの一種。地面に図のように丸を描いて番号を振る。最初1に石を投げ入れ、それを片足けんけんしながら2に蹴り入れ、2と3に両

けんけん
東京では「ちんちんもがもが」
という片足での遊び

源九郎はん遊び（げんくろうはんあそび）
「お山のお山のおこんさん」に似た
大阪の遊び

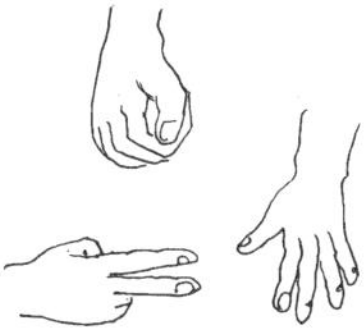

拳（けん）

じゃんけんは「三すくみ拳」の一つ

源氏合せ（げんじあわせ）『吾妻余波』

げんじ
摂津の遊びで、
縄の切れた方が負け

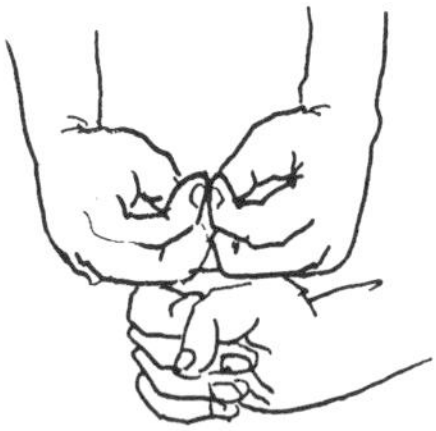

拳固打ち（げんこうち）
東京の遊び

剣玉『小学遊戯法』

剣玉
（けんだま）

足を着いて3に蹴り入れる。再び片足けんけんで4、5と蹴り入れ、5と6に両足を着いて6に蹴り入れる。これを繰り返して10まで無事に進むと、折り返して帰る。今度は2の丸に石を投げ入れて、同じように繰り返す。1人が失敗するまでこれを続け、失敗するとできたところの丸に石を置いたまま次の子と交替する。

［文献］下町の子どもの遊び

源平（げんぺい）

二手に分かれてカルタとりを行うこと。⇩カルタ

［こ］

碁石弾き（ごいしはじき）

❶まず1人が碁盤の上に碁石を置く。他の1人が盤の隅から自分の石をはじいてこれに当てる。当たれば石と石の間の目数を数えて、1目1点とする。石が碁盤から落ちると、相手に取られる。10点につき碁石を1個を渡す。❷東京の遊び。2人が碁盤をはさんで相対し、黒石か白石かを決め、端の列にそれぞれ並べる。じゃんけんで順番を決め、自分の碁石を弾いて相手の碁石をはじき飛ばす。相手の石のみが碁盤から落ちるとそれを取れる。自分の石のみが落ちると取られる。双方が落ちると勝負なしで、はじく役を代わる。先に碁石がなくなった方が負け。

［文献］日本全国児童遊戯法（上）、遊戯大事典、遊びの大事典

香合せ（こうあわせ）【参考】

香を嗅ぐことを「香をきく」という。香合せは、香《こう》を焚いて香りの優劣を競ったり、香をきき分けたりする遊び。香は仏教とともに日本に伝わり、平安時代には「薫物合せ《たきものあわせ》」が盛んに行われた。これは種々の香料を練りあわせてつくった練香《ねりこう》を持ち寄って焚き、その香りを鑑識するというきわめて高尚な娯楽であった。用いる香の種類によって「六種香合せ」「名香合せ」などといった。鎌倉・室町時代には一木の沈香《じんこう》が好まれるようになり、伽羅《きゃら》、栴檀《せんだん》、蘭奢待《らんじゃたい》などの自然の香木を探し求めて焚き、香りを競い合った。「源氏香」は香をきき当てる競技で、江戸時代に盛んに行われた。

［文献］日本の遊戯、日本遊戯史、遊びの大事典

甲たたき（こうたたき）

2人でさし向かいで行う。互いに左手を出して握り合い、右手でじゃんけんをして、勝ったほうが相手の左手の甲を打つ。

［文献］日本全国児童遊戯法（中）

こうぶろこうぶろ

京都の遊び。5、6人が集まって、その中の1人を親とする。他の子が「こうぶろこうぶろどの子がかわいい」と言えば、親は子を1人指し、「この子がかわいい」と言って捕まえようとする。その子は捕まるまいと逃げる。捕まると親と交替する。

［文献］日本全国児童遊戯法（上）

弘法大師（こうぼうだいし）

1人が弘法大師になり、目隠しして杖を持って立つ。他の子は手をつないで輪になり、「中の中の弘法大師はなぜ背が低い、運動せぬのでそれで背が低い」とうたいながら弘法大師のまわりをぐるぐる回る。弘法大師が杖で地面を打つと、皆その場に止まる。弘法大師が目隠しをしたまま1人の前に進むと、その子は「大師、大師、大師」と3回言う。弘法大師はその声から判断して、名前を言い当てる。当たると交替する。⇩**中《なか》の中《なか》の地蔵《じぞう》さん、まわりのまわりの小仏《こぼとけ》**

［文献］日本全国児童遊戯法（下）、遊びの大事典、新編小学遊戯全書

蝙蝠取り（こうもりとり）

「かわほり捕り」ともいう。東京でも昭和の初期まで、夏の夕闇がせまる頃になると蝙蝠が翼を閃《ひらめ》かせて飛ぶ姿が見られた。それを「蝙蝠来い、山椒くれるよ、柳の下で水飲ましょ、かわほりかわほりさんしょのこ、柳の下で酢飲ましょ」などととなえながら、竿を振り回して打ち落としたり、草履《ぞうり》や鞠を投げてそれを追って落ちてくるのを竹で打ったりした。蝙蝠と山椒や酢について、『日本遊戯史』には「蝙蝠と酢と山椒とは全く附きものの如く考へられてゐたが、

甲たたき（こうたたき）

じゃんけんをして負けると
握った手の甲をたたかれる

碁石弾き（ごいしはじき）

ケンパー
石蹴りの一種でケン・パーで進む

弘法大師（こうぼうだいし）『新編小学遊戯全書』

こうぶろこうぶろ
京都の遊びで、鬼ごっこの一種だか、鬼はいない

弘法大師
輪の１人が「大師、大師、大師」と言うと
弘法大師は、その子の名を言い当てる

英一蝶筆の蝙蝠の図『日本の遊戯』

蝙蝠捕り『吾妻余波』

蝙蝠捕り
（こうもりとり）

投げた草履を追って落ちてくるのを
竿などでたたいて落とした

決して蝙蝠が山椒や酢を好悪していたのでなく、宛も酢や山椒に咽せるが如き鳴きづらき聲なるゆゑ悪聲なぞの形容とされたのであった」と解説している。

[文献] 日本全国児童遊戯法（上）（中）（下）、下町の子どもの遊び、日本遊戯史、吾妻余波

こおば

周防《すおう》・長門《ながと》（山口県）のムクロジの実を投げる遊び。塀に向かって投げつけるのを「塀こお」、地面にあけた穴めがけて投げ込むのを「穴こお」という。手前に線を引き、「塀こお」では総数を塀に投げ付け、跳ね返った実を1個ずつ打ち取る。「穴こお」では、穴より外に出た実を1個指示し、それに当たると総数を取れる。当たらなければ次の者に代わる。

[文献] 日本全国児童遊戯法（下）、遊びの大事典

氷滑り（こおりすべり）

➡下駄《げた》スケート

こおろぎ取り（こおろぎとり）

晩夏から初秋にかけて、こおろぎを捕まえて箱に入れて飼い、鳴き声を楽しむ。加賀《かが》（石川県）では虫籠の代わりに、粘土で箱をつくってその中に入れた。箱は15センチ四方ぐらいで、こおろぎが逃げないように竹ヒゴを格子のように並べ、中に草を敷き、一隅に虫を入れる小さな穴をあける。鳴くのは雄なので、雄のこおろぎを捕まえて入れ、縁側や枕元に置いて静かにしておくと、やがて鳴き出す。

[文献] 日本全国児童遊戯法（下）

子買お（こかお）

「子買い」「子貰い」「姪売ろ、子売ろ」などともいう。買い手と売り手（あるいは親役同士）が問答しながら、子をやりとりする遊び。『絵本続大人遊』に「子買おは『ことる』という鬼遊びと同じ」とあるのは、「子捕ろ子捕ろ」（子捕り鬼）の、最初の鬼と親の問答の部分だけが独立して発展し、別の遊びになったためと考えられる。各地に同様の遊びがあるが、問答が違っていたり、売るものが雛や猫であったりする（「お雛様ごっこ」「猫買い」など）。

問答の例をあげると、伊勢《いせ》（三重県）では、買い手「子買お、子買お」。売り手「子に何食わす」。買い手「砂糖に饅頭」。売り手「そりゃ虫の毒じゃ」。買い手「こーこ（大根の漬け物）に茶漬け」。売り手「それも良かろに、どの子が良いぞ」。買い手「○○さんが良い」。ここで指定された子が買い手のほうに行く。上野《こうずけ》（群馬県）では、買い手「子買お、子買お」。売り手「子に何食わしょ」。買い手「お魚《とと》に飯」。売り手「お魚《とと》には骨がある」。買い手「ひろって食わしょ」。売り手「ひろう箸は何箸」。買い手「柳の折箸」。売り手「それについては、どの子がほしい」。買い手「○○さんが良い」。売り手「お馬でやろうかお駕籠でやろか」。買い手「お馬は危険、お駕籠でおくれ」。また紀伊《きい》（三重県）では、最後に売り手が「何で往《い》こに？」と聞き、たとえば「お嫁でおいで」と言うと、指定された子は花嫁のまねをして、裾を持ち上げるようにしてしゃなりしゃなりと買い手のほうへ行く。➡子捕《こと》ろ子捕《こと》ろ

[文献] 日本全国児童遊戯法（中）（下）、遊戯大事典、遊びの大事典

ここはどこの細道じゃ（ここはどこのほそみちじゃ）

➡通《とお》りゃんせ

[文献] 日本全国児童遊戯法（上）、日本の遊戯、遊戯大事典、日本遊戯史

ここなる門（ここなるもん）

2列になった子供たちが、以下の歌に合わせて行進しながら門をくぐる遊戯。門は2人が向き合って互いに右手をつないだもので、列の前と後ろにつくる。

「ここなる門はだれが門とおらば通れここの門。とおれや通れここの門我らがたてしここの門。とおれとならばとおらまし帰るも行くもうちつれて。たのしき歌をうたいつつおくれず進め友とちよ」

最初の「ここなる門はだれが門」では足踏みをする。門役は、次の「とおらば通れ」で手を高く掲げて門を開け、最後の「おくれず進め友とちよ」で手を下ろして門を閉じる。門が開いている間、中の子たちは行進しながら、前の門をくぐっては左右に分かれ、後ろの門に戻ってくぐることを繰り返す。門が閉じるとすでに前

『絵本続大人遊』

左の図の説明には、「子買おは『ことる』という鬼遊びと同じ」とある

子買お（こかお）
問答しながら子をやりとりする遊び

ここなる門（ここなるもん）
『小学遊戯全集』

突然「えい、小僧」と力を入れてたたくので、すばやく逃げる

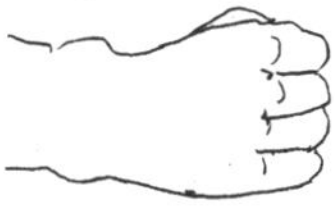

小僧小僧（こぞうこぞう）

猫児猫児（ここよここよ）
『小学体育全書』

門をくぐった子はそのまま進み、門と門の間の子は足踏みをしながら、歌が最初に戻って再び門が開くのを待つ。

［文献］小学遊戯全集

猫児猫児（ここよここよ）

「隅《すみ》の猫《ねこ》」と同じ遊び。 ➡隅《すみ》の猫《ねこ》

［文献］小学体育全書

小僧小僧（こぞうこぞう）

羽前《うぜん》（岩手県）の遊び。1人が握り拳を机の上に載せ、もう1人がそれを「小僧《こぞ》こぞ、えい小僧」と言いながら拳で静かにたたく。ときどき「えい小僧」と力を入れて打つので、打たれるほうは素早く拳を引っ込める。打ち損じると手を台に載せて打たれる。

［文献］日本全国児童遊戯法（中）

今年の牡丹（ことしのぼたん）

問答を楽しむ「鬼ごっこ」。皆で輪になって「せっせっせ」（2人で向かい合って片手ずつ打ち合う遊び）をしているところに鬼が来る。皆「今年の牡丹はよい牡丹（せっせっせをする）、お耳をからげて（人さし指を耳のところでクルクル回す）、すっぽんぽん（両手をすり合わせるように3回たたく）、もひとつおまけにすっぽんぽん」。鬼「入れてよ」。皆「やだ」。鬼「どうして」。皆「どうしても」。鬼「山へ連れてってあげるから」。皆「山坊主が出るから、やだ」。鬼「海へ連れてってあげるから」。皆「海坊主が出るから、やだ」。鬼「じゃ、うちの前通る時、天秤棒でぶつよ」。皆「じゃ、入れてあげる」。鬼と皆「今年の牡丹はよい牡丹、お耳をからげて、すっぽんぽん、もひとつおまけにすっぽんぽん」。鬼「私、もう帰る」。皆「どうして」。鬼「お昼だから」。皆「お昼のおかず、なーに」。鬼「ヘビとカエル」。皆「生きてるの死んでるの」。鬼「生きてるの」。皆「えーっ、だれかさんの後ろにヘビがいる」。鬼「私？」。皆「違う」。だれかさんの後ろにヘビがいる」。「私？」「違う」を何度か繰り返し、鬼が離れたところで「そう」と言っていっせいに逃げ出し、鬼は追いかけて捕まえる。➡せっせっせ

［文献］下町の子どもの遊び、遊びの大事典

子供と子供が喧嘩して（こどもとこどもがけんかして）

指遊び。両手を向かい合わせて指先をつけ、「子供と子供が喧嘩して、薬屋さんが止めたけど、なかなか止まらない、人たちゃ笑う、親たちゃおこる」とうたいながら、小指から親指のほうへ、同じ指同士を打ち合わせる。

［文献］下町の子どもの遊び

小鳥合せ（ことりあわせ）【参考】

小鳥を持ち寄って、鳴き声や羽根色などの優劣を競うこと。一説には倭鶏の蹴り合いを指すという説もある。鶯愛好家の間では、江戸時代頃から鶯の鳴き合せが行われた。鳴き合せでは、鳥籠に障子《しょうじ》のような枠をかぶせて鳥の姿は見せない。一方が「ホーホケキョ」と鳴くと、相手の鶯もつられて鳴く。よく透った力のある美声が続くと、もう一方の鶯は黙ってしまう。美しい声で鳴かせるために、餌に工夫を凝らしたり、鳴き声の美しい鶯の側に置いて飼ったりした。これらの愛好家が大勢集まる鳴き比べの会が、東京では昭和の初め頃まで行われていた。

［文献］日本の遊戯、日本遊戯史、遊びの大事典

子捕ろ子捕ろ（ことろことろ）

「子捕《こと》り鬼《おに》」「親捕《おやと》り子捕《こと》り」「捕《と》ってみろ」などという。1人が鬼、1人が親となり、残りは子となって親の後ろに、前の子の帯を握って一列に連なる。まず、鬼が親に向かって「子ーとろ、子とろ、どの子をとろか」という。親「どの子を見つけ」。鬼「ちょいと見ちゃ、あーとの子」。親「さぁー捕っちゃみーしゃいなー」。鬼は子を捕まえるために親の背部に回り込もうと激しく左右に動き、親は両手を広げてそれを阻止しようとする。後ろの子らは、親の動きにつられて、右に左に揺れ動く。列が乱れて最後の子が捕まると鬼と交替し、鬼は親となる。『三国伝記』によると、この遊びは「比比丘女《ひふくめ》」と呼ばれ、平安時代に恵心僧都（源信）が子供たちを集め、仏典の一場面を舞わせて奉納させたことに始まるという。『骨董集』には、獄卒鬼に亡者や子供を捕られまいと地蔵菩薩が手を広げている図が描かれている。

［文献］日本全国児童遊戯法（上）（中）、日本の遊戯、遊戯大事典、日本遊戯の解説、日本遊戯史、遊びの大事典、下町の子どもの遊び、絵本西川東童、簡易戸外遊戯法、絵本続大人遊、骨董集、守貞漫稿、小学体育全書、東京風俗志

こばよ

陸奥《むつ》（青森・岩手県）の呼び方で「根っ木」のこと。➡根《ね》っ木《き》

［文献］日本全国児童遊戯法（中）、日本の遊戯、遊戯大事典、日本遊戯の解説

拳はずし（こぶしはずし）

2人が相対し、1人が両手を拳にして重ね、もう1人がこれを両手の食指を合わせて打って、衝撃で落とそうとする遊び。

［文献］日本の遊戯、遊戯大事典、日本遊戯の解説

こぶ取り（こぶとり）

出雲《いずも》（島根県）の遊び。3センチ四方の箱に豆などを入れたものを「こぶ取り」と呼んで遊んだ。

［文献］日本の遊戯

子殖やし鬼（こふやしおに）

「溜《た》まり鬼」「溜《た》め鬼」ともいう。「鬼ごっこ」の一種で、鬼が捕まえた者はすべて鬼の仲間になり、一緒になって他の子を捕まえる。逃げ手が1人だけになるか、全員が捕まるまで続ける。➡鬼《おに》ごっこ

［文献］日本の遊戯、遊戯大事典、日本遊戯の解説、教育的遊戯の原理及実際

こぼ石（こぼいし）

周防《すおう》・長門《ながと》（山口県）の、小石（または砂や

子捕ろ子捕ろ（ことろことろ）

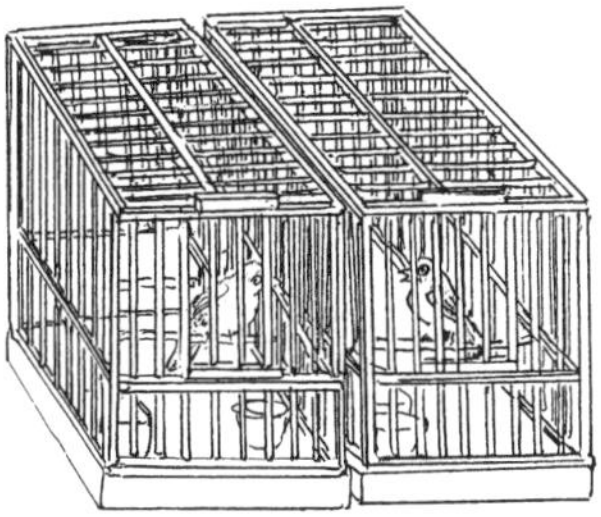

小鳥合せ（ことりあわせ）
江戸時代から、鶯の愛好家の間では鳴き合せが行われた

今年の牡丹（ことしのぼたん）
手遊びと問答を加えた鬼ごっこ

子捕ろ子捕ろ『簡易戸外遊戯法』

こまどりやかへる所が衣がへ　読人不知

子捕ろ子捕ろ『絵本西川東童』

子殖やし鬼（こふやしおに）

子捕ろ子捕ろ『骨董集』
仏典に由来する遊びで、古くは比比丘女《ひふくめ》といった

細螺《きさご》を入れた小袋）を用いたお手玉遊び。5個を一組とし、親玉を投げ上げている間に、他の4個を1個ずつ取って高く上げる。次は2個ずつ2回、その次は3個と1個を取る。⇩お手玉《てだま》

［文献］日本全国児童遊戯法（下）

独楽（こま）

胴に心棒を貫き、これを中心にして回転させる遊具。日本の独楽には、博多独楽《はかたごま》、鉄胴独楽《てつどうごま》、唸《うな》り独楽《ごま》（唐独楽）、貝独楽《ばいごま》（ベーゴマ）、銭独楽《ぜにごま》、お花独楽《はなごま》・八方独楽などの種類がある。回し方は独楽の種類により違い、心棒を指でつまんで回す、両手で回転させる、心棒に巻き付けた紐を引いて回す、独楽に巻き付けた紐の端を小指と薬指の間にはさみ独楽を投げて回す、独楽を紐でたたいて回す、などがある。うまく回すにはコツが要り、1人で回すだけでもおもしろいが、寿命比べ（長く回り続けることを競う）、当て独楽（喧嘩独楽ともいい、独楽を回転させながらぶつけて相手の独楽をはじき出す）、曲独楽（紐の上を独楽に綱渡りさせたり投げ取ったりする）などの遊び方がある。また、お花独楽などは賭博《とばく》に用いられる独楽である。

古くは「こまつぶり」「こまつくり」などといい、「こま」という名前から、中国から高麗《こま》を通って日本に入ったと推測できる。源順《みなもとのしたごう》編『倭名類聚鈔《わみょうるいじゅしょう》』に「弁色立成云　和名古末都久利《コマツクリ》　有孔者也」とあるのは、おそらく穴のある唸り独楽のことであろう。江戸時代になって盛んになり、独楽で曲芸を行う独楽芸人も現れた。⇩唸《うな》り独楽《ごま》、お花独楽《はなごま》、銭独楽《ぜにごま》、鉄胴独楽《てつどうごま》、貝独楽《ばいごま》、博多独楽《はかたごま》

［文献］日本の遊戯、遊戯大事典、日本遊戯の解説、日本遊戯史、遊びの大事典、竹馬の友、備後国福山風俗問状答

独楽当て（こまあて）

「当て独楽」「喧嘩独楽」のこと。⇩独楽《こま》、貝独楽《ばいごま》

［文献］日本全国児童遊戯法（上）

独楽だえ（こまだえ）

美作《みまさか》（岡山県）の遊び。独楽といっても径15センチぐらいの滑車のことで、これを相手方に向けて棒で打って転がし合う。人通りの少ない往来で、大勢が二手に分かれて行う。最初、一方が滑車を投げて転がし、もう一方がそれを棒で打ち返す。打ち返されたほうも、それを棒で打ち返す。こうして互いに打ち返し合うが、打ち損じると、滑車の止まったところまで陣を後退する。互いに前進、後退を繰り返して、最初に決めた境界のところまでさがると勝負が決まる。⇩浜投《はまな》げ

［文献］日本全国児童遊戯法（下）

小松引き（こまつひき）【参考】

「子日遊《ねのひのあそび》」「子日松《ねのひのまつ》」ともいう。古代より上級貴族の間で行われた行事で、正月の子《ね》の日に野に出て若菜摘みや小松引きをして遊ぶこと。小松原に幕をめぐらして食事をし、和歌を詠むことも行われた。一種の野遊びであるが、小松を引くのは、松の根元で食事をすることで松の寿にあやかるという古くからの思想と結びついたものと考えられる。『大和耕作絵抄』に「子《ね》の日の遊とは、正月上の子の日、野辺に出で、人々小松を引きあふことなり」とある。

［文献］日本の遊戯、遊戯大事典、日本遊戯史

独楽のツキカケ（こまのつきかけ）

磐城《いわき》（福島県）の呼び方で「当て独楽」のこと。⇩独楽《こま》、貝独楽《ばいごま》

［文献］日本全国児童遊戯法（中）

芥隠し（ごみかくし）

各自ごみや小石を持って集まり、互いに見せ合う。鬼が目をおおっている間に、地面に描いた円の中のどこかに埋めて隠し、わからないように土をならしておく。鬼は「もういいよ」の合図で探しはじめ、最初に見つかったごみの持ち主が鬼を代わる。唐の玄宗皇帝と楊貴妃が未《び》央宮《おうきゅう》の庭で行った遊びに由来するともいわれる。⇩釘隠《くぎかく》し

［文献］日本全国児童遊戯法（上）、日本遊戯の解説、日本遊戯史、遊びの大事典

ゴム鉄砲（ごむでっぽう）

❶ 拳銃の形をしたゴム製の水鉄砲。握り部分を強く握ったまま筒先を水の中に入れて力をゆるめると、中に水が入る。それを目的物に向けて、握り部分を強く握ると中の水が勢いよく飛び出す。おもちゃ屋で売っていた。

独楽遊び『竹馬之友』

おれのこまは
はみがきうりが
かしてくれろという
くらいないいこまだ
おれがこまは
かうじ丁のおばァさんが
かつてくれなさつたが
まうともまうとも
べらぼうにまうはいの

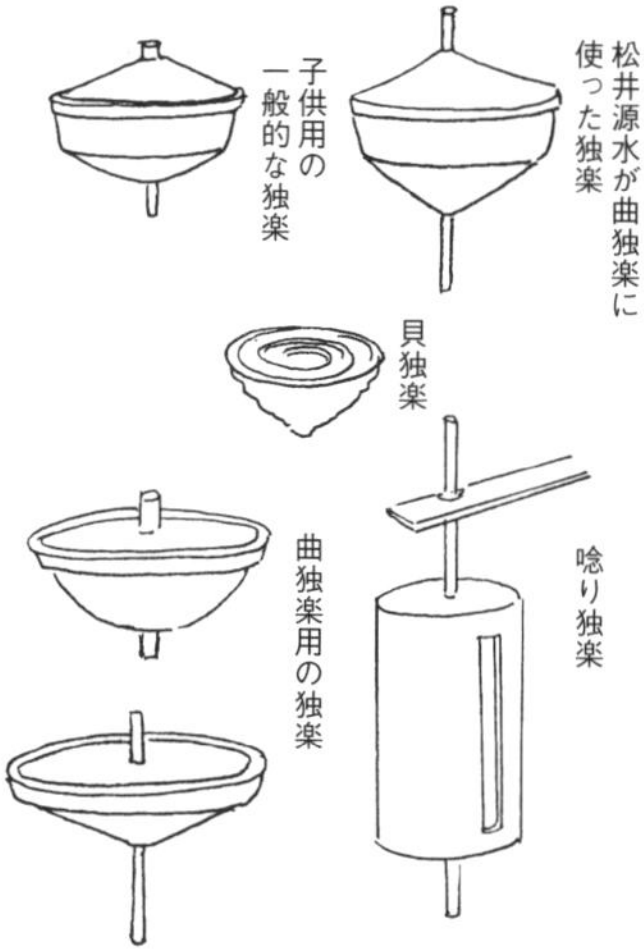

独楽（こま）

独楽のツキカケ（こまのつきかけ）
「当て独楽」のことで、貝独楽をぶつけ合ってはじき出す遊び

貝独楽をたたいて回す子供たち
『備後国福山風俗問状答』

曲独楽で遊ぶ子供
『日本全国児童遊戯法』

芥隠し（ごみかくし）

小松引き（こまつひき）『大和耕作絵抄』

独楽だえ（こまだえ）
独楽というより滑車のようなものを棒で打つ遊びで「浜投げ」に似ている

❷輪ゴムを指にかけて飛ばすもの。輪ゴムをまず小指にかけ、のばして親指の外側から人さし指にかける。小指を開くと、輪ゴムは勢いよく前方に飛んでいく。

ゴム跳び（ごむとび）

ゴム縄を跳び越す遊び。使用するゴム縄は駄菓子屋でも売っていたが、たいてい輪ゴムをつないでつくった。両端を2人が持ってピンと張り、他の子がそれを跳び越すが、跳べたらゴムの位置を、つま先、くるぶし、膝、股下、腰、脇の下、肩、耳、目、頭、こぶ一、こぶ二というように、だんだんと高くしていく。こぶ一というのは、頭の上に拳《こぶし》一つ分高くすること。

［文献］下町の子どもの遊び

ゴム飛行機（ごむひこうき）

輪ゴムの力で飛ぶおもちゃの飛行機。主翼、尾翼、方向舵翼は竹ヒゴでつくり、薄紙を貼る。これを細長い棒の左右に付け、先にプロペラを付ける。輪ゴムをいくつかつないで紐にし、プロペラの元に付け、棒の末端の鉤《かぎ》に引っかけると完成。プロペラを指で数十回ぐるぐる回すとゴムがねじれる。そのままプロペラを押さえて、飛行機をそっと前に押し出すようにすると、ゴムが戻ろうとする力でプロペラが回って空を飛ぶ。飛行機に軽い車輪を付けて地面に置くと、滑走して飛ばすこともできる。ゴムの長さを変えたり、いろいろと工夫して遊んだ。

米搗き（こめつき）

「上がりこ下がりこ」のこと。➡上《あ》がりこ下《さ》がりこ

［文献］日本の遊戯、遊戯大事典、日本遊戯の解説

子貰い（こもらい）

「子買お」と同じ遊び。➡子買《こか》お

［文献］日本全国児童遊戯法（中）、遊びの大事典

子守歌（こもりうた）

幼児をあやしたり、眠らせたりするときにうたう歌。地方によりいろいろな子守歌が歌い継がれてきたが、子守として雇われた守女（12歳ぐらいから他人の家に住み込んで働いた）が労働のつらさやさびしさをまぎらわすためにうたった歌もあり、哀調を帯びたものも多い。

小弓（こゆみ）【参考】

伊勢貞丈の『貞丈雑記』に「武器に非ず楊弓《ようきゅう》なぞの如く、たはぶれのもてあそびものなり」とあるように、「楊弓《ようきゅう》」に似た遊戯用の小さい弓。平安時代の宮中行事であった賭弓《のりゆみ》が廃れた後にでき、宮中で貴族の弓遊びに用いられた。左大臣源高明の『西宮記』に、延喜2（902）年に射場殿で行われたことが記されている。『蜻蛉日記』『源氏物語』『今昔物語』『吾妻鏡』などにも記述が見られるが、江戸時代になるとしだいに行われなくなった。120センチぐらいの小型の弓で、座ったまま左膝を立て右手を右頬近くに寄せ、弓の長さの10倍先にある的を射る。宮中での儀礼的な遊戯の一つで、いろいろな決まり事があり、的に命中させることのほか、作法の良否なども競った。小弓の道具・射法・礼式などについては、藤原基盛の『小弓肝要抄』に詳しい。➡雀小弓《すずめこゆみ》、楊弓《ようきゅう》

［文献］日本の遊戯、遊戯大事典、日本遊戯史、遊びの大事典

こより細工（こよりざいく）

東京の遊び。紙を観世縒《かんぜよ》りにし、犬や枝など形をつくって遊ぶ。また堅くよったものを水に入れ、水を吸収して動くのを見て楽しんだ。

［文献］日本全国児童遊戯法（上）

コルク鉄砲（こるくでっぽう）

紙玉鉄砲と同じ原理で、コルク玉を飛ばす。木をくりぬいた銃身の中には、螺旋《らせん》バネを縮めて引き金で押さえてある。筒の先にコルク玉を詰め、引き金を引くと押さえがはずれて中の空気を圧迫し、コルク玉が発射される。コルクなので当たってもさほど痛くないし、遠くに飛ばないように、コルク玉には紐が付いている。「兵隊ごっこ」などで用いて遊んだ。

ゴロベース

野球と同じように遊ぶが、軟式テニスのボールを使い、それをピッチャーはゴロで投げ、バッターは手で打つ。手で地面をこするようにして玉を打つので打ちにくかった。

［文献］下町の子どもの遊び、遊びの大事典

ごんごん独楽（ごんごんごま）

「唸り独楽」「唐独楽」ともいう。➡唸《うな》り独楽《ごま》

［文献］日本の遊戯、遊びの大事典

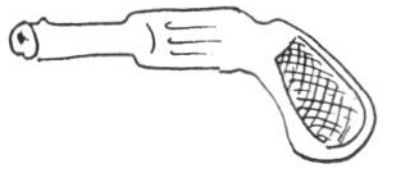

輪ゴムをつなげてゴム跳びの縄にする

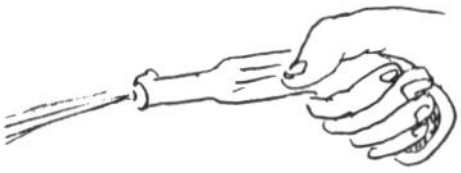

ゴム鉄砲（ごむでっぽう）
ゴム製の水鉄砲

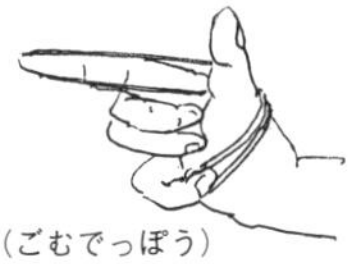

ゴム跳び（ごむとび）

ゴム鉄砲（ごむでっぽう）
輪ゴムを指にかけて飛ばす遊び

ゴム飛行機（ごむひこうき）

子守歌（こもりうた）

子貰い（こもらい）『日本全国児童遊戯法』
問答は地方によって違うが、「子買お」と同じ遊び

米搗き（こめつき）

ゴロベース
軟らかいボールをころがして投げ、それを手で打つ

こより細工（こよりざいく）
観世縒りにした紙で動物や枝の形をつくって遊ぶ

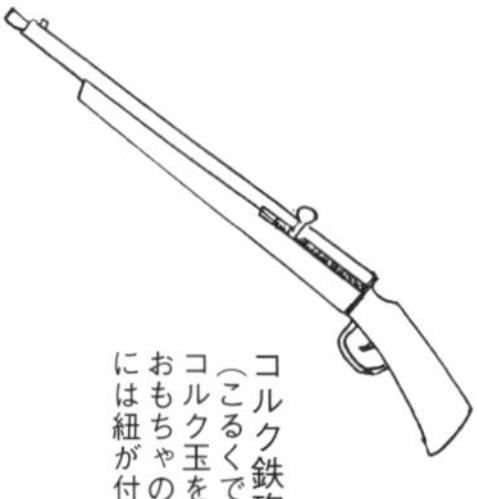

コルク鉄砲（こるくでっぽう）
コルク玉を弾にして飛ばすおもちゃの鉄砲。コルク玉には紐が付いていた

［さ］

さいがさづけ
東京の遊び。鞘笠《さやがさ》（筆の穂先を保護するためにかぶせるキャップ）を4、5本に裂いたものを場に散らし、右手の薬指の腹を押しつけてくっついたら右の手のひらに取る。失敗すると次の者に代わる。他の遊び方として、鞘笠を立てて指を押しつけて付着させ、同様にした他人の鞘笠を倒して取得する。自分の鞘笠が指を離れると先方に取られる。
［文献］日本全国児童遊戯法（上）

さいご
磐城《いわき》（福島県）の胡桃《くるみ》を投げる遊び。各自大きめの胡桃を1個ずつ持って集まる。地面に図のように半円と線を描き、半円の中に胡桃を全部（ただし1個は玉にとっておく）撒《ま》く。順番を決めて手前の線のところに立ち、どれか一つを狙って「さいご」と言いながら玉の胡桃を投げつける。狙った胡桃が半円からはじき出され、ロとハの線の間に転がると、それを取って交替する。当たり損なったり、うまくロとハの線の間に転がり出なければ取れない。はじめに撒いた胡桃がなくなるまでこれを繰り返す。胡桃の代わりに銀杏《ぎんなん》で遊ぶこともあった。
［文献］日本全国児童遊戯法（中）

竿になれ釣瓶になれ（さおになれつるべになれ）
伊勢《いせ》（三重県）の幼児の遊び。夕刻、烏《からす》が一団となってねぐらに帰るために飛んでいくのを見上げながら、かたまりになると「釣瓶になーれ」、一直線になると「竿になーれ」と言ってはしゃいだ。⬇雁雁《がんがん》
［文献］日本全国児童遊戯法（中）、遊びの大事典

竿登り（さおのぼり）
直立した竿に両手両足を絡ませて登ること。竹竿などは滑るので熟練を要する。
［文献］日本全国児童遊戯法（下）

鷺足（さぎあし）
「竹馬」のこと。⬇竹馬《たけうま》
［文献］日本の遊戯、遊戯大事典、日本遊戯の解説、遊びの大事典

鷺相撲（さぎずもう）
2人で片足を後ろに折って片手で押さえ、相対して立つ。その格好で片足跳びをしながら、もう片方の手で押し合う。バランスをくずして倒れたり、上げた足を地面につくと負け。⬇ちんちんもがもが
［文献］日本全国児童遊戯法（上）、日本の遊戯、遊戯大事典、日本遊戯の解説、遊びの大事典

ざぐらとり
羽前《うぜん》（岩手県）の呼び方で、お手玉遊びのこと。「だまとり」「くりこ」ともいう。⬇お手玉《てだま》
［文献］日本全国児童遊戯法（中）

さげ足（さげあし）
豊前《ぶぜん》（福岡・大分県）の呼び方で「竹馬」のこと。高いものでは長さ2メートルぐらいの竹で竹馬をつくり、雪が積もったときにこれで遊んだ。⬇竹馬《たけうま》
［文献］日本全国児童遊戯法（下）

さざえ打ち（さざえうち）
丸くて平たいさざえの貝の蓋を玉として、投げて遊んだもの。各自1個ずつさざえの蓋（玉）を出し、地面に円を描いてその中に撒く。順番を決め、離れたところからそれを狙って自分の玉を投げつけ、当たると取れる。平たい石や面子、ビー玉でも遊んだ。
［文献］日本全国児童遊戯法（上）、日本の遊戯、遊戯大事典、遊びの大事典

笹舟（ささぶね）
「竹葉舟」ともいう。笹の葉の茎を中央に折り曲げてさし込み帆掛け舟のようにしたもの、葉の両端を3つに裂いて交差させ渡し舟のようにしたものなどを、小川や池で流して遊んだ。『夫木和歌抄』に「うなゐ子が流れに浮くる笹舟の泊りは冬の氷なりけり」（源仲正）とあり、鎌倉時代にはすでに行われていた遊びである。
［文献］日本全国児童遊戯法（中）、遊びの大事典、日本遊戯史

ざっとのばうへ
京都の遊び。10人ぐらいの子供が手をつないで輪になり、中に座頭役が目を両手でおおって

竿になれ釣瓶になれ
（さおになれつるべになれ）
夕刻に烏がねぐらに飛んで帰る様子
を見てはやした言葉

胡桃《くるみ》『花彙』

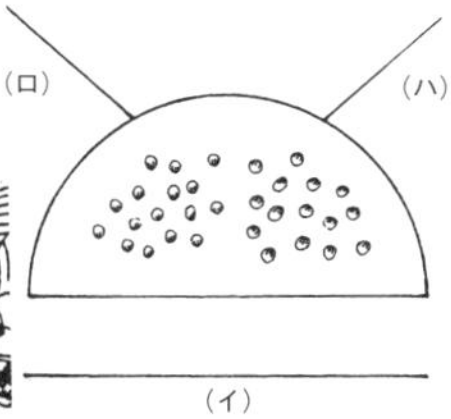

さいご
磐城の遊びで、半円内に
撒いた胡桃を狙って打つ

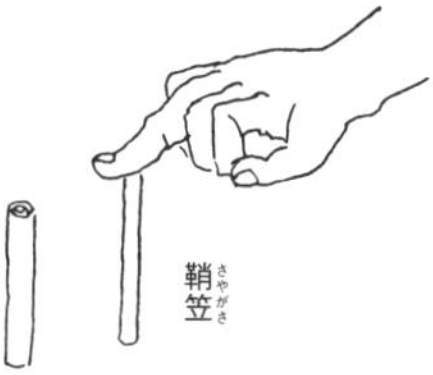

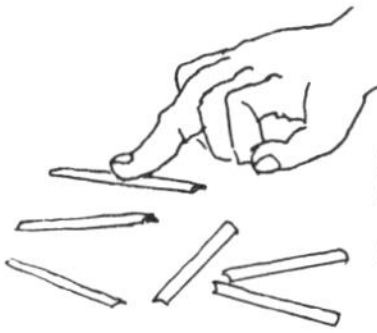

さいがさづけ
東京の遊び

鷺相撲（さぎずもう）
片足でケンケンしながら片手で押し合う

『尾張童遊集』

鷺足（さぎあし）
竹馬のことで、
「さげ足」ともいう

竿登り（さおのぼり）

笹の葉

笹の葉の帆掛け舟

笹舟（ささぶね）

さざえの蓋

さざえ
『明治期挿絵』

さざえ打ち（さざえうち）

鷺相撲

しゃがむ。「ざっとのばうへどっこい 盃《さかすき》 さぁしもーした」とうたいながら回り、歌が終わると中の座頭は目を閉じたまま立ち上がり、輪に近づく。輪の子たちは「いやいや」と言って回転を速くする。座頭は目を閉じたままその中の1人を捕まえ、名前を言い当てる。当たると座頭役を交替する。

［文献］日本全国児童遊戯法（上）、遊びの大事典

座頭落とし（ざとうおとし）

周防《すおう》・長門《ながと》（山口県）の遊び。地面に丸を描いて小便壺とする。座頭役を1人決め、目を閉じさせて、「座頭さんよい所に連れて行こう」と言って左右から手を引いて丸の上まで来ると、「座頭が小便壺に落ちた」と言って手を振り払って逃げる。座頭は目を開けて追いかけ、誰かを捕まえると座頭役を交替する。

［文献］日本全国児童遊戯法（下）

座頭相撲（ざとうずもう）

江戸時代に行われた盲人同士の相撲を子供がまねたもの。布などで目隠しをして相撲をとった。『江戸名物鑑』に「のばす手はなでるやうなる柳かな　風潮」という句がある。

［文献］日本の遊戯、日本遊戯の解説

座頭坊やん（ざとうぼうやん）

周防《すおう》・長門《ながと》（山口県）の遊び。座頭を1人決め、目をおおわせる。他の1人が楊枝か箸の先に紙を結んだものを持ち、「座頭坊やん、誰に盃さぁしましょう。ここらか」と言いながら、まわりの誰かにそれを向ける。座頭役が「まだまだ」と言うと、別の人にそれを向ける。また座頭役が「まだまだ」と言うと、また別の人に向ける。こうして他の人や自分、障子などいろいろなものに次々と向け、座頭役が「そこ」と言った時点で手を止める。そのとき、それが指す人が次の座頭役になる。

［文献］日本全国児童遊戯法（下）

さば

面子遊びの一種。自分の面子をたたきつけ相手の面子の下にもぐり込ませれば取れる。たくさん積んであっても全部取れる。自分の面子に反りをつけたり、滑りをよくしたりして工夫した。➡**面子《めんこ》**

［文献］下町の子どもの遊び

猿返り（さるがえり）

「宙返《ちゅうがえ》り」「板落《いたお》とし」ともいう。猿回しの芸で、猿が前後左右自在に体を丸めてくるっと宙で回転して着地する。これに似た技。➡**宙返《ちゅうがえ》り**

［文献］日本の遊戯、日本遊戯史、遊戯大事典、日本遊戯の解説

猿つかまえ（さるつかまえ）

京都の遊び。2メートルぐらいの紐の一端を何かに結びつけ、もう一方の端を鬼が持つ。鬼はからかいに来る子を捕まえようとするが、紐から手を離してはいけないので、紐の長さ以上は進めない。

［文献］日本全国児童遊戯法（上）、遊びの大事典

猿と子供（さるとこども）

1人を猿役、1人を猿飼い役とし、他は手ぬぐいを持って2人のまわりを囲む。猿には2メートルぐらいの紐を結びつけ、端を猿飼いが握る。他の子たちは猿飼いの隙を狙って手ぬぐいで猿の背を打ちにくる。猿飼いはそれを阻止するとともに逆に子供の背を打つ。背を打たれた子は猿になり、紐に結ばれる。猿は猿飼いの隙を見て逃げることができる。

［文献］新編小学遊戯全書

猿回し（さるまわし）

「猿鬼」ともいう。猿役を1人決め、紐を帯に結ぶか直接体に結びつけ、一方の端は猿回し役が持つ。他の子は適当に散らばって、猿をからかいに来たりする。猿はそれを追いかけて捕まえる。猿回しは猿の行動を妨げないようにするが、紐で結ばれているので若干制限される。捕まった者が猿に代わる。東京では、猿は捕まえた子をひっかくまねをし、他の子たちは「さぁるのけーつはまっかいな。ごんぼうやいておっつけろ」とはやした。

［文献］日本全国児童遊戯法（上）、遊戯大事典、遊びの大事典

笊割（ざるわり）

目笊《めざる》2個の口と口を合わせて紙で貼り、一方の笊の底に紐を通して、木の枝か竿につるす。離れた場所からこれをめがけて小石や鞠をなげつけて割る遊び。

座頭相撲（ざとうずもう）
目隠しをして相撲をとる

座頭落とし（ざとうおとし）
周防・長門の遊びで、座頭役を小便壺に落としてから鬼ごっこが始まる

ざっとのばうへ
京都の遊びで、座頭役は目隠しをし、回っている子を捕まえて名前を当てる

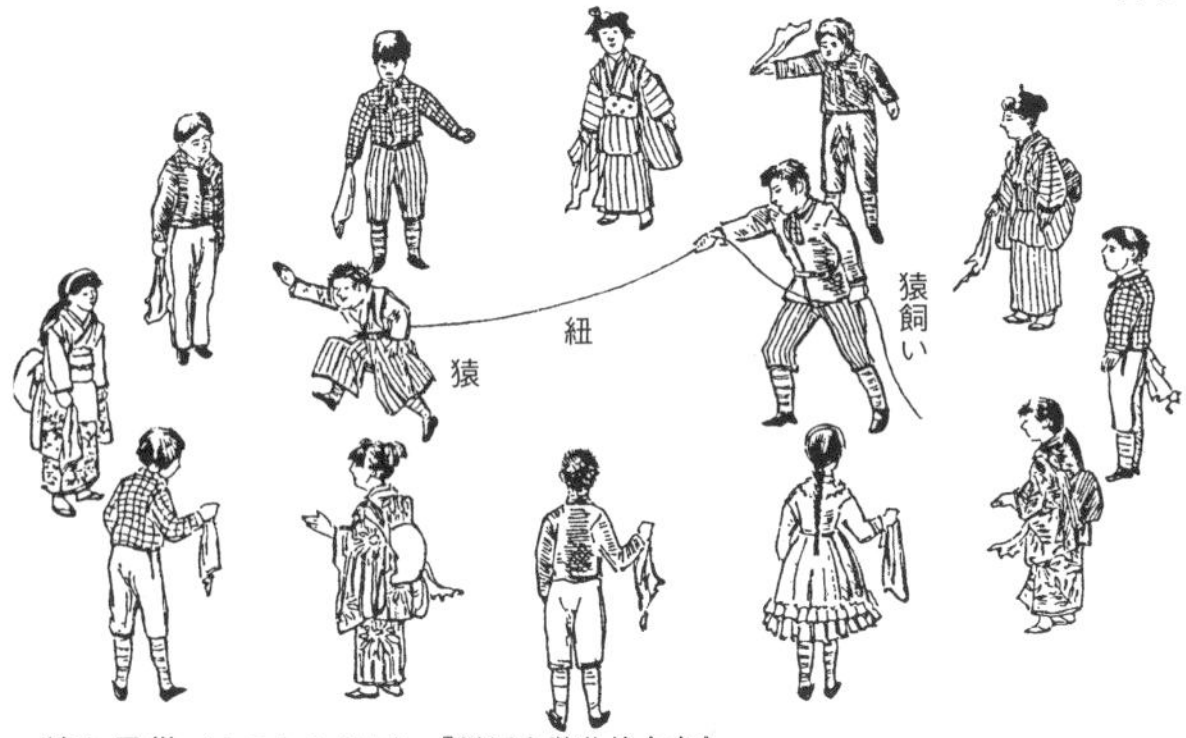

猿と子供（さるとこども）『新編小学遊戯全書』
まわりの子供たちは手ぬぐいで猿の背を打ってからかう

さば
面子遊びで、自分の面子を打って相手の面子の下にもぐり込ませる

笊割（ざるわり）

猿回し（さるまわし）

猿返り（さるがえり）
大道芸で猿回しの猿が前後左右に宙返りするのに似ていることからついた名前

[文献] 日本の遊戯、日本遊戯の解説

三角取り（さんかくとり）

2、3人で遊ぶ。まず、紙一面に点をたくさん描く。じゃんけんをして勝つと、点と点を結んで線を1本引ける。勝つたびに線を引いていって、三角形をたくさんつくった者の勝ち。

[文献] 下町の子どもの遊び

さんさい節（さんさいぶし）

越中《えっちゅう》（富山県）で夏の夕刻に、女の子が町の四つ角などに集まって手をつないでうたった歌。

「鈍な按摩に鈍子の羽織、着せて眺めりゃなお鈍じゃ。サアアイ、サンサイ、ヨンサノヨイヨイナ

船橋ぁあきれた船橋あきれた、船の大事なぎように様。サアアイ、サンサイ、ヨンサノヨイヨイナ」

（「ぎょうに様」は「祇園様」のなまったもの）

[文献] 日本全国児童遊戯法（下）

三度鬼（さんどおに）

東京の「鬼ごっこ」で、鬼が1人の子だけを追うことを禁止するルール。1人だけをしつこく追い回すと、「1人狙えば三度鬼」という。➡鬼《おに》ごっこ

【し】

爺さん婆さん（じいさんばあさん）

東京の遊び。子供が数人集まって、右手で手頃な棒を杖代わりにつき、左手を腰のあたりに当て、腰を曲げて老人の格好をまねして、「爺さん、婆さん、毛唐人。お腰の曲がった爺さんだ。お腰の曲がった婆さんだ。結構人の爺さんだ。結構人の婆さんだ」と言いながら歩く。

[文献] 日本全国児童遊戯法（上）、東京風俗志、遊びの大事典、吾妻余波

地打ち（じうち）

摂津《せっつ》（兵庫県）で行われた子供の行事。10月玄猪《げんちょ》の日（陰暦10月の亥《い》の日）に、子供たちが藁《わら》でしめ縄のようなもの（しめ縄よりも固く巻く）をつくり、各家の門前に行って、「玄猪の晩に重箱拾うて、開けて見たればずん兵衛さんの〇〇」ととなえながら、それで地面を打つ。ポンポンと良い音がするのが自慢で、各自争うように地を打った。

[文献] 日本全国児童遊戯法（下）

塩から婆（しおからばあ）

羽後《うご》（秋田県）の遊び。鬼が問答しながら近づいていって、最後は「鬼ごっこ」になる。まず、鬼を除いて一かたまりになる。最初、鬼が「塩から婆はおりますか」と聞く。皆は「集まっております」と答える。鬼は数歩近づいて「ここに大きな川があります」。皆「その川を渡っておいでなさい」。鬼は川を渡るまねをしながら数歩近づいて、「ここに大きな木があります」。皆「その木を切っておいでなさい」。鬼は木を切るまねをして数歩近づく。鬼はこれを繰り返し、障害物を除きながら集まっている子たちのところに着く。鬼「婆はどこにおりますか」。皆は「ここにおります」と答えると同時に逃げ、鬼は追いかけて捕まえる。

[文献] 日本全国児童遊戯法（中）

潮干に参りましょ（しおひにまいりましょ）

東京ではよく、春になると海岸に潮干狩りに行って貝を掘った。そのまねをする遊び。下町の子は大正頃まで着物姿であったが、潮干狩りのときは、着物の裾が濡れないようにまくり上げて帯にはさむ。その格好をして、「潮干に参りましょ。大きな蛤十ばかり」と言いながら、きれいな小石を拾って遊んだ。

[文献] 日本全国児童遊戯法（上）、遊びの大事典、小児遊戯、東京風俗志

塩屋紙屋（しおやかみや）

小さい子を横向きに背負って、右手で子の脇の下、左手で両足を押さえ、「塩屋、紙屋、神田の塩屋」ととなえながら歩いた。➡千手観音《せんじゅかんのん》

[文献] 日本全国児童遊戯法（上）、遊戯大事典、東京風俗志、吾妻余波

『東京風俗志』

さんさい節（さんさいぶし）
越中では、夏の宵に女の子が
さんさい節をうたって踊った

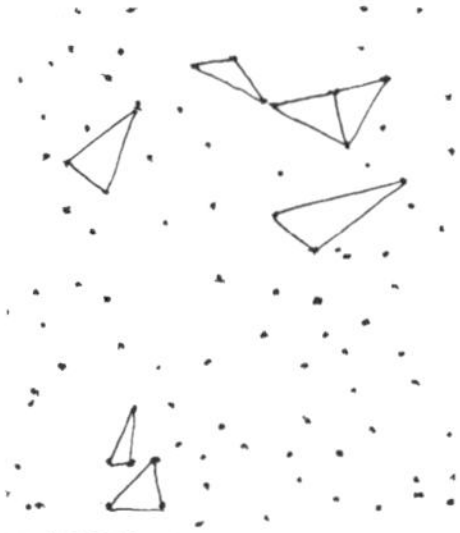

三角取り（さんかくとり）
じゃんけんで勝つと線が引ける

爺さん婆さん
（じいさんばあさん）

地打ち（じうち）
摂津の子供の行事。陰暦10月
の玄猪の日にしめ縄のような
もので地を打つ

潮
干
狩

明治時代の東京湾での潮干狩り『東京風俗志』

潮干に参りましょ（しおひにまいりましょ）
潮干狩りのまねをして小石を拾う

『吾妻余波』

塩屋紙屋（しおやかみや）

明治時代の本に描かれた潮干狩り『小児遊戯』

鹿や鹿や（しかやしかや）

「鹿遊び」「牡鹿」ともいう。鹿役、乗り手、判者の3人で遊ぶ。鹿役1人は膝に手を当てるか何かにつかまって背中を曲げ、その上に乗り手1人が乗る。残りの1人は判者をする。乗り手は鹿に乗ったまま自分が思う数だけ指を立て、「鹿や鹿や、汝は何本の角を保てるや」あるいは「牡鹿よ牡鹿よ、汝は我が指を握りたる数を知れりや」などと問いかける。鹿役がそれに答え、判者は乗り手の指先を見て正解かどうかを判断する。これを繰り返し、当たれば乗り手と鹿が交替する。あるいは乗り手が鹿に、鹿が判者に、判者が乗り手に代わる。なお、『小学遊戯法』には「太郎や太郎や」という名前で同様の遊びが掲載されており、鹿の代わりに太郎と名付け、太郎が指の本数を当てられなかった場合は、罰として乗り手を乗せたまま、他の壁か樹木のところに移動するとある。

［文献］普通遊戯法、遊戯大事典、遊びの大事典、小学遊戯法、簡易戸外遊戯法

地獄極楽（じごくごくらく）

東京の遊び。年長者2人が両手の指を組み合わせ、中央に小さくて体重の軽い子を立たせる。組み合わせた手を小さい子の背と腹に当て、「赤鬼青鬼針の山へ登れ、地獄極楽まっ逆落とし」と言いながら一回転させて元通り起立させる。両者の力と呼吸が合わないと危ない。

［文献］日本全国児童遊戯法（上）

爺婆旦那様（じじばばだんなさま）

甲斐《かい》（山梨県）の遊び。老爺、老婆のまねをして腰をかがめて歩いたり、旦那様と称していばって見せたりする。

［文献］日本全国児童遊戯法（中）

地蔵遊び（じぞうあそび）

❶「中の中の地蔵さん」「まわりのまわりの小仏」と同じ。⇩**中《なか》の中《なか》の地蔵《じぞう》さん、まわりのまわりの小仏《こぼとけ》**

❷磐城《いわき》（福島県）の遊び。地蔵役は目隠しをしてしゃがみ、そのまわりを大勢で手をつないでうたいながら回る。「地蔵さんやら、かねのさんやら、誰に盃《さかずき》さーしましょ。あくしょ、あくしょ」。歌い終わると止まり、中から1人が出て、輪の中の1人を指さし「ここか」と地蔵に聞く。地蔵が「まだまだ」と言うと、別の1人を指さして「ここか」と聞く。これを数回繰り返し、地蔵が「よーし」と言ったときに、指さされた者が次の地蔵になる。

［文献］日本全国児童遊戯法（中）、遊びの大事典

しだら

手を打ちながら、歌をうたったりして遊ぶことをいう。山東京伝の『骨董集』に「拵遊《しだら》といふこと、拵は俗の弄の字にて、もてあそぶと訓字れば、字義によりては解しがたし、今按るに伊勢《いせ》の御神事に、しだらうちといふ事あり、手をたたきて謳歌する事となん、此名目童にうつり、手をたたきて、うたうたふ戯を、拵遊といふなるべし」とある。

［文献］日本の遊戯、遊戯大事典、遊びの大事典

字造り（じつくり）

人文字をつくる遊び。教師が大勢の子供の前でカタカナかひらがな1文字を大きな声で言い、子供たちはそれに応じて並んで人文字をつくる。

［文献］小学体育全書

しっぺ

❶禅で修行の指導に用いる竹製の杖のことを「竹篦《しっぺい》」といい、そこから、片手の人さし指と中指をそろえて相手の手の甲や手首を打つことを「指しっぺい」、転じて「しっぺ」というようになった。「しっぺ返し」という言葉はここから来ている。

❷何人かで片手の甲を順々に重ねていき、一番下の者がいきなり手を抜いて、上の者の手の甲をたたく遊び。皆たたかれまいと素早く手を引くが、引っこめるのが遅いとたたかれる。

［文献］日本全国児童遊戯法（上）、日本の遊戯、遊戯大事典、下町の子どもの遊び、遊びの大事典

弄玉（しなだま）【参考】

「品玉」とも書く。曲芸の一種で、刀子《とうす》（短い刃物）や鞠、鎌などを片手で投げ上げては、もう一方の手で取ることを繰り返す。所作はお手玉と同じだが、中国から渡ってきた奇術師などによって行われたことからこの呼称がある。田楽・猿楽にも「刀玉《かたなだま》」といって、短い刀を投げ上げて取る曲芸がある。太神楽《だいかぐら》の芸人によって

しだら
手を打ったり歌をうたい
ながら遊ぶことをいう

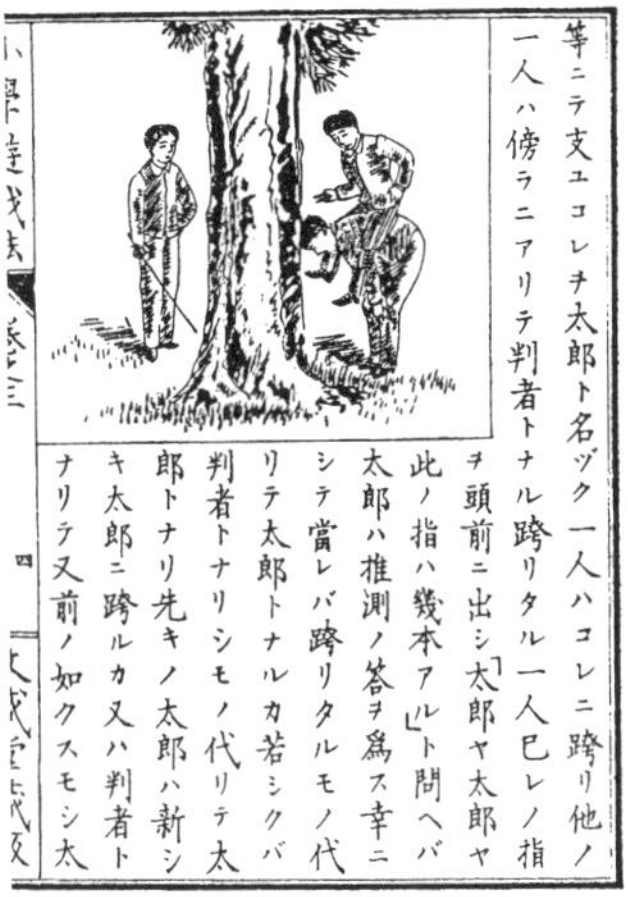

等ニテ支ユコレヲ太郎ト名ヅク一人ハコレニ跨リ他ノ一人ハ傍ラニアリテ判者トナル跨リタル一人已レノ指ヲ頭前ニ出シ「太郎ヤ太郎ヤ此ノ指ハ幾本アル」ト問ヘバ太郎ハ推測ノ答ヲ為ス幸ニシテ當レバ跨リタルモノ代リテ太郎トナルカ若シクバ判者トナリシモノ代リテ太郎トナリ先キノ太郎ハ新シキ太郎ニ跨ルカ又ハ判者トナリテ又前ノ如クスモシ太

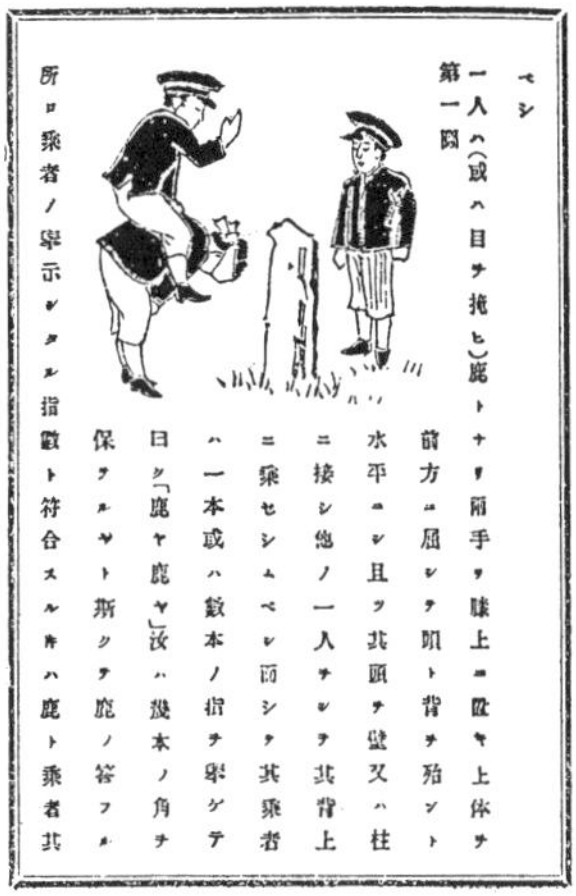

ベシ

第一図

一人ハ(或ハ目ヲ掩ヒ)鹿トナリ両手ヲ膝上ニ置キ上体ヲ前方ニ屈シテ頭ト背ヲ殆ンド水平ニシ且ツ其頭ヲ壁又ハ柱ニ接シ他ノ一人ヲシテ其背上ニ乗セシムベシ而シテ其乗者ハ一本或ハ数本ノ指ヲ挙ゲテ曰ク「鹿ヤ鹿ヤ」汝ハ幾本ノ角ヲ保テルヤト斯クテ鹿ノ答フル所ロ乗者ノ挙示シタル指数ト符合スル時ハ鹿ト乗者其

鹿や鹿や（しかやしかや）左『小学遊戯法』、右『普通遊戯法』

地蔵遊び（じぞうあそび）

爺婆旦那様（じじばばだんなさま）
甲斐の遊び

弄玉（しなだま）

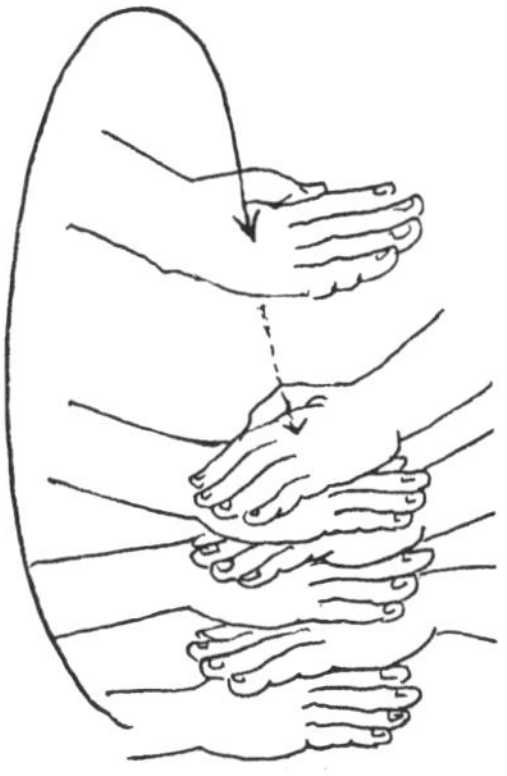

しっぺ

字造り（じつくり）『小学体育全書』
群児ノ前ニテ教員鞭ヲ挙ケ画少クシテ読ミ易キ片仮名或ハ平仮名ノ一字ヲ大音ニテ唱フルトキ群児ハ之ニ応ジテ其命令サレタル字形ヲ各自ノ体ニテ集成スル一嬉戯ナリ然レドモ之ヲ始ムル前ニ教員ハ生徒ヲ集メテ或ル字形ヲ造リ後チ解散セシメテ再ヒ以前ノ文字ヲ唱フルトキ真ニ之ヲ造ラシムルモ可ナリ

も行われた。⬇輪鼓《りゅうご》

［文献］日本の遊戯、遊戯大事典

しね打ち（しねうち）

甲斐《かい》（山梨県）の呼び方で「しっぺ」のこと。

⬇しっぺ

［文献］日本全国児童遊戯法（中）

しべとり

薩摩《さつま》（鹿児島県）の遊び。左の図のように起点を定め、甲と乙の旗を立てる。甲、乙それぞれ合図でスタートし、自分の旗を一周してから相手の旗を取って戻ってくる。先に戻ったほうの勝ち。

［文献］日本全国児童遊戯法（下）、遊びの大事典

地虫釣り（じむしつり）

「地虫」は「根切虫《ねきりむし》」ともいい、土中に住む虫の総称である。『日本の遊戯』には「蛾の幼虫であつてその名の示す如く農作物の害虫であることはいふまでもない」とある。喜多村信節《きたむらのぶよ》の『嬉遊笑覧《きゆうしょうらん》』禽虫の部に「あまのじやくといふ虫あり。春夏の頃、地上に小き穴あり、灯心に油をひたして穴に入るる事二三寸にして、灯心の動くを見て引いだせば、小く細長き虫の身白く、首黒き呉公《むかで》の形したるが、灯心にくひ付出つ。身を屈曲《かがむ》れば、脊に高き所あり、故に漢名鉤駱駝といへり」とある。

［文献］日本の遊戯

注連貰い（しめもらい）

大阪で、1月13～14日頃に町内の男児たちが玩具の鳶口を持って集まり、「おし縄くださんせ。くりくりくださんせ。一輪か二輪か三輪か四輪か」と言いながら、しめ縄をもらって引き回し歩く行事。しめ縄は氏神の境内に積み、15日の朝にどんど焼きで焚いた。

［文献］日本全国児童遊戯法（上）、遊びの大事典

蛇くぐり（じゃくぐり）

何人かの子供が手をつないで一列になる。端の2人がつないだ手をあげて、そこを先頭の子供から順番にくぐり抜ける。最後に手をあげた2人もくぐって元の形に戻ると、同時に先頭の子がやって来て再度くぐり抜けることを繰り返す。

［文献］日本全国児童遊戯法（中）、日本の遊戯、遊戯大事典

鯱立ち（しゃっちょこだち）

「しゃちほこ立ち」がなまったもので、逆立ちのこと。頭を下にして足が跳ね上がって曲線を描いている様子をお城の屋根の鯱《しゃちほこ》になぞらえたもの。

［文献］日本の遊戯、遊戯大事典、日本遊戯の解説

射的（しゃてき）

的に向かって銃を打つ意。転じて景品を並べて的とし、おもちゃの銃で撃って当たるともらえる遊び。銃は一種の空気銃で、先からコルクの弾が飛び出した。江戸時代には小弓を射って的に当てる楊弓という遊びがあり、それを商売にする楊弓場（矢場）があった。それが明治時代になって射的となり、盛り場には射的屋ができ、また祭りの縁日には射的の店が出た。

［文献］東京風俗志

蛇の子（じゃのこ）

但馬《たじま》（兵庫県）の子供の行事。八朔（旧暦の8月1日。新穀を収穫して祝う風習があった）の2、3日前から子供たちが藁で綱をつくって町中を引き回して遊び、当日になるとこれを引きちぎる。このとき刃物を使うと神罰を蒙るという言い伝えがあって、年長者も混じって力を尽くして引きちぎった。

［文献］日本全国児童遊戯法（下）、遊びの大事典

シャボン玉遊び（しゃぼんだまあそび）

石鹸の溶液をストローの先につけてもう一方の口から息を吹き込むと気泡がふくらむので、これを飛ばして遊ぶ。石鹸が一般に用いられるようになる以前は、ムクロジの殻や芋殻、煙草の茎を焼いた粉を水に浸けたものを細い竹や葭《あし》の先につけて吹き、「水圏戯《すいけんぎ》」といった。江戸時代には「たまやぁ、たま」と言いながらシャボン玉を売り歩く行商がいた。夏の風物として欠かせないものであったらしく、これを題材に、天保3（1832）年、江戸中村座で『おどけ俄煮球取《にわかしゃぼんのたまとり》』という清元の所作事が上演されている。「さあさあ寄つたり見たり吹いたり評判の玉屋玉屋、商ふ商品は八百八町、毎日ひにちお手遊び、子供衆寄せて辻々で、お目にかけ値のない代物を、お求めなされと辿り来る。今度

注連貰い（しめもらい）
大阪の子供の行事。正月の13～14日に男の子たちが鳶口を持って各家を回り、しめ縄を貰って歩いた

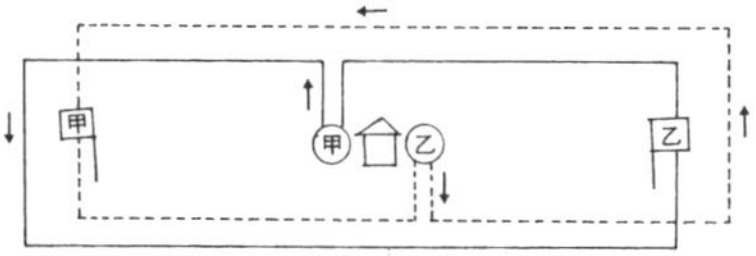

『日本全国児童遊戯法』

しべとり
薩摩の旗取り競争

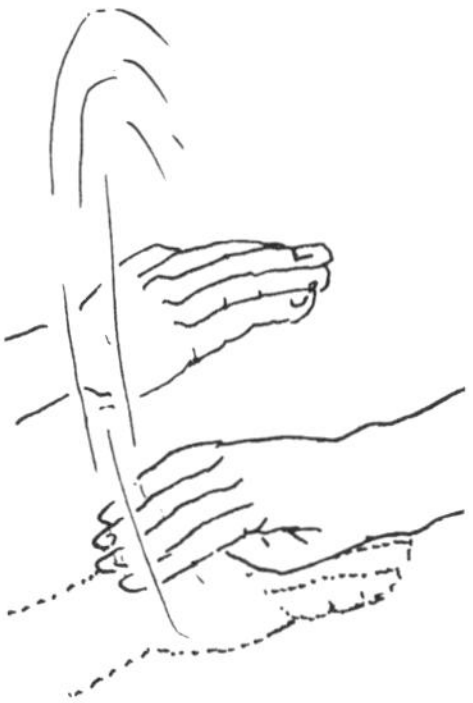

しね打ち（しねうち）

射的（しゃてき）『東京風俗志』
江戸時代の楊弓が射的となり、盛り場には射的屋できた

鯱立ち（しゃっちょこだち）

蛇くぐり（じゃくぐり）

『絵本西川東童』

『風俗画報』

シャボン玉遊び（しゃぼんだまあそび）
江戸時代にはムクロジの殻などを焼いて液をつくり、玉屋という行商が売って歩いた

蛇の子（じゃのこ）
但馬の子供の行事。八朔に藁縄を引き回した後、手で引きちぎる

仕出しぢやなけれども、お子様方のお慰み、御存じ知られた、玉薬、鉄砲玉とは事かはり、当つて怪我のないお土産で、曲はさまざま大玉小玉、吹分けばその日その日の風次第、まづ玉づくしでいはうなら、たまたま来れば人の客、なぞとじらせて口真似の、こなたもいつかよぶ子鳥、たつきも知らぬ肝玉も、締まる時には算盤の、堅い親父に輪をかけて、若い内から珠数の玉、オツト留まつた性根玉、しやんとそこらで留まらんせ、とまるついでにわざくれの、蝶々とまれや菜の葉に留まれ、菜の葉がいやなら葭の先へ留まれ云々」

［文献］日本の遊戯、下町の子どもの遊び、日本遊戯史、遊びの大事典、風俗画報、絵本西川東童、吾妻余波

じゃんけん

「じゃんけんぽん」ともいう。江戸時代に伝わった「拳」のうち、石と鋏《はさみ》と紙（風呂敷ともいう）の三すくみ拳。もとは「石拳」といい、その掛け声が、いつのまにか石拳そのものを指すようになった。石は手のひらを握って「グー」、鋏は指を2本出して「チョキ」、紙は手のひらを開いて「パー」で表現する。「じゃんけんぽん」の掛け声でいっせいに出し、石は鋏に、鋏は紙に、紙は石に勝つ。全員が同じ手の場合、また3人以上でやって3つの手がそろった場合は勝負が決まらない。勝負が決まらないときは、「あいこでしょ」と言って、勝負がつくまでやり直す。勝負を決める一番簡単な遊戯であり、「鬼ごっこ」などで最初の鬼を決める「鬼定め」の一つである。⇩**拳《けん》、鬼定《おにさだ》め**

［文献］日本の遊戯、遊戯大事典、日本遊戯の解説、遊びの大事典

じゃんけん描き（じゃんけんかき）

じゃんけんで勝つと、地面に1本ずつ線を描ける。左の図のような花の絵を先に完成させたほうの勝ち。

［文献］下町の子どもの遊び

蹴鞠（しゅうきく）

⇩**蹴鞠《けまり》**

［文献］日本の遊戯、遊戯大事典、日本遊戯の解説、日本遊戯史、遊びの大事典

鞦韆（しゅうせん）

「ぶらんこ」のこと。⇩**ぶらんこ**

［文献］日本の遊戯、遊戯大事典、日本遊戯史、遊びの大事典

十六（じゅうろく）

「きず」という面子遊びであるが、もとは貨幣を投げたものらしい。越谷吾山《こしがやござん》の『物類称呼《ぶつるいしょうこ》』に「信濃にては十六、江戸にてきづといふ」とある。⇩**きず**

［文献］日本全国児童遊戯法（中）、遊びの大事典

十六武蔵（じゅうろくむさし）

明治の中頃まで行われていた碁石を用いた遊び。図のような盤を用意し、四角の中央に親石を置き、周囲16か所の●に子石を並べる。親と子は1桁ずつ動ける。親は子と子の間にはさまると両側の子を取れる。子は親を三角の「牛部屋」（俗に「雪隠」ともいう）に追い込んで、動けなくしようとする。動きがとれなくなると親の負け、その前に全部取られてしまうと子の負け。逃げ場のないところに追い詰めることを「雪隠詰め」というのは、ここから来ている。起源は古く、源順《みなもとのしたごう》編『倭名類聚鈔《わみょうるいじゅしょう》』に「八道行成　読夜佐須賀利《ヤサスカリ》」とあるのが、この遊びの始めとされる。

［文献］日本全国児童遊戯法（上）、日本の遊戯、日本遊戯史、遊びの大事典、吾妻余波

数珠玉の首飾り（じゅずだまのくびかざり）

草花遊び。数珠玉（イネ科の多年草）の実に糸を通して首飾りにする。

［文献］下町の子どもの遊び

循環台（じゅんかんだい）

回旋塔のこと。⇩**回旋塔《かいせんとう》**

［文献］小学体育全書

将棋（しょうぎ）

「象棋」「象戯」とも書く。インドで生まれ中国から伝わった室内遊戯。ヨーロッパにも同じようなゲームがあるが、相手から取った駒を自分の駒として使用できるのが特徴。2人で交互に盤面の駒を動かし、相手の王（玉）将を捕らえたほうの勝ち。約30センチ四方の盤面を81目に区画し、戦陣のように駒を配して交互に進める。駒には種類があり、それぞれ一度に動ける能力が決まっている。おのおの、王（玉）将1

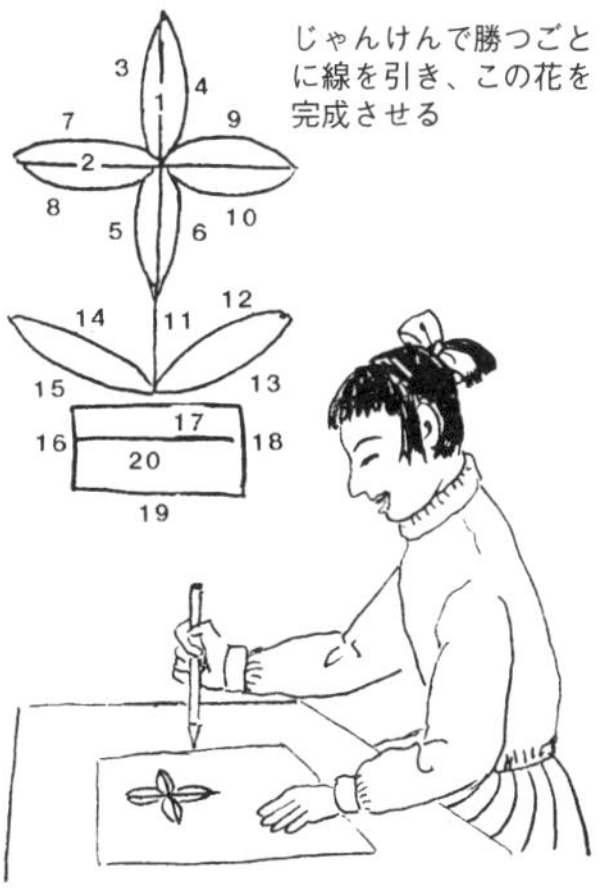

じゃんけん描き（じゃんけんかき）

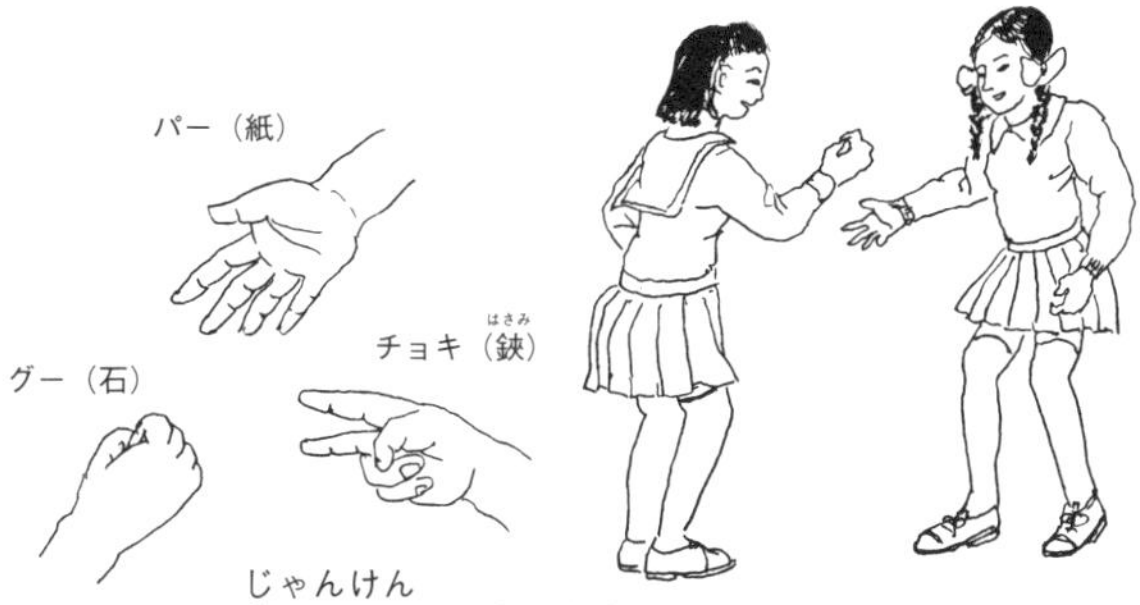

じゃんけん
「じゃんけんぽん（ぽう）」と声をかけて勝負し、勝負がつかないときは「あいこでしょ」と言ってやり直す

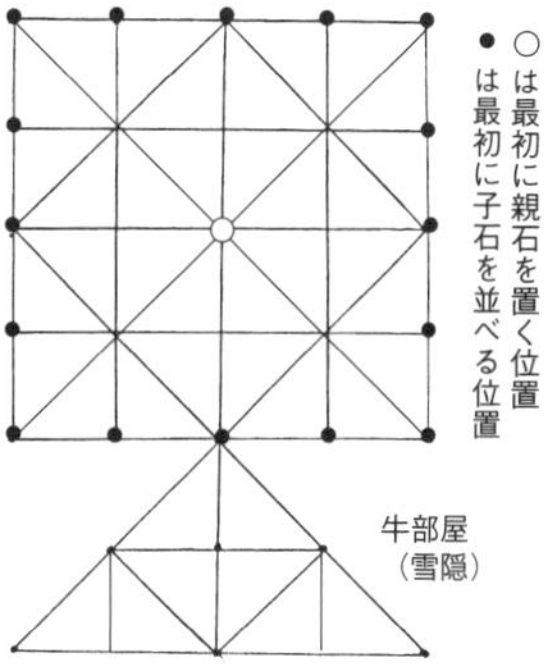

十六武蔵（じゅうろくむさし）
16の子石で１つの親石を追いつめる遊び

『日本全国児童遊戯法』

『大和名所図会』

十六（じゅうろく）
きずという面子を投げる遊びの別称であるが、もとは貨幣を投げて遊んだもの

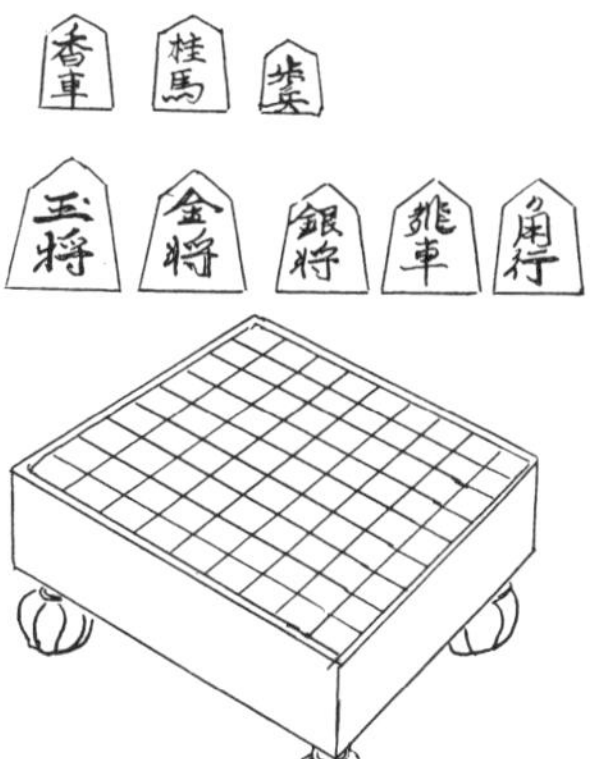

将棋盤と
将棋の駒（一部）

将棋（しょうぎ）

○せうぎ 『絵本西川東童』

おさな子はさす手ひく手のわるあそび
何と将棋の親たちの世話　木食《もくじき》上人

この実をたくさん集めて花穂を抜き糸を通す

数珠玉の首飾り（じゅずだまのくびかざり）

数珠玉
『大植物図鑑』

枚、飛車1枚、角行1枚、金将2枚、銀将2枚、桂馬2枚、香車2枚、歩兵9枚の計20枚（2人分で40枚）で戦う。

古代インドの盤ゲームが起源と考えられるが、いつ頃どういうルートで日本に伝わったのかは不明。藤原頼長《ふじわらのよりなが》の日記『台記《たいき》』に「指大将棋余負」とあることから、平安時代には貴族の間で行われていたらしい。以後、日本独自の発展をし、大将棋、中将棋、小将棋などの区別があった。現在の形になったのは16世紀後半からで、江戸時代には庶民の間にも広まって盛んに行われるようになった。本将棋以外にも、弾き将棋、回り将棋、振り将棋、挟み将棋、飛び将棋、積み将棋、将棋倒しなど、将棋の盤と駒を使って簡単に遊べる将棋遊びがいろいろ考案されている。➡**将棋倒《しょうぎだお》し、積《つ》み将棋《しょうぎ》、飛《と》び将棋《しょうぎ》、挟《はさ》み将棋《しょうぎ》、弾《はじ》き将棋《しょうぎ》、振《ふ》り将棋《しょうぎ》、回《まわ》り将棋《しょうぎ》**

［文献］日本の遊戯、日本遊戯の解説、日本遊戯史、遊びの大事典、絵本西川東童

将棋倒し（しょうぎだおし）

将棋遊びの一つ。将棋の駒を少しずつ間を開けて立て連ね、一番手前の駒をはじくと、後の駒が次々と倒れていく遊び。『太平記』七、千劔城軍の条に「象棋たふしをする如く、よせ手四五百人、押にうたれて死にけり」とあることから、南北朝期にすでにこの遊びがあったことがわかる。➡**将棋《しょうぎ》**

［文献］日本の遊戯、日本遊戯の解説、日本遊戯史、遊びの大事典

障子破り（しょうじやぶり）

陣地取りの一種で、2、3人で遊ぶ。地面に縦横に線を引いて升目をつくる。各自、隅の升に陣取り、そこから順番にお弾きをはじいて陣地を広げていく。お弾きが進めるのは縦と横だけで、斜めには行けない。お弾きが縦か横の区画にうまく入ると、線を消して陣地を広げていく。失敗すると交替する。升を取り尽くしたら、じゃんけんをする。勝ったほうは、角に親指を置いて指先をぐるっと回して扇の形を描き、相手の陣地を取れる。繰り返して陣地を全部取った者の勝ち。

［文献］下町の子どもの遊び

浄土双六（じょうどすごろく）

絵双六の一種で、もとは初学の僧に仏名を覚えさせるための教材として考案されたという。6面に「南」「無」「分」「身」「諸」「仏」と刻まれたさいころを振って、「南閻浮州」を振り出しに進み、「十地」、「等覚」、「妙覚」を経て「仏」にとまると上がり。途中、地獄に墜ちたり、天国に昇ったりする。また「永沈」というところに落ちたら、二度と出ることができない。絵双六の中でも古いもので、江戸前期に流行した。➡**双六《すごろく》**

［文献］日本の遊戯、遊びの大事典、還魂紙料

菖蒲打ち（しょうぶうち）

「菖蒲たたき」ともいう。江戸時代の端午の節句の遊び。子供たちが菖蒲の葉を編んで縄のようなものをつくり、それで地面をたたいて回った。

［文献］日本の遊戯、遊戯大事典、日本遊戯史、遊びの大事典、風俗画報、吾妻余波、四時交加、絵本西川東童

菖蒲の根合せ（しょうぶのねあわせ）**【参考】**

平安時代に貴族の間で行われた物合せの一種で、単に「根合せ」ともいう。菖蒲の根を持ち寄って長短を競うと同時に、和歌を詠んで優劣を競った。

［文献］日本の遊戯、遊びの大事典

庄屋拳（しょうやけん）

「狐拳」「藤八拳」ともいう。➡**狐拳《きつねけん》**

［文献］日本の遊戯、遊戯大事典、遊びの大事典

しょこ遊び（しょこあそび）

信濃《しなの》（長野県）の遊びで、「根っ木」と同じ。➡**根《ね》っ木《き》**

［文献］日本全国児童遊戯法（中）

白髭明神（しらひげみょうじん）

東京の遊びで「白髭大明神」ともいう。紙でこよりを1本つくり、それを縦にして下唇にはさんで押さえる。まわりの者はそれを落とさせようと、さまざま滑稽な仕草をして笑わせる。「白髭明神これをそちらへお渡し申す」と、こよりをそのまま次の者に差し出し、次の者はそれを同様に下唇ではさんで受け取る。

［文献］日本全国児童遊戯法（上）、遊びの大事典

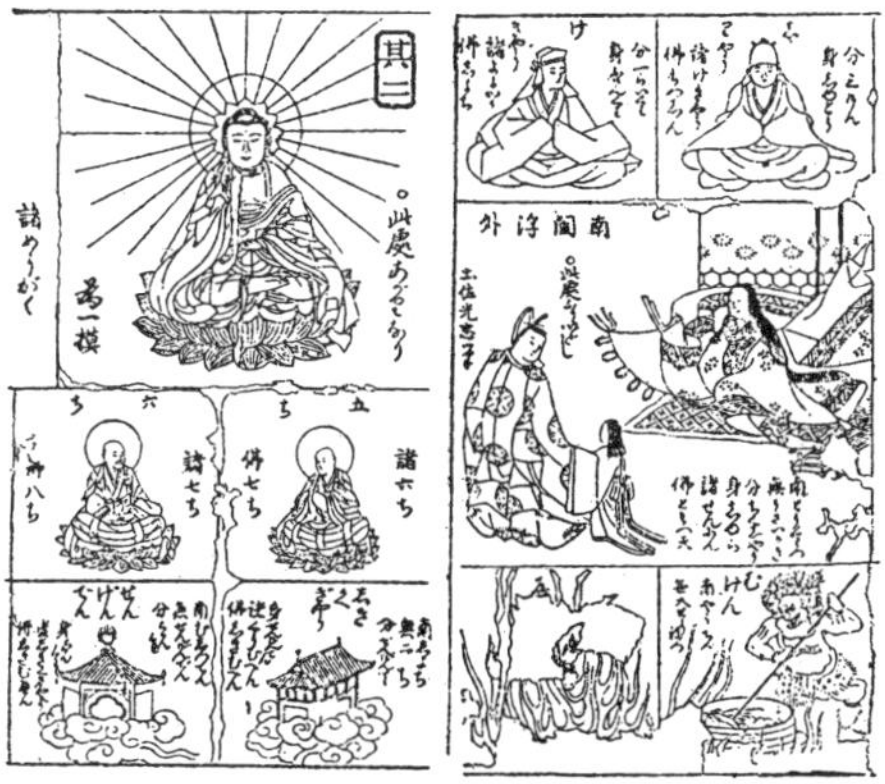

浄土双六（じょうどすごろく）『還魂紙料』

将棋倒し（しょうぎだおし）

障子破り（しょうじやぶり）
お弾きがうまく隣の升目に入ると
陣地を広げることができる

菖蒲打ち『吾妻余波』

菖蒲打ち『風俗画報』
５月５日の節句に、菖蒲を太く編んだもので
男の子が地をたたいて遊ぶ

菖蒲打ち（しょうぶうち）

菖蒲打ち『絵本西川東童』

白髭明神（しらひげみょうじん）

しょこ遊び（しょこあそび）
信濃の遊びで「根っ木」のこと

菖蒲の根合せ（しょうぶのねあわせ）
物合せの一種で歌を添えて菖蒲の根の
優劣を競った

尻取り（しりとり）

❶「あさ」「さくら」「らくだ」「だるま」「まんじゅう」「うめ」……のように、前の者が言った語句の最後の音を受けて、次の語句を続けていく言葉遊び。言葉を花や鳥といった同種類のものに限定したり、一度使った言葉は再度使えないなどのルールがあり、言葉に詰まったり、最後が「ん」で終わる言葉を言うと負け。

❷前の言葉の尻を適当にとって、次の言葉を調子よくつないでいく言葉遊び。江戸時代に盛んに行われ、錦絵としても売られていた。例をあげると、「牡丹《ぼたん》に唐獅子《からしし》竹に虎、虎を踏まえて和藤内《わとうない》、内藤さんは下り藤《ふじ》、富士見西 行《さいぎょう》うしろ向き、むきみ 蛤《はまぐり》 馬鹿柱、柱は二階と縁《えん》の下、下谷《したや》上野の山かつら、桂文治は噺家《はなしか》で、でんでん太鼓に 笙《しょう》 の笛閻魔《えんま》は盆とお正月、勝頼《かつより》さんは武田菱《たけだびし》、菱餅三月雛祭《ひなまつ》り、祭り万灯《まんど》に山車屋台《だしやたい》、太閤様《たいこうさま》は関白《かんぱく》じゃ、白蛇《はくじゃ》の出るのは柳島、縞《しま》の財布に五十両、五郎十郎曾我兄弟、鏡台針箱煙草盆《たばこぼん》、ぼんやは良い子だ寝んねしな、品川女郎衆は十匁《じゅうもんめ》、十匁の鉄砲玉、玉屋は花火の大元《おおがん》祖《そ》、宗匠《そうしょう》 の居るのは芭蕉庵、あんかけ豆腐に夜《よ》鷹蕎麦《たかそば》、さうばのお鉦《かね》がどんちゃんどんちゃん、どんちゃんかあちゃん菓子おくれ、お暮《く》れが過ぎたらお正月、お正月の 宝 船《たからぶね》……」と限りなく続く。

［文献］日本全国児童遊戯法（上）、日本遊戯の解説、遊びの大事典

じんかけ

加賀《かが》（石川県）の大規模な「軍《いくさ》ごっこ」。7、8町の男児を集め、ときには総勢120～130人になることもあった。棒や簓《ささら》（竹の先を細かく裂いて束ねたもの）を携え、双方が入り乱れて戦ったのでけが人も多かった。

［文献］日本全国児童遊戯法（下）

人工衛星飛んだ（じんこうえいせいとんだ）

鬼を1人決め、大勢で手をつなぎ、鬼を中に置いて「人工衛星飛んだ」と言いながらぐるぐる回る。鬼が「飛んだ」と言うと、皆手を離してその勢いでできるだけ鬼から離れる。鬼がいそいで10数えて「ストップ！」と言うと、皆そこで止まる。鬼はあらかじめ決めた歩数だけ進んで逃げた子にタッチする。もし決めた歩数で届かなかったときはもう一度鬼をやる。

［文献］下町の子どもの遊び

しん粉細工（しんこざいく）

「しん粉」とは乾かした米の粉のことで、これを蒸して軟らかくしたものに色をつけて、いろいろな形をつくる。よく縁日の露店で、白いしん粉と色付きのしん粉をセットにして売っていた。これを買ってきて、白いしん粉に色付きのしん粉を混ぜて練り、いろいろな色の形をつくって遊ぶが、たいてい露店に飾ってある人形や動物ほど上手にはできなかった。

陣地取り（じんちとり）

まず地面に適当な枠を描く。各自、その角に親指を置いて指先をぐるっと回し、扇形の陣地をつくる。じゃんけんをして、勝った者は自分の陣地に親指を置いて指先をぐるっと回し、扇形に陣地を広げていくことができる。これを繰り返して、広い陣地を取った者の勝ち。

［文献］下町の子どもの遊び、遊びの大事典

陣取り（じんとり）

大勢が二手に分かれ、それぞれ柱や木に本陣をかまえる。合図で双方から敵陣めがけて進出するが、先に出た敵の体にタッチすると、捕虜にできる。捕虜は本陣につながれるが、手をつないだ捕虜に味方がタッチすると解放されて自分の陣に戻れる。この捕虜奪還は敵に触れられないようにして行わねばならず、駆け引きを要する。

［文献］日本の遊戯、遊戯大事典、遊びの大事典、日本遊戯の解説

人工衛星跳んだ（じんこうえいせいとんだ）
鬼が10数える間に、できるだけ遠くに逃げる。
鬼は決まった歩数だけ進んで捕まえる

尻取り（しりとり）
前の者が言った言葉の最後
の音で始まる言葉を言う

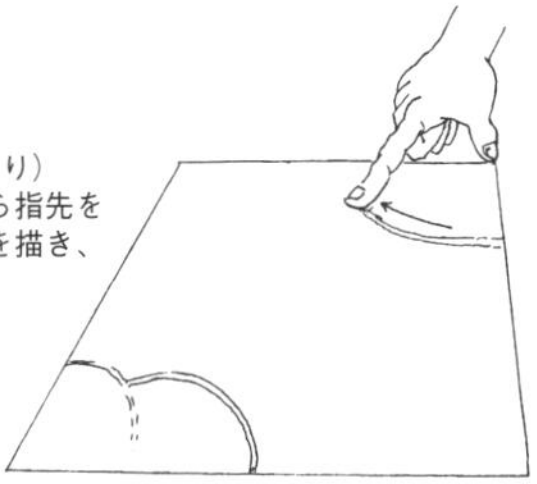

陣地取り（じんちとり）
じゃんけんで勝ったら指先を
ぐるっと回して扇形を描き、
陣地を広げていく

陣取り（じんとり）

しん粉細工（しんこざいく）
粘土細工のようなもので、よく縁日の屋台で
材料を売っていた

尻取り（しりとり）
前の言葉の最後を受けて
適当に言葉をつないでい
く1人遊び

【す】

水上書画（すいじょうしょが）

字や絵を書いた紙を水面に浮かべて、つま楊枝か串の先で紙の上を突いて沈めると、書いた字や絵が水面に一時的に残る。喜多村信節《きたむらのぶよ》の『嬉遊笑覧《きゆうしょうらん》』に、「黄檗白礬を用ひて字をかくもよし、又一法小豆粉一匁黄拍《おうばく》五分明礬《みょうばん》一分、これを麻切に包み水にて湿し紙にひたし、其上に文字にても絵にても書て水の内に浮め細き竹串にて、紙を突ハ紙ハ底に沈み書たる墨ばかり水上に浮び残るなり」とある。

［文献］日本の遊戯、遊びの大事典

ずいずいずっころばし

「ずいずいずっころがし」ともいう。鬼ごっこなどの鬼を決めるための鬼定めの一方法であるが、これだけで遊ぶこともある。集まって丸くなり、各自両手で拳《こぶし》をつくって穴を上にして出す。年長者（あるいは鬼）が「ずいずいずっころばし胡麻味噌《ごまみそ》ずい、茶壺《ちゃつぼ》に追はれてとっぴんしゃん、（ちゃかぽん、）抜けたーらどんどこしょ、俵の鼠が米喰ってちゅう、ちゅうちゅうちゅう。お父さんが呼んでも、お母さんがよんでも行きこなーしーよ。井戸のまわりでお茶碗欠いたのだあれ」とうたいながら、拳の穴を順に指で突いて回る。歌詞の最後にあたった拳の者を鬼とする場合と、最後にあたった拳をはずしていき、最後に残った拳の者を鬼とする場合がある。➡鬼定《おにさだ》め

［文献］日本全国児童遊戯法（上）、日本の遊戯、下町の子どもの遊び、遊戯大事典、東京風俗志、日本遊戯の解説

随先導者（ずいせんどうしゃ）

子供の中で最も活発でたくましい者1人を先導者とし、後は従者となって先導者が走る後に従う。先導者は急に高いところに登ったり、溝を跳び越えたり、後の者がついてこれないように速さで疾走したりする。たいてい時間を限って行う。

［文献］小学体育全書

水雷遊び（すいらいあそび）

「軍艦ごっこ」「水雷艦長」ともいう。主に男児が二手に分かれ、庇《ひさし》のある学帽や体操帽をかぶって遊ぶ。それぞれ1人軍艦役を決め、帽子の庇を正面に向けてかぶる。残りは駆逐艦役（庇を横にかぶる）と水雷役（庇を後ろにかぶる）になる。互いに陣地をつくり、陣地内に艦長とこれを守る駆逐艦1人を残し、相手の攻撃に出る。水雷は駆逐艦に、駆逐艦は軍艦に、軍艦は水雷にタッチされると捕虜になる。捕虜は帽子を取られて敵陣につながれるが、味方の駆逐艦がタッチすると解放される。大将である軍艦が捕まると負け。➡軍《いくさ》ごっこ

すか出し（すかだし）

［文献］下町の子どもの遊び、遊びの大事典

面子遊びの一つ。地面に陣地を描き、じゃんけんで負けたほうがその中に面子を1枚置く。勝ったほうがそれに自分の面子をぶつけて陣地から外に出すと取れる。自分の面子も外に出てしまうと外に積んでおいて、次に陣地から外に出した者がまとめて取れた。ぶつけやすいように面子の角を丸くして工夫した。➡面子《めんこ》

［文献］下町の子どもの遊び

杉立ち（すぎだち）

「杉立て」ともいう。逆立ちの一種で、両手と頭を地につけ、両足を上に伸ばしてそろえて立つ技。寛永期（1624～44）の松江重頼《まつえしげより》の『犬子集《えのこしゅう》』に「三輪山に杉立するや春霞」という句があり、江戸初期以前からあったことがうかがわれる。

［文献］日本の遊戯、遊戯大事典、日本遊戯の解説

杉鉄砲（すぎでっぽう）

周防《すおう》・長門《ながと》（山口県）の遊び。「紙玉鉄砲」「山吹鉄砲」と同じ原理の竹筒製の鉄砲で、杉の実を弾にこめたもの。➡紙玉鉄砲《かみだまでっぽう》、山吹鉄砲《やまぶきでっぽう》

［文献］日本全国児童遊戯法（下）

杉ぶつけ（すぎぶつけ）

東京の遊び。杉の芽や小枝をちぎってぶつけ合う。針葉樹なので葉が肌に当たるとちくっとする。片袖で顔をおおって防御する。

［文献］日本全国児童遊戯法（上）、東京風俗志

水上書画（すいじょうしょが）
黄柏《おうばく》などで紙に絵を描いて水に沈めると水面に絵が浮かんでくる

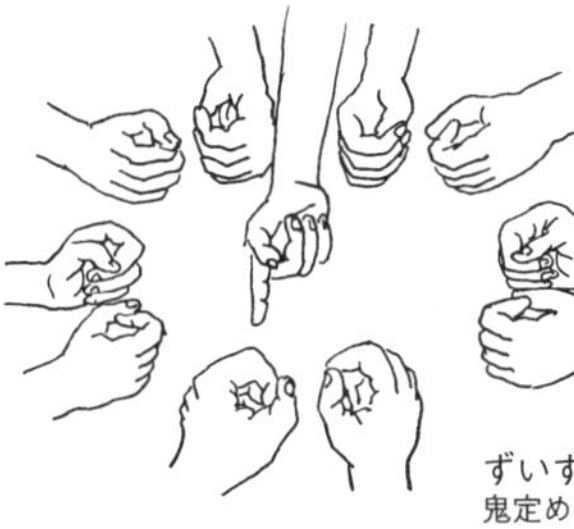

ずいずいずっころばし
鬼定めの方法の一つであるが、これだけでも遊べた

随先導者（ずいせんどうしゃ）『小学体育全書』
先導者の後に従って走り回る遊び

杉立ち（すぎだち）

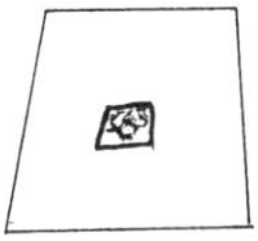

すか出し（すかだし）
相手の面子にぶつけて区画からはじき出すと取れる

水雷遊び（すいらいあそび）

杉ぶつけ（すぎぶつけ）
チクチクする杉の葉をぶつけ合う

スクーター

一般には小型のオートバイを指すが、ここではこれに似たおもちゃの乗り物をいう。足を乗せる細長い台に車輪（前に1輪、後ろに2輪）が付き、前にT字形のハンドルが立っている。片足を台に乗せ、ハンドルを握って、もう片方の足で地を蹴り、勢いをつけて走らせる。止まりそうになると再度、地を蹴るとスピードが出る。ハンドルを左右に動かして方向を変える。

スケートボード

車輪の付いた板に乗って滑走するもの。ハンドルはなく、足で方向を調節する。略して「スケボー」という。

双六（すごろく）

双六には盤双六と絵双六がある。現在、双六といえば絵双六を指すが、もとは盤双六であった。『源平盛衰記』に出てくる「白河院は、賀茂川の水、双六の賽、山法師、是ぞ朕が心に随はぬ者と、常に仰せの有けるとぞ申伝へたる」の双六は盤双六である。盤双六は古代エジプトで生まれ、世界各地に伝わったとされる。日本への伝来も古く、正倉院には8世紀の双六盤が保存されている。賭博《とばく》の要素が強いために、すでに持統3（689）年には双六禁断の令が出され、以後、近世に至るまで何度も禁止されている。2人で対局し、2個のさいころを竹の筒に入れて振って出た目の組み合わせにより、盤上の各陣12の升目に配した15の駒を敵陣に進める。江戸中期まで盛んに行われていたが、明治以降衰退した。絵双六では、大きな紙に区画と進む順が描いてあり、数人が順にさいころを振って、出た目の数により駒を進めていく。だいたい端を「振り出し」に、中央の「上がり」に向かって螺旋《らせん》状に進む。途中、「休み」「振り出しに戻る」「飛び越し」などがあり、先に上がりに着いた者の勝ち。江戸初期に始まり、後期には浮世絵師により華やかな絵双六が制作された。「浄土双六」、東海道五十三次の絵を描いた「道中双六」のほか、役者の似顔絵や時代の風俗などを描いたさまざまな絵双六がある。⬇浄土双六《じょうどすごろく》

［文献］日本全国児童遊戯法（上）、日本の遊戯、日本遊戯の解説、日本遊戯史、遊びの大事典、東京風俗志、風俗画報

すじめ隠し（すじめかくし）

磐城《いわき》（福島県）の遊び。小さい細い竹片を「すじめ」と称して、これを隠す遊び。地面に図のように線を描き、そのどこかにすじめを隠す。鬼はその間目隠しをしていて、皆が隠し終わると探しはじめる。最初に見つかった者が次の鬼になる。

［文献］日本全国児童遊戯法（中）、遊びの大事典

鈴振り鬼（すずふりおに）

子供たちは手をつないで円になる。2人の子供が手ぬぐいなどで目隠しをしてその中に入る。1人は鈴振りとなって鈴を鳴らし、もう1人は鬼になって鈴の音をたよりに鈴振りを捕まえる。捕まった鈴振りは次の鬼となり、目隠しをしたまま円の列の誰かをつかまえて、名前を呼ぶ。名前が当たると、その者が次の鈴振りになる。鬼2人、鈴振り2人で行う場合もある。

［文献］教育的遊戯の原理及実際

涼み灯籠（すずみとうろう）

『東京風俗志』に「組立絵は多く当年興行の芸題に取る。これを仕組むに屋台を作り、雨は糸を引き、雪は綿を布く、さまざまに意を凝らせるも多し、これを都俗に涼み灯籠といふ」とある。詳細は不明。

［文献］東京風俗志

雀小弓（すずめこゆみ）**【参考】**

「小弓」同様、玩具用の小型の弓で、宮中で貴族の弓遊びに用いられた。『庭訓往来《ていきんおうらい》抄』に「弓のほこ二尺七寸（約82センチ）なり、的を四寸（約12センチ）にして、中につり、五間口おいて射る也」とある。宮中での儀礼的な遊戯の一つであるが、これとは別に民間で古くから子供達が小さな弓をつくって遊ぶことがあり、これも雀小弓といった。1メートルぐらいの篠竹《しのだけ》に細紐を張ってつくり、矢にはすすきの茎などを用いた。⬇小弓《こゆみ》、楊弓《ようきゅう》

［文献］日本の遊戯、遊戯大事典、日本遊戯史、遊びの大事典、年中行事絵巻

雀の遊び（すずめのあそび）

羽後《うご》（秋田県）の遊び。1人と数人が向かい合って立つ。1人が「雀すずめ、ほすよ」と言

双六（すごろく）『風俗画報』
道中双六で遊ぶ様子が描かれている

スクーター

スケートボード

絵双六
『東京風俗志』

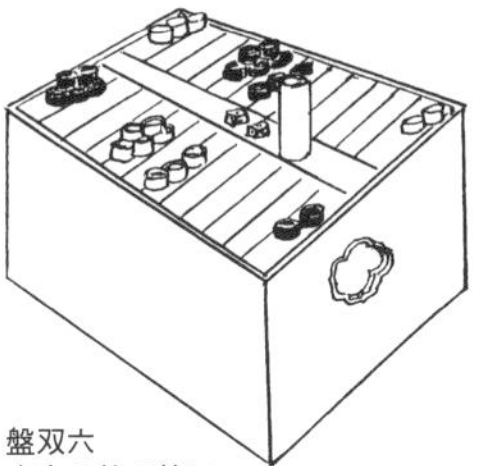

盤双六
中央の竹の筒に
さいころを入れて振る

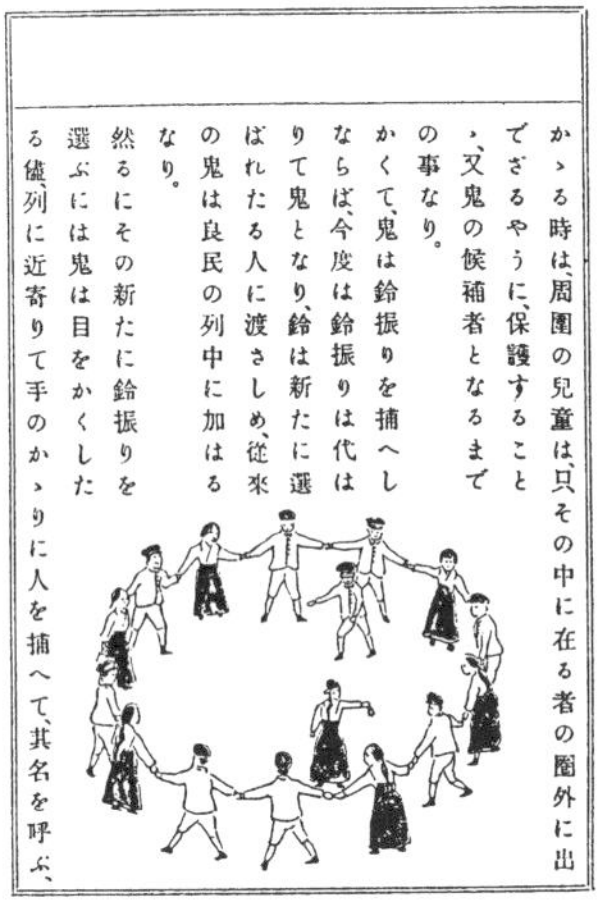

かゝる時は、周圍の兒童は、只その中に在る者の圏外に出でざるやうに、保護すること、又鬼の候補者となるまでの事なり。
かくて、鬼は鈴振りを捕へしならば、今度は鈴振りは代はりて鬼となり、鈴は新たに選ばれたる人に渡さしめ、從來の鬼は良民の列中に加はるなり。
然るにその新たに鈴振りを選ぶには鬼は目をかくしたる儘、列に近寄りて手のかゝりに人を捕へて、其名を呼ぶ、

鈴振り鬼（すずふりおに）
『教育的遊戯の原理及実際』

すじめ隠し（すじめかくし）
磐城の遊び

致一せ衰眞味
似顔《にがほ》畫は大芝居の開
題を追うて版行せら
演の期に先だちて刊
裝等の、實に違ふ所少
枚摺或は三枚續とす。
稱し、百枚一組とする
古へに比するに彩色

涼み灯籠（すずみとうろう）『東京風俗志』

『絵本西川東童』

雀小弓（すずめこゆみ）

うと、数人が「何の雀ほすよ」と問う。「○○さんの雀ほすよ」と名前を呼ぶと、呼ばれた子は雀が飛ぶまねをしながら1人の側に行く。これを繰り返して皆を呼び尽くすと、1人がまた向かい側に行って、この遊びを繰り返す。

［文献］日本全国児童遊戯法（中）

砂遊び（すなあそび）

公園の砂場や海岸の砂浜で砂を盛り上げ、いろいろな形をつくって遊ぶこと。川をつくって水を流したり、穴を掘った上に紙を敷き砂をまいて落とし穴をつくったりした。また砂を湿らせて固めると精巧な細工ができるので、塔をつくってへらで窓を開けたりした。

［文献］遊びの大事典

砂抜き（すなぬき）

砂を山に盛り、そのてっぺんに旗を立てる。順番に砂を取り、旗が動かなければ取った砂は自分のものにできるが、旗が動くと山に返す。最後に旗が倒れ、砂がなくなるまでに、一番多く砂を取った者の勝ち。

［文献］小学遊戯法

臑押し（すねおし）

2人が向かい合って腰を下ろし、左足は膝を曲げて床につけ、右足は膝を曲げて立て、右の臑《すね》を接して押し合う。倒れたほうが負け。

［文献］日本全国児童遊戯法（上）、日本の遊戯、遊戯大事典、日本遊戯史、遊びの大事典

スノーボード

略して「スノボー」という。楕円形の板に両足を乗せて雪の上を滑る遊び。体の重心を移動させて、方向を調節する。

すべりっこ

❶甲斐《かい》（山梨県）で、柴や雑草を集めて尻の下に敷き、斜面をすべり降りる遊び。足を前に出して両手で抱えてすべり降りる。

❷加賀《かが》（石川県）の雪遊び。履きならして薄くなった木履《ぼっくり》や、孟宗竹を下駄の長さに切って緒を付けた竹木履《たけぼっくり》、草履《ぞうり》の裏に細長い竹を付けた竹草履《たけぞうり》などをはいて雪道をすべった。

［文献］日本全国児童遊戯法（中）（下）、遊びの大事典

隅の猫（すみのねこ）

「隅猫」ともいう。5人で遊ぶ。四隅のある正方形の庭か、あるいは4本の棒を正方形の四隅に立てて目印にする。1人が猫となって中央に立ち、四隅に各1人ずつが位置を占める。四隅の子たちは互いに合図しあって、位置を入れ替わるが、そのとき猫も素早く動いてどこかの隅を奪う。隅を奪われて行き場所をなくした者が次の猫になる。

［文献］遊戯大事典、普通遊戯法

相撲（すもう）

裸に「まわし」を付けただけの力士が2人、土俵の中で素手で組み合って、相手を倒したり土俵外に押し出す競技。日本で最も古くより行われてきた格闘技で、その起源は、『古事記』建御雷男神《たけみかつちのおのかみ》降下の条、建御雷男神と事代主神《ことしろぬしのかみ》（大国主命《おおくにぬしのみこと》の子）が力競べをして出雲国譲渡を決めたという説話にあるとされる。また『日本書紀』には、垂仁《すいにん》天皇の7年7月7日に野見宿禰《のみのすくね》と当麻蹶速《たいまのけはや》により相撲が行われたという話があり、これにより宿禰は相撲の始祖としてまつられている。奈良・平安時代になると、この故事にちなんで7月7日に大がかりな相撲節会《すまいのせちえ》が行われるようになり、全国から優秀な相撲人を集め、宮中紫宸殿《ししんでん》にて絢爛豪華な儀式が行われた。相撲節会は平安末期に廃絶されるが、この頃から勃興した武士階級にも実戦用の武術として相撲が奨励され、しばしば上覧相撲《じょうらんずもう》が催された。江戸時代には見物人から木戸銭をとって興行する勧進相撲《かんじんずもう》が盛んになり、職業としての相撲取りが生まれて今日に至っている。また神事としても、祭礼に境内で行う奉納相撲が各地で行われ、子供による相撲大会も開催されている。

［文献］日本全国児童遊戯法（中）、日本の遊戯、遊戯大事典、日本遊戯の解説、遊びの大事典、絵本西川東童、小供角力之図

座り鬼（すわりおに）

「鬼ごっこ」の一種。鬼は目隠しをし、他は座ったりしゃがんだりし、鬼が近づくと座ったままで移動する。鬼は気配で探すが、なかなか捕まえられない。室内では壁をたたいたり畳をひっかいたりしてわざと音を立て、鬼を攪乱する。

［文献］下町の子どもの遊び

砂抜き（すなぬき）『小学遊戯法』
砂の山をつくり、頂上に立てた旗が動かないように砂を取っていく

砂遊び（すなあそび）

雀の遊び（すずめのあそび）
羽後の遊び

スノーボード

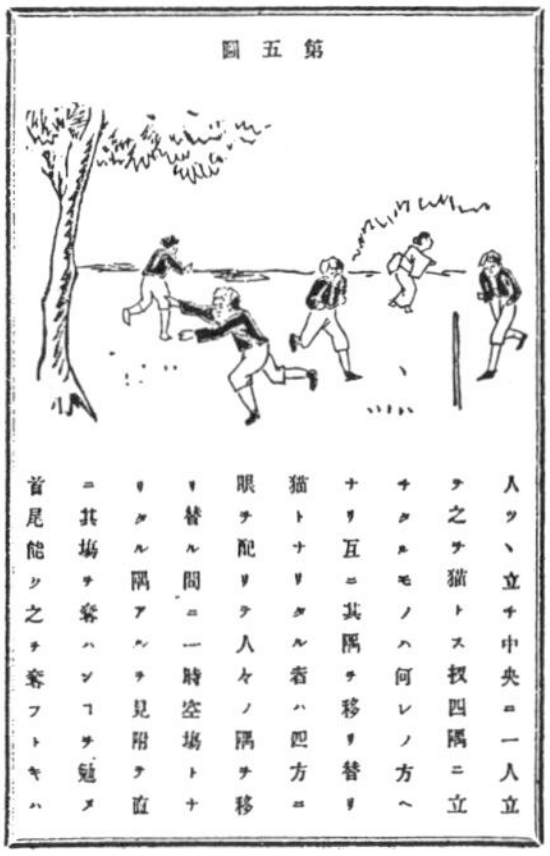

第五圖

人ツヽ立チ中央ニ一人立
テ之ヲ猫トス殘四隅ニ立
ナタルモノハ何レノ方ヘ
ナリ互ニ其隅ヲ移リ替リ
猫トナリタル者ハ四方ニ
眼ヲ配リテ人々ノ隅ヲ移
リ替ル間ニ一時空場トナ
リタル隅アルヲ見附テ直
ニ其場ヲ奪ハンコトヲ競メ
首尾能ク之ヲ奪フトキハ

隅の猫（すみのねこ）
『普通遊戯法』

すべりっこ

臑押し（すねおし）
右の臑を接して押し合い
倒れた方が負け

座り鬼（すわりおに）
逃げ手はしゃがんだままで移動する

土をつめた俵で囲った中でとる子供相撲
『絵本西川東童』

相撲（すもう）

座り相撲（すわりずもう）
座ったままで行う相撲。2人が向き合って座り、合図で組み合う。腰を上げたり、相手の顔を打ってはいけない。片方でも膝が床から離れたり倒れたりすると負け。
[文献] 日本全国児童遊戯法（上）、日本の遊戯、遊戯大事典、日本遊戯の解説、遊びの大事典、吾妻余波

【せ】

西洋鬼（せいようおに）
「回り鬼」ともいう。大勢が手をつないで輪になり、その周囲を鬼と逃げ手の2人が駆け回って鬼ごっこをする。逃げ手は捕まりそうになると、輪の中の誰かの肩をたたいてその隣に入る。するとたたかれた者が逃げる役となって、輪を離れて走る。捕まると鬼を交替する。
[文献] 遊戯大事典、日本遊戯の解説、東京風俗志

石筆落とし（せきひつおとし）
東京の遊び。大正時代頃まで尋常小学校の低学年では石筆（蝋石を筆形にしたもの）と石盤を使用した。石盤に石筆で字や絵を書き、布でこすると消える。この石盤の片端を台に載せて斜めに置き、下隅に石筆を縁に寄りかけて立てる。この石筆を狙って、上から他の石筆をころがす。石筆にぶつかって最初の石筆だけが石盤の外に落ちると勝ちで、その石筆を取れる。両方とも一緒に落ちたり、両方とも盤内にとどまったりすると次の者に代わる。
[文献] 日本全国児童遊戯法（上）

せっせっせ
2人で向き合って歌をうたいながら、互いの手を打ち合わせる遊び。最初は両手をつないで上下に振りながら、「せっせっせーのよいよいよい」で始め、歌にあわせて右手と右手、左手と左手、両手と両手を打ち合わせたり、自分の両手を打ち合わせたりする。歌は、「夏も近づく八十八夜……」（茶摘み）、「ももたろさん、ももたろさん……」（桃太郎）、「今は山中、今は浜……」（汽車）、「一かけ二かけ……」、「おちゃらか、おちゃらか……」などいくつかある。じゃんけんを組み合わせることもある。⬇**一《いち》かけ二《に》かけ、おちゃらか**
[文献] 日本全国児童遊戯法（下）、下町の子どもの遊び、遊びの大事典

背跳び（せとび）
「蛙飛び」に似ているが、もっと難しい。跳び台になる者は、首は垂れるが肩は高いままで、腰を少しだけかがめて膝に両手を置く。台と台は約4メートル離れて立つ。そこに後ろから疾走してきて、肩に手をかけてその頭上を飛び越える。飛び越えて終わった者は、4メートルぐらい離れて跳び台になる。⬇**蛙《かえる》跳《と》び**
[文献] 簡易戸外遊戯法

銭独楽（ぜにごま）
寛永通宝（一文銭、四文銭）などの穴あき硬貨（俗に「鳥目《ちょうもく》」という）でつくった独楽。硬貨を何枚か重ねて穴に軸（折れた筆の軸など）をさし込み、その軸の穴にさらに底部をV字形にした細い心棒を入れてつくる。軸に糸を巻き付けて引くと回る。江戸時代にはやり、明治初めごろまで見られた。
[文献] 日本全国児童遊戯法（上）、日本の遊戯、日本遊戯史、遊びの大事典

銭山金山（ぜにやまかねやま）
東京の遊びで「隠れん坊」の一種。2人の子が目隠しした鬼の左右の手を引いてぐるぐる回転させてから、「銭山か金山か」と聞く。鬼が「○山」と、どちらかを答えると、手を引いていって「ここが○山だよ」と言って走って隠れる。他の子たちはその間に隠れる。鬼は目を開けて、隠れた子を探す。
[文献] 日本全国児童遊戯法（上）、遊戯大事典、遊びの大事典、東京風俗志、吾妻余波

蝉捕り（せみとり）
夏に蝉を捕まえる遊び。捕り方はいくつかあった。手の届く場合は、そーっと近づいて手をのばして瞬時に捕る。高いところは、棒の先に鳥黐《とりもち》（モチノキから取れる粘着性物質）を塗って接着させて捕るか、捕虫網で捕る。
[文献] 日本全国児童遊戯法（上）、遊びの大事典、吾妻余波

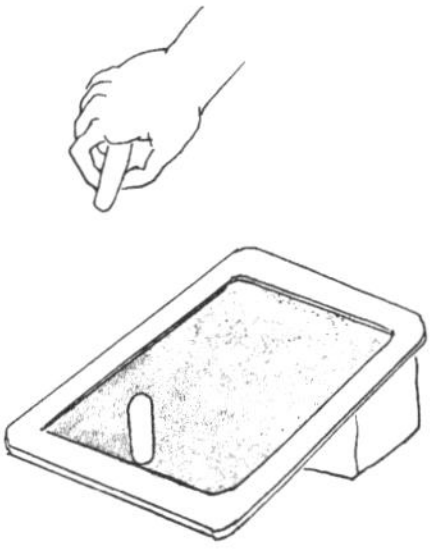

石筆落とし（せきひつおとし）
東京の遊び

西洋鬼（せいようおに）『東京風俗志』
子供たちが手をつないだ輪のまわりで鬼ごっこをし、
捕まりそうになると輪の誰かとすばやく代わる

座り相撲（すわりずもう）

背跳び（せとび）『簡易戸外遊戯法』
首を垂れて立つ者の後方から肩に手をかけて
跳び越す遊び

せっせっせ
うたいながら、相手と交互に手を
合わせる手遊び

銭独楽（ぜにこま）

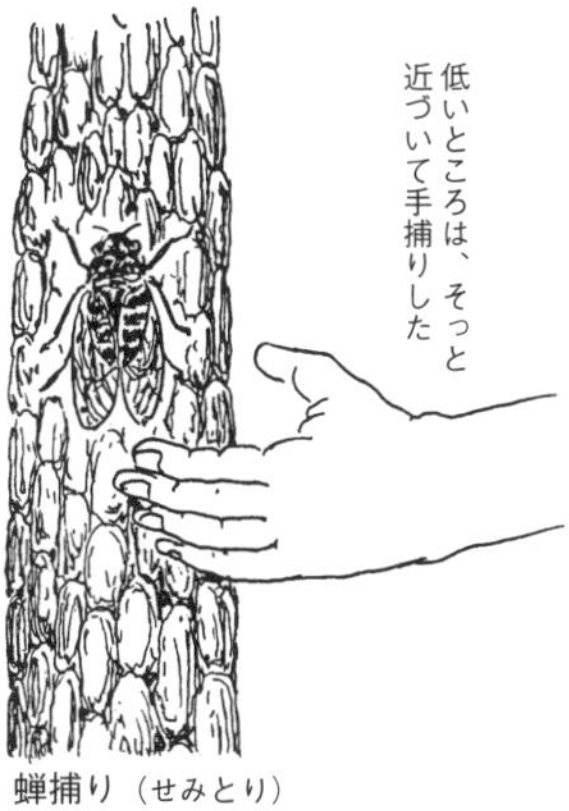

蝉捕り（せみとり）
低い場所はそっと近づいて手で捕る

『吾妻余波』

銭山金山（ぜにやまかねやま）
目隠しした鬼をぐるぐる回して方向感覚を
失わせ、その間に隠れる

千手観音（せんじゅかんのん）

小さい子を背中合わせに背負い、「千手観音、おがんでおくれ」と言いながら歩く。明治中頃まで、千手観音を入れた仏龕《ぶつがん》（仏像を入れる厨子《ずし》）を背負って歩き、扉を開けたままにしておいて若干の喜捨を乞う者がいた。それをまねた遊び。➡**塩屋紙屋《しおやかみや》**

［文献］日本全国児童遊戯法（上）、遊戯大事典、東京風俗志、吾妻余波

扇子打ち（せんすうち）

「扇《おうぎ》引き」ともいう。2人で相対し、一方がたたんだ扇子を手のひらに載せ、柄を相手に向けて差し出す。相手は柄を取るやいなや手のひらを打つので、打たれまいと素早く手を引っ込める。打ち損じると交替する。

［文献］日本全国児童遊戯法（上）、遊びの大事典

戦争ごっこ（せんそうごっこ）

2人で遊ぶ。紙の両端に、戦艦、巡洋艦、駆逐艦、飛行機、砲台などのマーク（図を参照）を描く。相手に向けて軍艦や飛行機を交互に進めるが、進め方はマークの上に鉛筆を立て、先を倒して紙に押しつけて線を書く。線が書けたところまで進むことができ、線が敵艦に当たると沈没させたことになる。本陣（凸）を置くこともある。

［文献］下町の子どもの遊び、遊びの大事典

千艘や万艘（せんぞやまんぞ）

「千艘《せんぞ》や万艘《まんぞ》、お舟やぎっちらこ、ぎっちぎっち漕げば、恵比須《えびす》か大黒《だいこく》か、こちゃ福《ふーく》の神《かーみ》」ととなえながら、膝に抱いた子供の体を揺すって舟が揺れる様子をまねする。幼児をあやす遊びであるが、子供同士が両手を握って体を前後に揺すり合うこともある。毎年1月14日に行われていた亀戸の道祖神社の祭礼に由来する遊びで、この日、子供たちが村ごとに集まって、長さ1.2メートル余の小舟を五彩の幣《へい》で飾り、宝と染め抜いた幟《のぼり》を舟に立ててかつぎ、「千艘や万艘　塞の神祭れ」とはやしながら村をめぐった。『江戸名所図会』亀戸の条に「毎歳正月十四日にこれを興行す、此地の童子多くあつまりて、菱垣造りにしたる小き船に五彩の幣帛を建、松竹抔をも粧飾し、其中央に宝船といへる文字を染たる幟を建たるを荷担、同音に唄ひ連て、此辺を持歩行けり、其夜童子集会して、遊び戯るるを恒例とす」とある。亀戸道祖神の祭りは、享保の頃（1716～36）から明治の初めまで行われていた。

［文献］日本全国児童遊戯法（上）、日本の遊戯、日本遊戯史、遊びの大事典

潜望鏡（せんぼうきょう）

潜望鏡は、潜水艦が海中に潜ったまま海上の様子を偵察する装置。これを模したおもちゃをボール紙でつくる。図のようにしてボール紙で四角い筒を2本つくり、1本をもう1本の内側にさし込む。こうすると伸びたり縮んだりする装置ができる。内側の筒の下と外側の筒の上に角窓を切り抜き、それぞれ鏡を45度の角度に取り付ける。下の窓からのぞくと、鏡に映った景色が見える。

［文献］下町の子どもの遊び

線路伝い（せんろづたい）

地面に長方形を描き、図のように中に線を2本入れる。この線伝いに走って行う「鬼ごっこ」。ただし鬼は、逃げ手を背後から捕まえてはいけない。必ず正面から捕まえる。

［文献］小学体育全書

［そ］

素麺にゅうめん（そうめんにゅうめん）

東京の遊び。1人が手の腕の内側を出し、もう1人が「素麺《そうめん》にゅうめん冷素麺《ひやそうめん》」と言いつつ、それを5本の指で軽く掻き、次に「陳皮《ちんぴ》ちんぴ」（「陳皮」はみかんの皮を乾かして粉にしたもの）と言いつつ少し強く掻《か》き、その次に「大根おろし大根おろし大根おろし」と言いつつ拳固でその手を圧して摩擦する。これを代わりばんこにやる。

［文献］日本全国児童遊戯法（上）

草履隠し（ぞうりかくし）

「下駄隠し」と同じ。明和2（1765）年刊行の川柳点付句に「朝のうちぞうりかくしを廊

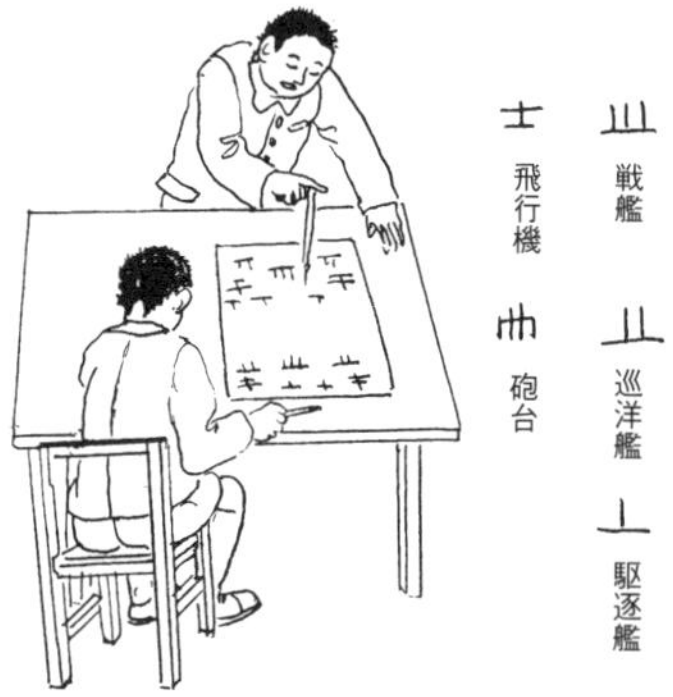

戦争ごっこ（せんそうごっこ）

扇子打ち（せんすうち）
左側の者が扇子をすばやく取って右の者の手を打つ

千手観音（せんじゅかんのん）
『吾妻余波』

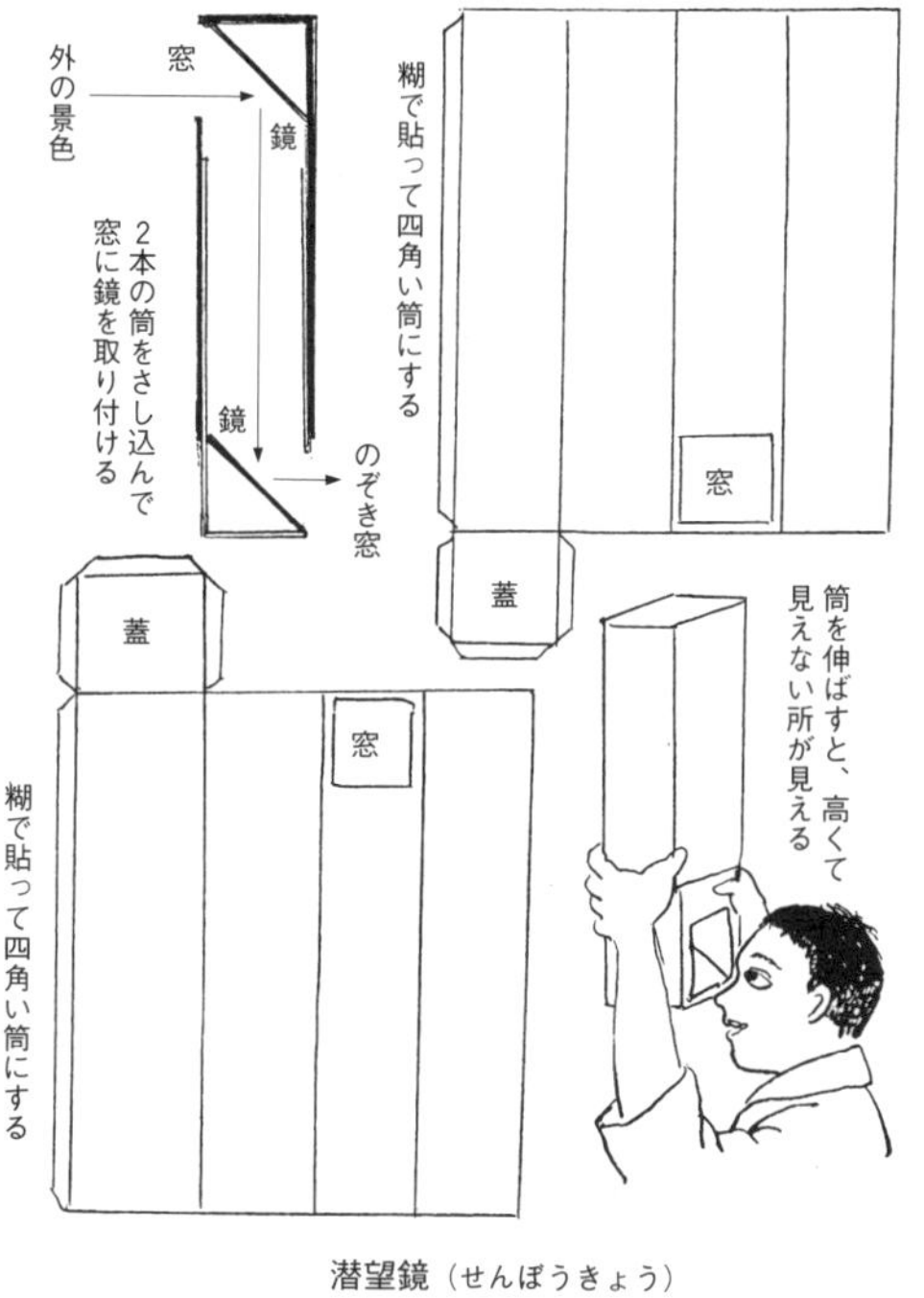

潜望鏡（せんぼうきょう）

千艘や万艘（せんぞやまんぞ）
「ぎっちらこ…」と揺らして幼児をあやす

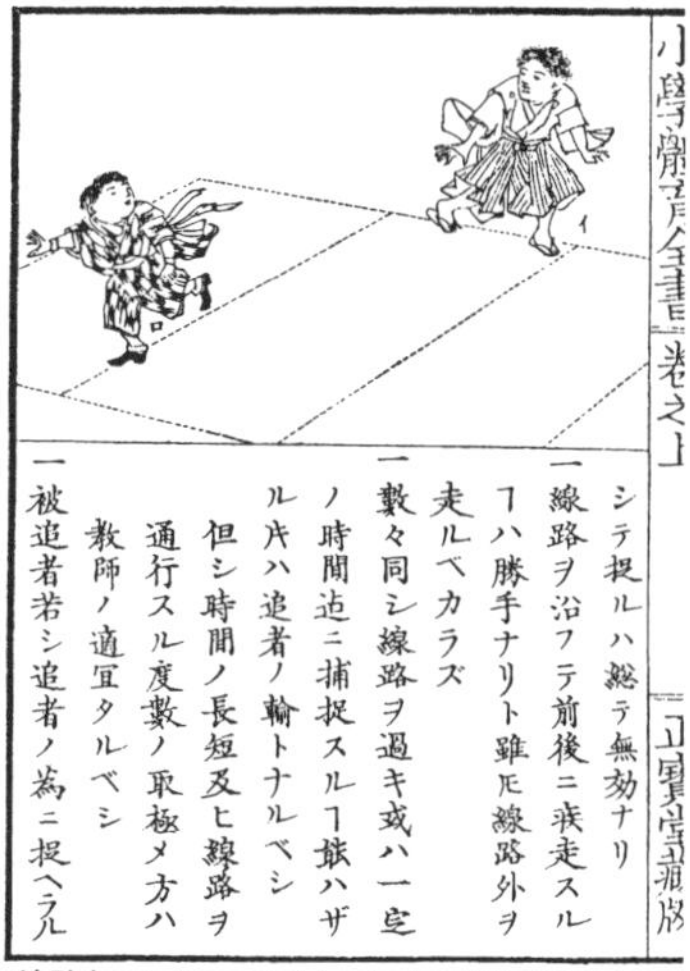

シテ捉ルハ總テ無効ナリ
一 線路ヲ沿フテ前後ニ疾走スルヿハ勝手ナリト雖モ線路外ヲ走ルベカラズ
一 數々同シ線路ヲ過キ或ハ一定ノ時間迄ニ捕捉スルヿ能ハザル片ハ追者ノ輪トナルベシ
但シ時間ノ長短及ヒ線路ヲ通行スル度數ノ取極メ方ハ教師ノ適宜タルベシ
一 被追者若シ追者ノ爲ニ捉ヘラル

線路伝い（せんろづたい）『小学体育全書』
地面に描いた線路伝いに行う鬼ごっこ

素麺にゅうめん
（そうめんにゅうめん）
「そうめん、にゅうめん……」と言いながら、腕の内側を引っ掻いたり、拳固で押したりする遊び下でし」とある。羽前《うぜん》（山形県）では、草履隠しをするときの鬼定めに、草履の片方を脱いで集め、投げ上げて落ちたときに上を向いた履き物の持ち主を鬼とした。上向きが2つ以上あったときは、それらを再び投げ上げて決した。⬇**下駄隠《げたかく》し**、**鬼定《おにさだ》め**

［文献］日本全国児童遊戯法（中）、日本の遊戯、遊びの大事典

草履近所（ぞうりきんじょ）

鬼定めの一種であるが、これだけで遊ぶこともある。集まった子の履き物を片方ずつ集めて一列に並べ、「草履近所、近所……」ととなえながら指していき、最後の語尾に当たった履き物を持ち主に返す。これを繰り返して最後に残った履き物の持ち主が鬼になる。「日本全国児童遊戯法」によると、東京では「草履近所きんじょ、おてんまてんま、橋の下の菖蒲は咲いたか咲かねか、まだ咲き揃わぬ、妙々車を手にとって見たらば、しどろく、まどろく、十三六《じゅうさぶろく》よ、一ぬけたあどんどこしょ」、甲斐《かい》（山梨県）では「じょうりけんじょ、二つけんじょ、二つ、このまっこの裏をあかうじ盲目が杖突いて通らば通れ、そりょ、そっちへかんのけろ」ととなえたとある。『日本遊戯史』によると、これは鎌倉時代の童謡に由来し、もとは「近所」ではなく、当時の鎌倉における町割りを示す「けんちょう（間町）」だという。⬇**鬼定《おにさだ》め**

［文献］日本全国児童遊戯法（上）（中）、日本遊戯史

草履取り（ぞうりとり）

伊豆《いず》（静岡県）の遊び。地面に大きく二重に丸を描き、丸と丸の間に各人の持ち場（城）をつくる。内輪の中には鬼がいて、鬼は輪外に1歩だけならはみ出すことができる。各城にいる者は、鬼に捕まらないように走って、城と城を移り変わる。もし捕まると履き物の片方を取られる。両方とも取られると鬼と交替する。

［文献］日本全国児童遊戯法（中）、遊びの大事典

草履踏み（ぞうりふみ）

京都の遊び。10人ぐらいが手をつないで輪になり、輪の中に各自の履き物を立てて置く。うたいながらスピードをつけて回転し、履き物を踏んだり倒したりすると罰として背中をたたかれる。うたわないこともあるが、皆、互いに履き物を踏ませようとして、回りながら引っ張り合う。

［文献］日本全国児童遊戯法（上）、遊びの大事典

空飛ぶ円盤（そらとぶえんばん）

牛乳瓶の蓋《ふた》や丸い面子《めんこ》を円盤に見立てて飛ばすおもちゃ。円盤になる蓋や面子には輪ゴムをかける切り込みを入れる。釘か割り箸の先に図のように輪ゴムをかけ、円盤の切り込みを引っかけて引っ張り、放すと飛んでいく。

［文献］下町の子どもの遊び

草履近所『絵本玉かづら』

『日本全国児童遊戯法』

羽前の「草履隠し」では、最初に草履を投げ上げて鬼を決めた

草履隠し（ぞうりかくし）

隠すものは草履に限らず、履き物なら何でもよい

草履近所『日本全国児童遊戯法』

甲斐では「じょうりけんじょ」といった

草履近所（ぞうりきんじょ）

草履を脱いでそれを数える遊び。鬼定めの方法としても行われた

空飛ぶ円盤（そらとぶえんばん）

草履踏み（ぞうりふみ）

京都の遊びで、互いに履き物を踏ませようと引っ張り合いながら回る

草履取り（ぞうりとり）

伊豆の遊びで、鬼に捕まると履き物を片方取られる

【た】

太鼓組まし（たいこくまし）

石川県金沢市で秋季祭礼のときに行われていた17、18歳の青年たちによる行事。各町内には子供がたたくための太鼓が設けてあり、それを1人がかついで、もう1人がたたき、その後ろを大勢の子たちが、太鼓の棒を打ち鳴らしながら町内を練り歩く。太鼓を「ドンドコドンドン」とたたくと「ほりゃ」と囃し、また「ドンドンドンドコドン」「スットンドンドコ」「ドン」とたたくと「ほりゃ」と囃す。これをいくつかの町内が行うので賑やかであった。他の町内の太鼓とぶつかると引き連れて歩くこともあるが、相手方の太鼓を蹴ったり引きずったりするケンカになることもあった。

［文献］日本全国児童遊戯法（下）、遊びの大事典

太鼓たたき（たいこたたき）

お神楽ごっこの一種。2月の初午《はつうま》のころには太鼓売りの行商が町を歩いた。子供が集まって太鼓をたたいたり、笛を吹いたり、玩具の面をつけて獅子舞を舞ったりした。獅子舞は獅子頭《ししがしら》をかぶって舞い踊る芸能で、来歴は古く、正倉院には、天平勝宝4（752）年の大仏開眼供《だいぶつかいげんく》養《よう》に用いられた獅子頭が保存されている。獅子が悪霊を払うという信仰から、新年の祝いとして各地の祭礼や太神楽で行われることが多い。

➡初午《はつうま》の遊《あそ》び

［文献］日本全国児童遊戯法（下）、絵本大和童

大将取り（たいしょうとり）

❶駿河《するが》（静岡県）の遊び。東西勢力に人数を分け、おのおの大将を置く。「始まり」の合図で突撃し、先に大将を捕らえたほうが勝ち。

❷阿波《あわ》（徳島県）の遊び。小高い場所に竿を立て、大将がこれを守る。他の大勢の子供がこれをめがけて駆け上がり、竿を奪い合う。

［文献］日本全国児童遊戯法（中）（下）、遊びの大事典

大豆の葉のむかで（だいずのはのむかで）

草花遊び。大豆の葉が黄色くなって落ちかけたものの葉柄をとって編み、むかでのような形にする。

［文献］日本全国児童遊戯法（中）

体操人形（たいそうにんぎょう）

竹片の弾力を利用して動く木製の人形。図のように、材料は木片、凧糸、竹片など。首と胴には同じ太さの木片、手足には細い木片を用いる。手足は胴に釘付けするが、このとき手足が自由に動くように、釘よりも少し太い穴をあけてとめる。腕に穴をあけて凧糸を通し、U字形に曲げた竹片にとめると完成である。U字形の竹を締めたり緩めたりすると、糸でつながれた人形がまるで鉄棒体操をしているように動く。

［文献］下町の子どもの遊び

大道めぐり（だいどうめぐり）

遠江《とおとうみ》（静岡県）の遊び。1人または2人で立ち、両臂《りょうひじ》（腕の上半分）を肩の線と水平になるように上げた格好で体を回転させる。「大道めっこう、こうめっこう、あとからいたちんぼってくる。あとから狐がぼってくる」とうたいながら、しだいに速度を速める。「ぼってくる」は「追ってくる」という意味。

［文献］日本全国児童遊戯法（中）、遊びの大事典

台跳び（だいとび）

「蛙跳《かえると》び」「馬跳び」ともいう。➡蛙《かえる》跳《と》び

［文献］遊戯大事典

高足（たかあし）

❶「こうそく」とも読む。田楽や田植えの神事などで使用する道具。1本の竹馬のようなものに乗って、跳ねたり踊ったりした。

❷竹馬のこと。➡竹馬《たけうま》

［文献］日本全国児童遊戯法（中）、日本の遊戯、遊戯大事典、日本遊戯の解説、遊びの大事典

鷹狩り（たかがり）【参考】

「放鷹《ほうよう》」「鷹野《たかの》」ともいう。訓練された鷹（オオタカ、ツミ、ハヤブサ、イヌワシ、クマタカなど）を放って鳥獣を捕らえさせる遊び。左手首に鷹をとまらせて、獲物を見つけると合図して放つ。鷹は一直線に飛んで獲物を爪でつかみ、くちばしで抵抗できないようにして、飼い主が来るのを待つ。世界各国に見られ、日本には古代に朝鮮半島より伝わったとされる。『日本書紀』

大将取り（たいしょうとり）

太鼓たたき（たいこたたき）
『絵本大和童』

太鼓組まし（たいこくまし）
金沢で秋季祭礼に行われた子供の行事

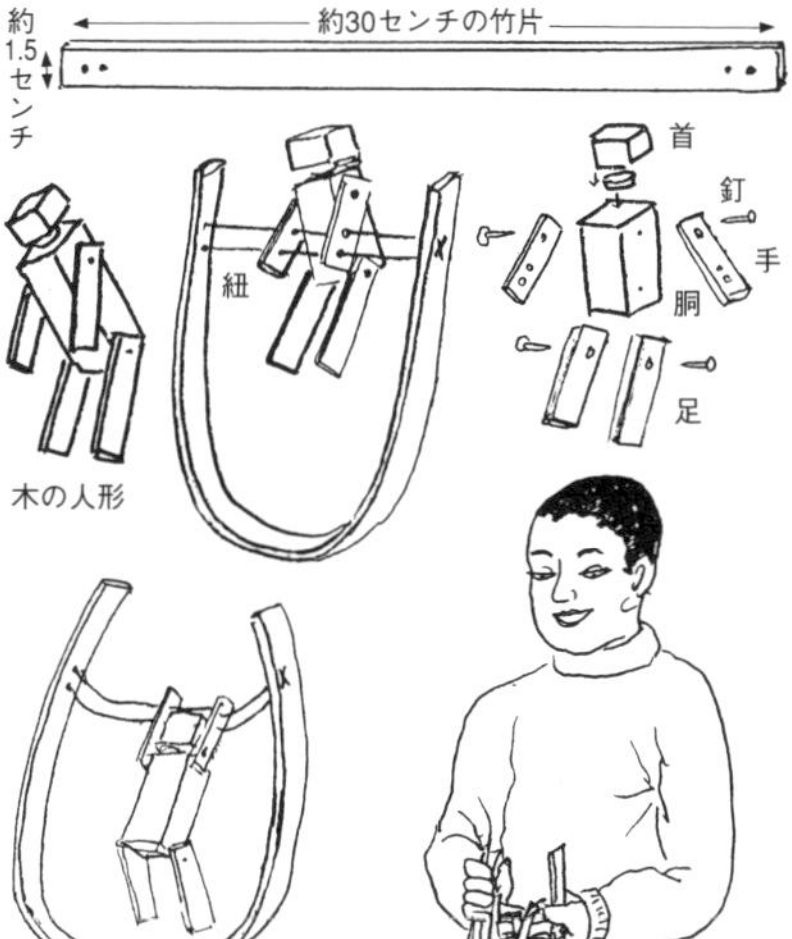

体操人形（たいそうにんぎょう）
竹の弾力を利用して動かす木のおもちゃ

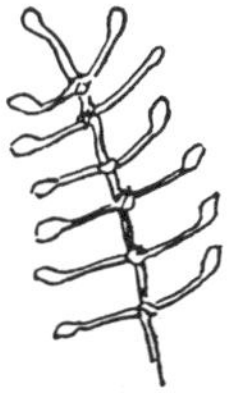

『日本全国児童遊戯法』

大豆の葉のむかで
（だいずのはのむかで）
大豆の葉柄をむかでの形に編む草花遊び

大将取り（たいしょうとり）

鷹狩り（たかがり）
『日本書紀』に記述が見られ、古代より貴族や武将に愛好された

高足（たかあし）
田楽の1本の高足。これに乗って跳ねて見せた

大道めぐり（だいどうめぐり）

には、仁徳天皇43年に百済からの帰化人である酒公《さけのきみ》が訓練した鷹を放って百舌野《もずの》で雉《きじ》を捕り、これをきっかけに鷹甘部《たかかいべ》をおいたという記述がある。鷹狩りは鎌倉幕府によっていったん禁じられたが、織田信長・豊臣秀吉・徳川家康などの戦国武将におおいに好まれ、江戸幕府では鷹匠《たかじょう》・鳥見《とりみ》・犬牽《いぬひき》などの職制が設けられた。

[文献] 日本の遊戯、遊びの大事典、日本遊戯史

高々指（たかたかゆび）

羽前《うぜん》（山形県）の遊び。「高々指」というのは中指のこと。片方の手で自分の指を握り、指の頭だけを出して、「たかたか指どうれ」などと言って、中指をあてさせる。

[文献] 日本全国児童遊戯法（中）

箍回し（たがまわし）

箍《たが》は、桶や樽を締めるために周囲にはめる竹製の輪のこと。不用になった箍を、先が二股になった50センチぐらい棒で押しながら、走ったり競争したりする。文化文政頃（1804～30）に桶箍のはずれたのを回したのが始まりで、喜多村信節《きたむらのぶよ》の『嬉遊《きゆう》笑覧《しょうらん》』に「近ごろ都鄙とも に小児箍回しと云事をす。細きわり竹の先をリウゴの形に曲たるをもちて、桶のたがを地上ににまろばし押ゆく也」とあり、其角の句に「たが回し　誰《た》がたが回し　始めけん」とある。明治以降、廃物になった自転車の車輪などで遊ぶようになり、「輪転《わころ》がし」「輪回し」といった。

[文献] 日本全国児童遊戯法（上）（中）、日本の遊戯、遊戯大事典、日本遊戯の解説、日本遊戯史、遊びの大事典、東京風俗志、新撰東京名所図会、吾妻余波

打毬（だきゅう）

中国から伝わったポロのような球技。平安時代に宮中行事として行われ、江戸時代に復興された。最も古い記録としては『万葉集』雑歌の部に「神亀四年正月、数王子及諸臣子等、集於春日野而作打毬之楽」（神亀4年は727年）とある。2組に分かれた騎馬（古代には馬に乗らない徒歩打毬もあった）の武士が、紅白の毬を毬杖《ぎっちょう》ですくい取り、毬門に投げ入れる。決められた数の毬を早く投げ入れたほうが勝ち。後に子供がこれをまねして毬を打ち合う遊びができ、毬打《ぎっちょう》といった。➡金毬《きんきゅう》、毬打《ぎっちょう》

[文献] 日本の遊戯、遊戯大事典、日本遊戯の解説、遊びの大事典

沢庵押し（たくあんおし）

「押しづけ沢庵」ともいう。1人がうつぶせになり、その上に他の子供たちが「押しづけ沢庵、押されて泣くな」と言いながらどんどん積み重なっていく。上の子が「漬いたか、漬かぬか」と聞いて、一番下の子が「まだ漬かぬ」または「なま漬きだ」と答えると、圧することをやめない。「ようやく漬いた」または「よく漬いた」と答えると、皆は圧することをやめて退く。よく堪えた者が勇者である。重石《おもし》をして沢庵を漬けることから来た名称だと想像できる。

[文献] 日本全国児童遊戯法（上）、下町の子どもの遊び、日本の遊戯、遊戯大事典、吾妻余波

竹馬（たけうま）

❶延喜元（901）年の『三代実録』に「騎竹遊童如昨日」とあり、竹馬は平安時代にすでに子供の遊びであったらしいことがわかる。ただし平安時代の竹馬は、現在のものとは少し違っていた。『骨董集』には「古代竹馬図《こだいたけうまのず》」として、葉の付いた1本の生竹にまたがり、葉のほうを地面に引きずり、先に付けた綱を手で握って遊ぶ様子が描かれている。江戸時代になり、これが発展して玩具ができた。またがった棒の先に馬の頭と手綱《たづな》を付け、もう一方の端（地面に接するほう）に小さい車輪を付けたもので、「春駒」といった。➡春駒《はるごま》

❷現在の竹馬で、「高足（高脚）」「鷺足」ともいう。いつごろ創案されたのかはっきりしないが、田楽の芸に用いた「高足」が変化したものともいわれる。室町時代の御伽草子『福富草子』に、現在の竹馬に似たものを担いで走っていく子供の絵があり、このころには子供の遊びとして行われていたらしい。喜田川守貞《きたがわもりさだ》の『守《もり》貞漫稿《さだまんこう》』に「今世江戸にて竹馬と云ふもの下図の如く甚異也、七八尺の竿に縄を以て横木をくくり付、足かかりとす」とあるのは、現在の竹馬と同じである。2メートルぐらいの竹に横木（2片で竹をはさみつける）を縛り付けたものを2本つくる。竹を握って横木に足を乗せ、左右の竹を交互に操って歩く。熟練すると、1本を

『新撰東京名所図会』

箍回し（たがまわし）
江戸時代には桶の箍を回したが、明治以降は廃物になった自転車の車輪などを回すようになり、輪転がしといった

竹馬（たけうま）

沢庵押し『吾妻余波』

沢庵押し（たくあんおし）
「沢庵、漬いたか」と言いながら、1人の子の上に他の子がどんどん積み重なっていく

『日本の遊戯』

『福富草子』所載の竹馬をかつぐ子供

古代の竹馬
（笹のついた生竹にまたがった）

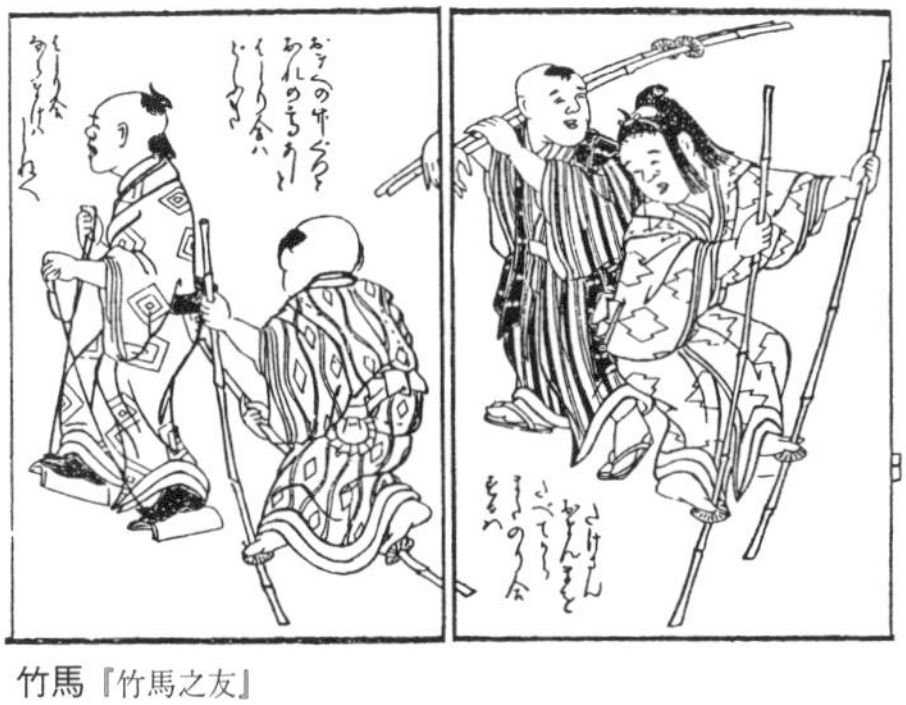

竹馬『竹馬之友』
たけさん　おまんまをたべてから　またのり合いするは
おまへの竹ぐつし　おれの高あしと　はしり合はどふた
はしり合ならまけはしねへ

右下に古代の竹馬にまたがった子供が見える『骨董集』

肩に担いで片足だけで歩いたり、2～3人でぶつけて倒し合ったりした。周防《すおう》・長門《ながと》（山口県）では、1本だけで歩くことを「猿の山行《やまゆき》」、倒し合うことを「ひっ掛け」と呼んだ。また冬に積雪があると、足台の位置が高い竹馬に乗って、雪の上を往復したり競争したりして遊んだ。なかには足台の高さが2メートル近い竹馬を上手に乗りこなす子供もいた。➡高足《たかあし》

［文献］日本全国児童遊戯法（上）（中）（下）、日本の遊戯、下町の子どもの遊び、遊戯大事典、日本遊戯の解説、日本遊戯史、遊びの大事典、骨董集、東京風俗志、竹馬之友

竹返し（たけがえし）

長さ約15～20センチ、幅約1.5センチの竹片を数枚握って数センチ投げ上げて手の甲で受け、裏表をそろえて床に落とす遊び。竹の皮付きの側を表、反対側を裏とする。『吾妻余波』には「竹箸を握って投げては手の甲で受けとめることを繰り返し、落としたら負け」とあり、『日本遊戯史』には「表三本・裏三本を手の甲に乗せて、右にきり返し、表三本が裏三本になり、裏三本が表三本にきり返されてゐれば勝ちとなるのであって、内一本でもこの約束に狂ひがあると負けとなるのである」とある。古くは「げえ」といい、喜多村信節《きたむらのぶよ》の『嬉遊笑覧《きゆうしょうらん》』に「小児戯に穴一といふ事をするにまつげをつくとて、次第を定むることあり。又いちあとの者をへといへり。又采もてするげんべといふ名もげへの転じたる語なるべし（略）げへといふことは今の竹かへしなるべし、おもふにつきといふは竹かへしするに、手の甲に載たる竹を、かへさむとする時、突くやうにするといふ歟《か》、げへとはいかなる名義にかあらん未㆑考」とある。

［文献］日本全国児童遊戯法（上）、日本の遊戯、遊戯大事典、日本遊戯の解説、遊びの大事典、東京風俗志、吾妻余波、日本遊戯史

竹剣玉（たけけんだま）

竹の筒を利用してつくる剣玉。太さ5～7センチ、長さ28～30センチの竹筒とたこ糸、のこぎりなどを用意する。竹筒の先を6センチぐらい切って、玉にする。玉は筒の側面に穴をあけてたこ糸でつるすが、玉を下げたときに筒が水平になる位置にする。図のように筒の両端を5センチぐらい切り込んで、1本と2本の剣をつくる。最後に紙やすりをかけて、切り口をなめらかにしておくといい。筒の中央を持ってそれぞれの剣に玉をさし込んだり、2本の剣の間に玉を載せたりして遊ぶ。

［文献］下町の子供の遊び、遊びの大事典

竹鉄砲（たけでっぽう）

竹筒でつくったおもちゃの鉄砲で、「紙玉鉄砲」や「山吹鉄砲」と同じ原理。榎の実や杉の実、紙をかんで丸めたものを弾にこめて打ち出すと、ぽんと音がする。➡紙玉鉄砲《かみだまでっぽう》、山吹鉄砲《やまぶきてっぽう》

［文献］日本全国児童遊戯法（中）（下）

竹とんぼ（たけとんぼ）

長さ約10センチ、幅約15ミリの竹片をプロペラ状に削り、中心に穴を開けて竹ヒゴの軸をさすと出来上がり。軸を両手ではさみ、こすり合わせるようにして回すと、ふわっと空中に浮いて飛ぶ。駄菓子屋でも売っていたが、自分でよく飛ぶように工夫してつくる子が多かった。

竹の亀の子（たけのかめのこ）

草花遊び。竹の葉のまき葉（まだ開いていない葉）の長いものを曲げて亀の子の形とし、中央にまっすぐなまき葉を交差させて糸で縛る。その間に他のまき葉を編むように互い違いにはさんで、亀の甲羅のような形をつくる。

［文献］日本全国児童遊戯法（中）、遊びの大事典

竹の子（たけのこ）

❶「竹の子道具」ともいう。竹の子でおもちゃの道具をつくる遊び。まだ竹にならない竹の子は軟らかいので細工をしやすい。桶、ひしゃく、釣瓶、臼、手桶などの形に切ってつくった。また竹の子の皮を上部より3度折りたたみ、2度目の折り目のところを細かく裂き、内側に広げると傘のようになる。

❷東京の遊び。大勢の中から買い手1人、売り手1人を決め、残りは竹の子になって売り手の背後にうずくまる。買い手が売り手に向かって「竹の子おくれ」と言うと、売り手は「へい」と言って、竹の子に「いま芽はどのくらい？」と聞く。竹の子は各自、小指を出しながら「いま芽はこーのくらい」と声をそろえて答える。これを繰り返して、次は薬指、その次は中指、

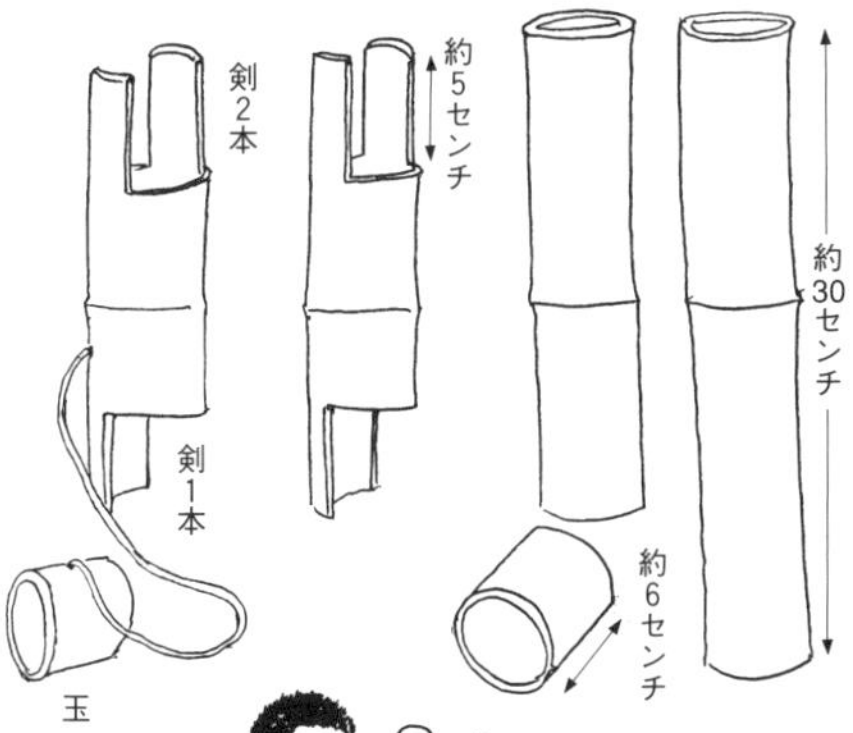

竹返し『吾妻余波』

竹返し（たけがえし）
竹片を手の甲で受けとめ、
表裏をそろえて床に落とす
遊び

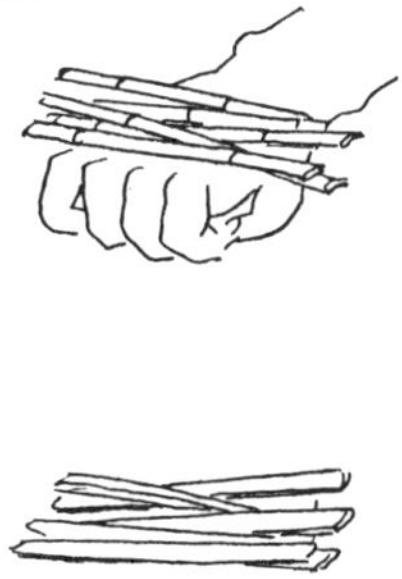

竹剣玉（たけけんだま）
１本の竹筒を切ってつくる
剣玉に似たおもちゃ

竹とんぼ（たけとんぼ）
両手をこすり合わせ
て竹ヒゴを回転させ、
飛ばす

竹の子道具
『日本全国児童遊戯法』

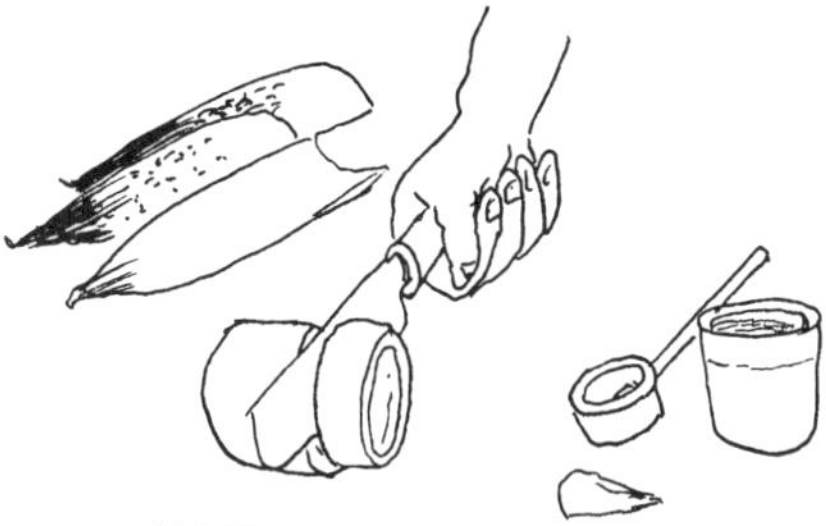

竹の子（たけのこ）
まだ軟らかい竹の子を掘って、ままごとの
道具をつくる遊び

『日本全国児童遊戯法』

竹の子（たけのこ）
東京の遊びで、竹の子になった子を
問答しながら買う

竹の子

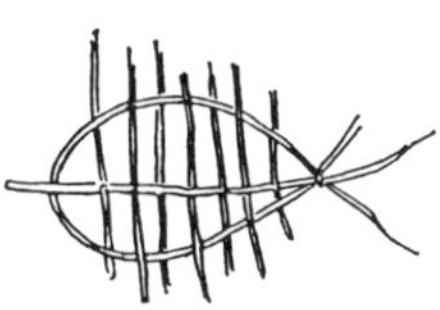

『日本全国児童遊戯法』

竹の亀の子（たけのかめのこ）
巻いた竹の葉でつくる草花遊び

その次は人さし指を出して答える。最後に親指を出して答えると、売り手は「それなら売りましょう。どれがようござんす」と聞けば、買い手は「これがようござんす」と末尾の子の頭上に平手を置いて飛び上がらせ、連れていく。それから戻ってきて、竹の子買いを繰り返す。

[文献] 日本全国児童遊戯法（上）（中）、遊びの大事典

竹の子一本（たけのこいっぽん）

竹の子になった子を鬼が引っぱり出す遊び。先頭の子が電信柱などに抱きついてうずくまり、その後ろに皆、前の子につかまって一列になってうずくまる。これを竹の子に見立てる。1人が鬼になり、次の問答をする。鬼「竹の子1本ちょうだいな」。皆「まだ芽が出ないよ」。鬼「竹の子2本ちょうだいな」。皆「まだ芽が出ないよ」。鬼「竹の子3本ちょうだいな」。（適当なところで）皆「もう芽が出たよ」。そこで鬼は、一番後ろの子から順に抱いて力まかせにひっぱり出すが、前の子につかまってなかなか離れようとしないのをなんとか引っぱり出していき、先頭の子まで引っぱり出すと終わり。

[文献] 日本全国児童遊戯法（中）、下町の子どもの遊び、遊びの大事典

竹の子取り（たけのことり）

羽前《うぜん》（山形県）の子供たちが竹の子を抜くときにうたった歌。「竹の子一本だぁ、二本だぁ、竹の子紅つけれ、紅ながらぁかねつけれぇ」（「かね」はお歯黒のこと）あるいは「竹の子おえのげぇ（「成長せよ」という意味）、親竹のくぞ（「抜くぞ」という意味）」。

[文献] 日本全国児童遊戯法（中）

竹ばね人形（たけばねにんぎょう）

「体操人形」のこと。➡体操人形《たいそうにんぎょう》

たけま

能登《のと》（石川県）の呼び方で「竹馬」のこと。

➡竹馬《たけうま》

[文献] 日本全国児童遊戯法（下）

竹めぐり（たけめぐり）

「棒回り」ともいう。竹竿または棒を地面に突き立てる。地面から約30センチ以内のところを片手で、小指が上になるように握り、足を外側に開き、頭を竿に接するようにすると体が少し斜めになる。もう片手は下の手から40センチぐらい離れたところを、小指を上に、手の甲を自分に向けて握る。最初、体を仰向かせるようにして両手の間に体を入れ、足を組み替えて頭から旋回して元の形に戻る。

[文献] 日本全国児童遊戯法（上）（中）

凧揚げ（たこあげ）

凧を揚げること。凧は、竹ヒゴをいろいろな形に組んだ骨に紙などを貼ったもので、これにたこ糸をつけて空に飛ばす。関西では「烏賊幟《いかのぼり》」という。凧の名称について、越谷吾山《こしがやござん》の『物類《ぶつるい》称呼《しょうこ》』には「畿内にていかと云、関東にてたこといふ、西国にてたつ、又ふうりう、唐津にてたこと云、長崎にてははたと云、上野及信州にてたかといふ、奥州にててんぐばたといふ、土州にてたこと云」とある。「紙鳶《たこ》」「紙老鴟《しろうし》」とも書き、源順《みなもとのしたごう》編『倭名類聚鈔《わみょうるいじゅしょう》』、『類聚名義抄』、『伊呂波字類抄《いろはじるいしょう》』にも「紙老鴟」「紙鳶」という語が見え、この時代すでに日本に伝わっていたと考えられる。江戸時代に遊びとして盛んになり、鳶凧《とんびだこ》、奴凧《やっこだこ》、烏賊凧《いかだこ》、達磨凧《だるまだこ》、振《ふり》袖凧《そでだこ》、六角形の剣凧、五角形の将棋凧など、いろいろな形の凧がつくられた。絵凧は、凧の表《おもて》に武者や歌舞伎役者の大首絵や竜の首などを派手に描いたもので、文字凧は「龍」「鯉」「勢」といった勇壮な漢字を大きく書いたもの。専門の凧屋ができ、行商の凧売りが凧を担いで売り歩いた。凧を揚げるとき、竹骨に弓の弦のような形をした「ウナリ」をつけて唸り音を出させたり、下端に紙の尾を付けてヒラヒラさせることもはやった。「喧嘩凧」といって、たこ糸にガラス粉を塗ったり、「ガンギ」という金属を付けたりし、からまった他の凧の糸を切り落とすことも行われた。また凧の大きさを競うこともあり、磐城（福島県）では大人も一緒になって2メートルぐらいの大凧を揚げた。➡烏賊幟《いかのぼり》

[文献] 日本全国児童遊戯法（上）（中）（下）、日本の遊戯、遊戯大事典、日本遊戯の解説、日本遊戯史、遊びの大事典、東海道名所図会、風俗画報、絵本大和童、竹馬之友

出したり入れたり（だしたりいれたり）

筑後《ちくご》（福岡県）の遊び。1人が親となり、他

竹の子取り（たけのことり）

竹の子『毛詩品物図攷』

竹の子一本（たけのこいっぽん）
竹の子になった子供たちを１人ずつ引っぱり抜く遊び

凧のいろいろ『風俗画報』

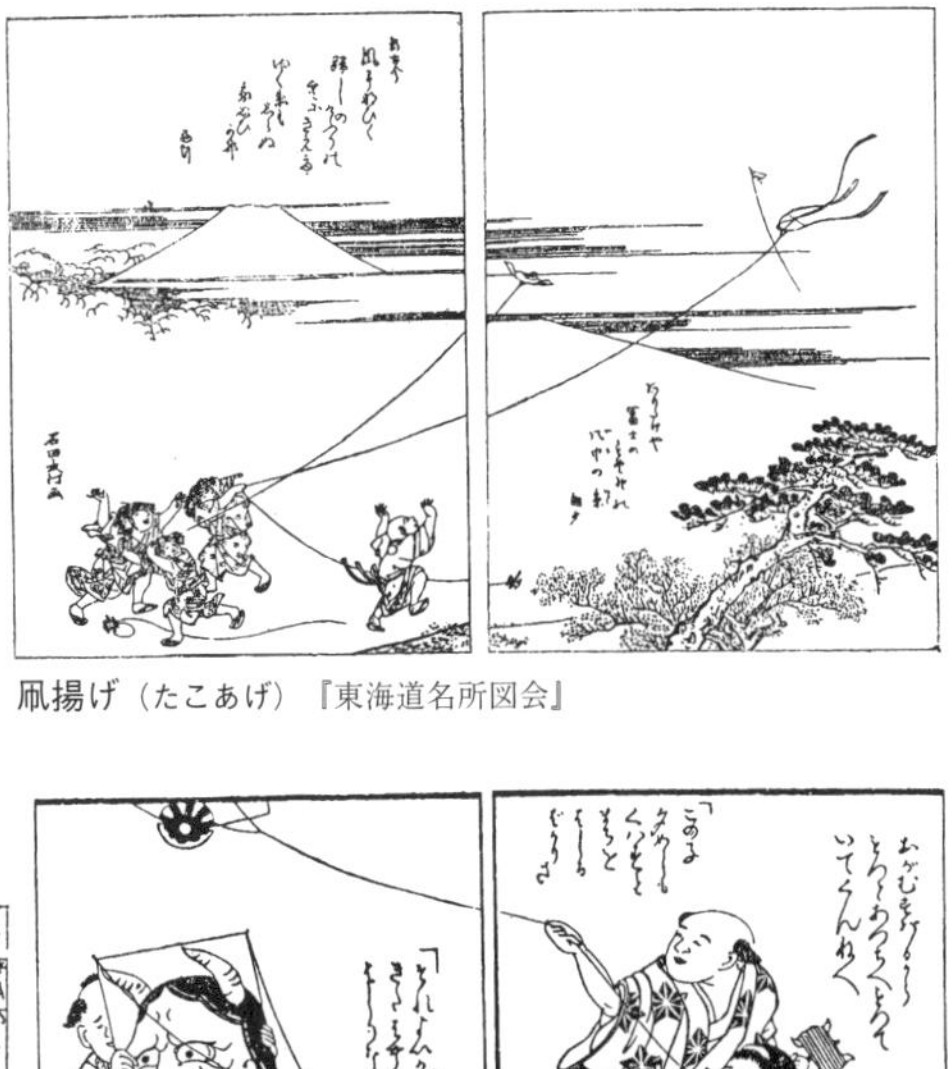

凧揚げ（たこあげ）『東海道名所図会』

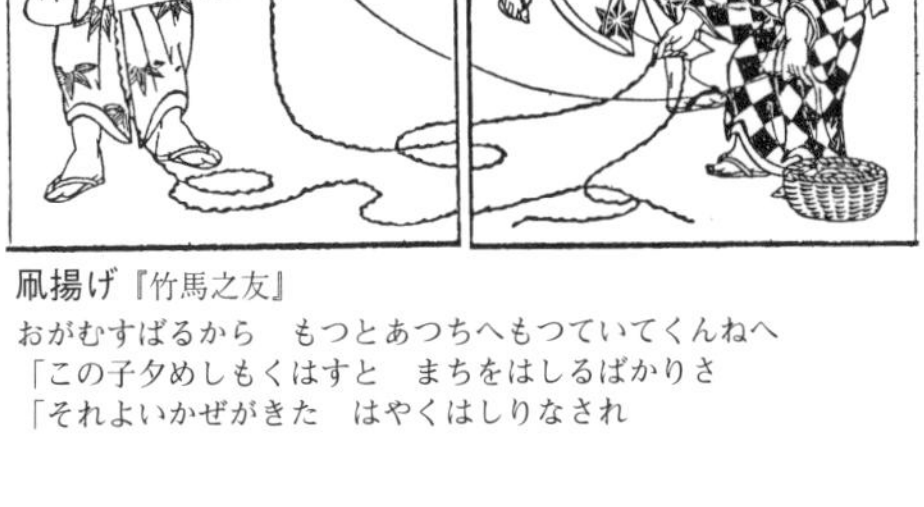

凧揚げ『竹馬之友』
おがむすばるから　もつとあつちへもつていてくんねへ
「この子夕めしもくはすと　まちをはしるばかりさ
「それよいかぜがきた　はやくはしりなされ

凧揚げ『絵本大和童』

の子はそのまわりに円形になる。親が両手を下げ「出したり」と言えば、他の子は両手を前に出す。親が「入れたり」と言えば、親が両手出し、他の子は手を出さない。これを間違えて手を動かすと、今度はその子が親になる。

[文献] 日本全国児童遊戯法（下）

助け鬼（たすけおに）

「鬼ごっこ」の一種。鬼に捕まりそうになったとき、他の子にしがみつくと捕まらない。➡鬼《おに》ごっこ

[文献] 日本の遊戯、遊戯大事典、遊びの大事典、日本遊戯の解説

出せ出せ（だせだせ）

2人で行うじゃんけん遊びの一種。相手の掛け声に合わせて出し、相手と同じものを出すと負け。パーは「パッと出せ」、グーは「グッと出せ」、チョキは「チョッと出せ」と言う。最初は2人とも腕組みをする。たとえば相手が「出せ出せパッと出せ」と言うと、相手はパー、こちらはそれ以外のものを出す。素早くひっこめて、今度はこちらが「出せ出せチョッと出せ」と言うと、こちらはチョキ、相手はそれ以外のものを出す。繰り返すうちに、つられてつい相手と同じものを出してしまうと負ける。

[文献] 下町の子どもの遊び

忠盛（ただもり）

暗夜に子供が集まって行う遊び。一室に集まって明かりを消して真っ暗にし、離れた部屋にろうそくを置く。子供のうちから1人を選んで忠盛とし、怪談を聞かせた後、離れた部屋に行ってろうそくに火をともさせる。1人が終わると次の者がこれを繰り返す。

[文献] 絵入幼年遊戯

抱っこちゃん（だっこちゃん）

昭和の中頃にはやったビニル製の人形。中に空気を入れてふくらませる。両手・両足で何かにかじりついている格好をしていて、柱や腕にからませて遊んだ。いくつか種類があり、黒人を模したものが一番人気があった。

立てばうち（たてばうち）

薩摩《さつま》（鹿児島県）の遊び。「はま投げ」同様、輪切りの木球を二手に分かれて打ち合うが、球を打つのに手で転がしても、棍棒で打って転がしても、また棍棒で空中にはねとばしてもよい。左右の組で勝敗を争い、球を受け損なうと負け。➡浜投《はまな》げ

[文献] 日本全国児童遊戯法（下）

七夕祭り（たなばたまつり）

五節句の一つで、7月7日の夜に星を祭る年中行事。中国から伝わった銀河の伝説で、牽牛星（鷲座のアルタイル。彦星）と織女星（琴座のベガ。織姫星）が年に1回、この日に銀河を渡ってめぐり合うという。古くは「織女祭」「乞《き》巧奠《こうでん》」といった。古代から宮中行事として行われ、万葉集には百首を超える七夕歌が収録されている。星の見える縁側に団子や硯筆を供え、笹竹に五色の短冊をつるして書道や裁縫の上達を祈った。竹は翌日、川に流した。

[文献] 日本の遊戯、遊びの大事典、絵本西川東童

だま

「だんま」ともいう。羽前《うぜん》・羽後《うご》（山形県・秋田県）の呼び方で「お手玉」のこと。➡お手玉《てだま》

[文献] 日本全国児童遊戯法（中）、日本の遊戯、日本遊戯の解説

玉栗（たまぐり）

天保7（1836）年刊、鈴木牧之の『北越《ほくえつ》雪譜《せっぷ》』に紹介されている越後《えちご》（新潟県）の雪遊び。雪を押し固めて鞠状にしたものを玉栗といい、他の子の玉栗を的に置き、順番に自分の玉栗をぶつけて砕く。「ここに玉栗という児戯あり。春にもかぎらず雪中のあそびなり。始は雪を円成《まるめ》て鶏卵の大さに握りかため、其上へ上へと雪を幾度もかけて足にて踏堅《ふみかため》、あるひは柱にあてて圧堅《おしかため》、これを肥《こやす》といふ。さて手毬の大さになりたる時、他の童が作りたる玉栗を庇下などに置かしめ、我が玉栗を以、他の玉栗にうちあつる、強き玉栗、弱き玉栗を砕くをもつて勝負を争ふ。……」➡雪遊《ゆきあそ》び

[文献] 日本の遊戯、遊戯大事典、遊びの大事典

球投げ（たまなげ）

❶東京の遊び。東西に分かれて1～2個の球を投げ合う遊びで、場所を占領するものと、捕虜をとるものがある。前者では球を投げて、それを敵陣が受け損じて後方にそらすと、その点

忠盛（ただもり）『絵入幼年遊戯』

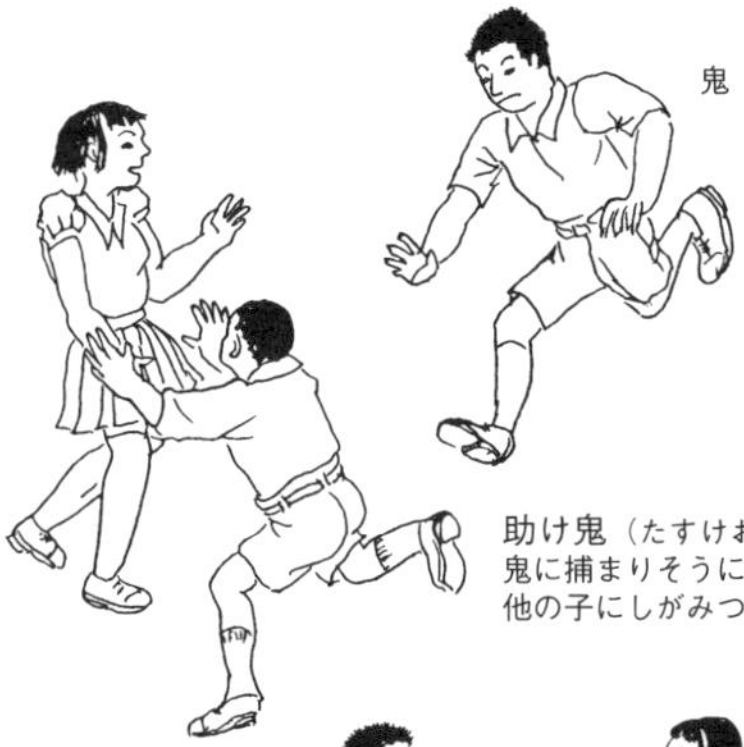

助け鬼（たすけおに）
鬼に捕まりそうになると
他の子にしがみつく

七夕祭り（たなばたまつり）

抱っこちゃん（だっこちゃん）

出せ出せ（だせだせ）
じゃんけん遊びで、掛け声につられて
相手と同じ手を出すと負け

玉栗（たまぐり）
『北越雪譜』（鈴木牧之）に紹介された越後の雪遊び。
鞠状に押し固めた雪を玉栗という

七夕祭り『絵本西川東童』

まで敵陣を退かせる。後者では球が当たって受け損じた子を捕虜にする。

❷筑後《ちくご》（福岡県）の遊び。同人数になるように甲乙2組に分かれ、相対して2列に並ぶ。甲組の左端より相対する乙組の者に球を投げる。同時に、乙組の右端より相対する甲組の者に球を投げる。おのおの次席の者へと順に球を投げていき、だんだん速くする。誰か1人のもとに球が2個来ると負け。

［文献］日本全国児童遊戯法（下）

球伏せ（たまふせ）

子供は一直線に整列し、そこから十数歩のところに3〜4個の球を置く。まず1番の者が球のあるところに行って場所を確認して戻る。それから目隠しをして球と同数の小籠を持たせ、「進め」の号令で球のところに行って1個ずつ籠をかぶせる。1個の球にかぶせるのは1回限りとする。1番が終わると2番、3番と順にこれを行い、たくさん籠をかぶせた者の勝ち。

［文献］普通遊戯法

溜まり鬼（たまりおに）

「溜め鬼」「子殖やし鬼」ともいう。⇩子《こ》殖《ふ》やし鬼《おに》

［文献］日本の遊戯、遊戯大事典、日本遊戯の解説、遊びの大事典

ためとり

磐城《いわき》（福島県）の呼び方でお手玉遊びのこと。⇩お手玉《てだま》

［文献］日本全国児童遊戯法（中）

樽人形（たるにんぎょう）【参考】

「人形樽」ともいう。はじめは角樽《つのだる》に着物や編み笠をかぶせて人形に見立てたものを手に持って、酒席で即興的に踊らせて見せたもの。これがはやって、後に樽の形をした人形がつくられた。喜多村信節《きたむらのぶよ》の『嬉遊笑覧《きゆうしょうらん》』に「今は婚礼などに用る斗樽を太こ樽といふ。又柄樽とも角樽ともいへど、此はもと河内国天野酒を入るる樽にて、天野樽といふもの也とぞ。寛文延宝の頃、これを人形樽といひしは、この長き手の上にあみ笠させて人形に見立、酔興これを舞せし也。角樽といふは、ほそ長き箱に作りて、両端に角の如く出たる処ある故にしか名く」（寛文・延宝は1661〜81年）とある。

［文献］日本の遊戯

達磨落とし（だるまおとし）

❶張子の達磨を台の上に置き、離れたところから開いた扇子を投げつけて落とす。「投扇興」に似た遊び。⇩投扇興《とうせんきょう》

❷玩具の一種で、3〜4センチの木の輪を積み重ねた上に達磨が置いてある。木槌などで、達磨が転がり落ちないように注意して、木の輪だけを横に払う遊び。うまくできると木の輪だけがすぽっと抜け、達磨は一段下がって木の輪に乗っかる。

［文献］日本の遊戯、遊戯大事典、日本遊戯の解説、遊びの大事典

だるまさんがころんだ

じゃんけんで1人が鬼になり、壁などに向かって立つ。他の子供たちは10メートルほど離れたところから、「はじめの一歩」と言って、鬼に向かって進みだす。鬼は大急ぎで「だるまさんがころんだ」と言って、言い終わると振り向く。鬼が振り向くと、皆はストップして動いてはいけない。動いたのがみつかった子は、鬼の後ろにつながる。鬼は、また壁に向かって「だるまさんがころんだ」と言い、その間、皆は鬼に近づく。これを繰り返すうちにだんだん鬼に近づいていって、1人が「ドン」と言いながら鬼の背中をたたく。つながった子がいるときは、「切った」と言って、つながった手を切るまねをする。すると皆はいっせいに逃げ、鬼はすぐに「だるまさんがころんだ。ストップ」とストップをかける。皆は止まるので、鬼は3歩以内で捕まえる。捕まったら交替。

［文献］下町の子ども遊び、遊びの大事典

だるまさんがそろった

丸く輪になり、隣の子の膝に片足を乗せてつながって、「そーろった、そろった。だるまさんがそーろった。そろたと思えばまわろじゃないか。ヨイヤサ、ヨイヤサ」とうたう。「ヨイヤサ」からは、その格好のままで片足けんけんしながら回る。片足がはずれたり転んだりしたら、輪からはずれる。

［文献］下町の子どもの遊び

ためとり『吾妻余波』
磐城では「お手玉」のことを
「ためとり」といった

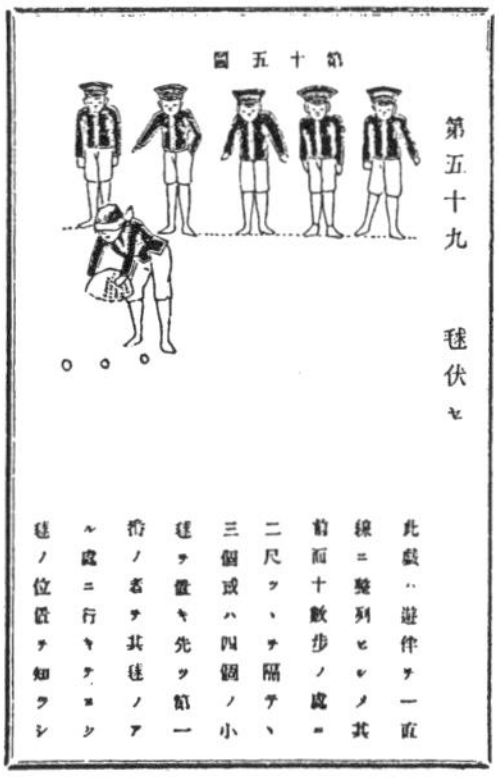
第十五圖

第五十九　毬伏セ

此戯ハ遊伴ヲ一直線ニ整列セシメ其前面十數歩ノ處ニ二尺ヅヽヲ隔テヽ三個或ハ四個ノ小毬ヲ置キ先ヅ第一行ノ者ヲ其毬ノアル處ニ行キテ[illegible]ツ毬ノ位置ヲ知ラシ

球伏せ（たまふせ）『普通遊戯法』

球投げ（たまなげ）筑後の遊び

達磨落とし（だるまおとし）
積み重ねた輪の上に置いた達磨が倒れないように、下の輪だけを横に払う遊び

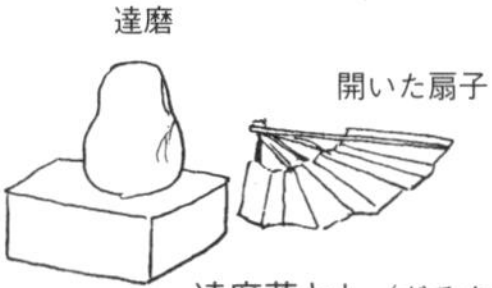

達磨落とし（だるまおとし）
張子の達磨を狙って扇子を投げ、ぶつけて落とす遊び

だるまさんがそろった

だるまさんがころんだ

だれしょーこれしょー

伊勢《いせ》（三重県）で、子供同士でおもちゃ、紙、絵を分配するときにうたった歌。「だれしょー、これしょー、三井の金函、外宮でおとして、内宮でひろて、岳の虚空蔵でこっくにこい」。「岳」というのは朝熊嶽《あさくまがだけ》のこと。

［文献］日本全国児童遊戯法（中）

太郎や太郎や（たろうやたろうや）

「鹿や鹿や」と同じ遊び。⇒**鹿《しか》や鹿《しか》や**

［文献］小学遊戯法、簡易戸外遊戯法

弾碁（だんぎ）

平安時代に貴族の間で行われた、盤の上で碁石を弾き合う遊び。中央が高くなった特別な盤を用いた。源順《みなもとのしたごう》編『倭名類聚鈔《わみょうるいじゅしょう》』に「世《せ》説云弾碁《せつにいうだんき》」とあり、中国の魏の文帝が好んだと記されている。『源氏物語』にも碁やすごろくとともに遊事の一つとして登場するが、詳しいことはわからない。宝暦5（1755）年に大枝流芳が著した『雅遊漫録』には次のようにある。「按するに黒白碁子六枚合せて十二枚、二人向ひ合対座し、各其隅に碁一枚をおき、指にてはじき、中の央起《やま》をこし向の石を打なり、打あつれば向の石を取納む、勝たるべし。向より我前の石をはじくに、誤てはじき得ざる時は、向の石を己が方へ取納む、かくいたし碁早くつくる方を以てまけとす、古雅の戯なり。今の小児の石はじきも、是唐にもあり」⇒**お弾《はじ》き**

［文献］日本の遊戯、日本遊戯史、遊びの大事典

端午の節句（たんごのせっく）

5月5日の節句で、「菖蒲《しょうぶ》の節句」ともいう。中国から伝わった行事で、応永30（1423）年頃の一条兼良著『公事根源』には、推古天皇の時代より5月5日に菖蒲のかずらをかぶって参内したが、今は絶えているという意味のことが記されている。古代より菖蒲には邪気払いや魔除けの力があると信じられ、家の軒先に吊るし、家の中にも飾り、髪にも挿した。この節句の頃に「印地打ち」という、子供の石合戦を行う風習もあった。現在のように武者人形や兜《かぶと》、幟旗《のぼりばた》、鯉登《こいのぼ》りなどを飾って男児の成長を祝うようになったのは江戸時代からである。⇒**印《いん》地《じ》打ち**、**菖蒲《しょうぶ》打ち**

［文献］日本の遊戯、遊びの大事典

だんま

「だま」ともいう。羽前《うぜん》・羽後《うご》（山形県・秋田県）の呼び方で「お手玉」のこと。⇒**お手玉《てだま》**

［文献］日本全国児童遊戯法（中）

【ち】

知恵の輪（ちえのわ）

太い針金でできたおもちゃで、複雑に入り組んだ形のものが組み合わさっている。それをいろいろと知恵を絞って組み替えつつ、2つにはずす。

ちっちき

甲斐《かい》（山梨県）の呼び方で「じゃんけん」のこと。鋏《はさみ》（チョキ）は親指と人さし指を出す。⇒**じゃんけん**

［文献］日本全国児童遊戯法（中）

ちぼ落とし（ちぼおとし）

出雲《いずも》（島根県）の遊びで「隠れん坊」の一種。1人の子が目隠しをした鬼を背負って、100～200メートル離れたところへ連れていき、他の子供たちが隠れたのを見計らって鬼を置いて走って戻ってくる。鬼は目隠しをとってこれを追い、他の子を探して捕まえる。捕まると鬼を交替する。

［文献］日本全国児童遊戯法（下）

茶摘み（ちゃつみ）

昔の家ではよく前庭に茶の木を植えてあった。その葉を摘んで、焙じて乾燥させて自家製のお茶をつくった。

［文献］小児遊戯

ちゃんちゃんぎり

「堂々めぐり」に似た東京の遊び。2人が互いに片手を握り、「ちゃんちゃんぎりやちゃんぎりや、ちゃんが帰ったらまんまにしょ。おっかが帰ったら四文もらを」ととなえながら、ぐるぐると回る。⇒**堂々《どうどう》めぐり**

［文献］日本全国児童遊戯法（上）、遊びの大事典

端午の節句（たんごのせっく）『絵本西川東童』

だれしょーこれしょー
伊勢で子供たちがおもちゃなどを
分配するときの歌

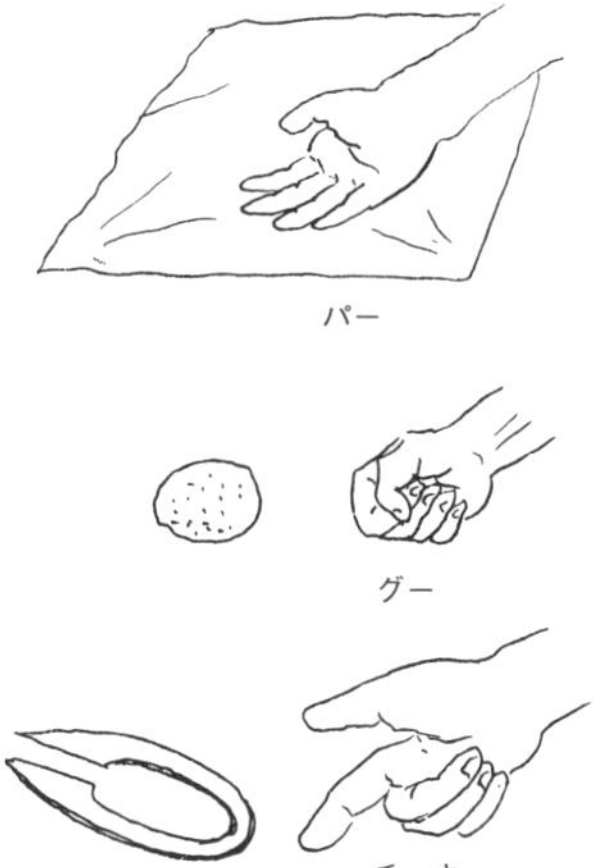

パー

グー

チョキ

ちっちき
甲斐のじゃんけん

だんま
羽前・羽後では「お手玉」のことを
「だんま」といった

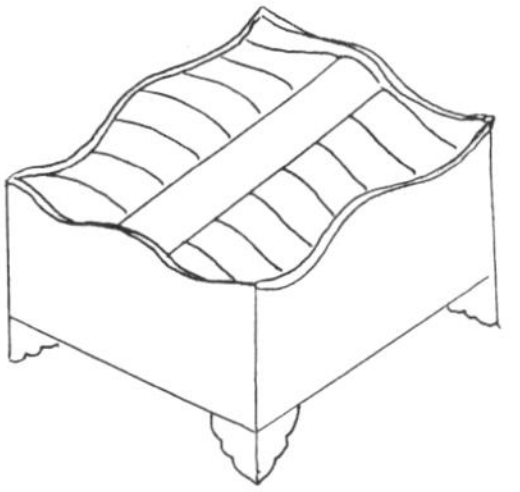

中央が高くなった弾碁の盤
弾碁（だんぎ）

ちゃんちゃんぎり
「ちゃんちゃんぎりや、ちゃんぎりや…」
とうたいながらぐるぐる回る

茶摘み（ちゃつみ）『小児遊戯』

チャンバラごっこ

「チャンバラ」とは刀で斬り合うこと。無声映画で斬り合いが始まると、弁士が「チャン、バラリ、ズン」などと言って、斬ったり斬られたりを表現したのでこういうようになったのかもしれない。玩具の刀や棒切れを手に持って、武士になったつもりで斬り合いのまねをした。たいていまねだけで相手を打つことはないが、間違って当たってこぶができたりした。刀を構えて、「盆の十六日、閻魔様、ご命日。蛙踏みゃギャアと鳴く。俺が隣りの一軒、二軒、三軒目の次郎兵衛の、かかあが小便溜おっこって……」などととなえて、格好をつけることもあった。

➡軍《いくさ》ごっこ

[文献] 下町の子どもの遊び、遊びの大事典

哨吶吹（ちゃんめいら）

「哨吶吹」と書いて「ちゃんめいら」と読ませているので、おそらくチャルメラのなまったものであろう（「哨吶《さない》」はチャルメラに似た中国の楽器）。肥前《ひぜん》（佐賀・長崎県）に伝わる楽器で、古くからよくこれで遊んだ。ラッパのような形をしていて、長さ約30～40センチ、穴は背に7つと腹に2つ。年始にこれを吹きながら、各戸をまわって謝銭をもらう者がいた。大人1人と子供2人の組み合わせで、子供たちは鈔鑼《しょうら》や太鼓をたたいて合奏した。

[文献] 日本全国児童遊戯法（下）

宙返り（ちゅうがえり）

「板落とし」「猿返り《さるがえり》」ともいう。地面に手を着けずに、宙で体をくるっと回転させること。喜多村信節《きたむらのぶよ》の『嬉遊笑覧《きゆうしょうらん》』に「でんぐり返りは俯して返へるをいへど、手を地につくにやあらん、手をつかで返るを宙かへりといふ。されど、広くはもんどりうつをも宙かへりといへり」とある。

[文献] 日本の遊戯、遊戯大事典、日本遊戯の解説、遊びの大事典

ちゅうちゅうたこかいな

❶お弾き遊びで残り2個になったとき、「ちゅうちゅうたこかいな」と言いながら5回続けてはじいて1個取る。残り1個は、目を閉じて、お弾きのまわりを人さし指で3回ぐるぐる回し、中指と人さし指をV字形にしてお弾きをまたぐように線を引く。指がお弾きに触れなければ成功。

❷お弾きの数え方。2本の指（中指と人さし指）で一度に2個ずつを手前に寄せながら、「ちゅう・ちゅう・たこ・かい・な」で10個になる。20個は「は・ま・ぐ・り・は・む・し・の・ど・く」と数える。喜多村信節《きたむらのぶよ》の『嬉遊笑覧《きゆうしょうらん》』に「きさごをかぞふるに、ちうしちうじたこくはへが十てうと云ふ」とあり、「ちうじ」は重二《じゅうに》のことだと解説している。重二は2を重ねるので4、「ちうじちうじ」で8になり、蛸の足に2を加えて10、ということらしい。➡お弾《はじ》き

[文献] 下町の子どもの遊び、遊びの大事典

ちゅうちゅう鼠の（ちゅうちゅうねずみの）

「ずいずいずっころばし」と同様の遊びで、伊勢《いせ》（三重県）で鬼定めをするときにうたった歌。「ちゅうちゅう鼠《ねずみ》の種《たね》さがし、猫に追われて、はちかれた」➡鬼定《おにさだ》め、ずいずいずっころばし

[文献] 日本全国児童遊戯法（中）

蝶々（ちょうちょ）

「蝶々」の歌に合わせた遊戯。「蝶々ちょうちょ菜の葉にとまれ、菜の葉に飽いたら桜にとまれ、桜の花の栄ゆる御代にとまれよ遊べ、あそべよとまれ」。子供は手をつないで円形（花）になり、別に2人が肩を組んで蝶になる。蝶は円内に2組置く。歌が始まると、花の子らは手をつないだまま回り、蝶の子らは片手を上下させて蝶の飛ぶまねをしながら円に沿って歩き、歌が終わると止まる。蝶のとまった場所に一番近い子が次の蝶になる。

[文献] 小学遊戯全集

蝶々売り（ちょうちょうり）【参考】

葭《あし》の先につけたおもちゃの蝶を売り歩く行商。蝶は削ぎ竹を羽の形に曲げて紙を貼り、色とりどりに染めたもので、葭の節を抜いて糸を通して結びつけてあった。葭を振ると蝶がふわりと飛び、糸を引くと葭の先にとまる。八つ折りの編笠をかぶって蝶々箱を首にかけた蝶々売りが、「蝶々とまれや、菜の葉にとまれ、菜の葉がいやなら、よしの先にとまれ、そらとまった。よしがいやなら木にとまれ」とうたいながら、江戸

ちゃんめいら

哨吶吹（ちゃんめいら）
ちゃんめいらはラッパの形をした楽器。
肥前では年始にこれを吹いて謝銭をもらう者がいた

ちゃんばらごっこ

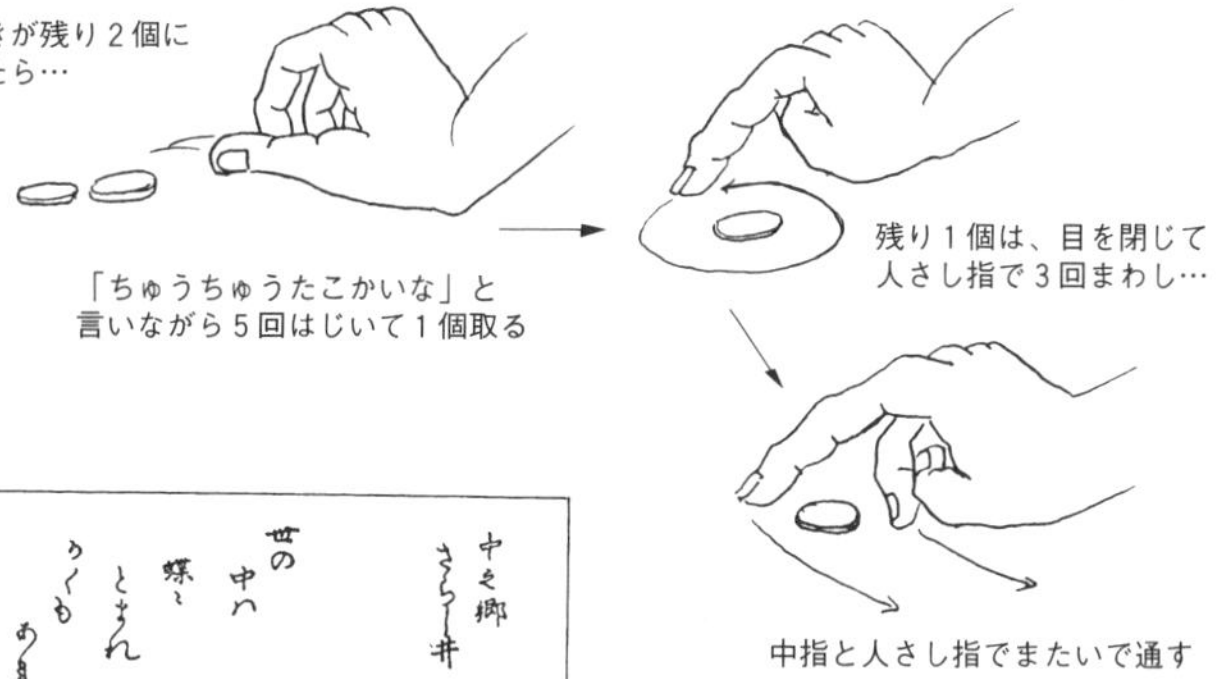
お弾きが残り2個に
なったら…
「ちゅうちゅうたこかいな」と
言いながら5回はじいて1個取る
残り1個は、目を閉じて
人さし指で3回まわし…
中指と人さし指でまたいで通す

ちゅうちゅうたこかいな

宙返り（ちゅうがえり）

蝶々売り（ちょうちょうり）『江戸名所図会』
おもちゃの蝶々を売る行商は江戸の名物であった

蝶々
蝶々

蝶々（ちょうちょ）『小学遊戯全集』

の町を流して歩いた。明治の中頃まで見られた。

［文献］日本遊戯史、遊びの大事典、江戸名所図会

提灯あぶい（ちょうちんあぶい）

子供に提灯《ちょうちん》を持たせ、「提灯あぶい消えたらままよ」とうたってあやす。駿河《するが》（静岡県）では山火事があったときに「提灯《ちょうちん》あぶし消えたらままよ、烏《からす》は鍛冶屋《かじや》の鉠《かね》たたき、鳶《とんび》はとところのおしょうさん、烏勘左衛門己《お》れの山焼けるでちょっと行って水かけよ」とうたった。

［文献］日本全国児童遊戯法（中）

提灯競争（ちょうちんきょうそう）

走路の途中に、競争者と同数の提灯・ろうそく・マッチを置く。「よーいどん」でスタートし、提灯のところに着いたらマッチでろうそくに火をつけて、提灯をさげて決勝点まで走る。早く着いた者が勝ちだが、提灯の火が消えてはいけない。途中で消えたときは、元に戻って火をつけ直す。

［文献］遊戯大事典、小学遊戯全集

提灯のかげひろい（ちょうちんのかげひろい）

『絵本西川東童』に「てうちんのかげ　挑灯はひとはりなれと　影ふたつみつよつゐつつ　子もちひろはん」（読人不知）とある。詳細は不明。

［文献］絵本西川東童

打瓦（ちょうま）

「水切り」ともいう。平たい小石や瓦を水面すれすれに投げると、石が水面を跳ねてポンポンと何度もとぶ。このとぶ回数を競う。投げた石が水面で跳ねるたびに、「一丁切った」「二丁切った」と数える。喜多村信節《きたむらのぶよ》の『瓦礫雑考』に「今小児の戯に缺瓦、または薄く扁なる小石介殼などを拾ひとつて、水面にむかひ横さまに擲《なげう》てば、水のうへを縫ふがごとく出没して飛ゆくを、ちやうまやるといふ。今按に、ちやうまは打瓦の誤なるべし」とあり、打瓦は唐の『蒙求《もうぎゅう》』にも載っている古い遊びであると解説している。

［文献］日本全国児童遊戯法（上）、日本の遊戯、遊戯大事典、日本遊戯史、遊びの大事典

チョッパー

足遊びの一種。「チョッパー、チョッパー、チョーチョッパー、グースケひらいて、チョーチョッパー」と言いながら、足を開いたり閉じたりする。⬇足《あし》じゃんけん

［文献］下町の子どもの遊び

ちょん隠れ（ちょんがくれ）

東京の遊び。通常の「隠れん坊」と違って見つけた相手を捕まえなければならない。このため、隠れてもいい範囲を通常の「隠れん坊」よりも狭く設定する。⬇隠《かく》れん坊《ぼ》

［文献］日本全国児童遊戯法（上）、吾妻余波

ちんちん押しくらべ（ちんちんおしくらべ）

「鷺相撲《さぎずもう》」ともいう。片足けんけんしながら片手で押し合うこと。⬇鷺相撲《さぎずもう》

ちんちんもがもが

「足ごき」「けんけん」の東京での呼び方。略して「ちんちん」ともいい、『吾妻余波』には「ちちんちんもぐもぐ」とある。片足を上げて片手で足首を握り、そのままの格好でぴょんぴょん跳ねながら競争したり、押し合ったりする。競争するときに「ちんちんもがもが、おひやりこひやーりこ」と言ったりする。押し合いでは、片手で押し合って、バランスを崩して上げた足を地面につけたら負け。これを2人でやるのを「鷺相撲《さぎずもう》」という。平安時代以前からあり、江戸時代の元禄の頃に盛んであった。古くは「ちんちんもがもが」を「ちがちが、ちんがらこ、ちんがらく」といったらしく、明和6（1769）年、市村座で初演された長唄『隈取安宅松《くまどりあたかのまつ》』に「ちつちや子持や桂の葉、ちんがちがちがちんがらこ、走り走り走り着いて先へ行くのは酒屋のおてこ」とある。⬇鷺相撲《さぎずもう》

［文献］日本全国児童遊戯法（上）、日本の遊戯、遊戯大事典、吾妻余波、日本遊戯の解説、遊びの大事典

チンリンサイエツ

紀伊《きい》（和歌山県）のじゃんけんの掛け声。「チンリン、サイエツ、テース。勝っても負けてもこれ切りサイ」と言ってじゃんけんをする。

［文献］日本全国児童遊戯法（下）

提灯の影拾い（ちょうちんのかげひろい）
『絵本西川東童』

○てうちんのかげ
挑灯はひとはりなれと　影ふたつみつよつゐつ、
子もちひらはん　読人不知

提灯競争（ちょうちんきょうそう）
『日本全国児童遊戯法』

提灯あぶい（ちょうちんあぶい）
子供に提灯を持たせてあやした歌

ちょん隠れ（ちょんがくれ）
『吾妻余波』

チョッパー
歌に合わせて足を開いたり
閉じたりする足遊び

打瓦（ちょうま）
石が水面を跳ねるように投げること。
「水切り」ともいい、古くからある遊び

ちんちんもがもが『吾妻余波』

ちんちんもがもが

ちんちん押しくらべ（ちんちんおしくらべ）

【つ】

つぅ花茅花（つぅばなつばな）
⬇茅花《つばな》つばな
［文献］日本全国児童遊戯法（上）、遊びの大事典

つかまえ鷹（つかまえだか）
伊勢《いせ》（三重県）の呼び方で「鬼ごっこ」のこと。⬇鬼《おに》ごっこ
［文献］日本全国児童遊戯法（中）

捕まえぼ（つかまえぼ）
京都の呼び方で「鬼ごっこ」のこと。⬇鬼《おに》ごっこ
［文献］日本全国児童遊戯法（上）、遊戯大事典

月見団子引き（つきみだんごひき）
甲斐《かい》（山梨県）の遊び。毎年秋の十五夜、十三夜などには、各戸で団子をつくって果物とともに屋内にかざる風習がある。このとき月が見えるように戸を少し開けておくので、そのすき間から供え物をそっと釣り出す。7軒の団子を取ると長者になれるという言い伝えもあった。その後に「お月様のお下《さ》がりをくだされ」といって、各戸をもらい歩くこともあった。
［文献］日本全国児童遊戯法（上）

つーくしつくし
常陸《ひたち》（茨城県）で春に土筆《つくし》を摘むときにうたった歌。「つーくしつくし、彼岸の入りに袴はいておでやれ」
［文献］日本全国児童遊戯法（中）

衝羽根（つくばね）
「羽根つき」のこと。または「羽根つき」で使う羽根のこと。羽根は、無患子《むくろじ》（ムクロジ科の落葉高木）の実の核に鳥の羽を4～5枚さしてつくる。なおツクバネ（ビャクダン科の半寄生落葉低木）は、果実の頂部に4枚の翅《はね》状の苞《ほう》があって、この羽根の形に似ていることからこの名がある。⬇羽根《はね》つき
［文献］日本全国児童遊戯法（上）、遊戯大事典、日本遊戯の解説

付木引き（つけぎひき）
付木というのは、約15センチ四方の檜《ひのき》の薄板の端に硫黄《いおう》が塗ってあるもの。檜の薄皮は一方向に木目が通っているので、縦に引き裂きやすい。これを細く引き裂いて、火打石でおこした火を燃え移らせ、調理などに用いた。マッチが普及する大正初期まではどこの家庭にもあり、食べ物などをいただいたお返しに容器に付けて返す風習もあった。付木引きは、この付木を引っぱり合って引き裂く遊び。2人か相対して親指と人さし指で付木をつまんで引っぱり合う。
［文献］日本の遊戯、遊戯大事典、日本遊戯の解説

つなぎ鬼（つなぎおに）
「鬼ごっこ」の一種で「手つなぎ鬼」ともいう。鬼に捕まりそうになったとき、他の子と手をつなぐと捕まらない。小さい子などは足の速い子の近くにいて、捕まりそうになるとすぐ手をつなげるようにしていた。ただし、最初から手をつないではいけない。⬇鬼《おに》ごっこ
［文献］日本の遊戯、遊戯大事典、日本遊戯の解説

綱飛び（つなとび）
2人で綱をまわして1人が跳ぶ「縄跳び」を地方によってこう呼ぶ。⬇縄跳《なわと》び
［文献］日本全国児童遊戯法（下）

綱登り（つなのぼり）
高いところから綱をつるし、これにぶら下がってよじ登る。綱には約30センチごとに節をつけ、これを足がかり、手がかりにして登るが、熟練すると節なしでも登ることができる。
［文献］日本全国児童遊戯法（下）

綱引き（つなひき）
綱引き用の丈夫な綱の中央に印を付け、そこから左右2メートルぐらい隔てた地面に線を引いておく。競技者は左右に分かれ、綱の両側にジグザクに位置して綱を握り、腰を低くして構える。合図でいっせいに綱を引き合い、綱の中央の印が地面に引いた線を越えたところで勝負があったとする。明治以降は学校の体育に取り入れられ、主に運動競技として行われているが、もとは神事として、あるいは迷信的な競技として各地で行われてきた。羽後《うご》（秋田県）では晩春の雪解けのときに町対抗で行い、綱が切断することで勝敗を決した。但馬《たじま》（兵庫県）では、八

ツクバネの実には4枚の苞があって羽根つきの羽根に似ている

羽根つきの羽根はムクロジの実でつくる

つーくしつくし
常陸の土筆を摘むときの歌

月見団子引き
（つきみだんごひき）
甲斐の遊びで、７軒の団子を取ると長者になるといわれた

羽根つきのことを衝羽根ということもある

衝羽根（つくばね）

つなぎ鬼（つなぎおに）
捕まりそうになったら他の子と手をつなぐ

付木は檜の薄板なので縦に裂けやすい。一端に硫黄が塗ってあり、火打石の火を薪などに移すために用いた

付木引き（つけぎひき）

綱引き『東京風俗志』

綱引き『絵本大和童』

綱引き（つなひき）

綱登り（つなのぼり）

朔（8月1日）に各町の青年が藁で大綱をつくり、互いにそれを引っ掛けて引き切るという行事が行われていた。勝った縄もすべて同日中に手で引き裂く慣わしになっていた。

［文献］日本全国児童遊戯法（中）（下）、日本の遊戯、遊戯大事典、日本遊戯の解説、日本遊戯史、遊びの大事典、小学体育全書、絵本大和童、東京風俗志

綱引き鬼（つなひきおに）

図の甲は「猿回し」と同様の遊び。乙は猿回し役がいない。鬼に結んだ紐の端を握らずに放っておいて、誰かが鬼につかまりそうになったとき、それを助けるために他の子が握って引きとめる。➡猿回《さるまわ》し

［文献］遊戯大事典、遊戯大事典、教育的遊戯の原理及実際

綱渡り（つなわたり）

高いところに綱を張って、その上を体のバランスを取りながら渡っていく技。見世物の曲芸団をまねて子供も樹木の低いところに綱を張って遊んだが、なかなか難しかった。

［文献］日本遊戯の解説、遊びの大事典

椿草履（つばきぞうり）

草花遊び。椿の葉をとって、図のように下から葉縁にそって切り、一部を裏に反転させる。先端に近いところに穴をあけて葉柄をさしこんで、草履に似た形をつくる。

［文献］日本全国児童遊戯法（中）、遊びの大事典

椿の葉の草笛（つばきのはのくさぶえ）

草花遊び。椿の葉を端から巻いて口のところを少しつぶして吹く。

［文献］下町の子どもの遊び

茅花つばな（つばなつばな）

茅花は、チガヤ（イネ科の多年草）の花穂。春、葉に先だって多くの小穂花をつける。これを抜いて集めるまねをする遊び。着物の前掛けのすそを持ち上げて中腰になり、「つーばな、つばな、一本ぬいちゃぁ、ぎりぎり」ととなえながら茅花を抜いて前掛けに入れるまねをし、中腰のまま片足だけで体を回転させる。2本、3本……と、これを10本になるまで繰り返して、また1本に戻る。

［文献］日本全国児童遊戯法（上）、日本の遊戯、遊戯大事典

茅花抜こ（つばなぬこ）

「茅花」については、「茅花《つばな》つばな」を参照。鬼を「山のおこん」と名付け、一緒に「つばなぬこ、つばなぬこ」と言いながら茅花を抜くまねをする。適当なところで、おこんに向かって、人さし指と親指でつくった輪の中からのぞいて「これ、何」と聞くと、おこんは「宝珠《ほうしゅ》の玉」と答える。これを合図に皆逃げ出すので、おこんは追いかけて捕まえる。喜多村信節《きたむらのぶよ》の『嬉遊笑覧《きゆうしょうらん》』には「此戯は即ちきつねの窓なり」とある。「お山のお山のおこんさん」に似ているが別の遊び。➡茅花《つばな》つばな

［文献］日本の遊戯、遊戯大事典、日本遊戯の解説、日本遊戯史、遊びの大事典、吾妻余波

壺打ち（つぼうち）**【参考】**

「投壺《とうこ》」ともいう。図のような両耳のある壺を狙って矢を投げ入れる遊び。中国より伝わり、源順《みなもとのしたごう》編『倭名類聚鈔《わみょうるいじゅしょう》』にも「投壺」の語が見える。遊び方は宝暦5（1756）年の『雅遊漫録』（大枝流芳著）に紹介されているが、かなり厳格なものであったらしい。それによると使用する壺の種類は38種で、首の口径、耳の形や大きさに至るまで細かく決められていた。矢は1人12本で、約1メートル離れたところから図のような姿勢で投げ入れる。12本を投げ終えたときの、矢の入り方や数で勝負が決まる。矢は壺の首に入ったり、耳に入ったり、横になって首に載ったりさまざまであるが、それらが斜めかまっすぐか、羽根が上か下かなども含めて採点の対象であった。

［文献］日本の遊戯、遊戯大事典、遊びの大事典、日本遊戯史

つぼどん

三河《みかわ》（愛知県）の遊び。輪の中の1人が以下の歌をとなえながら、周囲の子を指さしていき、歌の終わりに指された者を列からはずす。これを繰り返して、最後に残った者が負けで、次の輪の中の子と代わる。「つぼどんどん、おひがんまいりを、さっせんか、からすというぅくろどりが、めぇめぇつぅつき、はなつつき、そぉれでよぉまいらんわいなぁ。おこどもしゅうぅの

椿草履（つばきぞうり）
椿の葉の草花遊び

椿

『大植物図鑑』

綱渡り（つなわたり）

綱引き鬼（つなひきおに）
『教育的遊戯の原理及実際』

茅花を抜いて前掛けに入れるまねをし…

茅花つばな（つばなつばな）

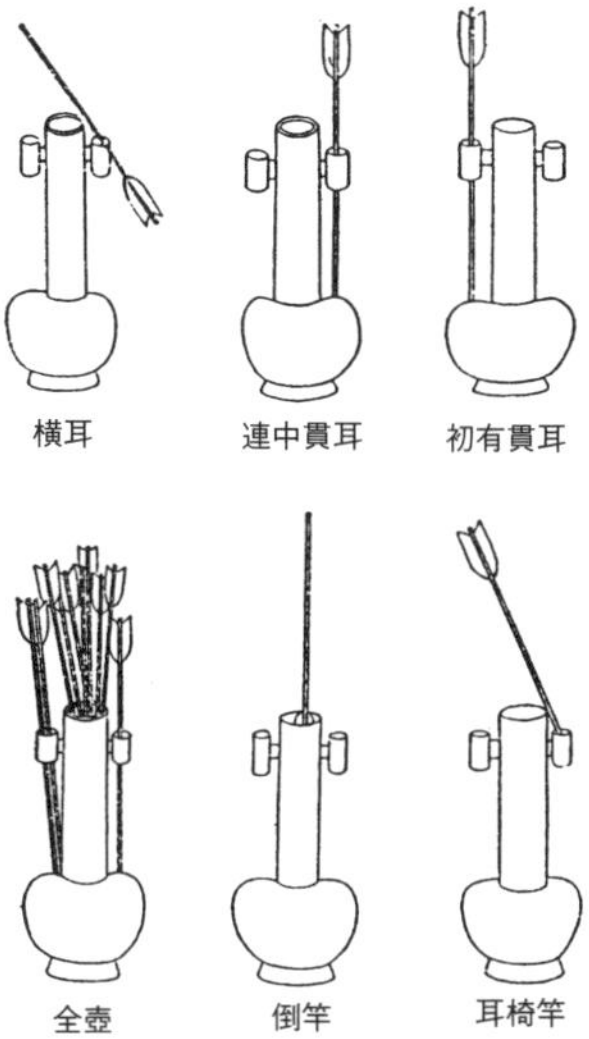

壺打ちの点数を決める形（一部）

壺打ち（つぼうち）

つぼどん　三河の遊び

茅花抜こ（つばなぬこ）
茅花を抜くまねをしたあと、
鬼ごっこになる

おはおりは、なぁにぃ色にそぉまった、はぁなあいろにそぉまった、はぁなぁいろのぉ、ぜぇにぃは、ちゃんちゃらばこのぉふたあけて、そぉーれ二ぃ十四ぃ文かぁやいた」

［文献］日本全国児童遊戯法（中）

積木遊び（つみきあそび）

立方体、三角柱、円柱などいくつかの基本形の木片を積み重ねることで、城や門柱、動物などいろいろな形をつくる遊び。木片を積み上げて遊ぶことは古くからあったが、これを教育的遊具として位置づけたのはドイツのフレーベルである。彼は１８３０年代に、一連の恩物（Gabe／神から授けられたもの）を考案製作した。その第３恩物から第６恩物に積木が取り入れられている。日本には明治以降、幼稚園とともに採り入れられた。

［文献］日本遊戯の解説、遊びの大事典、風俗画報

摘み草（つみくさ）

春の野山に出て萌え出たヨメナやヨモギ、草花などを摘んで遊ぶこと。一茶の句に「武蔵野の草を摘むとて曠衣かな」とある。

［文献］日本遊戯の解説、小児遊戯

積み将棋（つみしょうぎ）

将棋遊びの一つ。将棋の駒を順番に、崩れないように積んでいく遊び。だんだん高くなっていき、崩れたら負け。➡将棋《しょうぎ》

摘々（つみつみ）

羽前（山形県）の遊び。杉や榧《かや》の樹木の木の芽を摘んでわからないようにし、その摘み場所を探させる。

［文献］日本全国児童遊戯法（中）、遊びの大事典

つみめんこ

面子遊びの一種。各自面子を出して30～40枚重ね、自分の面子を投げつけて、一番下にある面子を打ち出す。成功すると全部取れる。➡面子《めんこ》

［文献］日本全国児童遊戯法（上）、遊びの大事典、下町の子どもの遊び

つむくり

「独楽」の古称。➡独楽《こま》

［文献］遊戯大事典、遊びの大事典

釣り（つり）

海幸彦（火照命《ひでりのみこと》）と山幸彦（彦火火出見尊《ひこほほでみのみこと》）の神話にみるまでもなく、釣りは食糧を得る手段として有史以前からあった。これが日本で娯楽として行われるようになるのは、平安時代からである。貴族は泉水にのぞんで釣殿を建て、釣りを楽しんだ。江戸時代になって、趣味としての釣りは江戸を中心に盛んになり、元禄期には、江戸本所の材木に金屏風を立て金銀象嵌の釣り竿で魚を釣ったという話もある。釣り糸になじみの芸妓や女郎の髪の毛を使った粋人もいたという。江戸後期には庶民の間にも広まって釣堀ができ、釣りの入門書も刊行された。子供たちもこれをまねて、手製の釣り竿で小魚を釣って遊んだ。

［文献］日本遊戯の解説、遊びの大事典、絵本西川東童

釣り狐（つりぎつね）

紐で輪をつくって２人で持ち、紐を引いて罠を掛けられるように構える。罠の先に菓子や茶碗などを置いて、もう１人の子（狐役）にそれを取らせる遊び。罠を持つ子が「こんこんちきやこんちきや、信田《しのだ》の森の狐をうかしょ、うーかしょ、うかしょ、狐をうかしょ、さぁ取っちゃみぃしゃいな」とはやして誘い、狐役は狐のような仕草をする。

［文献］日本全国児童遊戯法（上）、吾妻余波

つり喰い（つりぐい）

現代のパン食い競争のような遊び。饅頭などの真ん中に木綿糸を通してとめたものをつりさげて、早く食べた者が勝ち。もちろん手を使うのは反則で、ときには手を後ろで縛って使えないようにした。また天上から糸で菓子をつりさげ、手を使わずに座ったまま食べる遊びもあった。

［文献］日本の遊戯

摘み草（つみくさ）『小児遊戯』

積木遊び
（つみきあそび）
『風俗画報』
積木は明治時代に幼稚園とともに伝わった

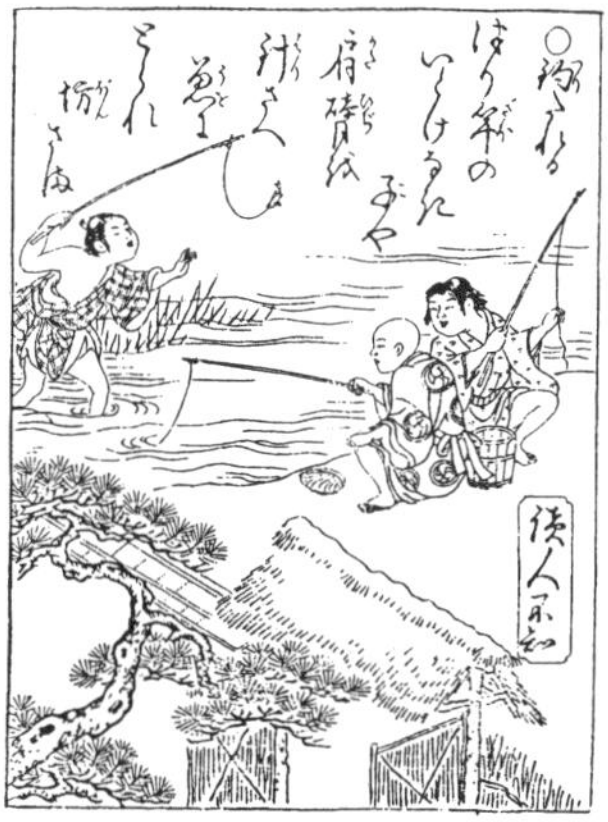

釣り（つり）『絵本西川東童』
○釣たれる
つり竿のいとけなき子や
肩臂を針さへ魚にとられ坊さま
読人不知

つみめんこ
面子を打ち付けて、山の一番下の面子を打ち出すと全部取れる

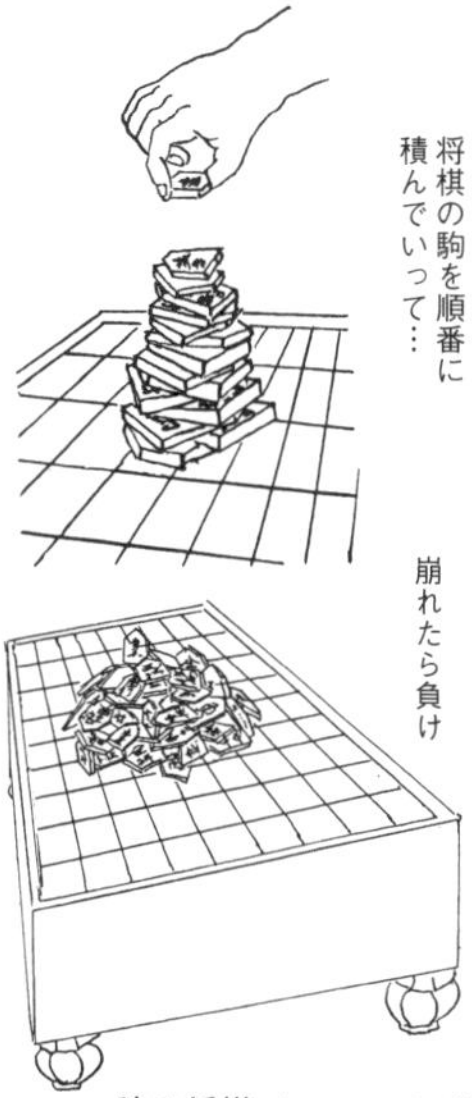
将棋の駒を順番に積んでいって…
崩れたら負け

積み将棋（つみしょうぎ）

立った姿勢でのつり喰い
座ったままでのつり喰い

つり喰い（つりぐい）

A trap for fox.

釣り狐『吾妻余波』

罠
狐
菓子など

釣り狐（つりぎつね）

【て】

てきまき

磐城《いわき》（福島県）の胡桃《くるみ》を投げる遊び。図のように約1.2メートル離して2本線を引く。1人が1個ずつ胡桃を出し、最初の子がそれを全部持ち、ハの位置にうずくまって、イの線の向こう側（ニの場所）に投げる。それから他の子にどの胡桃を狙うかを問い、指定された胡桃（だいたいなるべく遠い胡桃が指定される）を狙って、自分の胡桃を投げる。当たると全部を取れる。当たらなかった場合、また当たっても別の胡桃にも当たった場合は、取らずに次の子に代わる。胡桃の代わりに銀杏《ぎんなん》で遊ぶこともあった。

［文献］日本全国児童遊戯法（中）、遊びの大事典

手車（てぐるま）

❶「ヨーヨー」のこと。江戸時代には、「ぐるぐるまわる、てんぐるま、こぅれはだぁれのてんぐるま……」と調子よくとなえながら売って歩く行商がいた。今のヨーヨーと同じ原理だが、素焼き製で重さがあるので、かえって勢いよく糸が伸び、また巻き上がった。喜多村信節《きたむらのぶよ》の『嬉遊笑覧《きゆうしょうらん》』に「土にて小く井戸くるまの如く作り、糸を結付、その糸を巻付て、糸の端を持つてつるし下れば廻るなり、それを上にすこし、しやくれば糸おのづから車にから巻て、いつ迄も舞ふ今もあるものなり、おもふに銭車とて田舎の児女、銭の穴に箸などをとをし、短く切たるにて木綿糸にとるかの手車は中に心棒なければ其より出たるものと見ゆ」とあり、もともとは銭貨2枚で手車をつくって遊んでいたことがわかる。

❷「御神輿遊び」と同じ。2人が両手を井桁《いげた》状に組んでその上に小さい子を乗せて歩く。「車はがらから、お車がらがら」などと言いながら遊んだ。➡御神輿遊《おみこしあそ》び

［文献］日本全国児童遊戯法（上）、日本の遊戯、遊戯大事典、遊びの大事典、日本遊戯史、絵本家賀御伽

手縛り（てしばり）

2人が向かい合い、1人が太い紐（襷や手ぬぐいなど）を緩く結んで両手で持つ。もう1人がそれに右手首を入れる。合図と同時に、一方は縛ろうと紐を引き、もう一方は縛られまいと腕を素早く引き抜く。ただし、『遊戯大事典』によると、互いに相手の隙をついて動くので、合図をするのは実際的ではないとしている。

［文献］日本の遊戯、遊戯大事典、日本遊戯の解説

出たり引っ込んだり（でたりひっこんだり）

2人が向かい合わせになり、1人が「出たり」と言うと、他の1人は反対に後退する。「引っ込んだり」と言うと、前に出る。間違えると負け。言葉と反対の動作をさせるもので手を出したり、引っ込めたりして遊ぶこともある。

［文献］日本の遊戯、遊戯大事典、日本遊戯の解説

鉄胴独楽（てつどうごま）

「金胴独楽《かなどうごま》」ともいう。樫などの堅い木で独楽をつくり、鉄の軸を通して、胴に厚い鉄の輪をはめたもの。当て独楽（喧嘩独楽）のためにつくられたもので、比較的重く、ぶつかった相手の独楽をはじき出す力が強い。

［文献］日本の遊戯

デッドボール

❶野球で、投手の投げた球が打者の体に当たること。打者は1塁に進む。

❷「ドッジボール」の項を参照。➡ドッジボール

［文献］遊戯大事典、遊びの大事典

手つなぎ鬼（てつなぎおに）

❶「子殖やし鬼」の一種。鬼につかまると鬼と手をつないで一緒に逃げ手を追う。鬼が4人になると、2人ずつ2組に分かれて追う。➡子殖《こふ》やし鬼《おに》

❷「つなぎ鬼」と同じ。➡つなぎ鬼《おに》

［文献］日本の遊戯、遊戯大事典、遊戯大事典、下町の子どもの遊び、遊びの大事典

手ぬぐい引き（てぬぐいひき）

手ぬぐいか風呂敷などの布を縦4つに折り、2人で向かい合い、その両端を右肘関節にはさむか、親指と人さし指ではさんで引き合う遊び。『日本全国児童遊戯法』によると、東京では左右の小指ではさんで引いたとある。

手車売り『絵本家賀御伽』

手車（てぐるま）

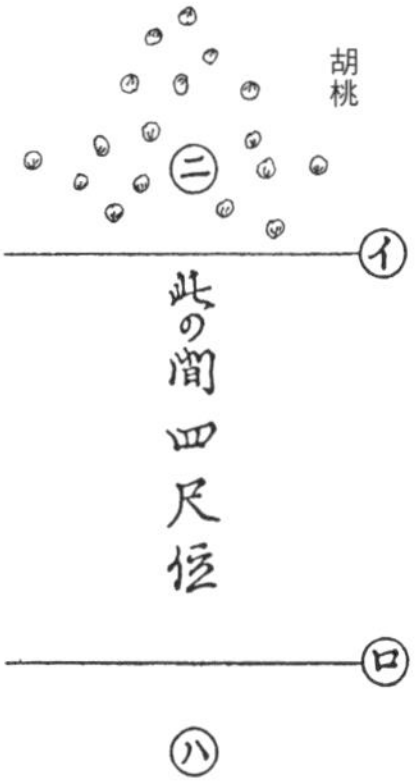

てきまき
『日本全国児童遊戯法』

鉄胴独楽（てつどうごま）

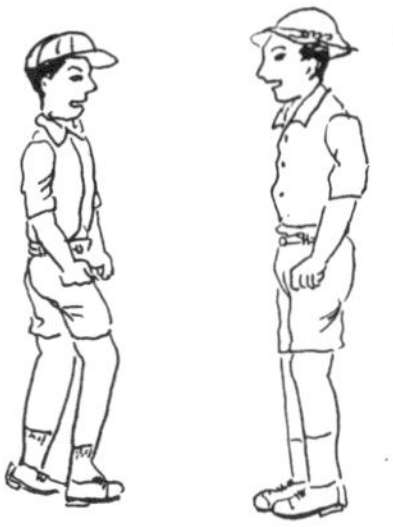

出たり引っ込んだり（でたりひっこんだり）相手の言葉とは反対に、出たり引っ込んだりする

手縛り（てしばり）

肘ではさんで引っぱる

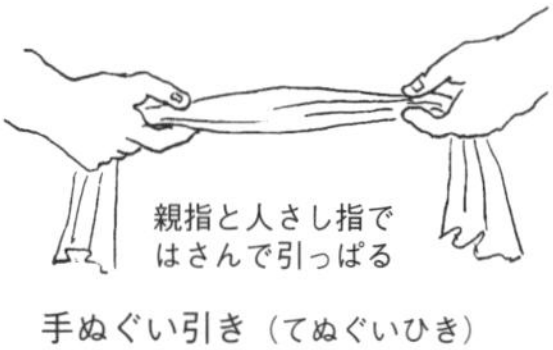

手ぬぐい引き（てぬぐいひき）

手つなぎ鬼
（てつなぎおに）

鉄胴独楽

[文献] 日本全国児童遊戯法（上）、日本の遊戯、遊戯大事典、日本遊戯の解説、遊びの大事典

手のひら押し（てのひらおし）
2人が足をそろえて向かい合って立ち、両手のひらを前に出してくっつけ、合図と同時に押し合う。急に力を抜いて、相手の力をはずさせることもある。境界線を決めておき、そこから離れると負け。
[文献] 日本の遊戯、遊戯大事典、日本遊戯の解説

手のひら返し（てのひらかえし）
2人が互いに向き合い、手のひらを下にして右手を重ねるが、打つ者は打たれる者の下に自分の手を置く。打つ者は、隙を狙って手を引き抜くと同時に、その甲で相手の甲を打つ。相手は打たれまいとして素早く手を左右にずらす。
[文献] 日本の遊戯、遊戯大事典、日本遊戯の解説

手鞠（てまり）
➡**鞠遊《まりあそ》び**
[文献] 日本の遊戯、遊戯大事典、日本遊戯の解説、遊びの大事典

手鞠投げ（てまりなげ）
羽前《うぜん》（山形県）の遊び。東西に分かれて各陣、旗を立て、鞠を投げ合う。旗より後方に鞠をそらすと負けで、各自棒を持って鞠を止める。また鞠を打ち付けられて当たると捕虜になり、敵側に加わる。
[文献] 日本全国児童遊戯法（中）、日本の遊戯

照る照る坊主（てるてるぼうず）
紙の人形をこしらえて晴天を祈る一種のおまじない。紙や布に綿を包み糸で結んで首をつくり、首より下の部分を衣に見たてる。窓下などにつり下げて、「照る照る坊主、照る坊主、明日《あした》天気になーれ」とお願いする。願いが叶うと、目を入れてやったり、酒をかけてやることもある。いつの時代から始まったものかはっきりしないが、人形をつくって神に祈念することは古代から行われていた。江戸中期の俳人立羽不角《たちばふかく》の句に「てるてる法師月に目が開き」とある。
[文献] 日本の遊戯、日本遊戯史、遊びの大事典

てんがら
能登《のと》（石川県）の「根っ木」に似た遊び。10〜15センチの釘を地面に打ち込む。これに自分の釘を打ちつけ、倒れると取れる。
[文献] 日本全国児童遊戯法（下）、遊戯大事典、日本遊戯の解説

天狗俳諧（てんぐはいかい）

俳句の五・七・五を別々に書かせ、偶然にできた句を楽しむ遊び。たとえば次のように行う。ABCの3人が集まったとすると、それぞれに紙を配り、全員が最初の5文字を書く。A「羽つくや」、B「紅梅の」、C「春駒や」。次の人に紙を回し、前の5文字は見えないようにして、次の7文字を書く。B「散るやわらべの」、C「用意おかしき」、A「男顔なる」。同様にして最後の5文字を書く。C「紙づつみ」、A「立まはり」、B「おおなの子」。すると次の3句ができる。

「羽つくや散るやわらべの紙づつみ」

「紅梅の用意おかしき立まはり」

「春駒や男顔なるおおなの子」

おそらく江戸時代からの遊びで、人数が多ければ多いほど、名句・珍句が続出して楽しめる。

[文献] 日本の遊戯、日本遊戯の解説、遊びの大事典

でんぐり返り（でんぐりがえり）
手を地面につき、前方か後方にでんぐりかえって起き上がること。あるいは「とんぼ返り」「翻筋斗《もんどり》」「猿返り」「板落とし」「宙返り」など、足を地面から離して体を回転させる遊びの総称として用いることもある。喜多村信節《きたむらのぶよ》の『嬉《き》遊笑覧《ゆうしょうらん》』に「でんぐり返りは俯して返へるをいへど、手を地につくにやあらん、手をつかで返るを宙かへりといふ。されど、広くはもんどりうつをも宙かへりといへり」とある。➡**猿返《さるがえ》り、宙返《ちゅうがえ》り、とんぼ返《がえ》り**
[文献] 日本の遊戯、遊戯大事典、日本遊戯の解説、遊びの大事典

てんぐるま
「手車《てぐるま》」のなまったもの。➡**御神輿遊《おみこしあそ》び、手車《てぐるま》**
[文献] 日本の遊戯、遊戯大事典

電車ごっこ（でんしゃごっこ）
「汽車ごっこ」と同じ。➡**汽車《きしゃ》ごっこ**
[文献] 遊びの大事典

照る照る坊主（てるてるぼうず）

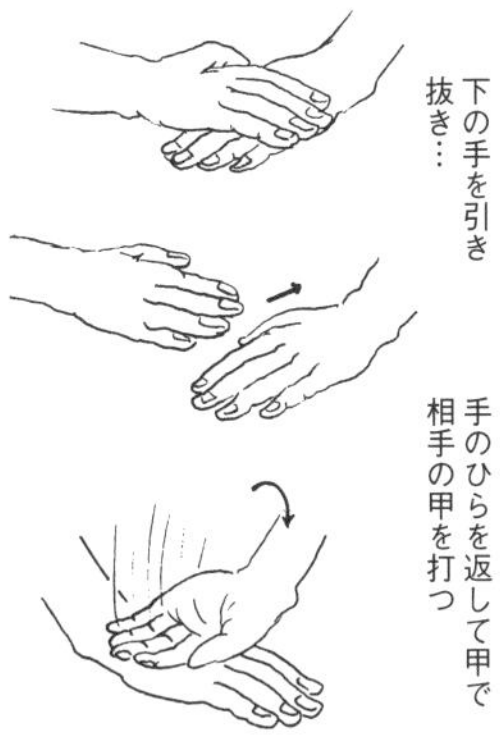
下の手を引き抜き…
手のひらを返して甲で相手の甲を打つ

手のひら返し（てのひらかえし）

手のひら押し（てのひらおし）

手鞠（てまり）『大和耕作絵抄』

釘

てんがら
能登の「根っ木」で長い釘を使う

天狗俳諧（てんぐはいかい）
俳句の五・七・五を別々に書き、
偶然にできる句を楽しむ遊び

手鞠投げ（てまりなげ）

電信遊び（でんしんあそび）

「伝言ゲーム」のこと。2列に分かれ、列の最初の子にそれぞれ違う伝言を耳打ちする。伝言を次から次へと耳打ちしていき、速く正確に伝わったほうの列が勝ち。早くても間違えると負け。また途中で大声を出して、伝言が隣の列にばれてしまっても負け。

［文献］室内の遊び

天神様の細道（てんじんさまのほそみち）

➡通《とお》りゃんせ

［文献］日本全国児童遊戯法（中）、日本遊戯史、遊びの大事典

天神さんとお姫さん（てんじんさんとおひめさん）

摂津《せっつ》（兵庫県）の遊び。2人が両手をつないでその上に幼い子を乗せ、「天神さんの籠とお姫さんの籠と、どっちが、よかろ、どっちもよかろ、深い川へはめよか、浅い川へはめよか、とてもはめるなら、深い川へどんぶりこ」とうたいながら左右に揺り動かし、そっと下に降ろす。

［文献］日本全国児童遊戯法（下）、遊びの大事典

てんてっとん

「てんてんてっとん」ともいう。2人で向かい合って、歌に合わせて手を打ち合わせる遊び。まず1回手を打ち、右手と相手の左手を打ち合わせ、普通に拍手を1回し、今度は左手と相手の右手を打ち合わせ、普通に拍手を1回する。これをだんだんと速くしながら繰り返す。途中、両手を立てて相手と打ち合わせることもある。調子を合わせる歌は「てんてんてっとんと持ち込む色桜《いろざくら》、助《すけ》さんこのごろ出世して、上下《かみしも》づとめになりました。てんてんてっとんと持ち込む色桜、助さんこのごろしくじって、紙屑《かみくず》拾いになりました」、「てんてっとん、てとすとんと持ち込む色桜、色桜、助さん小間物売りゃんすか、わっちもこのごろしくじって、紙屑拾いになりました」など、いくつかバリエーションがある。

［文献］日本全国児童遊戯法（上）、遊戯大事典、東京風俗志、吾妻余波、遊びの大事典

てんてんばぁらばら

武蔵《むさし》（東京都・埼玉県・神奈川県）の遊びで、「鬼ごっこ」の一種。鬼を1人決めて真ん中に立たせ、他は手をつないで輪をつくって鬼を囲む。「てんてんばぁらばら」と言ってつないだ手を上にあげ、すぐに手を離してばらばらになって逃げる。鬼はこれを追いかけて捕まえる。鬼に捕まりそうになったとき、他の子につかまるか服をつかむと捕まらない。➡つなぎ鬼《おに》

［文献］日本全国児童遊戯法（中）、遊びの大事典

でんでんむし

京都の遊び。7、8人が背の高い子を端において手をつなぐ。端の2人がつないだ手をあげて門にし、その下を列の最後尾の子から「でんでんむしでむしでなかまぶちはろ」と言いながら、順に通過する。最後に端の2人が回転して再び門をつくって繰り返す。

［文献］日本全国児童遊戯法（上）

でんでんむしむし蝸牛（でんでんむしむしかたつむり）

蝸牛は陸上で生活する巻貝の一種で、湿気の多いときや夜に樹木や草にはい上がって若葉などを食べる。「でんでんむし」「まいまい」「かいつぶり」などとも呼ばれる。通常右巻きの貝殻を持ち、ナメクジのような体の先端に左右一対の大触角があり、その先端に目がある。触角をつつくと体を巻貝の中に引っ込める。子供たちは蝸牛を見つけると、「でんでんむーしむし蝸牛《かたつむり》、おーまえの目玉《めだま》はどこにある、角《つの》だせ、槍だせ、頭《あたまー》だせ」とうたったり、触角をつついたりして遊んだ。蝸牛を捕まえて遊ぶことは古くからあり、室町時代後期の『新撰犬筑波集《しんせんいぬつくばしゅう》』（山崎宗鑑《やまざきそうかん》編）に「まへやまへやと江口にぞいふ世の中をいとふまでこそかたつむり」とある。『日本遊戯史』に「元禄以降にあっては出ろ出ろ出ないと釜をぶっこはすとはいはず、『まひまひつぶろ　お湯屋のまへに　喧嘩があるから　角だせ槍出せ』といひ囃すのであった」とあり、江戸中期以降、「角だせ、槍だせ」と言うようになったとしている。➡舞舞螺《まいまいつぶり》

［文献］日本遊戯史、日本の遊戯

点とり弥次郎兵衛（てんとりやじろべえ）

弥次郎兵衛は、左右のバランスを取りながら支点で立っているおもちゃ。弥次郎兵衛を竹ばねを利用してとばし、凹みに入れて遊ぶおもちゃをつくる。材料は、かまぼこ板2枚、竹ばねにする竹材（幅1センチ、長さ20センチ）、竹ヒ

天神さんとお姫さん
（てんじんさんとおひめさん）
摂津の遊び

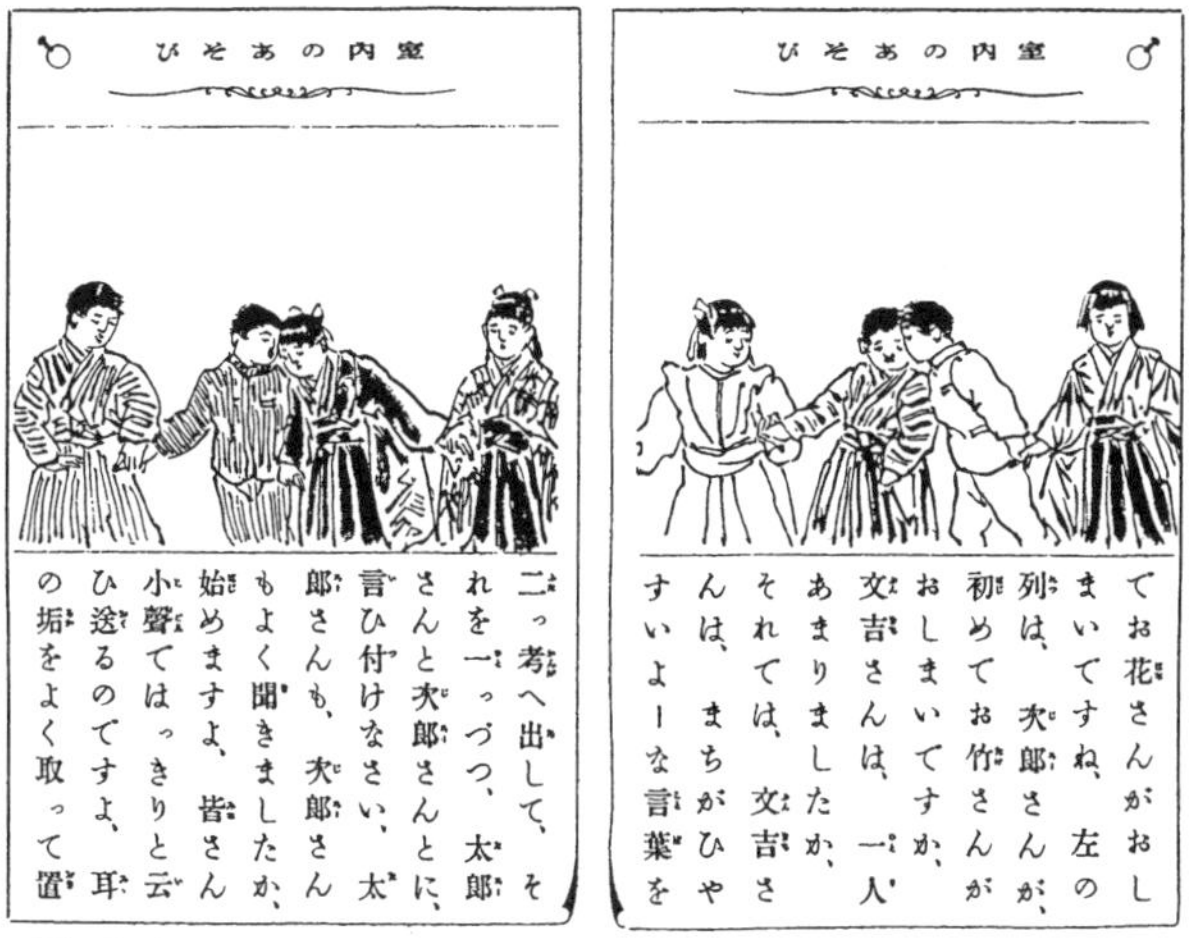

室内のあそび

てお花さんがおしまいてすね、左の列は、次郎さんが、初めてお竹さんがおしまいてすか、文吉さんは、一人あまりましたか、それては、文吉さんは、まちがひやすいよーな言葉を

室内のあそび

二ッ考へ出して、それを一ッづつ、太郎さんと次郎さんとに、言ひ付けなさい、太郎さんも、次郎さんもよく聞きましたか、始めますよ、皆さん小聲てはっきりと云ひ送るのてすよ、耳の垢をよく取って置

電信遊び（でんしんあそび）『室内の遊び』

てんてんばぁらばら
武蔵の遊び。手をつないで輪になり「てんてんばぁらばら」と言った後、つなぎ鬼になる

てんてっとん『吾妻余波』

てんてっとん
「てんてっとん…」と歌に合わせ、相手と手のひらを交互に打ち合わせる

『博物全志』

でんでんむしむし蝸牛（でんでんむしむしかたつむり）

でんでんむし
京都のくぐり遊び

ゴ（10センチ）2本、バランス材（左右のバランスを調整するための粘土など）、たこ糸か針金。

⑴ 台をつくる。1枚のかまぼこ板の長いほうの辺を幅1センチ切り落とし、4、5か所に弥次郎兵衛の足が入る凹みを付ける。切り落とした木片から、10センチの長さの支柱をとる（残りは弥次郎兵衛の本体にする）。もう1枚のかまぼこ板を台座にして、図のように支柱と凹みを付けた板を取り付ける。⑵ 竹ばねをつくる。竹材の皮だけ残して身を削り落とし、よくしなるようにする。一方の端に、弥次郎兵衛を乗せる凹みを付ける。たこ糸か針金で、支柱に竹ばねをしっかりと縛りつける。⑶ 弥次郎兵衛をつくる。支柱をとった残りの木片を削って足をとがらせ、左右に竹ヒゴを付ける。バランス材で調整して安定のよい弥次郎兵衛にする。

遊び方は、竹ばねの端の凹みに弥次郎兵衛を乗せて、指先で竹ばねをたわませ、弥次郎兵衛をとばして台の凹みに入れる。あらかじめ凹みに点数を付けておくと（遠いところほど高得点にする）、点とり競争をして遊べる。

［文献］下町の子どもの遊び

天王様（てんのうさま）

東京の遊び。「御神輿遊び」と同様、2人で井桁状に組んだ手の上に小さい子を乗せる。「よっちょい、わっちょい、天王様よ、……かちゃらん、がちゃらん」とはやしながら歩いた。⇩御《お》神輿《みこし》遊《あそ》び

［文献］日本全国児童遊戯法（上）、日本の遊戯、遊びの大事典

てんれっとん

周防《すおう》・長門《ながと》（山口県）の「てんてっとん」「せっせっせ」のような手打ち遊び。もとは芸妓がなすものとある。⇩てんてっとん

［文献］日本全国児童遊戯法（下）、遊びの大事典

［と］

どう

出雲《いずも》（島根県）で明治時代に行われていた子供の行事。「どう」とは大太鼓のこと。紀元節（建国記念日）と天長節（天皇誕生日）に大太鼓に縄をつけて引き、「ホーヲーエンヤ、ホーランエエエ、エヤサノサッサ、エーラノラノランラン。見た見た見たみたやのおっかさんが道楽で、わしゃちゃ見たども言はぬこと、トート」とはやしながら、年長者が太鼓をたたいて各町を練り回した。

［文献］日本全国児童遊戯法（下）、遊びの大事典

等級遊び（とうきゅうあそび）

甲斐《かい》（山梨県）の石蹴り遊び。地面に四角形を描き、それぞれ1年級、2年級、3年級……と定め、順に片足で石蹴りしながら進む。次の等級に進めなかったときは、そこで休んで次に順番が回ってくるのを待つ。

［文献］日本全国児童遊戯法（中）、遊びの大事典

投球問答（とうきゅうもんどう）

ボール投げをしながら言葉遊びを楽しむ遊び。円になって座り、互いにボールを投げ合う。そのとき、ボールを投げる者は「水」「空気」「土」のどれかを言い、ボールを受ける者はその言葉に対応する動物の名前を答える。たとえば、「水」には「鯛」「いわし」「ふな」など、「空気」には「雀」「烏」「鳶」など、「土」には「犬」「兎」「狐」など。ボールを投げる者は、「金」「火」など動物が活動できないものを言ってはいけない。また、ボールを受ける者は、一度名前が出たものを答えてはいけない。間違えると減点する。

［文献］小学遊戯法

投壺（とうこ）【参考】

「壺打ち」のこと。⇩壺打《つぼう》ち

［文献］日本の遊戯、日本遊戯史、遊びの大事典

灯心遊び（とうしんあそび）

四角い桟障子に紙を張り、行灯に使う灯心を唾液で湿らせていろいろな形に貼り付ける。夜、部屋を暗くし、ろうそくに火をともして上下左右に動かすと、灯心の影がいろいろな形に動いておもしろい。

［文献］絵入幼年遊戯

投扇興（とうせんきょう）【参考】

台の上に置かれた銀杏《いちょう》葉形の的に向かって扇を投げる遊び。江戸後期に刊行された『投扇式

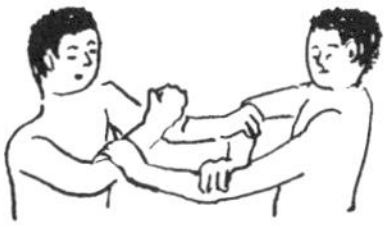
2人で手を井桁に組む

井桁の上に小さい子を乗せる

天王様（てんのうさま）

等級遊び（とうきゅうあそび）

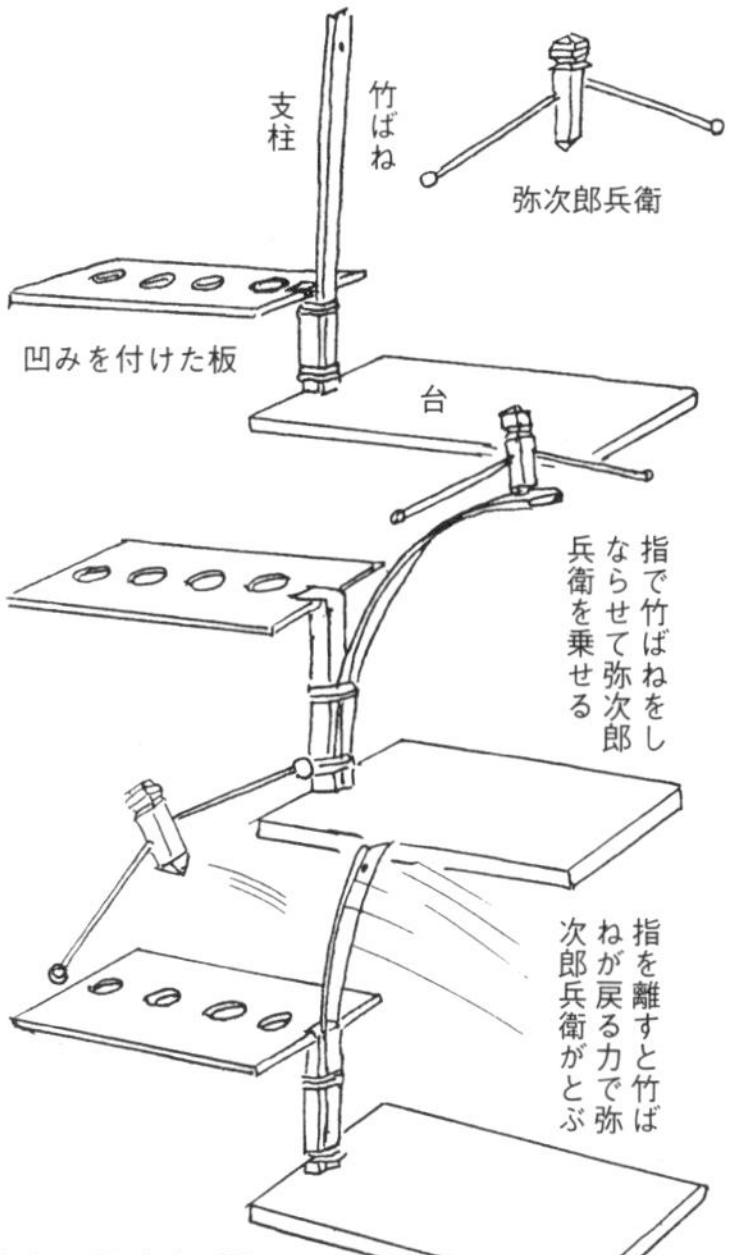

指を離すと竹ばねが戻る力で弥次郎兵衛がとぶ

点とり弥次郎兵衛
（てんとりやじろべえ）

灯心遊び（とうしんあそび）『絵入幼年遊戯』

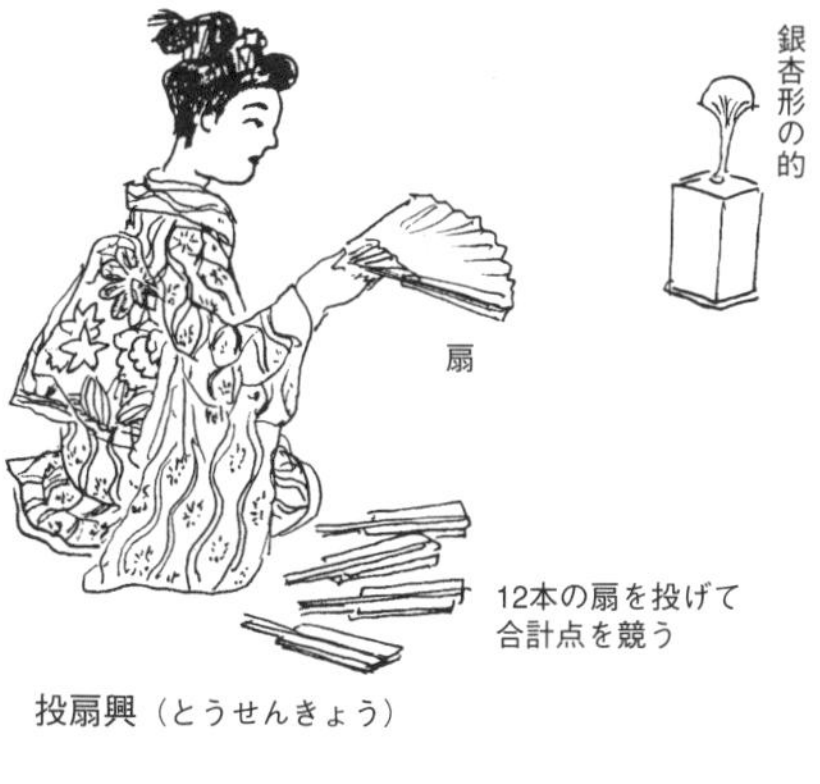

銀杏形の的

12本の扇を投げて

投扇興（とうせんきょう）

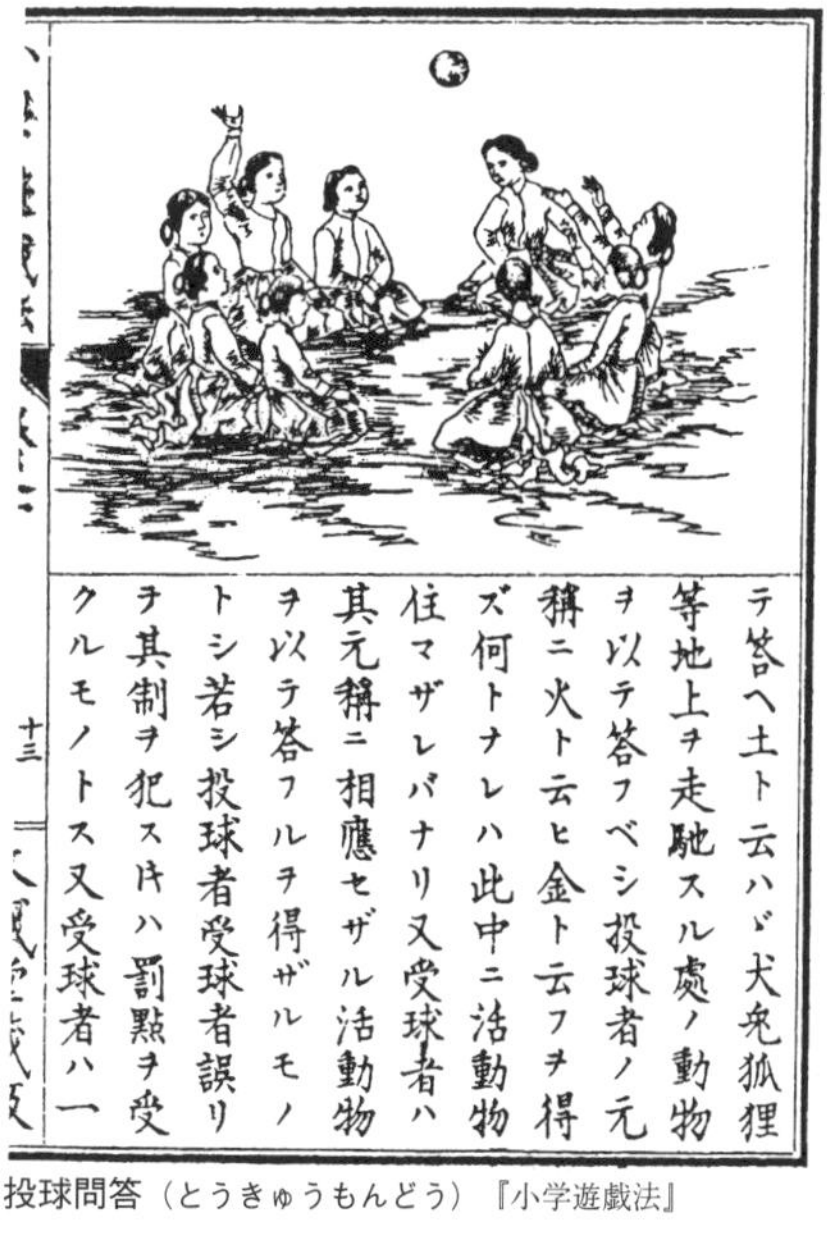
テ答ヘ土ト云ハヾ犬兎狐狸
等地上ヲ走馳スル處ノ動物
ヲ以テ答フベシ投球者ノ元
稱ニ火ト云ヒ金ト云フヲ得
ズ何トナレハ此中ニ活動物
住マザレバナリ又受球者ハ
其元稱ニ相應セザル活動物
ヲ以テ答フルヲ得ザルモノ
トシ若シ投球者受球者誤リ
ヲ其制ヲ犯ストキハ罰點ヲ受
クルモノトス又受球者ハ一

投球問答（とうきゅうもんどう）『小学遊戯法』

序』には、「安永2（1773）年に投楽散人其扇という者が昼寝から目覚めると、木枕に蝶がとまっていた。投壺（壺打ち）に夢中になっていた彼が、枕元にあった扇を投げると蝶は飛び去り、扇は半開きのまま要《かなめ》の先を枕の上に載せていた。これから発案された」という内容の話が載っている。最初は、銭12文を紙に包み金銀の水引で結んで蝶の形にしたものを枕に模した台に載せ、これを狙って開いた扇を投げた。落ちた的と扇の形によって『百人一首』にちなんだ名称と点数が決められていて、12回投げて合計点を競った。のちに、『源氏物語』五十四帖にちなんだ名称と点数に改められた。➡壺打《つぼう》ち

［文献］日本の遊戯、遊戯大事典、日本遊戯の解説、日本遊戯史、遊びの大事典

道中駕籠（どうちゅうかご）

東京の遊び。2人の子が1本の竹か棒を駕籠に見立てて肩にかつぎ、もう1人が棒の中央に二つ折りになって乗る。「道中駕籠やからかごや、牛より馬よりやーすいな、これほど安いになぜ乗らぬー、すとどんとんよ」あるいは「道中駕籠やからかごや、行きより戻りははーやいな、これほどはやいになぜ乗らぬー、すとどんとんよ」とうたいながらかついで歩いた。➡お駕籠《かご》

［文献］日本全国児童遊戯法（上）、遊戯大事典、遊びの大事典、吾妻余波

堂々めぐり（どうどうめぐり）

手をつないでぐるぐる回る遊び。大勢のときは円形をつくって、2人のときは片手をつないで、「堂々めぐり、小《こ》めぐり」「堂々めぐり、どうめぐり」などとはやしながら回る。1人のときは直立して両手を左右にのばし、目を閉じてぐるぐる回転する。古くは「行道めぐり」あるいは「めぐり」といったようで、喜多村信節《きたむらのぶよ》の『嬉遊笑覧《きゆうしょうらん》』には「童のどうどうめぐりは、行道めぐりなり、行道は仏家にする事なり、古はただめぐりとのみ、いひしとみゆ」とある。つまり、仏教の行道では、読経しながら仏堂や仏像のまわりを右回りにめぐり歩くが、これがいつしか子供の遊びになったのではないかということである。『日本全国児童遊戯法』によると、「堂々めぐりこーめぐり、粟の餅いーやいや、米の餅もいーやいや、そば切りそうめん食いたいな」と言いながら、鳥居や家の柱、樹木のまわりを旋回したとある。

［文献］日本の遊戯、日本全国児童遊戯法（上）、遊戯大事典、日本遊戯史、遊びの大事典、東京風俗志、吾妻余波

豆嚢投げ（とうのうなげ）

豆嚢は、約30センチ四方の布の袋に小豆を入れた体育遊戯具。これをリレーして競争する遊びで、方法はいくつかある。(1)子供を1組12～16人ぐらいに分ける。1組が2列になって向き合う。豆嚢を数個、列の最初の子の近くに置き、合図でいっせいに豆嚢を取り上げて、向かいの列の最初の子に投げる。受け取った子は、向かいの列の次の子に投げ返す。こうして豆嚢をジグザグに投げて、全部の豆嚢を早く列の最後まで送った組が勝ち。(2)(1)の方法に似ているが、投げるのではなく豆嚢を持って走って渡しに行く。豆嚢を次の子に渡すと、必ず自分の場所に戻って次の豆嚢を受け取る。(3)各組は12人以上。各自45センチぐらい離れ、前を向いて1列に並ぶ。豆嚢は一番前の子の足もとに置く。合図でいっせいに豆嚢を持ち上げて、頭の上から次の子に送る。全部の豆嚢を早く列の最後まで送った組が勝ち。

［文献］小学体育全書、遊戯大事典

藤八拳（とうはちけん）

「狐拳」のこと。➡狐拳《きつねけん》

［文献］日本の遊戯、日本遊戯の解説、遊びの大事典

通り鬼（とおりおに）

周防《すおう》・長門《ながと》（山口県）の遊び。月夜に子供たちが集まって遊ぶ。鬼は1人だけ少し離れたところにいて、残りの子の中から1人が筵《むしろ》などをかぶって鬼の前を走る。鬼はそれが誰なのか名前を呼んであてる。あたれば鬼と交替し、あたらないときは何回も繰り返す。

［文献］日本全国児童遊戯法（下）、遊びの大事典

通りゃんせ（とおりゃんせ）

❶江戸時代からうたわれてきた童歌《わらべうた》。「通りゃんせ、通りゃんせ。ここはどこの細道じゃ。天神様の細道じゃ。ちょっと通して下しゃんせ。ご用のない者通しません。この子の七つのお祝

堂々めぐり（どうどうめぐり）

道中駕籠（どうちゅうかご）

『吾妻余波』

堂々めぐり『吾妻余波』

豆嚢投げ（とうのうなげ）
この本には、豆嚢投げとして3種類の遊び方が載っている

『小学体育全書』

通り鬼（とおりおに）周防・長門の遊び

いにお札を納めに参ります。通りゃんせ通りゃんせ、往《い》きはよいよい帰りはこわい」。江戸時代、関所を通行手形なしで通過することは関所破りで、極刑に処せられた。しかし、親の重病などで手形をもらう暇がないときもあり、そういう場合には、関所役人に哀訴して通してもらうこともあった。しかし、往《い》きはそれで何とかなっても、帰りは許されない。これが「往《い》きはよいよい帰りはこわい」の意味だという。

❷「通りゃんせ」の歌にあわせて行う遊び。「ここはどこの細道じゃ」「天神様の細道」ともいう。2人が鳥居役になり、手と手をつないで高く上げる。他の子は一列になって、その下を次々にくぐり抜ける。「往きはよいよい帰りはこわい」と言って全員が通り抜けると、鳥居役は「こわいはずだよ、狐が通る」と言って、くぐって逃げようとする者の背中を打とうとする。打たれまいとして素早く抜けるが、打たれると鳥居役を代わる。打つ代わりに、「帰りのおみやげなーに」と言って上げた手を降ろし、ふさがれた者が鳥居役を代わるというのもある。

[文献] 日本全国児童遊戯法（上）（中）、日本の遊戯、下町の子どもの遊び、東京風俗志、遊戯大事典、日本遊戯史、遊びの大事典、東京風俗志

通れ通れ山伏（とおれとおれやまぶし）

摂津《せっつ》（兵庫県）の遊び。手をつないで左右に分かれ、つないだ手の下をくぐり合う。そのとき、「通れ通れ山伏、お通りなされ山伏」、「ここ何匁」、「十三匁」、「もっと負けにゃいかぬ」という問答を交わし、「お安いこっちゃ」でくぐり抜ける。

[文献] 日本全国児童遊戯法（下）

木賊（とくさ）

草花遊び。木賊は「砥草《とくさ》」とも書き、茎にケイ酸を含んでいて堅く、物を砥《と》いだり磨いたりするのに用いられる。これを採って爪を磨く遊び。

[文献] 下町の子どもの遊び

どこ行き（どこいき）

石を投げて目的地を決め、早くそこに行って帰ってくる競争。目的地を決めるには、地面に円を描いて放射状に区画し、「酒屋」「お菓子屋」「ごみ箱」「電柱」などと目的地を書いて、3、4メートル離れたところから石を投げる。近くにある物は区画を小さくして、石が入りにくいようにしておく。円のまん中には丸を描いて「天」と書き、ここに入るとやり直す。自分の目的地が全員決まったら、合図でいっせいに駆け出し、そこに行って触って戻ってくる。

[文献] 下町の子どもの遊び、遊びの大事典

泥鰌刺し（どじょうさし）

駿河《するが》（静岡県）の泥鰌をとる遊び。夏の夕方、小川や田の畦を明かりで照らし、竹竿の先に縫針を櫛《くし》の歯のように付けたもので、泥鰌を刺して捕まえる。

[文献] 日本全国児童遊戯法（中）

ドッジボール

"dodge ball"と書き、本来は円内にいて、円外から投げられるボールに当たらないように身をかわす球技。ボールに触れると円外に出て、最後まで円内に残った者の勝ち。ただこれは、現在一般に行われている「ドッジボール」とやや異なる。『遊戯大事典』によると、欧米から「ドッジボール」が伝わる以前の大正頃から、日本で独自に発達した「デッドボール」という球技が小学校などで盛んに行われており、この「デッドボール」が「ドッジボール」になったのではないかということである（「デッドボール」という言葉は、「ドッジボール」の俗称として用いられている）。

2区画に分かれた方形のコートに敵味方に分かれて入り、互いにボールを投げてぶつけ合う。コートの中の者はボールに当たらないように逃げたり、ボールを受けとめて敵にぶつけたりする。ボールに当たったりボールを受け損ねると、敵側のコートの外に出て、コートの外に転がったボールをとって敵にぶつける役になる（ルールによっては、敵にぶつけると中に戻れる）。コートの中の者が全員やられると負け。

[文献] 遊戯大事典、遊びの大事典

捕ってみろ（とってみろ）

「子捕ろ子捕ろ」の磐城《いわき》（福島県）での呼び方。

➡子捕《こと》ろ子捕《こと》ろ

[文献] 日本全国児童遊戯法（中）

通れ通れ山伏（とおれとおれやまぶし）
摂津のくぐり遊び

『東京風俗志』

通りゃんせ（とおりゃんせ）
「ここはどこの細道じゃ」ともいう
くぐり遊び

通りゃんせ

泥鰌刺し（どじょうさし）

どこ行き（どこいき）

地面に円を描いて目的地を書き込む

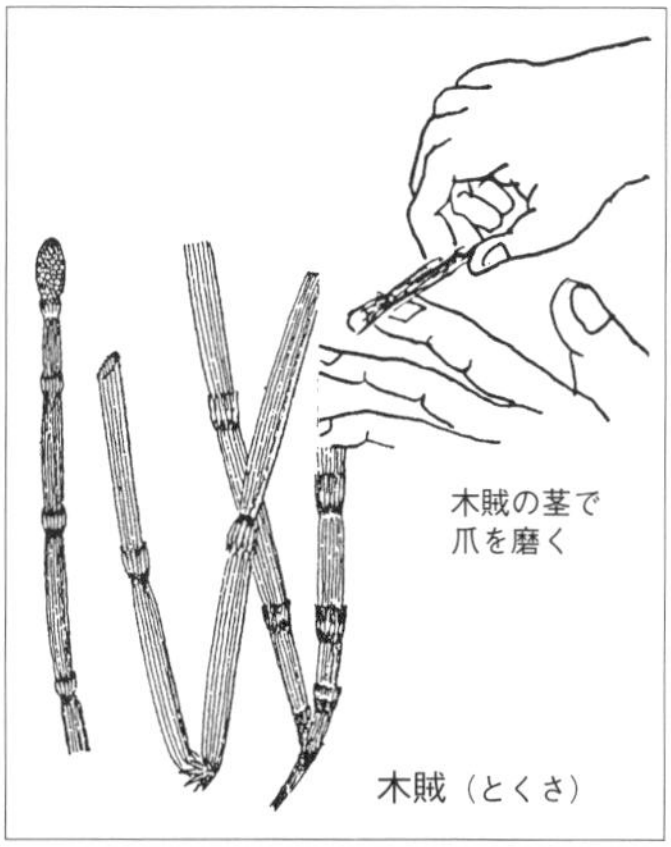

木賊の茎で
爪を磨く

木賊（とくさ）

捕ってみろ（とってみろ）

ドッジボール

殿様御先（とのさまおさき）

東京の遊び。1人が殿様になって先を歩き、もう1人が草履《ぞうり》持ちになって「殿様御先、おいらーあとの草履持ち」と言いながら、後ろに従う。どこまでも従って歩くが、歩き方や順路に不満があるときは、先の言葉に「草履のお銭《あし》もくれないで、けーちんぼけちんぼ」と付け加える。草履持ちは武士に雇われて、外出に従って訪問先で草履を持って待っている役。

［文献］日本全国児童遊戯法（上）、遊びの大事典

飛び上がりっこ（とびあがりっこ）

甲斐《かい》（山梨県）の遊び。石段や土手などの小高い場所に飛び上がって早く着いた者が勝ち。歩数の多少を争うこともある。

［文献］日本全国児童遊戯法（中）、遊びの大事典

飛び将棋（とびしょうぎ）

将棋遊びの一つ。古くは「にょいにょい」「にょんにょ」ともいった。駒を3個ずつ3段に並べ（計9個）、縦にだけ1画ずつ動かせる。相手の駒とぶつかると、それを跳び越えて進むことができる。先に持ち駒が全部、相手の陣地に入ったほうが勝ち。➡将棋《しょうぎ》

［文献］日本全国児童遊戯法（上）、日本の遊戯、日本遊戯の解説、日本遊戯史、遊びの大事典

溝入れ（どぶいれ）

大阪の遊び。地面に2メートルぐらい隔てて線を2本引き、その間を溝《どぶ》とする。さらに2メートルほど離して線を引き、そこから各自、紙の糸巻きを投げて、溝になるべく近い者を一番として順番を決める。一番になった者から順に糸巻きを投げ、溝に入ると糸巻きを取得できる。

［文献］日本全国児童遊戯法（上）、遊びの大事典

戸ぶつけ（とぶつけ）

面子遊びの一つ。ボール紙でできた面子を板戸か板塀などにぶつけ、一番遠くまで跳ね返した者が全部を取れる。➡面子《めんこ》

［文献］日本全国児童遊戯法（上）、遊びの大事典

トランプ

トランプというのは日本独特の呼び方で、英語ではplaying cardといい、トランプ（trump）は「切札」を指す。図柄や枚数の違いによりいくつか種類があるが、現在国際的にスタンダードとされているのはフランスを起源とするもので、1組53枚（スペード・クラブ・ダイヤ・ハートが各13枚＋ジョーカー1枚）のカード。日本には明治の初めに伝わった。これより以前、戦国時代末期にポルトガルより伝わったカードは、日本化して「天正かるた」「花札」となった。トランプは、ゲームをして楽しむほかに占い、マジックなどにも使われる。➡カルタ、花札《はなふだ》

［文献］遊びの大事典

鶏合せ（とりあわせ）【参考】

「闘鶏《とうけい》」ともいう。鶏に喧嘩をさせることで、気性の激しい軍鶏《しゃも》が使われる。源 順《みなもとのしたごう》編『倭名類聚鈔《わみょうるいじゅしょう》』に載っており、平安時代には貴族の間の遊びであった。軍鶏はタイ（シャム）産の鶏を闘鶏用に改良したものという。江戸時代には庶民の娯楽となり、賭けの要素が加わったこともあって盛んに行われた。

［文献］日本の遊戯、日本遊戯史、遊びの大事典、日本遊戯の解説、日本遊戯史、遊びの大事典、絵本西川東童、大和耕作絵抄

鳥刺し（とりさし）

明治の初め頃まで鳥刺しという職業があった。菅笠・手甲・脚絆という服装で、腰に網袋、手に黐竿《もちざお》を持ち、鳥を刺して歩いた。これに由来する遊びで、江戸時代に酒席の余興として行われた。札に「殿様」「用人」「鳥刺し」のほか、「鶴」「鷹」「雁」「雉」など鳥づくしの絵を描き、各人に1枚ずつ配る。殿様にあたった者が用人を呼ぶと、用人にあたった者は「何の用でございますか」。殿様「ほかの用でもないが、きょうは鳥をとらして遊ぼうと思うほどに、鳥刺しを呼べ」。用人は「殿様のお召じゃ、早うここへまいれ」と鳥刺しを呼び、鳥刺しは「ははっ」と札を出す。用人が、たとえば「殿は鷹がさいてほしいとの仰せ」と言うと、鳥刺しは席の者を物色して、鷹の札を持っていると思われる者を指さす。当たれば、その鳥の札を取って用人に差し出す。間違えると叱られて罰杯を飲んだ。

［文献］日本全国児童遊戯法（上）、日本の遊戯、日本遊戯史、吾妻余波

捕物ごっこ（とりものごっこ）

大正時代の無声映画の時代劇には、捕物の場

戸ぶつけ（とぶつけ）
面子をぶつけて跳ね返った距離を競う

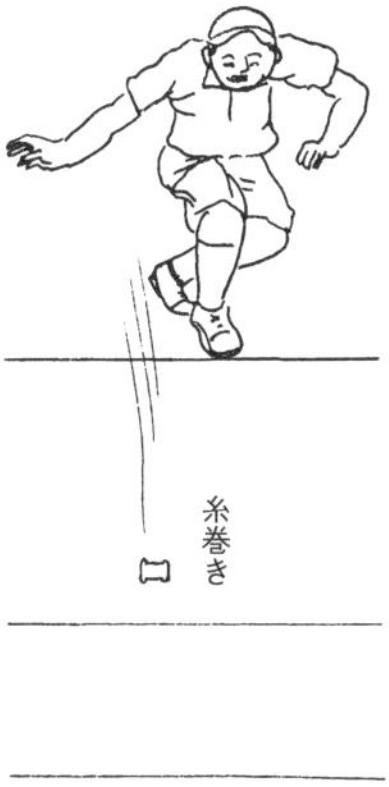

溝入れ（どぶいれ）
大阪の糸巻きを投げる遊び

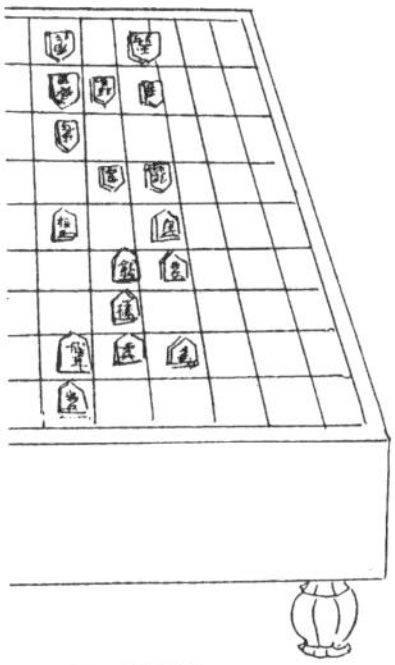

飛び将棋
（とびしょうぎ）

飛び上がりっこ
（とびあがりっこ）

鶏合せ『大和耕作絵抄』

『絵本西川東童』
○にはとり合
面白くあはれに花のとりあはせ
東嶺　本名坂上与次右衛門とて摂州
山本村に住　世に山崎与次兵衛云

捕物ごっこ（とりものごっこ）

鳥刺し（とりさし）『吾妻余波』

鶏合せ（とりあわせ）
闘鶏のこと。気性の荒い軍鶏が
使われる

面が多かった。主役の侍が捕方に囲まれて捕縄《とりなわ》が乱れ飛ぶのを、弁士のせりふや楽士の伴奏が雰囲気を盛り上げたこともあって、観衆は興奮して見たものだった。これをまねした遊びで、「チャンバラごっこ」のようなもの。たいてい年長者が主役になって刀を振り回し、これにまわりから捕縄を投げる。捕縄といってもただの縄だったが、結構、映画の役者になったつもりで遊んでいた。⇩チャンバラごっこ

どろけい

「けいどろ」ともいう。刑事組と泥棒組の二手に分かれた「鬼ごっこ」。あらかじめ刑務所の場所を決めておく。刑事は泥棒を追いかけて、捕まえると刑務所につなぐ。捕まった泥棒は手をつないで助けを待ち、仲間の泥棒が刑事の目を盗んでタッチすると解放される。泥棒が全員捕まると、刑事役と交代する。

団栗独楽（どんぐりごま）

団栗は樫《かし》やクヌギ、ナラなどの実の俗称。拾った団栗をそのまま回して遊ぶこともあるが、中心に穴をあけて短い心棒を通すと団栗独楽になる。とがったほうを下にして、指でひねって回して遊ぶ。「木の実独楽」という、独楽のもっとも古い形態である。

[文献] 日本全国児童遊戯法（中）

どんつーばーきどん

伊勢《いせ》（三重県）の遊び。手鞠2個をお手玉のように投げながらうたう。「どんつーばーきどん、拾《ひろ》たかどん、どんどのお下の、どろがみさん、こーこは桑名の四日市《よっかいち》、ひー、ふー、みー、よー、いーつ、むー、なー、やー、こーこ、とー。白木屋《しろきや》のお駒さん、店では女郎買い、旦那さん、朝晩通うは姉《あね》さんじゃ、ひー、ふー、みー、よー、いーつ、むー、なー、やー、こーこ、とー。じゃんじゃん寺から蛇《じゃー》が出て来て、じゃーとおもたらすっこんだ、へっこんだ、そこ一点じゃ、貸しまーした」

[文献] 日本全国児童遊戯法（中）

どんどん橋（どんどんばし）

東京の遊び。幼児が「どんどん橋わたれ、どんどん橋渡れば狐が通る」と言いながら、細長い板などの上を行ったり来たりする。

[文献] 日本全国児童遊戯法（上）、遊びの大事典

鳶（とんび）

京都の遊び。鳶《とび》はタカ科の鳥。紙を折ってこれをつくる。長方形の紙を図のように折り、先端を少し折ってくちばしにする。少し高いところから飛ばして遊ぶ。

[文献] 日本全国児童遊戯法（上）

鳶凧（とんびだこ）

「凧揚《たこあ》げ」に使う凧の一種。鳥が両翼を広げたような形に組んだ竹ヒゴに紙を貼り、全体を墨で黒く塗り、目・くちばし・羽翼を茶色でかたどったもの。鳶が羽を広げたようなので鳶凧《とんびだこ》とも、真っ黒なので烏凧《からすだこ》ともいった。なかには小さい丸枠に入った目が、風に乗るとくるくる回る凝ったものもあった。形が奴凧《やっこだこ》に似ていて、普通の四角い凧よりも揚げ方が難しく要領がいるが、空高く揚がると本当に烏や鳶が気流に乗って舞っているように見えた。一説に江戸四谷の住人がつくったといわれ、「呉竹の四つ谷といへばいかのぼり　うぐひすよりも鳶に春めく」という歌の「鳶」はこの凧である。⇩凧揚《たこあ》げ

[文献] 日本の遊戯

とんぼ返り（とんぼがえり）

「宙返り」あるいは「後方宙返り」のこと。喜《き》多村信節《たむらのぶよ》の『嬉遊笑覧《きゆうしょうらん》』には「とんぼかへり、蜻蛉の飛ぶさまをいふ、先へさしてゆき仰に返りうつをいふ、もんどりといふ是なり」とあり、『遊戯大事典』はこれを「後方宙返り」と解釈すべきとしている。『日本遊戯の解説』にも「直立の儘、或は走り来りて気合ひをかけ其の瞬間は両脚を前方に蹴上げ仰向けとなりて返り打つをいふ」とある。ただし『日本の遊戯』では、「要するに『蜻蛉返り』も『宙返り』も同一のものと見て差支ない」としている。歌舞伎では、立ち回り中に斬られたり投げられたりした役者がもんどりうって宙返りして見せる動作を「とんぼ」という。⇩宙返り《ちゅうがえり》

[文献] 日本の遊戯、日本遊戯の解説、日本遊戯史、遊戯大事典、遊びの大事典

とんぼ来い（とんぼこい）

美濃《みの》（岐阜県）の遊び。地面に図のような区画を描き、一番遠くの区画に大便所と書く。1

どんどん橋（どんどんばし）
細長い板を橋に見立てて、行ったり
来たりする遊び

どんつーばーきどん
伊勢で手鞠を投げながらうたった歌

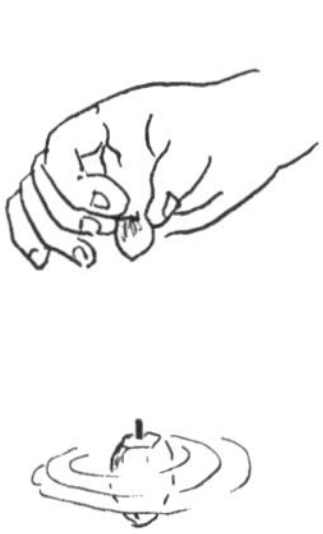

団栗独楽（どんぐりごま）

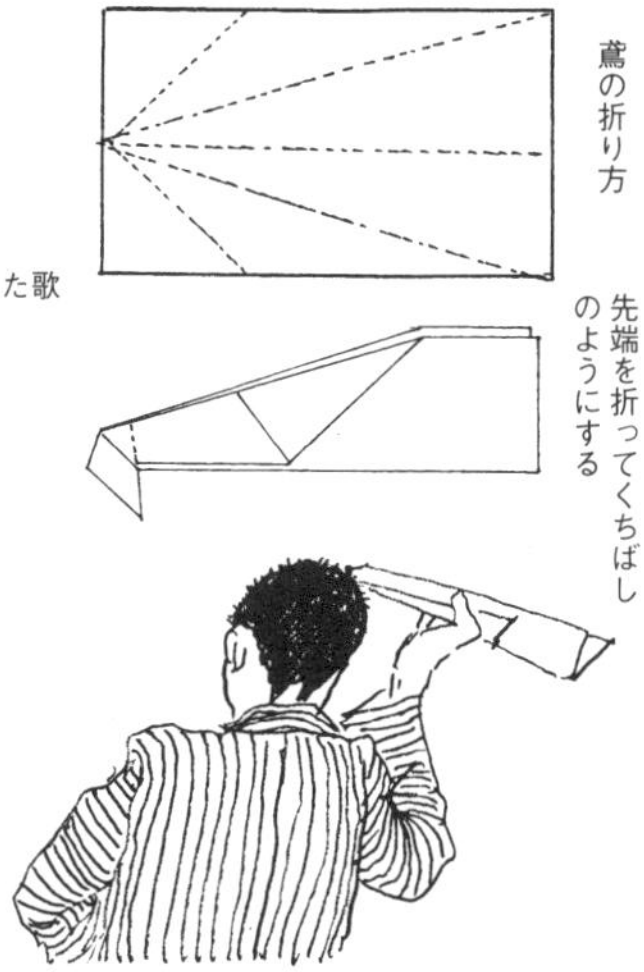

鳶の折り方
先端を折ってくちばしのようにする

鳶（とんび）長方形の紙を折ってつくる

真っ黒なので烏凧ともいった
風を受けて目がクルクル回る
ものもあった

鳶凧（とんびだこ）

とんぼ返り（とんぼがえり）

とんぼ来い（とんぼこい）美濃の遊び

人ずつ手前の区画から入る。イ、ロ、ハの3人が図のように入ったとすると、まずロがハに「昨夕、何を食べましたか」と聞くと、ハはたとえば「白米の飯に魚そへて」（何を食べたかは各自適当に）と答え、「とんぼ来い」と呼ぶ。するとイがハの向こうの区画4に入る。今度はハが区画4のイに「昨夕、何を食べましたか」と聞く。イは食べたものを答え、「とんぼ来い」と呼ぶ。するとロがイの向こうの区画5に入る。これを繰り返して、ハが区画6に入る。次に「とんぼ来い」になったとき、イは大便所に入るしかないが、これは不浄として他の者に嫌われることになる。他の者はいっせいに逃げ出し、イは鬼となってこれを追う。捕まった者は不浄の仲間となって一緒に他の子を追い、全員が捕まると終わり。

［文献］日本全国児童遊戯法（中）、遊びの大事典

とんぼ釣り（とんぼつり）

「やんま釣り」ともいう。とんぼを捕まえる方法にはいくつかある。とんぼがとまったところに碗籠をかぶせて捕る方法、飛んでくる方向に人さし指を出し、その指頭にとまらせて捕る方法、それから「とんぼ釣り」である。とんぼ釣りでは、雌のとんぼを捕まえて胴に糸を結び、竿の先に付けて振り回すと、雄のとんぼが追ってきて雌の尻尾にかじりつくのを手捕りした。また『日本全国児童遊戯法』によると、摂津《せっつ》（兵庫県）では、小石を髪の毛に結んで振り、とんぼが餌だと思って飛んでくるのを髪の毛にからませて捕ったとある。とんぼを捕らえるときにはやす言葉は「やんまうしやんまうし赤とんぼ」（東京）、「とんぼさぁまや、やぁすやすぇーや、あぁちゃ往たらかへるどんぼに吞《のーま》れろ」（羽前《うぜん》）、「蜻蛉《えー》とーまーれ、近ちかとーまーれー」（加賀《かが》）、「よーよー、ろっかんよー」（摂津《せっつ》）など。捕まえたとんぼの尾を切って飛ばして遊ぶこともあった。

［文献］日本全国児童遊戯法（上）（中）（下）、遊びの大事典、下町の子どもの遊び、吾妻余波、絵本西川東童、絵本家賀御伽

とんぼ釣り『絵本西川東童』

○とんぼうつる
朝《あさ》比《ひ》奈《な》の髻《もとひ》ぬけしか蜻蛉《あきつむし》
立圃《りうほ》　はいかい絵に名あり

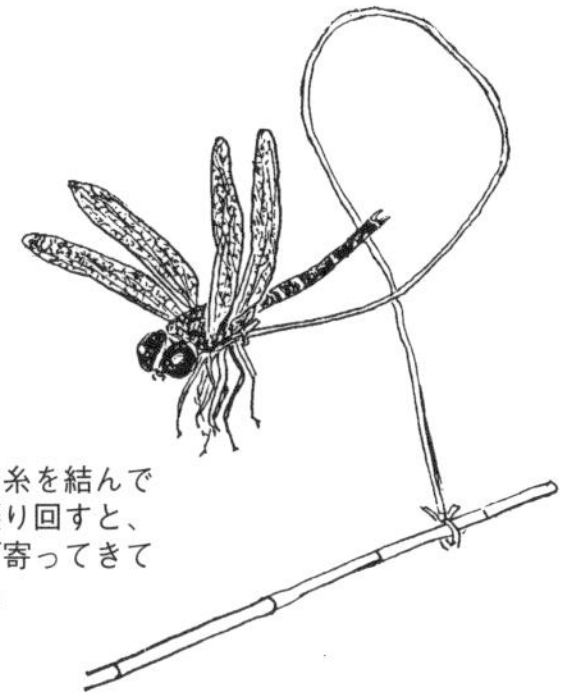

雌のとんぼに糸を結んで
竿に結び、振り回すと、
雄のとんぼが寄ってきて
かじりついた

とんぼ釣り（とんぼつり）

とんぼ釣り『吾妻余波』

『尾張童遊集』

『絵本家賀御伽』

【な】

長石蹴り（ながいしけり）

東京の石蹴り遊びの一つ。地面に図のように区画を書き、1・2・3……と番号を振る。区画の手前を元位置とし、まず、元位置から区画1に石を投げ入れる。片足けんけんで区画1に入り、そこから片足で元位置に石を蹴り戻す。これができると元位置に戻って、今度は区画2に石を投げ入れる。これを繰り返して区画天一まで行くと、石を手に持って区画の向こう側に出て、そこから石を元位置まで蹴り戻す。このときに限って、「一度蹴り」か「二度蹴り」かを選択できる。石蹴りの途中、区画の左右の線外に石が出たり（これを横出《よこで》という）、横線の上に石が止まると、次の者に代わって順番を待つ。また、5・6・7・8の交差点を「小便たご」といい、ここに石が止まると、たとえ天一までできていても区画1からやり直さなければならない。⬇石蹴《いしけ》り

［文献］日本全国児童遊戯法（上）

長縄跳び（ながなわとび）

2人まわしの縄跳びのこと。⬇縄跳《なわと》び

［文献］遊戯大事典、遊びの大事典

中の中の地蔵さん（なかのなかのじぞうさん）

東京で「まわりのまわりの小仏」と呼ばれている遊び。各地に見られ、「中の中の小仏」というように、「地蔵さん」の代わりに「小仏」「弘法大師」「小坊さん」「小僧」などという。「地蔵遊び」「弘法大師」も同様の遊び。遊び方は、地蔵が1人しゃがみ、そのまわりを子供たちが手をつないで輪になり、「中の中の地蔵さんはなぜ背が低い。親の日に魚食《とと》ってそれで背が低い」などとうたいながら回る。歌に合わせて中の地蔵と外の子供たちが交互に立ったりしゃがんだりするだけのものと、歌が終わると目隠しをした地蔵が、背後にいる者を言い当てる、まわりの誰かをつかまえて名前を言い当てるなどがある。遠江《とおとうみ》（静岡県）の「中の中の小仏」では、最後に小仏が手のつなぎ目を切って逃げる。一同これを追いかけ、捕まえた者が今度は小仏になって中に入る。⬇まわりのまわりの小仏《こぼとけ》

［文献］日本全国児童遊戯法（上）（中）（下）、遊びの大事典

中ぶつけ（なかぶつけ）

地面に線を二本引き、線の中と外に分かれて入る。線の外の子が中の子にボールをぶつけ、当たると外に出る。全員外に出ると交替する。

［文献］下町の子どもの遊び

ながろく

出雲《いずも》（島根県）の遊び。「なが」とは小さい貝のこと。これを投げて当てる遊び。1、2、3と線を3本引き、2の線に貝を並べる。1の線の手間から自分の貝を投げて2の線の貝に当て、3の線の向こうにはじき出せば、その貝を取れる。当たった貝がうまく線外に出なければ「ハチ」といって次の者に代わる。

［文献］日本全国児童遊戯法（下）

擲付け（なぐりつけ）

上野《こうずけ》（群馬県）の呼び方で「面子打ち」のこと。⬇面子《めんこ》

［文献］日本全国児童遊戯法（上）、遊びの大事典

投げ（なげ）

京都の面子遊び。面子を板塀などに投げつけ、表裏、跳ね返った距離などで勝負を決める。⬇面子《めんこ》

［文献］日本全国児童遊戯法（上）、遊びの大事典

投げ矢（なげや）

室内ゲームの「ダーツ」のこと。小ぶりの矢を手で投げて的に当てる遊び。一直線に飛ばす「直打《すぐう》ち」と回転させながら飛ばす「回転打ち」がある。武器としては古くからあり、『太平記』には40センチ余の長さの「手突矢」という記述がある。

謎かけ（なぞかけ）

「なぞなぞ」「判じ物」ともいう。語呂合わせや文字の形を利用して謎をかける言葉遊び。たとえば「破れ障子《しょうじ》とかけて、冬の鶯《うぐいす》と解く。そのこころは？」「はるを待つ」（貼ると春をかけた洒落。山崎美成『三養雑記』より）といった具合。古くよりあったらしく『拾遺和歌集』

長縄跳び（ながなわとび）『東京風俗志』

長石蹴り（ながいしけり）
東京でよく見られた石蹴り遊び

中の中の地蔵さん
（なかのなかのじぞうさん）

投げ（なげ）
京都の面子遊び

『日本全国児童遊戯法』

ながろく
出雲の「なが」という貝殻を使った遊び

中ぶつけ（なかぶつけ）

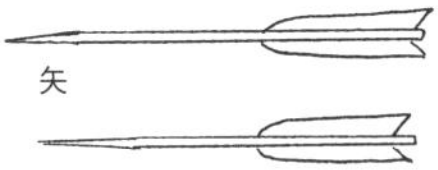

矢

的

投げ矢（なげや）

小便無用 稲荷社あり

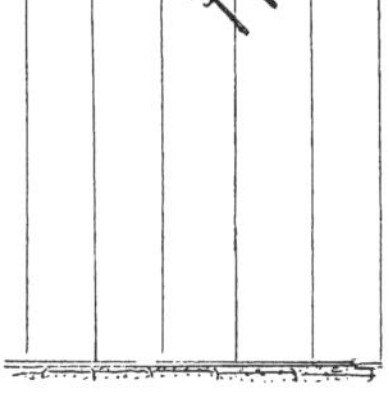

『守貞漫稿』所載の謎かけ

この一の字は小僧なり
←「心棒（辛抱）すれば十字（住持）になる」

謎かけ（なぞかけ）

にも「なぞなぞ物語しけるところにて　わがことはえもいはしろのむすび松　千とせをふともたれかとくべき」（曾禰好忠《そねのよしただ》）という歌が載っている。かつては知識階級の遊びであったが、江戸時代になって庶民の間にも広がり、とくに江戸っ子に好まれた。喜田川守貞《きたがわもりさだ》の『守貞漫稿《もりさだまんこう》』には「僧」「主人」の下に「一」と書いた紙が載っており、「この一の字は小僧なり」とある。一の字に心棒を足せば十の字になる。すなわち、「心棒（辛抱）すれば十字（住持、住職のこと）になる」という謎かけである。➡判《はん》じ物《もの》

［文献］日本全国児童遊戯法（上）、日本の遊戯、遊びの大事典

投子・七子（なつご）

東北地方での「お手玉」の呼び方。➡お手玉《てだま》

［文献］日本の遊戯、遊戯大事典、日本遊戯の解説

七つ子（ななつご）

越前《えちぜん》（福井県）での「お手玉」の呼び方。➡お手玉《てだま》

［文献］日本の遊戯、遊戯大事典、日本遊戯の解説

七つ竹（ななつだけ）

京都の遊びで「竹返し」のこと。竹片を7つ用い、竹の裏表を区別するために片側に墨を塗る。投げ上げて手の甲で受けたとき、同じ面が上向くのをよしとした。➡竹返《たけがえ》し

［文献］日本全国児童遊戯法（上）

海鼠殿（なまこどの）

大阪の節分の子供行事。節分の夜に男の子が石油の空き缶を打ち鳴らし、「海鼠殿の御見舞じゃ、おごろもちや逃げさんせ」といいながら町を回った。

［文献］日本全国児童遊戯法（上）、遊びの大事典

なめー

土佐《とさ》（高知県）の遊び。十数人が長蛇のように一列に連なる。列の一番前の者が「なめー」と呼びながら、列の一番最後の者を捕まえようとする。

［文献］日本全国児童遊戯法（下）、遊びの大事典

縄跳び（なわとび）

縄を手に持ってまわし、足もとに来たところで引っかからないように跳び上がることを繰り返す遊び。自分で縄をまわして跳ぶ1人まわし（「短縄跳び」ともいう）と、長い縄を2人でまわして他の子が跳ぶ2人まわし（「長縄跳び」ともいう）がある。⑴ 1人まわしではいろいろな跳び方ができる。普通、1回跳ぶ間に縄を1回まわすが、縄を2回まわすと二重跳び、3回まわすと三重跳び、手を交差させて跳ぶとクロス跳びになる。何回つづけて跳べたかを競ったり、縄跳びをしながら走って競争したりする。⑵ 2人まわしでは、最初にまわし手と跳ぶ順番を決める。縄がまわっているところに、跳び手が走り込んでいってピョンと跳んで（2つ跳びでは2回跳ぶ）外に出る。次の者も同じように跳ぶ。縄にひっかかったらまわし手と交替する。⑶ 大縄跳びは2人まわしで、一度に大勢が跳ぶ。40～50人が一緒に跳ぶこともあり、跳び手全員の調子が合わないと難しい。何回跳べたかを競う。以上のほかにもいろいろな跳び方がある。

［文献］日本全国児童遊戯法（上）（中）（下）、下町の子どもの遊び、遊戯大事典、日本遊戯の解説、遊びの大事典、東京風俗志

縄跳びじゃんけん（なわとびじゃんけん）

「おじょうさま、おはいんなさい。ありがとう、じゃんけんぽん。負けたお方は、お出なさい」の歌に合わせて、縄跳びしながらじゃんけんする。縄は2人でもち、まわさずに左右に揺らす。勝った子はそのまま跳びつづけ、負けた子は外に出る。

［文献］下町の子どもの遊び

縄まわし（なわまわし）

2人まわしの「縄跳び」のこと。➡縄跳《なわと》び

［文献］日本全国児童遊戯法（中）

何個（なんこ）

「石合せ」ともいう。2人で小石を握り、「何個なんこいくつ」と声をそろえて前に出す。その総数を当てっこして、当たると取れる。源《みなもとの》順《したごう》編『倭名類聚鈔《わみょうるいじゅしょう》』の「世人為二蔵鈎之法一也」という記述から、「蔵鈎《なんこ》」とも書く。古くからあり、『法然上人行状絵図』には蔵鈎を行う僧の絵が載っている。なるべく小さくて平たい小石を使うが、小石に限らず、碁石があれば碁石を用い、細螺《きさご》や木の実でも同様に遊んだ。明治以降にガラス製のお弾きができてからは、女の子が

なめー
土佐の遊びで、列の頭の者が最後の者を
捕まえようと追いかける

海鼠殿（なまこどの）
大阪の節分の子供行事

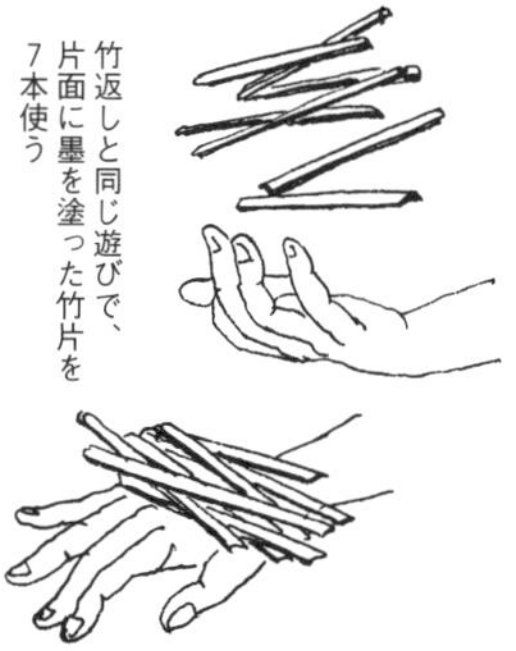

竹返しと同じ遊びで、
片面に墨を塗った竹片を
7本使う

七つ竹（ななつだけ）

おじょうさま　おはいんなさい
ありがとう　じゃんけんぽん
負けたお方は　お出なさい♪

縄跳びじゃんけん
（なわとびじゃんけん）

おじょうさま　おはいんなさい
ありがとう　まわれ右
おいっちに　おいっちに♪

1か所での縄跳び

走り縄跳び

縄跳び（なわとび）

何個（なんこ）
握って出した碁石や小石の総数を当てっこする遊び

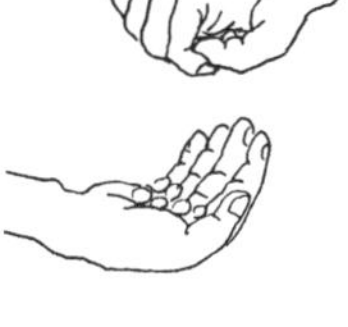

蔵鈎之図《なんこのず》『法然上人行状絵図』

よくお弾きでこの遊びをやった。

［文献］日本全国児童遊戯法（上）、日本の遊戯、日本遊戯史、遊びの大事典

なんごう

上野《こうずけ》（群馬県）の呼び方で「お手玉」のこと。

⬇お手玉《てだま》

［文献］日本全国児童遊戯法（中）

［に］

握り開き（にぎりひらき）

左手を握って爪を上に向け、右手は開いたまま手のひらを上にして、中指の先を左の手のひらの小指の下へ軽くつける。つづいて右手を握り、左手を開いて、左の中指の先を右の手のひらの小指の下へつける。これを交互にはやく行う遊び。

［文献］日本の遊戯、日本遊戯の解説

握り開き打ち（にぎりひらきうち）

まず、右手で拳をつくって左の手のひらを打ち、つづいて右手を開くと同時に左手を握って右の手を打つ。交互に開いては打つことをはやく繰り返す遊び。

［文献］日本の遊戯、遊戯大事典、日本遊戯の解説

にっくい

「根っ木」のこと。⬇根《ね》っ木《き》

［文献］日本全国児童遊戯法（下）、日本の遊戯、遊戯大事典、日本遊戯の解説

日光写真（にっこうしゃしん）

ネガを感光紙（印画紙）に重ねて日光に当て、画像を焼き付けるおもちゃの写真。大正から昭和の前半にかけて流行した。透明のプラスチックにいろいろな絵を描いた種紙（これがネガになる）と印画紙を駄菓子屋で売っていた。

［文献］下町の子どもの遊び

二度ぶつけ（にどぶつけ）

広い場所で無差別にボールをぶつけ合う遊び。ボールを持って歩ける歩数を3歩とか4歩とか決めておく。「二度ぶつけ」では二度ぶつけられると死刑になり、両手を広げて片足で立っているところに、皆に後ろからボールをぶつけられる。「三度ぶつけ」というのもあった。

［文献］下町の子どもの遊び

二人三脚（ににんさんきゃく）

走者は2人で1組となり、肩を組んで内側になった片足同士（Aの右足とBの左足）を紐で結ぶ。これを1組として、他の組と競争する。

［文献］小学体育全書、遊戯大事典

二本竹（にほんたけ）

初期の竹馬で、竹に縄を巻いて足の掛かりとした。『絵本続大人遊』には「図のごとく、竹を指にはさみてあるくなり」とある。

［文献］絵本続大人遊

荷物持ち（にもつもち）

じゃんけんで負けた子が勝った子の荷物を持って運ぶ。あらかじめグーで勝つと何歩、パーで勝つと何歩、チョキで勝つと何歩、というように距離を決めておく。負けたら相手をおんぶするというのもあった。

［文献］日本全国児童遊戯法（中）、日本の遊戯

睨めっこ（にらめっこ）

「睨みくら」「睨めっくら」ともいう。互いに相手を睨んで先に笑った方の負け。「にらめっこしましょ、笑《わ》ろたら負けよ、あっぷっぷ」と声を掛けて始める。お互いに相手を何とか笑わそうとして、滑稽な表情や所作をする。古くは「目比べ」といい、まばたきをすると負けというものであった。『平家物語』には、平清盛がしゃれこうべと睨み合ったという話があり、人間が目比べをするように互いにまばたきせずに睨んでいたという記述がある。また虎関師錬《こかんしれん》の『異制庭訓往来』にも「目比、頸引、膝引、指引、腕推、指抓等、……」と遊戯の一つにあげられており、鎌倉時代にはすでに遊びとして成立していたらしい。

［文献］日本全国児童遊戯法（上）（中）、日本の遊戯、日本遊戯の解説、日本遊戯史

人形芝居（にんぎょうしばい）

「操《あやつ》り芝居」ともいう。人形を操《あやつ》って演じる芝居で、人形を操る方法には大きく分けて手遣いと糸遣いがある。人形を巧みに操って生計を立てる芸人を傀儡師《くぐつし》といい、古代から中世にか

にっくい
「根っ木」のこと。各地にあり、別称も多い

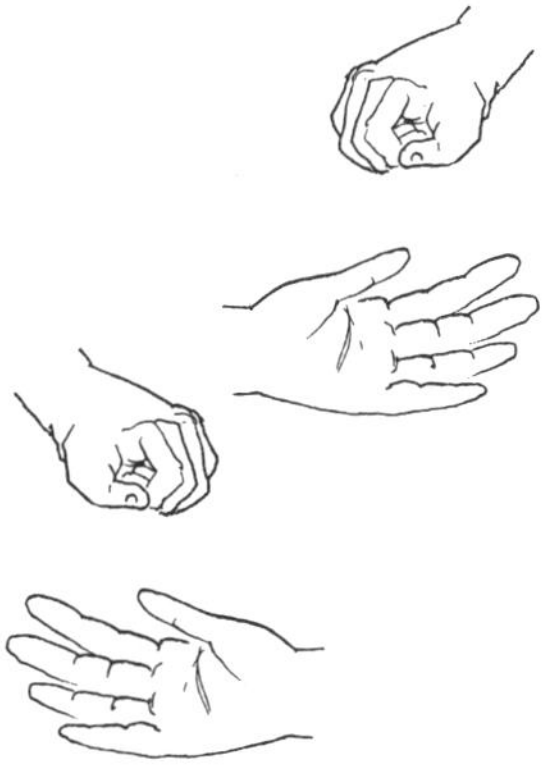

握り開き打ち（にぎりひらきうち）

なんごう
「お手玉」のこと

二人三脚（ににんさんきゃく）
『小学体育全書』

ボールが2度当たると死刑になり、この格好で、後ろから皆にボールをぶつけられる

二度ぶつけ（にどぶつけ）

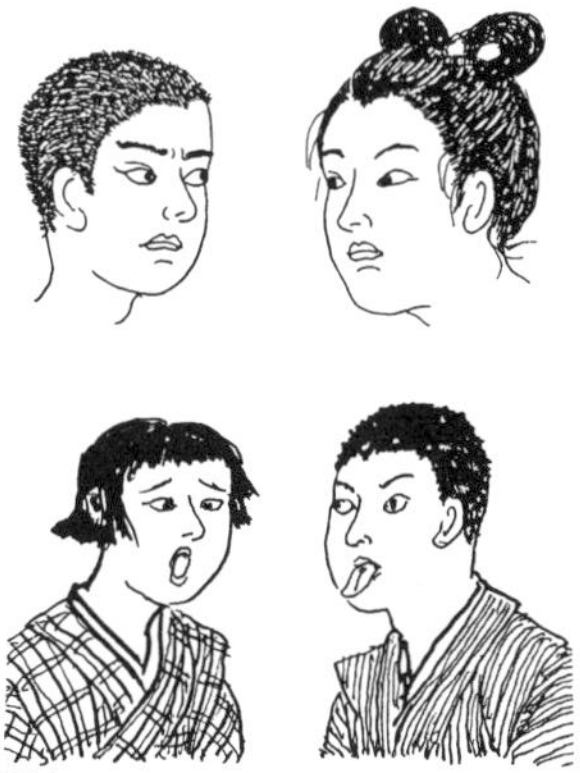

睨めっこ（にらめっこ）
平安時代には「目比べ」といい、まばたきしたり目をそらすと負けであった

荷物持ち（にもつもち）
じゃんけんで負けた者が勝った子の荷物を運ぶ

二本竹（にほんたけ）『絵本続大人遊』
にほん竹はしこうの所作ごとにてこそミつれ
作者の市紅につきたるか

けて、歌をうたって人形を舞わしながら市井をめぐる傀儡師の一群があった。これが安土・桃山時代になって、京の五条大橋のたもと（のちに四条河原）に小屋掛けの舞台をしつらえて客に見せるようになった。当時の人形は木偶坊《でくのぼう》といい、首を竹串にさして衣をかぶせ、衣の裾から左手をさし込んで操る簡単なものであった。この手遣いの人形が、やがて三人遣いの人形浄瑠璃に発展する。また、中国から伝わったともいわれる糸操り式の人形芝居を「南京操《なんきんあやつ》り」といい、三番叟《さんばそう》や猿の軽業《かるわざ》などを演じて人気があったが、文化（1804〜18）頃に衰退した。

［文献］日本遊戯史

人形樽（にんぎょうだる）【参考】

「樽人形」のこと。⬇樽人形《たるにんぎょう》

［文献］日本の遊戯

人参牛蒡（にんじんごぼう）

子供が2人背中合わせになり、相手の左手首を自分の右手で握り、相手の左手を自分の右肩にかつぐようにする。この格好で、「人参牛蒡《にんじんごぼう》に八頭《やつがしら》」と言いながらぐるぐる回る。

［文献］日本全国児童遊戯法（上）、東京風俗志、吾妻余波

【ぬ〜の】

盗み将棋（ぬすみしょうぎ）

将棋遊びの一つ。将棋の駒を全部箱に入れて盤の上に逆さに置き、そっと箱を取ると、盤上に駒が山になる。この山から駒を、順番に指1本で1枚ずつ取っていく遊び。他の駒に触ったり、山が崩れると次の者に代わる。たくさん取った者の勝ち。あらかじめ王将○点、金将○点というように決めておき、取った駒の合計点を競うやり方もある。⬇将棋《しょうぎ》、積《つ》み将棋《しょうぎ》

［文献］日本全国児童遊戯法（上）、日本の遊戯、日本遊戯の解説、遊びの大事典、下町の子どもの遊び

塗り絵（ぬりえ）

あらかじめ輪郭だけを線画で描いてある絵に、クレヨンや色鉛筆で色を塗る遊び。

ねき

「根っ木」のこと。⬇根《ね》っ木《き》

［文献］日本全国児童遊戯法（中）

猫買い（ねこかい）

大阪の遊び。「子買お」に似た遊びであるが、売り買いするものが猫になる。1人を猫買い、1人を猫売りとし、他の子は猫となって猫売りの後ろに一列に並ぶ。問答はいろいろで、たとえば猫買いが4、5メートル離れたところから「猫買う、何貫目で」と話しかける。猫売り「まだまだ」。猫買い「一貫目で」。猫売り「まだまだ」。猫買い「二貫目で」。猫売り「まだまだ」。猫買い「三貫目で」。猫売り「まだまだ」……。これを繰り返しながら、猫買いは一貫ごとに1歩ずつ進み、猫売りの側に来て、戸を開けて入るまねをし、「黒うおます。この猫鳴きますか」。猫売り「よう鳴きます」。猫買いは猫の頭を1人ひとりたたき「鳴きません」。猫売り「この小雑魚を食べさせたらよう鳴きます」。ここで猫たちは、いっせいにニャオニャオと鳴く。猫買いは「ほんなら端から○番目の猫を買います」と言って、指定した子を4、5メートル離れたところに連れていく。猫買いがちょっと使いに出るまねをすると、この猫は逃げ出して隠れる。猫買いが戻ってくると猫がいない。聞くと、「逃げたから知らない」と他の子が答える。猫買いはあちこち猫を探して捕まえ、「逃げたらどんなもんや」と言って元の場所に連れ戻す。再度、使いに出るまねをすると、猫はまた逃げ出して元の猫売りのところ戻る。⬇子買《こか》お

［文献］日本全国児童遊戯法（上）、遊びの大事典、風俗画報

猫っこ（ねこっこ）

甲斐《かい》（山梨県）の遊びで「子捕ろ子捕ろ」と同じ。子猫が親猫の後ろに連なり、鬼猫がこれを捕ろうとする。⬇子捕《こと》ろ子捕《こと》ろ

［文献］日本全国児童遊戯法（中）、遊びの大事典

塗り絵（ぬりえ）

人参牛蒡（にんじんごぼう）『吾妻余波』

人形芝居（にんぎょうしばい）『絵本西川東童』
○子供あやつり
西に入る月もあやつり一《ひと》世界《せかい》
天津和尚《てんしんおしょう》　黄檗《わうばく》宗　歌学に名あり

猫買い（ねこかい）『風俗画報』

他の駒が動かないように、指1本で
1個ずつ、そっと取っていく

猫っこ（ねこっこ）
甲斐の「子捕ろ子捕ろ」と同じ遊び

盗み将棋（ぬすみしょうぎ）

猫と鼠（ねことねずみ）

❶「鬼ごっこ」の一種。大勢の中から猫1人、鼠4人（1人の場合もある）を決め、残りは手をつないで輪になる。鼠は輪の中に、猫は輪の外に置く。猫は鼠をつかまえようと輪の中に入ろうとし、輪になった子たちはぐるぐる回ったり、つないだ手を上げ下げしたりして中に入れまいとする。中の鼠は猫に捕まらないようにしながらも、ちょいちょい猫をからかう。猫が輪の中に入ると、鼠は外に逃げる。

❷周防《すおう》・長門《ながと》（山口県）の遊びで「子捕ろ子捕ろ」と同じ。鼠が年長者の後ろに連なり、猫がこれを捕ろうとする。鼠たちは「猫が鼠とる、猫が鼠とる」とはやす。⇩子捕《こと》ろ子捕《こと》ろ

［文献］日本全国児童遊戯法（中）（下）、日本の遊戯、遊戯大事典、日本遊戯の解説、遊びの大事典

鼠ごっこ（ねずみごっこ）

「鼬ごっこ」のこと。⇩鼬《いたち》ごっこ

［文献］日本の遊戯、遊びの大事典、日本遊戯史

鼠取り（ねずみとり）

「子捕ろ子捕ろ」のこと。⇩子捕《こと》ろ子捕《こと》ろ

［文献］日本の遊戯、遊戯大事典、日本遊戯の解説

根っ木（ねっき）

「根突《ねっき》」ともかく。古くは「無木《めき》」「めっき」といった。また地方により「ねっくい」「にっくい」「ねんが」「ねんがら」「てんがら」「杭打ち」「ねん打ち」「たっぺ」「しょくの」「こばよ」など、さまざまな呼び方がある。まず順番を決めて、最初の者が、先を尖らせた30センチぐらいの木の枝の一端を持って、力いっぱい地面に打ち立てる。次の者がその根もとに自分の枝を打ちつけて倒す。倒した枝は取れる。5寸釘など長い釘を使って遊ぶこともあった。

［文献］日本全国児童遊戯法（上）（中）（下）、日本の遊戯、遊戯大事典、日本遊戯の解説、下町の子どもの遊び、小学体育全書、東京風俗志

根杭（ねっくい）

「根っ木」のこと。「ねっくい打ち」ともいう。⇩根《ね》っ木《き》

［文献］日本の遊戯、遊戯大事典、日本遊戯の解説、遊びの大事典

ねぶた【参考】

陸奥《むつ》（青森・岩手県）の七夕祭り。祭りのために、子供のいる家では必ず人形をつくった。武者や鳥獣の形に竹や木を組んで紙を貼ったもので、中に明かりを入れる。人形が大きいほどその年は豊作だといわれ、大きいものは数十人がかりで引き回す。

［文献］日本全国児童遊戯法（中）、遊びの大事典

ねん打ち（ねんうち）

「根っ木」のこと。⇩根《ね》っ木《き》

［文献］日本の遊戯、遊戯大事典、日本遊戯の解説、遊びの大事典

ねんがら

「根っ木」のこと。⇩根《ね》っ木《き》

［文献］日本の遊戯、日本遊戯の解説、日本遊戯史、遊びの大事典

覗きからくり（のぞきからくり）

大きな箱の中に入れてある数枚の絵が物語の展開に合わせて入れ替わり、前方に数個並んだ覗き眼鏡からそれをのぞく仕掛け。箱の正面には物語の場面を華やかに描いた大きな絵があり、看板といった。両側には尻《しり》っ端折《ぱしょ》りに手ぬぐいを姉さんかぶりにしたからくり弁士が立ち、「あこりゃこりゃえいえい、きたこりゃこれやのせー」と調子を付けて子供を集めた。弁士が独特の口調で物語を語りながら紐を引くと、絵が入れ替わる仕掛けになっていた。『本朝涼鑑』の涼みの賦に「覗きからくりの地獄ごくらくの部は、一せんにて善悪をみすれば、一銭千金のあそびの中にきんちきくさりはいかにみるらん」とある。江戸中期からあり、昭和の中頃まで縁日の夜店でよく見かけた。

［文献］日本遊戯史、遊びの大事典、絵本西川東童

猫と鼠（ねことねずみ）
猫は鼠を捕まえるため、輪の中に入ろうとする。
鼠は１人の場合と４人の場合がある

根っ木『小学体育全書』

根っ木『東京風俗志』

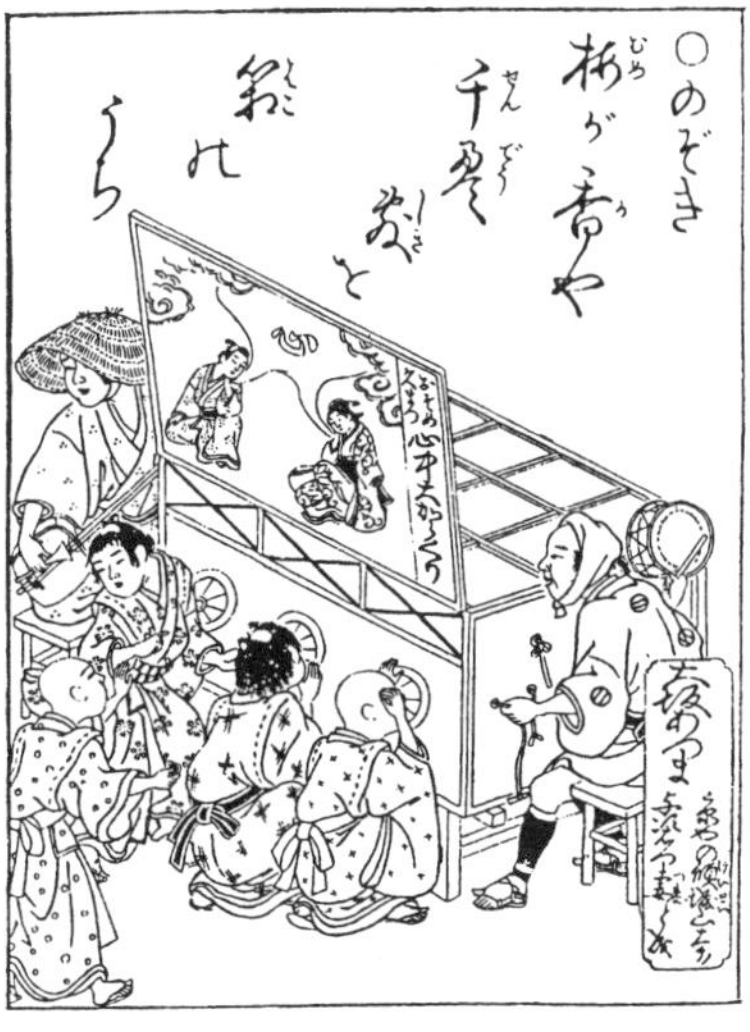

覗きからくり（のぞきからくり）
おそめ久まつ心中大からくり
『絵本西川東童』

○のぞき
梅が香や千畳敷を箱のうち
大坂あつま　京やの傾城
山本ノ与次右衛門妻と成

根っ木（ねっき）
先を尖らせた木の枝を地面に打ち立て、
その根元に自分の枝を打ちつけて倒す。
枝の代わりに長い釘も使った

【は】

貝独楽（ばいごま）
「海螺独楽《ばいごま》」「海螺回し《ばいまわし》」ともいい、なまって「ベイゴマ」「ベーゴマ」という。「鞭独楽《むちごま》」（たたき独楽、打独楽《うちごま》、不性独楽《ぶしょうごま》）も同種の独楽である。江戸時代から行われてきた遊びで、もとは巻貝の殻の尖ったほうに鉛を少し流し込んだり、砂を詰めたりして重くし、勢いよく回るように工夫してあった。後にこの形を模した直径5センチぐらいの鋳物の貝独楽がつくられて、明治・大正の頃には駄菓子屋で安く売られていた。バケツや洗面器の上に古くなったござや畳表を敷き、中央を凹ませたところで貝独楽を回してぶつけ合う。回し方にはこつがあり、独楽の底から麻か木綿の紐を巻き上げ、独楽と紐を片手で持って、ござの上に独楽を投げると同時に手前に紐を引く。独楽同士がぶつかり合ってはじき出されると負けで、独楽を取られる。はじき出すと勝ちで、相手の独楽を取る。これを喧嘩《けんか》独楽、当て独楽といい、貝独楽をたくさん持っているのが自慢であった。⇒独楽《こま》
［文献］日本全国児童遊戯法（上）、日本の遊戯、遊戯大事典、日本遊戯の解説、日本遊戯の解説、遊びの大事典、下町の子どもの遊び、絵本御伽品鏡、風俗画報

ばいろく
摂津《せっつ》（兵庫県）の呼び方で「貝独楽」のこと。
⇒貝独楽《ばいごま》
［文献］日本全国児童遊戯法（下）

水馬（はいろん）【参考】
『長崎歳時記』五月の條に「競渡船は別に製作あり近き浦々より出、今は漁猟祭と称えて、崎中より一里ばかり沖の方、神の島、小ケ倉のあたりにてこれを催す、船の長さ十五尋又は二十尋、一艘ごとに五六十人づつ撰び立たる大の男、多くは裸にて乗、艫には町印の幟または長刀、或いは幣を立、どら太鼓を打、互にかひを入て渡を競ふ、両船飛が如く、波浪の勢海面の奇観なり、両船を二艘ぜりと云、三艘ぜり四艘ぜりあり、市中の貴賤、浦々の老弱、いづれも船を浮て見物すること夥し、町々浦々知音ひゐきの者、競渡に酒樽等を贈る、此船の争をハイロンと云、競渡の唐音なり」とある。中国から長崎に伝わった競漕で、現在はペーロン、ペイロンといい、6～8月に行われている。⇒舟競《ふなくら》べ
［文献］日本の遊戯、遊戯大事典、日本遊戯史、遊びの大事典

博多独楽（はかたごま）
木の胴に鉄の軸の独楽で、重心が安定していて軸を指でねじるだけで簡単に回る。すくい（下で回っている独楽を手で受ける）、綱渡り・刀渡り（独楽を紐や刀の上で回す）などの曲独楽に使われる。曲独楽は江戸中期に九州からやってきた独楽回しによって広まり、大坂では松井喜三郎、江戸では松井玄水が有名であった。元禄15（1702）年刊、江島屋其磧の『傾城色三味線』に「頃日九州より独楽回しの小人のぼりて、四條河原の小芝居にて、さまざまの曲独楽を回し、数万の入を取て、歴々の大芝居をすがらせけるが、尚ほ盛になりて、町々に此独楽を求めて、家々に翫び後は、隠居の親父共まで念仏講に参り、持仏堂に御明は点しながら鐘木の先にて曲独楽……」とある。⇒独楽《こま》
［文献］日本の遊戯、日本遊戯の解説、遊びの大事典

履き物隠し（はきものかくし）
「下駄隠し」「草履隠し」と同じ。⇒下駄隠《げたかく》し
［文献］日本全国児童遊戯法（下）

羽子板（はごいた）
「胡鬼板《こぎいた》」ともいう。「羽根つき」で羽根をつく用具。桐や杉の板でつくり、表面に華麗な絵を施したものが多い。長さは40センチぐらいであるが、なかには1メートルを超す装飾用のものもある。文安元（1444）年の『下学集』には「羽子板《ハコイタ》《コキイタ》 正月用ㇾ之」と両訓が振られており、当時、「ハコイタ」とも「コキイタ」とも呼ばれていたことがわかる（なお、羽根のことを「胡鬼子《こぎのこ》」ともいう）。当時の羽子板は今のような豪華なものではなく、笏《しゃく》に似た粗末なものであった。山東京伝の『骨董集』にも「古制の羽子板は笏に似たらん、今のは笏にまがふべき形にあらずとおもひしに、三春羽子板といふを見

明治時代の貝回し『風俗画報』

貝独楽（ばいごま）
もとは巻貝の先に鉛を流し込んで
よく回るようにしたが、明治以降
貝の形の鋳物ができた

江戸時代の絵本に描かれた貝回し
『絵本御伽品鏡』

羽子板（はごいた）

羽子板と破魔弓『東京風俗志』

博多独楽（はかたごま）
安定がよいので、曲独楽
に使用される

羽根つき『四時交加』

○はごいた　『絵本西川東童』
つくばねや擬宝珠《ぎぼうしゅ》をとぶ牛若子《うしわかご》
西鶴　はいかい師　よみ本の作者

るに、いかにも笏に似たれば、其古制のなごりをしれり、下に出す図を見るべし」とある。これとは別に宮中行事の左義長などを描いた絵羽子板もあり、江戸時代になって華やかなものがつくられるようになった。板を胡粉で塗りつぶした上に彩色して金銀の箔を置いたものであったが、文化・文政（1804〜30）頃に、美人画や役者姿などを押絵（美しい布に綿をくるんで板に貼り付け、人物や花鳥の絵を浮き上がらせたもの）にした美しい羽子板がつくられて人気を呼んだ。現在でも、歳の暮れになると東京の浅草寺境内で羽子板市が開かれ、縁起物の羽子板を求める客で賑わう。⇩羽根《はね》つき

[文献] 日本の遊戯、遊びの大事典、日本遊戯史、東京風俗志

はさみ

碁盤の上に貨幣か碁石を立てて左手の指で押さえ、右手の指ではじくと回る。別の石を2つ指の先に付けて、回っている石をはさむ。

[文献] 絵本大人遊

挟み将棋（はさみしょうぎ）

将棋遊びの一つ。互いに9枚の駒を盤の最初に横一列に並べる。各駒の能力はいっさい無視し、駒は上下左右に好きなだけ動くことができるが（斜めには動けない）、自分や相手の駒に重なったり、飛び越したりはできない。自分の駒で相手の駒を両側からはさむと取れる（上下か左右ではさむ。斜めではさんでも取れない）。本将棋と違って取った駒は使えない。駒を取られて最後の1枚になると負け。⇩将棋《しょうぎ》

[文献] 日本全国児童遊戯法（上）（下）、日本遊戯の解説、日本遊戯史、遊びの大事典

弾き石（はじきいし）

「お弾き」「石弾き」のこと。⇩お弾《はじ》き

[文献] 日本の遊戯

弾き将棋（はじきしょうぎ）

互いに9枚の駒を盤の最初に横一列に並べ、交互にはじいて相手の駒に当てる。自分の駒が盤の上に残って、相手の駒だけ落ちれば取れる。両方とも落ちると取られる。⇩将棋《しょうぎ》

[文献] 日本全国児童遊戯法（上）、日本遊戯の解説、遊びの大事典

梯子鬼（はしごおに）

地面に梯子を2つ十文字に描き、鬼はその線の上しか歩けない。他の子たちは梯子のまわりや先の、鬼が手を伸ばしてやっと届くぐらいのところに並んで、鬼をからかう。鬼が手を伸ばしても動いてはいけないので、体を反らして触られないようにする。油断して触られると、鬼を交替する。

[文献] 日本の遊戯、遊戯大事典、日本遊戯の解説

場所取り鬼（ばしょとりおに）

1人鬼を決め、他の子は丸く輪になる。鬼は輪の外側をぐるぐる走りながら、誰かの背中をたたき、そのまま走る。たたかれた子はすぐに走り出て、鬼と反対回りに走る。その子がいた位置に先に着いたほうがその場所を取れる。遅かったほうが鬼になって繰り返す。

[文献] 教育的遊戯の原理及実際、簡易戸外遊戯法、遊戯大事典、遊びの大事典

柱かえ（はしらかえ）

紀伊《きい》（和歌山県）の遊び。逃げ手は各自、軒柱を持ち場にし、そこに身を寄せている間は捕まらない。口々に「柱かえましょ」と呼びながら、柱から柱へ移動するが、同時に鬼も動いてどこかの柱を占領する。鬼に柱をとられて行き場所のなくなった者が次の鬼になる。

[文献] 日本全国児童遊戯法（下）

柱回り（はしらまわり）

「堂々めぐり」「行道めぐり」のこと。⇩堂々《どうどう》めぐり

[文献] 日本の遊戯

走りくら（はしりくら）

「かけっこ」のこと。⇩かけっこ

[文献] 遊戯大事典

走り鷹（はしりだか）

伊勢《いせ》（三重県）の呼び方で「鬼ごっこ」のこと。⇩鬼《おに》ごっこ

[文献] 日本全国児童遊戯法（中）

機織（はたおり）

甲斐《かい》（山梨県）の1人遊び。石を使って機織の様子をまねる。大きな石の上に台石を2個置き、その上に平たい石を渡して機台とする。機台の上に小石を置き、台下にも通すための小石

弾き石（はじきいし）

挟み将棋（はさみしょうぎ）
自分の駒で相手の駒をはさむと取れる

はさみ『絵本大人遊』

場所取り鬼『簡易戸外遊戯法』

背中をたたかれた者は反対向きに走って
鬼と場所取りをする

梯子鬼（はしごおに）
鬼は地面に描いた梯子の上を移動して他の子に触れる。他の子は同じ位置で動かずに鬼をよける

場所取り鬼（ばしょとりおに）『教育的遊戯の原理及実際』

相手の駒だけが盤から落ちると取れる

弾き将棋
（はじきしょうぎ）

機織（はたおり）
機織の仕草をまねた甲斐の遊び

柱回り（はしらまわり）

柱かえ（はしらかえ）

を置く。そして左手で小石を1回、台の下を通すたびに、右手で台上の小石を1、2回打つ。つまり、台下を通すことが杼《ひ》（経糸《たていと》に緯糸《よこいと》を通す用具）の動きで、台上を打つことが筬《おさ》（緯糸を打ち込む用具）の動きである。

［文献］日本全国児童遊戯法（中）

旗取り（はたとり）

大勢が2組に分かれて互いに陣地を持ち、各陣地に旗を立てる。合図で自分の陣地から離れ、すきをみて相手の旗を取ったほうが勝ち。

［文献］下町の子どもの遊び

旗取り競争（はたとりきょうそう）

スタートラインを決め、それから20メートル先に走者の数だけ2メートル間隔で旗を立てる。合図でいっせいに走り、旗を1本取って戻ってくる。早く戻った者の勝ち。

［文献］遊戯大事典、遊びの大事典、東京風俗志

旗ばい（はたばい）

土佐《とさ》（高知県）の遊び。「旗奪い」のことであるが、実際には旗ではなく、太い竹竿の先に縄をくくりつけたもの。これを東西各陣営に立て、互いに敵陣に乱れ入って竹竿に登り、縄を先に解いたほうの勝ち。

［文献］日本全国児童遊戯法（下）、遊びの大事典

蜂捕り（はちとり）

甲斐《かい》（山梨県）の遊び。俗に鍋蜂と呼ばれる蜂を捕まえて針を抜き、糸を結びつけて飛ばす。蜂は大きな花にもぐり込んだところを、花と一緒にとると簡単に捕れた。

［文献］日本全国児童遊戯法（中）

8の字つくり（はちのじつくり）

縄を地面に長く伸ばして置く。2人で端を持ち、順番に縄をたぐって丸をつくり、8の字ができた瞬間に縄を引き合う。相手のバランスをくずしたほうの勝ち。

［文献］下町の子どもの遊び、遊びの大事典

パチンコ

❶ Y字形になった木の枝でつくるおもちゃの飛び道具。二股の枝の間は約10センチ、握る柄の部分は約12～13センチ。二股の先端にはゴム管をさし込んでとめる。柄を左手で握り、ゴム管の中央に小石や弾（空気銃に用いた鉛弾）などを親指と人さし指ではさんで引っぱり、狙いを定めて指をはなす。弾は勢いよく飛んで、雀ぐらいは射落とせた。音がするわけではないが、なぜパチンコというのかは不明。

❷ 前面がガラス張りのパチンコ台で鋼球をはじいて穴に入れる遊び。

［文献］遊びの大事典

ぱちんこ遊び（ぱちんこあそび）

信濃《しなの》（長野県）での呼び方で、「面子」をたたきつけて遊ぶこと。➡面子《めんこ》

［文献］日本全国児童遊戯法（中）

初午の遊び（はつうまのあそび）

初午は2月の最初の午の日。各地で稲荷神社の祭りが行われ、稲荷の社のある家では門を開き、幟を立て、地口行灯《じぐちあんどん》（しゃれ言葉や戯画を描いた行灯）を灯して供え物をした。下総《しもうさ》（千葉・茨城県）では旧暦の初午に、近辺の児童が集まって太鼓を打ち、笛を吹き、仮面をかぶって踊った。また幟《のぼり》と絵馬を持って近傍の家を訪ね、「お稲荷さんのおーかんけ、おじうにとおあげ、おあげの下から落っこって赤い○○をすりむいて　膏薬代をおーくれ　おくれ　一文でも二文でもごかってしだい、しだいのもりは、いいとことっちゃくうとこねい、上げてくんねとこんこんさんがなくよ、なんとってなくよ、ひっくりけっちゃべっかっこ、でんぐりけいちゃあわわ、上げてくんないと流山《ながれやま》いぶつけへすぞう」と言って、1、2銭の喜捨を乞うた。東京にも「稲荷講」として同様の子供の行事があった。大阪では、たくさんの子供たちが「正一位稲荷大明神」と書いた白・赤・青などの旗を持ち、太鼓を打ちならし、「正一位稲荷大明神《しょういちいいなりだいみょうじん》。稲荷さんのことなら何処《どこ》までも」ととなえながら町内を歩いた。➡稲荷講《いなりこう》、太鼓《たいこ》たたき

［文献］日本全国児童遊戯法（上）（中）、遊びの大事典

鳩車（はとぐるま）

鳩の形に車を付け、紐で引くようにしたおもちゃ。鳩の形は、木彫や張子《はりこ》、蔓《つる》で編んでつくったものなどがある。これを押したり、紐で引いたりして遊ぶ。現在も郷土玩具として残っているが、『直幹申文絵巻《なおもともうしぶみえまき》』に鳩車をひく少女の絵があり、平安時代にすでに同形の玩具があっ

旗取り競争
（はたとりきょうそう）『東京風俗志』

旗取り（はたとり）
すきを見て相手の陣地の
旗を取った方が勝ち

旗ばい（はたばい）
『日本全国児童遊戯法』

8の字つくり（はちのじつくり）
8の字ができた瞬間に縄を引き、
相手のバランスを崩したら勝ち

蜂捕り（はちとり）

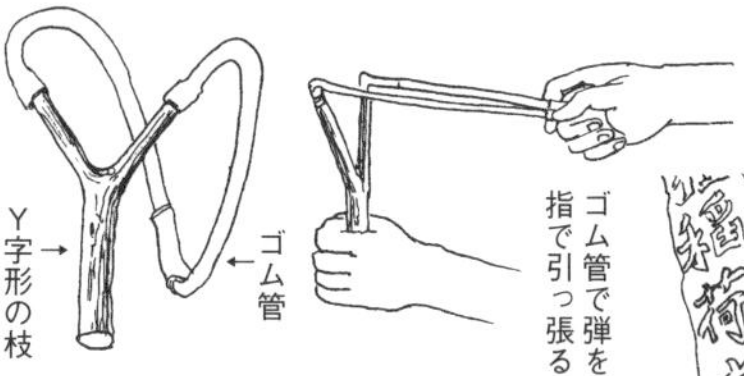
ゴム管で弾をはさんで指で引っ張る

パチンコ
小石や鉛弾を飛ばし、雀ぐらいは
射落とせた

初午の遊び（はつうまのあそび）
稲荷神社の祭りの日、子供たちは太鼓を
たたいたり踊ったりして練り歩いた

ぱちんこ遊び（ぱちんこあそび）
面子をたたきつけてひっくり返す

たことがわかる。「鳩に三枝の礼あり」、すなわち鳩の子鳥は親鳥より三枝下にとまるという。礼儀を重んずる鳥と考えられ、鳩のおもちゃを持たせておくと、決して他人のおもちゃを欲しがらないともいわれた。

［文献］日本遊戯史、遊びの大事典

バドミントン

ラケットで羽根を打ち合う球技。コートの中央にネットを張り、これをはさんで互いに羽根を打ち合う。相手が打った羽根を受け、ネットにかからないように、コートから出ないように打ち返す。

［文献］遊びの大事典

花一匁（はないちもんめ）

大勢が2組に分かれ、手をつないで向き合う。最初にじゃんけんで買った組（A組）がうたいながら前進し、負けた組（B組）はそれに合わせて後退する。次にB組がうたいながら前進し、A組は後退する。これを繰り返して、最後に指定された子同士がじゃんけんをする。A組「勝ってうれしい花一匁」。B組「負けてくやしい花一匁」。A組「たんす長持《ながもち》、どの子が欲しい」。B組「あの子が欲しい」。A組「あの子じゃわからん」。B組「この子が欲しい」。A組「この子じゃわからん、名は何と申す」。AB組ともに相談して、「決ーまった」。A組「○○ちゃんが欲しい」。B組「××ちゃんが欲しい」。ここでじゃんけんをし、負けた子が向こうの組に入って手をつなぐ。そこで勝った組から「勝ってうれしい花一匁」と、遊びを繰り返す。

やりとりする歌は地域によって違いがあり、東京では以下のようになる。A組「勝ってうれしい花一匁」。B組「負けてくやしい花一匁」。A組「隣のおばさんちょっと来ておくれ」。B組「鬼が怖くて行かれない」。A組「お釜をかぶってちょっと来ておくれ」。B組「お釜底抜け、行かれない」。A組「布団かぶってちょっと来ておくれ」。B組「布団ビリビリ行かれない」。A組「それはよかよか、どの子が欲しい」。B組「あの子が欲しい」。A組「あの子じゃわからん」。B組「この子が欲しい」。A組「この子じゃわからん」。AB組「まーるくなって相談だ」。AB組「決ーまった」。A組「○○ちゃんが欲しい」。B組「××ちゃんが欲しい」。

［文献］下町の子どもの遊び、遊戯大事典、遊びの大事典

花がるた（はながるた）

「花札」のこと。⇩花札《はなふだ》

［文献］日本の遊戯、日本遊戯の解説

花突き（はなつき）

周防《すおう》・長門《ながと》（山口県）の遊び。菊の花を摘み取り、鞠つき歌をうたいながら、団扇《うちわ》でつき上げて遊ぶ。

［文献］日本全国児童遊戯法（下）

花摘み（はなつみ）

いろいろな花摘みがあるが、ここでは秋の七草を摘むこと。秋の七草は、『万葉集』の「秋の野に咲きたる花を指《および》折りかき数ふれば七草《ななくさ》の花」「萩《はぎ》の花　尾花《おばな》　葛花《くずばな》　瞿麦《なでしこ》の花　女郎花《おみなえし》　また藤袴《ふじばかま》　朝貌《あさがお》の花」という山上憶良の句による。尾花はススキ。朝貌については桔梗《ききょう》、ムクゲ、昼顔などの説がある。

［文献］小児遊戯

鼻々（はなはな）

向かい合って顔を見つめながら、相手の命令に従って顔の部分に触れる遊び。最初、相手は「鼻、鼻……」と言いながら、鼻を人さし指で軽くたたいている。その間、こちらは鼻に人さし指を触れてじっとしている。相手が突然、たとえば「耳」と大声で指定して、わざと口に手を持っていったとする。ここでは相手の指定通りに耳を押さえるのであって、相手の動作につられて口を押さえたり、時間がかかってしまうと負け。

［文献］日本の遊戯、遊戯大事典、日本遊戯の解説、遊びの大事典

花火（はなび）

火薬に発色剤を混ぜ、筒や玉に詰めたもの。これに点火して燃焼・破裂させて、火花や煙が飛び広がる様子や音を楽しむ。大がかりな打上げ花火や仕掛け花火から、幼児が手に持って燃やす線香花火までさまざまな種類がある。花火の起源は古代中国にさかのぼるが、これは軍用の狼煙《のろし》として用いられたもので、現在のような

バドミントン

鳩車（はとぐるま）

『直幹申文絵巻』

鳩車を引く平安時代の少女

『骨董集』

草履を鳩車のように引いて遊ぶ

花摘み（はなつみ）『小児遊戯』
秋の七草（萩・すすき・葛・なでしこ・女郎花・藤袴・桔梗）

鳩車に似たおもちゃで遊ぶ幼児
『絵本玉かづら』

花一匁（はないちもんめ）
うたいながらじゃんけんし負けると１人取られる

小さい子が線香花火を手に持って遊ぶ

花突き（はなつき）
周防・長門の、菊の花を団扇で上につく遊び

鼻々（はなはな）
相手の指示に従って顔の部分を押さえるが、相手はわざと違うところを押さえるので注意がいる

花火がつくられたのは、14世紀頃のイタリアにおいてといわれる。日本に伝わったのは鉄砲伝来（1543）以降に火薬の製法が知られてからである。花火の記録としては『駿府政事録』に「慶長十八年八月二日、花火、唐人今日御礼、則六日夜花火可有御覧之由被仰出、六日臨昏黒花火唐人、於二之丸立花火、大御所宰相殿少将殿御見物」（慶長18年は1613年）とある。当時の花火は、葭《よし》の管に火薬を練り込み、一方の口から火をつけると星が飛ぶといったようなものであったらしい。以後、とくに江戸で盛んになり、慶安元（1648）年と万治2（1659）年には町中での花火禁止の触れが出されている。延宝（1673〜81）以降、隅田川で夏に夕涼みを兼ねて盛んに打上げ花火が行われるようになった。享保2（1717）年には両国の川開きに盛大な打上げ花火が催されている。これは江戸の年中行事として定着し、花火の製造元である鍵屋と玉屋が技術を競い合ったこともあり、しだいに豪華なものとなっていった。『大和耕作絵抄』には「七月八月は江戸中花火おおし、わけて両国ばしのほとりにては、舟にて是をあきのふ、或はその船にて花火の代をいだして、とほさしむ、これ第一の見物なり、柳、桜、てまりなどはつねなり、だんだんと望むときは、ぼたん、菊、車火、りうせい、玉火などいろいろしかけありて、おなじ花火の内よりさまざまのしなかわりて、舟遊山の興とする事おびただし、両国橋の上には、すずみながらに、是を見る人は何百人といふ数しらず」とある。

子供の玩具用としては、簡単な仕掛け花火、手持ち花火、鼠《ねずみ》花火などがある。

［文献］日本の遊戯、遊びの大事典、日本遊戯史

鼻引き（はなひき）

東京の遊び。70センチぐらいの糸かこよりを結んで輪にし、中央を交差して8の字にする。これを向かい合って座った2人の小鼻に引っ掛けて引き合う。手を触れてはいけない。輪をはずすまいと顔に力を入れて、異様な表情になるのがおかしいが、笑うとはずれる。

［文献］日本全国児童遊戯法（上）

花びら打ち（はなびらうち）

伊勢《いせ》（三重県）の遊び。鳥の子紙か吉野紙を6センチ×9センチぐらいに切って武者絵を描いたものを各自1枚ずつ出す。針に糸を通したものでこれを打ち、静かに抜いて針についてきたら取れる。➡針打《はりう》ち

［文献］日本全国児童遊戯法（中）

花びらの首飾り（はなびらのくびかざり）

草花遊び。散った桜の花びらを針で糸に通して首飾りをつくる。

［文献］下町の子どもの遊び

花札（はなふだ）

カルタの一種で、「花がるた」ともいう。「天正かるた」「うんすんかるた」をもとに江戸中期に考案され、主に賭博《とばく》に用いられた。札の数は48枚で、1月から12月までの各月にちなんだ季節の花などが4枚ずつ描かれ、それぞれに点数が付けられている（1点札をスベタという）。

1月	松	松に日の出・鶴20点、松に赤短冊5点、他2枚1点
2月	梅	梅に鶯10点、梅に赤短冊5点、他2枚1点
3月	桜	桜に幕20点、桜に赤短冊5点、他2枚1点
4月	藤	藤にほととぎす10点、藤に短冊5点、他2枚1点
5月	菖蒲（杜若）	菖蒲に八つ橋10点、菖蒲に短冊5点、他2枚1点
6月	牡丹	牡丹に蝶10点、牡丹に青短冊5点、他2枚1点
7月	萩	萩に猪10点、萩に短冊5点、他2枚1点
8月	すすき	すすきに満月20点、すすきに雁10点、他2枚1点
9月	菊	菊に盃10点、菊に青短冊5点、他2枚1点
10月	紅葉	紅葉に鹿10点、紅葉に青短冊5点、他2枚1点
11月	雨（柳）	雨に小野道風20点、雨に燕10点、雨に短冊5点、他1枚1点
12月	桐	桐に鳳凰20点、他3枚1点

遊び方には「花合せ（馬鹿花《ばかっぱな》）」「八八」「こいこい」などがある。遊ぶ人数や配る札数の違い

手前に花火を商う舟がある『大和耕作絵抄』

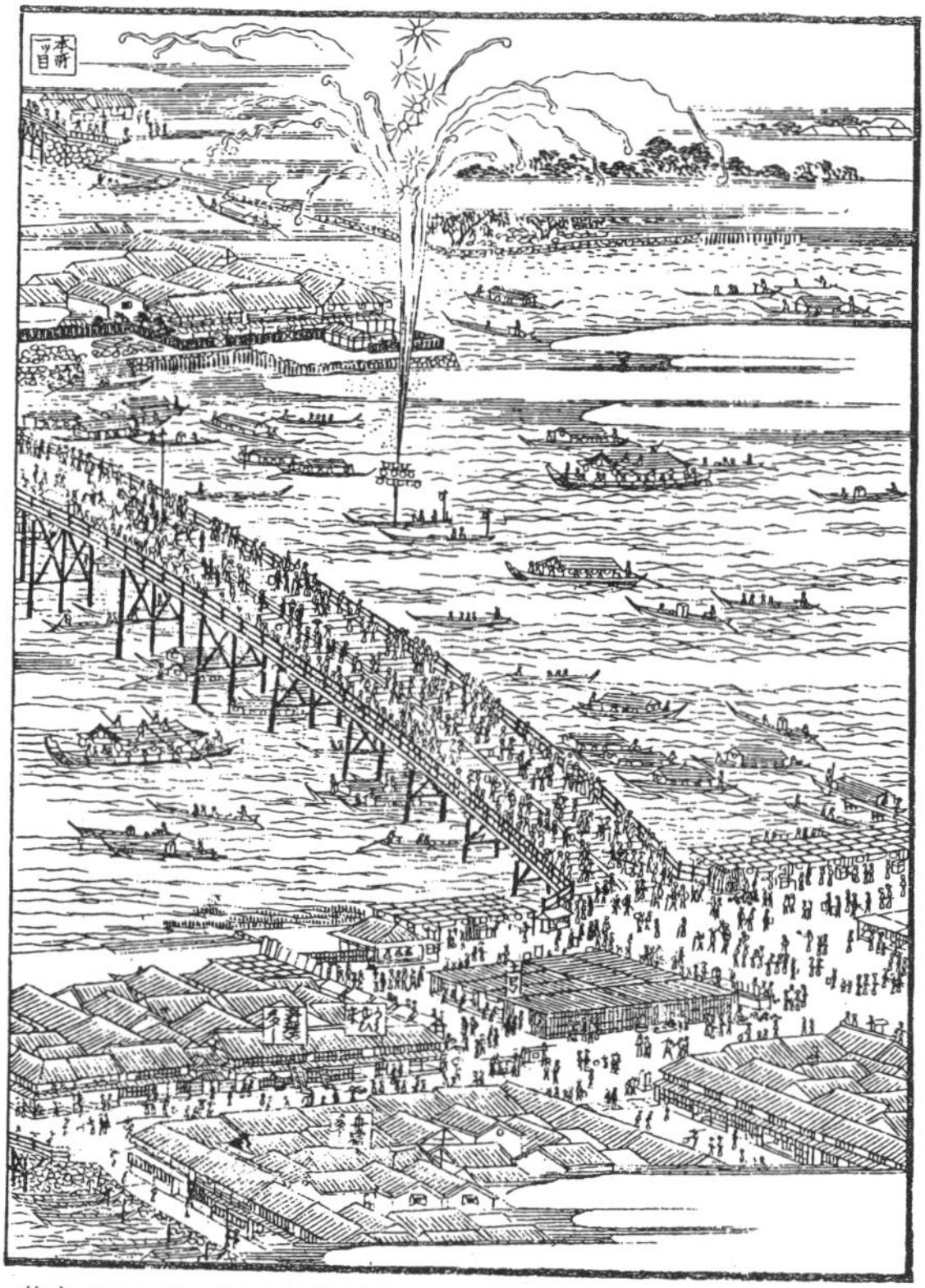

花火（はなび）『江戸名所図会』

清須花火『尾張名所図会』

鼻引き（はなひき）
小鼻に引っ掛けたこよりを
引き合う遊び

花びら打ち（はなびらうち）

花札（はなふだ）

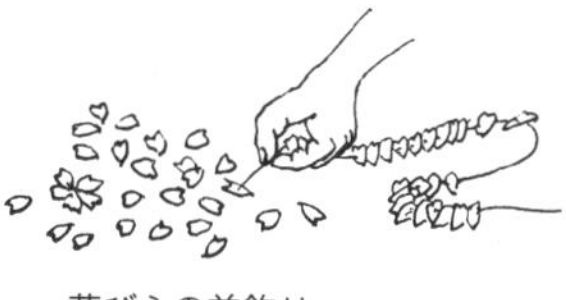

花びらの首飾り
（はなびらのくびかざり）

伊勢の針打ちで、武者絵を描いた
紙を針で打つ

などによってさまざまな遊び方があるが、代表的なものは以下の通りである。

3人または2人で遊び、1人を親とする。親から右回りに札を7枚ずつ、裏向きに配る。中央の場には6枚を表向きに並べ、残りの札は山のまま場の中央に伏せておく。最初に親が手札から1枚を出し、場に同じ月の札があれば、合わせて取る。合う札がなければ手札を1枚場に捨て、山から1枚をめくって、これと同じ月の札があれば合わせて取る。合う札がなければそのまま場に置き、次の者に代わる。これを親から右回りに順に行い、点数を多く取った者の勝ち。「手役」（丹一、ピカ一、四三、一二四、くっつきなど）、「出来役」（五光、雨入り四光、四光、三光、猪鹿蝶、赤短、青短など）という札の組み合わせによる点数もあり、これを加えて計算する。

［文献］日本の遊戯、日本遊戯の解説、遊びの大事典　➡カルタ

羽根つき（はねつき）

羽子板で羽根をつく遊び。羽子板を胡鬼板《こぎいた》、羽根を胡鬼子《こぎのこ》ともいう。いつからかはっきりしないが、古くから正月の遊びとして行われてきた。文安元（1444）年の『下学集』には「羽子板　正月用レ之」とある。室町時代の『看聞日記《かんもんにっき》』に「永享四年正月五日、女中近衛春日以下、男長資隆富朝臣等以下こきのこ勝負、分レ方男方勝、女中負態《マケワザ》則張行、於二殿上一酒宴及二深更一」（永享4年は1432年）と、正月に男女に分かれて「こきのこ勝負（羽根つき）」をし、男性方が勝ったという記述がある。天文13（1544）年の『世諺問答』には、幼い子が蚊に刺されないようにというおまじないであったという話が載っている。ムクロジの実に鳥の羽をつけた羽根がとんぼのようであり、とんぼは蚊を食うので、羽根をつくと蚊がおそれて近づかないとあるが、真偽は確かでない。

遊び方には、2人（あるいは2人ずつ2組）で互いに羽根をつき返し合う「追羽根《おいばね》」と1人で羽根をつく「揚羽根《あげばね》」とがある。追羽根では羽根を受け損なって落とすと負け。罰として顔に墨を塗ることもある。「揚羽根」では落とさずに長くつづけることを得意とし、ついた回数を数えるために羽根つき歌をうたうことが多い。「一子《ひとご》に二子《ふたご》、見渡しゃ嫁子《よめご》、いつよりむさし、ななやのやくし、ここのや十よ、十一、十二、（以下、数える）」、「一人来な二人来な、見て来な寄って来な、いつ来てもむずかしい、ななやのやくし、ここのやで一貫よ（以上を繰り返し二貫、三貫と数える）」（東京）。「ひとめー、ふためー、みやこしよめご、いつやのむかし、ななやのやくし、ここのやとうーや、十一、十二、（以下、数える）」（大阪）など。➡揚羽根《あげばね》、追羽根《おいばね》、衝羽根《つくばね》、羽子板《はごいた》

［文献］日本全国児童遊戯法（上）（中）、日本の遊戯、遊戯大事典、日本遊戯の解説、遊びの大事典、東京風俗志、絵本西川東童、風俗画報、四時交加、吾妻余波

浜投げ（はまなげ）

「毬打《ぎっちょう》」が変化して、江戸時代に行われた遊び。「浜」というのは、輪切りの木で戸車のような形につくった径15センチぐらいもので、これを棒で打って転がし合う。二手に分かれて中央に線を引き、浜を相手方に向けて細長い棒で打つ。あらかじめ境界を決めておき、受け損じてそこを越えると負け。喜多村信節《きたむらのぶよ》の『瓦礫雑考』に「さて浜といふものは木にて戸車の形に造れるもの也、それを彼方より転しきたる時、こなたの堺へ入らぬ内に、竹木何によらず細長き物で打止るなり。もし堺へ入る時はこなたの負とす。双方ともに右の輪を往辺して打こと、おなじ定めなり、これをはまなげといふ、此戯またく穴毬打《ぎっちゃう》に似たり」とある。➡毬打《ぎっちょう》

［文献］日本全国児童遊戯法（中）（下）、日本の遊戯、遊戯大事典、日本遊戯史、遊びの大事典

破魔弓（はまゆみ）

魔を破る弓と書いて縁起物とされているが、もとは藁縄でつくった輪を的にして射る遊び。その輪のことを「はま」、それを射る弓と矢を「はま弓」「はま矢」といった。藁縄を直径30センチぐらいに巻いて中央に穴をあけたものを一方から転がし、射手が弓矢で射た。喜多村信節《きたむらのぶよ》の『瓦礫雑考』に「はま弓、浜なげ、毬打、みなそのもとは、ひとつものとぞおもはるる。中に穴ある丸きものを浜といふは、端をはといひ、間中《まなか》をまといふ歟、又は浜曲《はまわ》などいふことより、

羽根をつき合う追羽根の遊び。つき損なうと罰として顔に墨を塗った『風俗画報』

羽根つき（はねつき）『吾妻余波』

浜投げ（はまなげ）
中世からある毬打《ぎっちょう》が変化したもので
地域によりいろいろな呼び名がある

江戸時代以降
の羽子板

三春羽子板古制『骨董集』

信濃羽子板古制『骨董集』

羽根
ムクロジの実の核に
鳥の羽をさしたもの

破魔弓（はまゆみ）『風俗画報』
中央に見える藁を巻いた的を転がして弓で射った

正月の飾り物となった破魔弓

浜投げ
浜という戸車のような玉を棒で打ち合う

輪をはまといひにしや、いづれにも破魔の字義による説はひがごと也」とある。いつのころからか破魔の字をあてるようになり、正月の祝物として破魔弓とともに男児に贈るようになった。現在でも、弓立仕立の黒塗籐巻の弓2張に鷹の羽仕立の矢と弦巻を添えたものを正月に飾る風習がある。

［文献］日本の遊戯、遊戯大事典、日本遊戯の解説、日本遊戯の解説、遊びの大事典、東京風俗志

早馬（はやうま）

周防《すおう》・長門《ながと》（山口県）の「馬ごっこ」。3人が馬になる。年長者を前にして後ろに2人が立ち、それぞれ片手で年長者の襟を押さえ、もう一方の手で年長者の帯を押さえる。並んだ手の上に小さい子を乗せ、「はい、お馬じゃ」と言いながら走る。⇩馬《うま》ごっこ

［文献］日本全国児童遊戯法（下）、遊びの大事典

早口言葉（はやくちことば）

「早言葉」「繰言葉」ともいう。発音しにくい言葉の羅列を間違えないように早口で繰り返して言う遊び。「なまごめ、なまむぎ、なまたまご」「青巻《あおま》き紙《がみ》、赤巻《あかま》き紙《がみ》、黄巻《きま》き紙《がみ》」などがよく知られている。『日本全国児童遊戯法』に採録されている地方の早口言葉には以下のようなものがある。「お殿様のおなまかべ」（北海道の渡島《おしま》）、「客一人に柿一つ客二人に柿二つ客三人に柿三つ客四人に柿四つ客五人に柿五つ客六人に柿六つ客七人に柿七つ客八人に柿八つ客九人に柿九つ客十人に柿十」（丹波《たんば》）、「向うの江溝《えみぞ》に鰌《どじょう》によろり、内《うち》の江溝に鰌《どじょう》によろり、隣《となり》の江溝に鰌《どじょう》によろり、三江溝合《みえみぞあわ》せて三鰌《どじょう》三によろり」（越前《えちぜん》）、「お客が三人飛脚が一人、丹波栗が四つ有ってお客が丹波栗むきゃ飛脚が丹波栗食い、飛脚が丹波栗むきゃお客が丹波栗食い、飛脚とお客と三つと一つに分けて食った」（越前）、「国府の幸三郎が小牛に小鞍置きて国府の小坂をことこと超えた」（伯耆《ほうき》）、「入生田《いりふた》の糸取伊藤伊右衛門、糸取かますに蝗《いなむし》一石一斗一升一合入れて、和泉岡《いずみがおか》のいとことこから、伊の森のいとこがもと迄、いぐとて行ったが、今頃行ったか、いがないかいな、隠居も居《い》れば居《い》るものだいかしったとて」（山形県米沢）。⇩繰言葉《くりことば》

［文献］日本全国児童遊戯法（中）（下）、遊びの大事典

バラのとげ

草花遊び。バラのとげやヤツデの実を採って、鼻の頭に唾でくっつける。

［文献］下町の子どもの遊び

針打ち（はりうち）

❶吹き矢のように針を口で吹いて、刺し通した紙を取る遊び。針に15センチぐらいの糸を通す。糸の端を手に持って針を前歯でかみ、重ねた紙に吹き付ける。糸を引いて針についてきた紙を取れる。『日本全国児童遊戯法』によると、尾張《おわり》（愛知県）では針に重みを付けるために、固くなった餅を小さく切って針に刺し通したり、ムクロジの脂を針の先に塗ったりした。

❷磐城《いわき》（福島県）の遊び。太くて長い針に10センチぐらいの糸の房をつけ、針の中央に四角に切った餅を刺し通す。小津軽という和紙を各自2枚ずつぐらい持ち寄って重ねて置き、針を左手で持ち、房を右手で持って、順番に和紙に打ち付ける。房を持って引き上げ、針についてきた和紙を取れる。

［文献］日本全国児童遊戯法（上）（中）、日本遊戯の解説、遊びの大事典

針金鉄砲（はりがねでっぽう）

針金でつくったおもちゃの鉄砲。鋼鉄の太い針金で鉄砲の形をつくり、これに細い針金でつくったバネを通す。バネの先に弾（1センチぐらいの竹筒）をさし込んでバネを圧縮してとめ、引き金を引くと弾が勢いよく飛び出す。駄菓子屋や縁日で売っていた。

［文献］遊びの大事典

針貫き遊び（はりぬきあそび）

大勢が一列になって手をつなぎ、両端の2人が次のようなやりとりをする。左端「熱田までは幾里ある」、右端「2里ほどござります」、左端「提灯つけずに行けますか」、右端「左様さ往て帰れます」、左端「しからばすぐさま門をあけ、王と従者を通されよ」。ここで、右端の2人がつないだ手を高くあげ、その下を左端の子から順番にくぐる。一通りくぐると、問答を繰り返し（問答はその都度変えることもある）、今度は左端の2人がつないだ手を高くあげて、右端の者

ヤツデ『大植物図鑑』

バラのとげやヤツデの実を
唾で鼻の頭にくっつける

早馬（はやうま）
周防・長門の馬ごっこで、
3人が馬になる

磐城の針打ちでは房のついた針に
小さく切った餅を通し、左手で針
を持ち、右手で房を持って打った

針打ち（はりうち）
針を和紙に打ってそっと持ち上げ、刺さった紙を取る遊び。
針を口にくわえて打つもの、手で持って打つものなどがある

第十一　針貫キ遊ビ

此遊戯ハ男女トモ為スベケレド殊ニ女子ニ適シタルモノナリ其法ハ多衆ノ遊戯者手ヲ聯子テ一列ヲナシ左右ノ両瑞ノモノ両人ニテ互ニ左ノ如キ問答ヲ為ス(左生)略

第三圖

針貫き遊び（はりぬきあそび）『普通遊戯法』

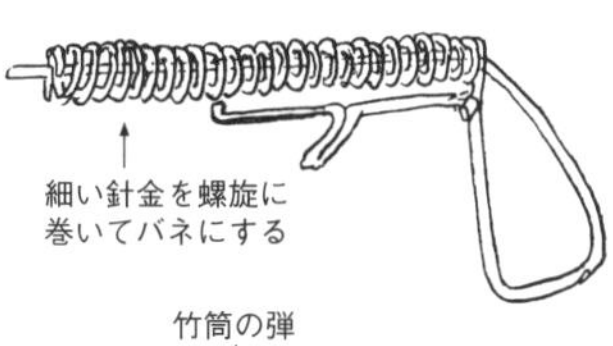

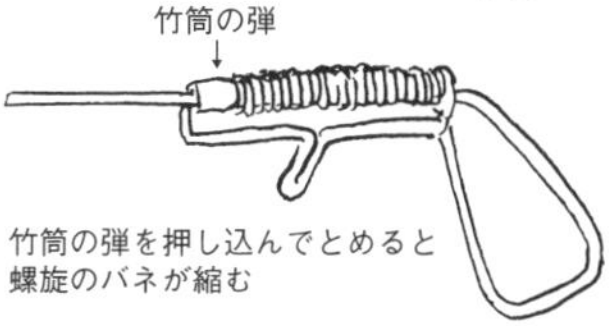

竹筒の弾を押し込んでとめると
螺旋のバネが縮む

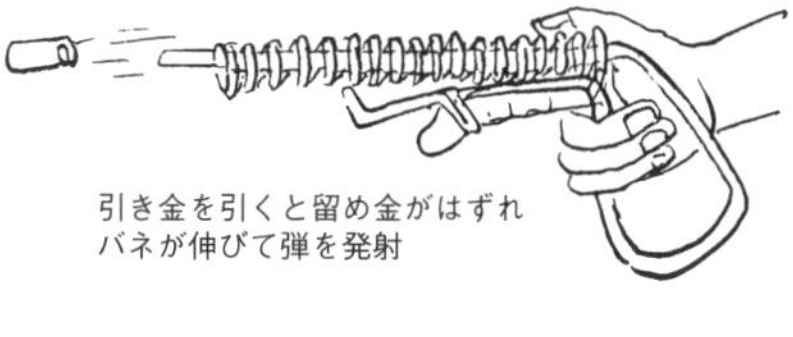

引き金を引くと留め金がはずれ
バネが伸びて弾を発射

針金鉄砲（はりがねでっぽう）

からくぐる。

［文献］普通遊戯法

春駒（はるごま）

子供がまたがって遊ぶ初春の縁起物の玩具。棒の先に木彫や練物でつくった馬の頭と手綱《たづな》が付き、もう一方の端に小さい車輪が付いている。これにまたがって手綱を持ち、馬に乗ったつもりになって遊ぶ。嘉永3（1850）年刊の曲亭馬琴編・藍亭青藍増補『俳諧歳時記栞草』に「故事要言云、年の始ニ馬を作りて頭にいただき歌ひ舞もの、これを春駒と名づけて、都鄙ともに有、是は禁中にて正月七日に白馬を御覧のこと有、是を下にうけてし侍るにや」とある。この説は確かではないが、古代の、竹にまたがる方式の「竹馬」から発展した玩具であることは間違いない。喜田川守貞《きたがわもりさだ》の『守貞漫稿《もりさだまんこう》』には「今世京坂には長さ六寸許の馬の首頭を煉物にて造レ之、粉を以て塗レ之表に画き立、髪をうゑ、三尺許の女竹を柄の如くにつけ、竹の端に板の小車二輪をつけ、首と竹の接目には紅絹を以て包レ之、児童乗レ之の体をなし、またぎ遊ぶ也、今江戸には無レ之」とある。東京では明治になってもおもちゃ屋で売られていた。また正月には、木製の馬首を腰に付けて「めでたや、めでたや、春の初めの春駒なんぞや、夢に見てさい良いとは申す」とうたって歩く者もいた。➡竹馬《たけうま》

［文献］日本の遊戯、遊戯大事典、日本遊戯の解説、遊びの大事典、竹馬之友、風俗画報

葉を瞼にはめる（はをまぶたにはめる）

草花遊び。堅い葉を上下の瞼にはめて、つっかい棒のようにすると、目が閉じられなくなる。

［文献］下町の子どもの遊び

ハンカチ落とし（はんかちおとし）

1人鬼を決め、他の子は丸く輪になって中心を向いてしゃがむ。鬼は輪の外側をぐるぐる走りながら、誰かの後ろにそっとハンカチを落とす。落とされたことに気づいた子は、すぐに立ち上がって鬼を追って捕まえなければならない。鬼が捕まる前に一周してその子がしゃがんでいたところに入り込むと、その子が代わって鬼になる。もしハンカチを落とされたことに気づかないで、鬼が一周してくるまで座っていると、罰ゲームをやらされる。

［文献］下町の子どもの遊び、遊戯大事典、遊びの大事典

ハンカチ取り（はんかちとり）

2人で遊ぶ。1人が親指と人さし指の間にハンカチをかけ、それをもう1人が素早く取ろうとする。ハンカチを持っている子は、取られそうになると素早くハンカチを握って取られないようにする。

［文献］下町の子どもの遊び、遊びの大事典

ばんけー

羽前《うぜん》（山形県）で、子供が蕗の花を摘んで遊びながらうたった歌。「ばんけぇ蕗のと、冬になったらなぁじょする。こぉもかぶってねんねこそぉ」

［文献］日本全国児童遊戯法（中）

羽ん子えつき（はんごえつき）

羽前《うぜん》（山形県）の呼び方で、羽根つきのこと。「一《ひ》ぃ二《ふ》の達磨《だーるま》さぁま、寝《ね》ぇでも起《おき》でも頭巾《ずーきん》かんぶるひぃまも無ぁへ」とうたいながら、10回ついた。➡羽根《はね》つき

［文献］日本全国児童遊戯法（中）

判じ物（はんじもの）

「謎かけ」と同じだが、強いていえば、謎かけが言葉や文章によって問うのに対して、「判じ物」は物によって寓意的に問う。たとえば、輪の中に鎌を描いて「かまわぬ」、これは、よく奴の着る半纏の背中に染め抜いてあった。また斧と琴と菊で「よき（斧の別称）事を聞く」、これは着物の染模様。こういった判じ物は江戸っ子に好まれ、店の看板などにも多用された。饅頭屋の看板に木馬は「荒馬し（あらうまし）」、芋屋の看板に十三里は「九里四里うまい（栗よりうまい）」などである。➡謎《なぞ》かけ

［文献］日本の遊戯、遊びの大事典

はんずき

羽前《うぜん》（山形県）の呼び方で、お弾き遊びのこと。➡お弾《はじ》き

［文献］日本全国児童遊戯法（中）

はんまやり

山城《やましろ》（京都府）の呼び方で、「浜投げ」のこと。打つ球のことを「はんま」、打つ棒のことを「ぎ

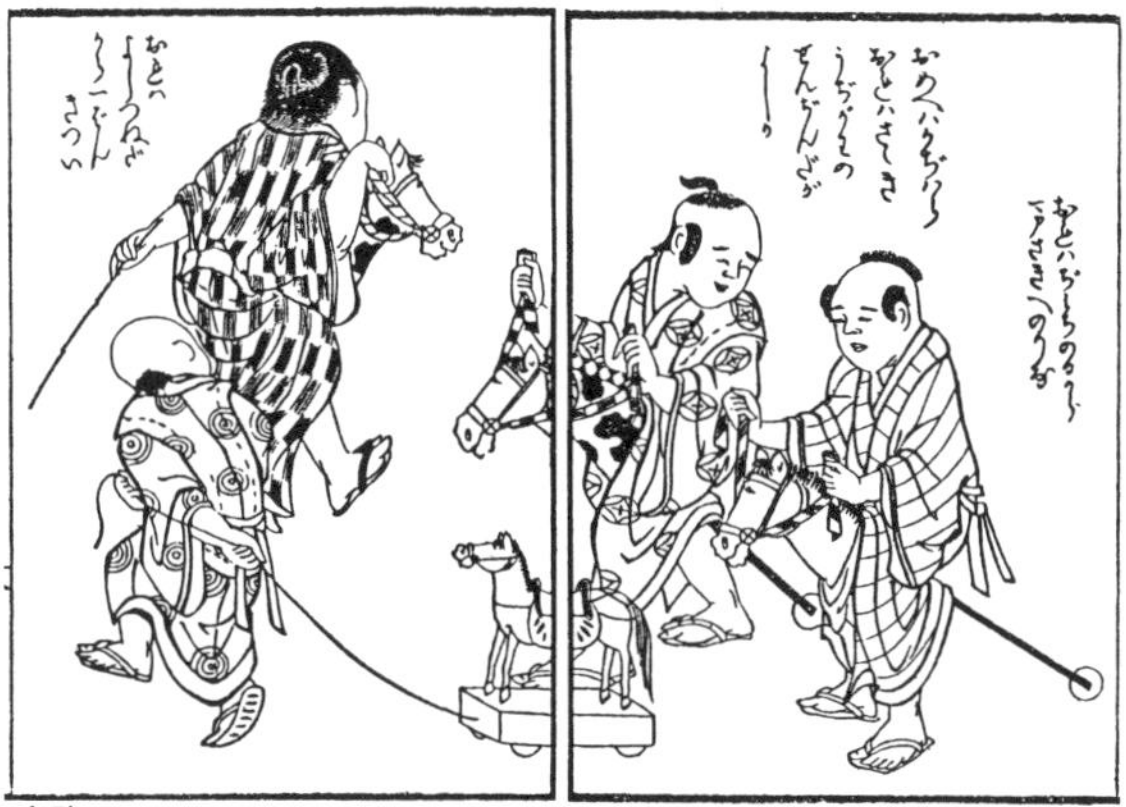

春駒『竹馬之友』

おれはぢみちのるからマアさきへのりな
おめへはかぢはら　おれはさゝき
うぢがわのせんぢんだがよしか
おれはよしつねだから一ばんきつい

春駒
（はるごま）

春駒『風俗画報』

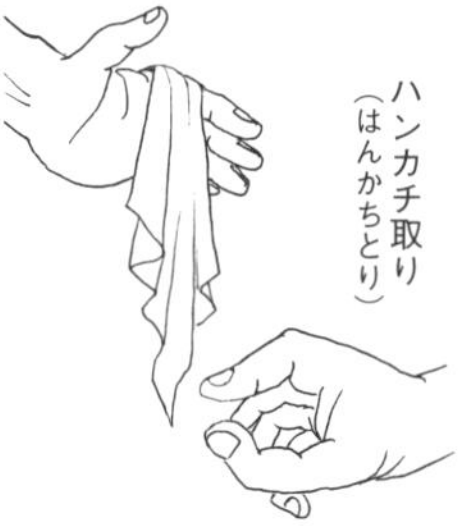

ハンカチ取り
（はんかちとり）

ハンカチ落とし
（はんかちおとし）
鬼にハンカチを落とされたら、すぐに立って鬼を追う

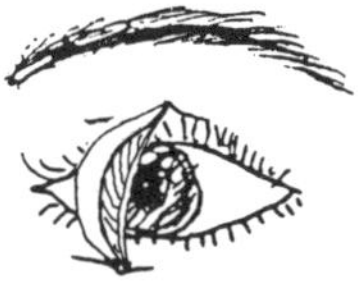

葉を瞼にはめる
（はをまぶたにはめる）

はんずき
羽前のお弾き遊び

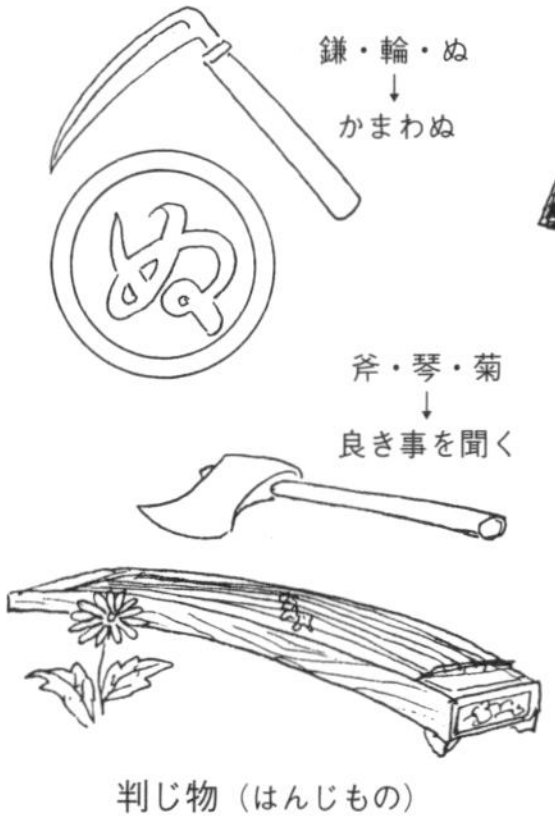

判じ物（はんじもの）

羽ん子えつき
（はんごえつき）

っちょ」と呼んだ。⬇浜投《はまな》げ

［文献］日本全国児童遊戯法（下）、遊びの大事典

［ひ］

一とつ二たつ（ひぃとつふぅたつ）

「てんてっとん」に似た遊び。2人で向かい合って、歌に合わせて手を打ち合わせる。まず1回手を打ち、右手と右手を出して打ち合わせ、普通に拍手を1回し、今度は左手同士を打ち合わせ、普通に拍手を1回する。これをだんだんと速くしながら歌に合わせて繰り返す。歌は「一ぃとつ二ぅたつおんみんみ、大山ぶしょうの大がっさりがっさりとてはよはよ下れ、下りがしゃ嫁《よーめ》の子、けし夜のおんどりこ、樹の下で啼《な》く鳥は、ピューピュー鳥かうそ鳥か、なにうそ貰《もーらっ》て、一の木二の木三の木桜、五葉松《ごよまつ》柳、柳の下で麦一本拾《ひーろっ》て枕元《まーくらもと》へおいたらば、鼠がひいてチューチューチューチューヨ」。⬇てんてっとん

［文献］日本全国児童遊戯法（上）、遊びの大事典、吾妻余波

ぴぃぴぃ

径5、6センチ、厚さ2センチぐらいの太鼓《たいこ》のおもちゃ。竹の輪の両側に赤い紙を張って太鼓のようにし、柄が笛になっていて吹くとピィピィ鳴る。幼児をあやすのに使った。

ヒイラギの風車（ひいらぎのかざぐるま）

草花遊び。ヒイラギの葉のとげを2本の指で軽くはさんで、息を吹きかけるとくるくる回る。

［文献］下町の子どもの遊び、遊びの大事典

引き落とし（ひきおとし）

「引っ張りっこ」と同じであるが、丸太の上で行うこともある。⬇引《ひ》っ張《ぱ》りっこ

［文献］日本の遊戯、遊戯大事典

膝挟み（ひざはさみ）

向き合って座り、膝を立てて前に出し、互いに膝頭をそろえてはさみ合い、膝の力で相手を左右に転がそうとする。喜多村信節《きたむらのぶよ》の『嬉遊笑覧《きゆうしょうらん》』には「膝挟は足おしにして、臑おしにはいささか異なるべし、両人ひざをたて挟みて押倒すにや」とある。

［文献］日本全国児童遊戯法（上）、遊戯大事典、遊びの大事典

ピストルごっこ

ピストルの形を模した鋳鉄製のおもちゃで、硝酸カリウムを薄紙でおおった玉（焔硝玉《えんしょうだま》という）を上部に詰めて引き金を引くと、レバーが玉にぶつかって火花が飛び、「バン！」と発射音がする。弾は出ないが、まるで本当のピストルを発射したときのような音がして迫力があった。戦争ごっこや西部劇のまねに使って遊んだ。

ビー玉（びーだま）

指でつまめる大きさのガラス玉のおもちゃ。ラムネ瓶の栓として使われているガラス玉で遊んだのが始まりで、後に色とりどりのビー玉がおもちゃとしてつくられて駄菓子屋などで売られた。ビー玉の「ビー」はポルトガル語のビードロという説、ラムネ瓶の栓としては使えないB級の玉という説などがある。日本にラムネが伝わったのは幕末で、ガラスが一般に普及するのは明治になってからである。もともと江戸時代には胡桃《くるみ》や銀杏《ぎんなん》などの木の実、さざえの貝の蓋《ふた》などを投げ打つ遊びや、「穴一《あないち》」という銭を投げ打つ遊びが子供の間で盛んに行われていた。ビー玉遊びはこれらを受け継いだもので、代表的な遊び方は以下の通り。⑴地面にビー玉を撒《ま》いておき、はなれたところから自分のビー玉を投げて当たると取れる。⑵ビー玉を指ではじき、相手のビー玉にぶつけると取れる。⑶地面に円を描き、その中にビー玉をたくさん入れておく。離れたところから自分のビー玉を投げてぶつけ、円からはじき出す。円の外に出たビー玉を取れる。⑷地面に凹みをつくり、一定はなれた線からそこへ投げて入れるなど。⬇穴一《あないち》、銀杏打《ぎんなんう》ち、胡桃打《くるみう》ち、さざえ打《う》ち

［文献］下町の子どもの遊び、遊びの大事典

引っ張りっこ（ひっぱりっこ）

「引き落とし」ともいう。地面に直線を引いて、2人が向かい合い、右足先を線上でつきあわせる。互いに右手を握って引っ張り合い、相手の体勢を崩そうとする。よろけたり、右足が線からはずれると負け。

ぴいぴい
柄が笛になっていて
吹くとピィピィ鳴った

一とつ二たつ『吾妻余波』

一とつ二たつ（ひぃとつふぅたつ）
「ひぃとつふぅたつおんみんみ……」
と歌に合わせて手を打ち合わせる

ビー玉（びーだま）

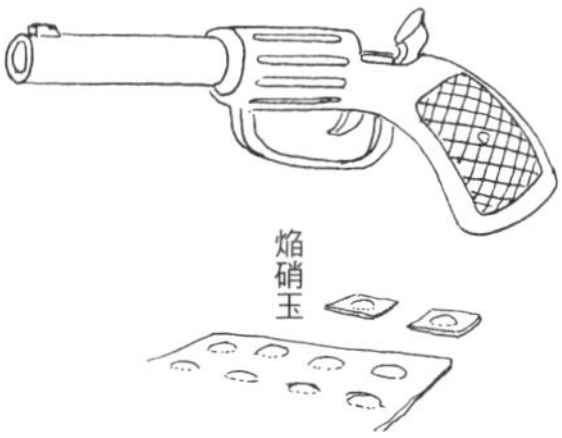

ピストルごっこ

膝挟み（ひざばさみ）
膝をはさんで力を入れ、相手を左右に転がす

引っ張りっこ
（ひっぱりっこ）
右足が線からはずれる
と負け

ビー玉を投げて
穴に入れる

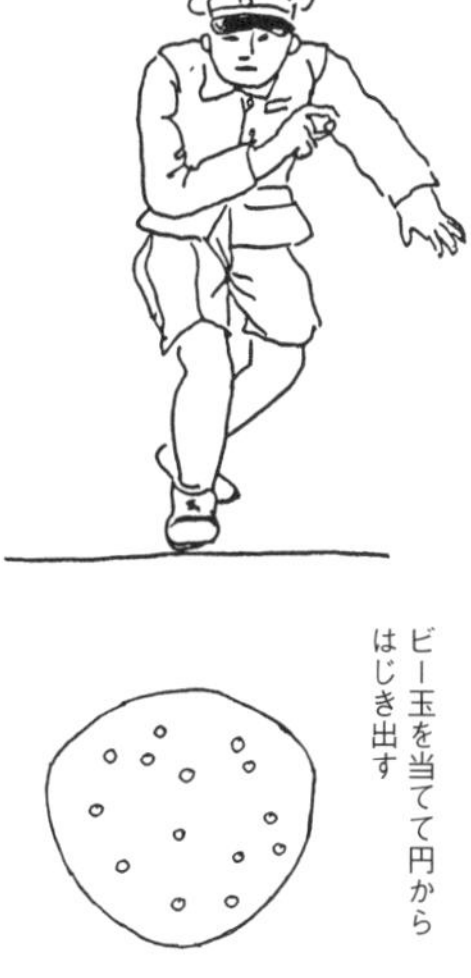

ビー玉を当てて円から
はじき出す

［文献］日本の遊戯、遊戯大事典、遊びの大事典

一つひよとりゃ（ひとつひよとりゃ）

周防《すおう》・長門《ながと》（山口県）の数え歌。「一つ、ひよとりゃ米の飯が絶えぬね。二つ、船さんは船頭さんが絶えぬね。三つ、味噌屋にゃ麹が絶えぬね。四つ、横浜にゃ異人さんが絶えぬね。五つ、医者さんにゃ薬箱が絶えぬね。六つ、婿さんにゃ嫁さんが絶えぬね。七つ、南京虫にゃまな板が絶えぬね。八つ、山吹ぁとんとことんが絶えぬね。九つ、子供衆は勉強が絶えぬね。十で殿様お馬が絶えぬね」とうたいながら「せっせっせ」をする。➡せっせっせ

［文献］日本全国児童遊戯法（下）

ひとどうつき

「ずいずいずっころばし」と同様の遊びで、東京で鬼定めを行うときにうたった歌。「ひとどうつきどうねんぼ、抜けたーらドンドコショ」➡鬼定《おにさだ》め

［文献］日本全国児童遊戯法（上）

一宿鬼（ひとやどおに）

「鬼ごっこ」で逃げ手が逃げ込める宿を1か所決めておく遊び。捕まりそうになったとき、そこに逃げ込むと捕まらない。柱を指定することが多かったためか「柱取付《はしらとりつき》」ともいい、弘化3（1846）年の『蜘蛛の糸巻』（岩瀬百樹）に「今より六十年前の比は、市中の街上にて、十から以上以下の男女の子供打交りて、日かくし、鬼児っ子、柱取付、草履かくし、隠れんぼ、など唱へて、夏の夕、往来の妨になる程群り遊びしに……」とある。➡二宿鬼《ふたやどおに》

［文献］日本の遊戯、遊戯大事典

1人キャッチボール（ひとりきゃっちぼーる）

キャッチボールの相手がいないときに、壁や塀にボールをぶつけて、跳ね返ってくる球を自分で受けて遊ぶこと。ミットやグローブを使うこともある。

一人二人三めの子（ひとりふたりさんめのこ）

「ずいずいずっころばし」と同様の遊びで、鬼定めを行うときにうたった歌。「一人《ひとり》二人《ふたり》三《さん》めの子《こ》、取ってなめろ糞《くそ》さらい、流《なが》しの下《した》の大入道《おおにゅうどう》、箸《はし》で掻込《かっこ》め千次郎《せんじろう》」➡鬼定《おにさだ》め

［文献］日本全国児童遊戯法（上）（中）

1人まわしの縄跳び（ひとりまわしのなわとび）

➡縄跳《なわと》び

雛遊び（ひなあそび）

古くは雛を「ひいな」といい、「ひいな遊び」といった。本居宣長の『玉勝間』では「人の形をちいさく作りて、わらはのもてあそぶ物を物語ぶみどもにひゐなといへり。これはちいさくつくれるを鳥のひなになずらへていへる名にて、字も雛とかき、今の世の人も、ひなといふを、ふるくひゐなとしもいへるは、詩歌をしいか、四時をしいじ、女房《にょぼう》をにようばうといふたぐいにて、ひもじを引ていふなれば、仮字《かな》はひいなとかくべきを、ゐとかけるはたがへり。物の雛形といふも、ちいさく物したるよしの名なり」と雛の意味を解説している。雛遊びのはじまりははっきりしないが、雛遊びをうたった平安時代の歌が多く残っている。齊宮女御の『御集』に「うちにおはせし時ひいな遊びに神の御もとにまうづる女におとこまであひて物いひかはすそのかみはさしも思はてこしかとも思ふことこそことになりぬれ」とあり、また忠務卿敦慶親王の御女、忠務の歌集には「七夕の絵の中宮のひひなあそびにかはらのかたすはまつくれりひひなの車のかた七月七日　棚機もけふはあふせと聞物をかはとはかりを見てかへるらん」と、7月の雛遊びが詠まれている。これとは別に古代から紙を折って人形《ひとがた》をつくり、人の穢《けが》れを移して川に流す風習があった。この人形《ひとがた》と雛遊び、中国から伝わった上巳《じょうし》の節句が結びついて、3月の節句に雛祭りが行われるようになったのは、室町時代からとも江戸時代になってからともいわれる。山東京伝の『骨董集』には、「伊勢《いせ》の小米雛《こごめびな》」という伊勢《いせ》の素朴な紙人形が載っている。はじめは紙雛をつくってまつり、雛祭りが終わると川に流した。江戸時代に人形師の手によって精巧な人形がつくられるようになると、雛祭りが終わると収納して、翌年また飾るようになった。最初は毛氈《もうせん》などの上に紙雛や内裏雛《だいりびな》を並べるのがほとんどであったが、段飾りができて雛人形とともに諸道具や供え物を並べ、豪華さを競うようになった。十軒店が有名であるが、3月の雛祭りの前には江戸のあちこちで雛

1人まわしの縄跳び（ひとりまわしのなわとび）

1人キャッチボール（ひとりきゃっちぼーる）

一宿鬼（ひとやどおに）

『写山桜《しゃざんろう》』所載の江戸時代の雛

紙雛《かみびな》

這子人形《はうこにんぎょう》

縄跳びを1人がまわしているところにもう1人が入って一緒に跳ぶ

『骨董集』所載の雛壇

『骨董集』所載の伊勢の素朴な紙人形

雛遊び（ひなあそび）

現在は向かって左に男雛、右に女雛を飾ることが多い。これは昭和天皇即位のときに座位を西洋式としたことにならったものといわれる

雛人形の七段飾りの例
上から、男雛・女雛、三人官女、五人囃子、随身（右大臣・左大臣）、箪笥・長持・針箱・鏡台など、衛士（台笠・沓台・立傘）、御駕籠・御所車

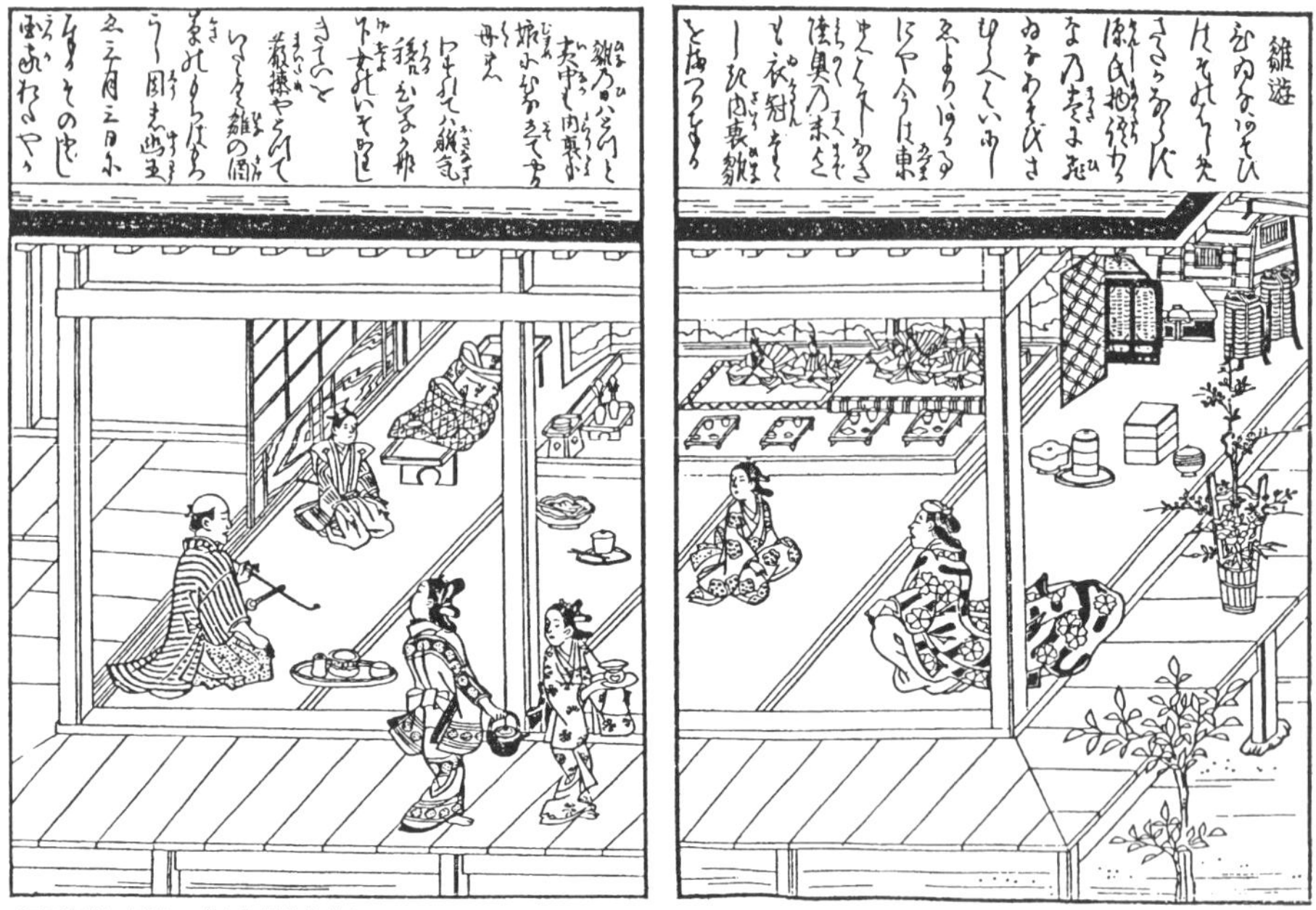

江戸中期の雛飾り『大和耕作絵抄』

江戸中期の雛飾り『絵本西川東童』

明治時代の雛飾り『小児遊戯』

江戸中期の雛飾り『絵本十寸鏡』

男雛は衣冠束帯姿で女雛は十二単姿。内裏雛は天皇・皇后の姿になぞらえてつくられた

『風俗画報』

市が開かれた。

［文献］日本の遊戯、遊びの大事典、絵本十寸鏡、大和耕作絵抄、絵本西川東童、小児遊戯、風俗画報

火鉢取り（ひばちとり）

羽前《うぜん》（山形県）で、じゃんけんで火鉢の暖かい居場所を取り合う遊び。

［文献］日本全国児童遊戯法（中）

火回し（ひまわし）

「火回り」「火渡し」「火文字草《ひもじぐさ》」ともいう。丸くなって座り、紙燭《しそく》に火をつけて1人が持ち、「火」のつく言葉を言って次に回す。次の者も同様にするが、一度言われた言葉は使えない。手に持った紙燭の火が消えると負けなので、なるべく早く言って次に回す。平安後期の『堀河院百首』に「みどり子の遊ぶすさみにまはす火のむなしき世をばありとたのまし」とある。かつて宮中で夜の行事に使われた小型の松明のようなものを紙燭というが、江戸時代の紙燭は紙を巻いて油をしみこませたもので、明治時代になると線香を使った。線香に火をつけて持ち、「植物」「動物」「橋」「坂」などの名を一つ言って次に回す。線香が短くなると手が熱くなるが、消してしまうと負け。いいかげんな名を言うと、他の者から質問が来るので、それに答えるまで次に回せない。明治中頃まで行われていた。

［文献］日本全国児童遊戯法（上）、日本の遊戯、日本遊戯史、遊びの大事典、吾妻余波

紐遊び（ひもあそび）

長い紐を使った「綾取り」のような遊び。指や腕に紐を複雑に巻き付け、一端を引くとさっとほどけるというもの。

［文献］日本全国児童遊戯法（中）

百人一首（ひゃくにんいっしゅ）

歌人百人の歌を1首ずつ選んで集めたもの。武家百人一首、烈女百人一首、名所百人一首などがあるが、最も一般的なのは小倉百人一首である。歌の入門書や手習いの手本とされ、また江戸時代に「歌がるた」ができて一般にも普及した。➡歌《うた》がるた

［文献］日本遊戯の解説、遊びの大事典

百面相（ひゃくめんそう）

東京の遊び。数人が集まって順番を決める。最初になった子が顔をおおって隠し、他の子たちが「どんな顔」と言うと、「こんな顔」といって、滑稽な顔をして見せる。今度は次の子が顔を隠して、これを続ける。

［文献］日本全国児童遊戯法（上）、遊びの大事典

百物語（ひゃくものがたり）

夜更けに集まった者が順番に怪談話をし、終わるたび灯芯《とうしん》を一つずつ消して暗くしていく。

［文献］遊びの大事典、東京風俗志、吾妻余波

びやぼん

笛のようなおもちゃ。喜多村信節《きたむらのぶよ》の『嬉遊笑覧《きゆうしょうらん》』に「屠龍工随筆、奥州岩城にて所の祭に売笛あり、その形今女のさすかんざしのやうに、二股に針のごとく角たてたる鉄にて三寸ばかりに作りて、又針のやうなる薄き鉄を中の処へ三本になる如く、きたへ付たるを歯にくはへて、二股に分れたる処に、きたへ付たる鉄の一寸ばかり余りたるを、指にてうてば、きやこんきやこんとなる故、其をきやこんといふなり。鉄にて作りたるさまの、むくつけなき蝦夷松前などの、風俗のうつりたる物と思はるといへり。たちぬる癸未のとし、此笛を江戸の子供もてあそびたり。鳴す音のびやぼんとも、聞ゆるから、びやぼんと称へたり」とある。

［文献］日本の遊戯

ひょうたん鬼（ひょうたんおに）

❶地面に大きくひょうたんの形を描く。鬼を1人決め、鬼以外の子はひょうたんの中に入る。鬼はひょうたんの外から中の子を捕まえる。全員捕まると、最初に捕まった子が鬼になる。

❷図のように地面にひょうたんを4つ描き、赤白に分かれて入る。赤組は赤組の区域にしか、白組は白組の区域にしか逃げられない。鬼はひょうたんのまわりを走り回って、敵組の子を捕まえる。一定の時間内に多くを捕まえたほうが勝ち。

［文献］下町の子どもの遊び、遊戯大事典、遊びの大事典

屏風からくり（びょうぶからくり）

喜田川守貞《きたがわもりさだ》の『守貞漫稿《もりさだまんこう》』に団十郎の機関《からくり》として載っている。「京坂制は黒厚紙五片を白紙で両端と中央とに互いにはさむ。江戸制は杉板六

火回し（ひまわし）
火が消えない前に、火のつく言葉を言って次に回す

火回し『吾妻余波』

火鉢取り（ひばちとり）
じゃんけんで火鉢の暖かい所を取り合う

百物語（ひゃくものがたり）『吾妻余波』

百面相（ひゃくめんそう）
順番におもしろい顔をつくって笑わせる

赤組と白組に別れて遊ぶひょうたん鬼。鬼は敵組の子を捕まえる

屏風からくり『守貞漫稿』

イ　京坂は此方を提れは図の裡を出す也
ロ　此方を持て提れば図の表出つ

ひょうたん鬼（ひょうたんおに）
鬼はひょうたんの外から中の子を捕まえる

片を紙でつなぐ」とある。

[文献] 守貞漫稿

開いた開いた（ひらいたひらいた）

「蓮華の花」のこと。➡**蓮華《れんげ》の花《はな》**

[文献] 日本全国児童遊戯法（中）、遊びの大事典

平手打ち（ひらてうち）

「手のひら返し」に同じ。➡**手《て》のひら返《かえ》し**

[文献] 日本全国児童遊戯法（上）

ピンポン

「卓球」のことで、「テーブルテニス」ともいう。台の中央にネットを張り、両側からラケットで、小さなセルロイド製の球を打ち合う。相手側から打ってきた球をワンバウンドで、相手コート内に打ち返す。受け損ねたり、打った球が相手コートからはずれると失敗。

[文献] 遊戯大事典、遊びの大事典

ピンランニング

赤白に分かれ、図のように並ぶ。双方、先頭の者イ（い）を親とし、その位置を円で囲む。残りを子としてロ（ろ）・ハ（は）・ニ（に）とする。合図で親がスタートし、自分の組の子を自分の円内に連れてくる。最初はロ（ろ）の子、次はハ（は）の子、その次はニ（に）の子と順番に1人ずつ連れ帰り、早く全員を集めたほうが勝ち。

[文献] 小学体育全書

【ふ】

風車（水車）（ふうしゃ（すいしゃ））

子供4人が互いに左手を伸ばして隣の子の右手首を握り、四角の形をつくって軸とする。他の子供はその外側で円形に手をつなぐ。以下の歌に合わせて、右手の方向に行進して回る。

一、風車かぜのまにまにめぐるなり　やまずめぐるも　やまずめぐるも

二、水車みずのまにまにめぐるなり　やまずめぐるも　やまずめぐるも

[文献] 小学遊戯全集

風船球つき（ふうせんだまつき）

2人で風船をつき合う遊び。紙風船やゴム風船を用いるが、紙風船はすぐに空気が抜けてしまって長く遊べない。ゴム風船は明治時代になって輸入され、横浜で売られたのが最初。

[文献] 遊戯大事典、遊びの大事典、東京風俗志

深川じゃんけん（ふかがわじゃんけん）

普通のじゃんけんと同じく石（グー）・鋏《はさみ》（チョキ）・紙（パー）で勝負するが、勝敗は逆で、鋏は石に勝ち、紙は鋏に勝ち、石は紙に勝つ決まりになっている。「深川じゃんけん負けるが勝ちよ」と言って出す。➡**じゃんけん**

[文献] 日本全国児童遊戯法（上）、遊びの大事典

吹き矢（ふきや）

武器の吹き矢をまねた遊び。本物の吹き矢は円すい状に丸めた紙の先に鉄の針をつけ、木でできた吹筒《ふきづつ》に詰めて、吹き口から息を吹き込んで飛ばす。遊びでは竹ヒゴの先を尖らせて針とし、節を抜いた竹筒に入れて吹く。精一杯吹くとかなりの勢いで飛び出し、的に当てて遊んだ。

[文献] 遊戯大事典、日本遊戯の解説、日本遊戯史、遊びの大事典、風俗画報

福徳弾き（ふくとくはじき）

加賀《かが》（石川県）の遊び。福徳は泥面子に似た円形の玩具で、表に能楽の面や人形、動物などを浮き出させてあった。これをはじいて相手の福徳にぶつけ、区画からはじき出すと取れた。➡**面子《めんこ》**

[文献] 日本全国児童遊戯法（下）、遊びの大事典

福引き（ふくびき）

くじを引いて景品を取り合う遊び。天平2（730）年正月、聖武天皇が「仁」「義」「礼」「智」「信」の5文字を短籍《たんざく》に書いて取らせ、それぞれの字に応じて糸や布を与えたという記録が『続日本紀』にあり、これが福引きの最初といわれている。古くは「宝引《ほうび》き」（「たからびき」とも読む）といい、賭事として行われることが多かった。室町時代には、策に貨幣を貫いて引き当てさせた。江戸時代になると、縄を何本か束ねて1本の縄の先に橙《だいだい》を貫き、胴親がこれを束ね持って引かせ、引き当てると賭物がもら

ピンランニング『小学体育全書』

ピンポン
卓球、テーブルテニスともいう

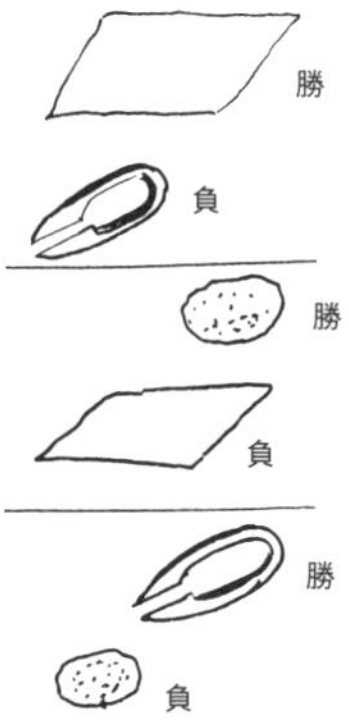

『東京風俗志』

風船球つき（ふうせんだまつき）

深川じゃんけん（ふかがわじゃんけん）
普通のじやんけんと勝ち負けが逆になる

風車（水車）（ふうしゃ（すいしゃ））『小学遊戯全集』

○福引　『絵本西川東童』
さあとれと妹も弟も打まじり
引はまことに銭のつなかな
守武《もりたけ》　伊勢の神職にて貞徳の門人

明治時代の本に描かれた吹き矢射的『風俗画報』

吹き矢（ふきや）

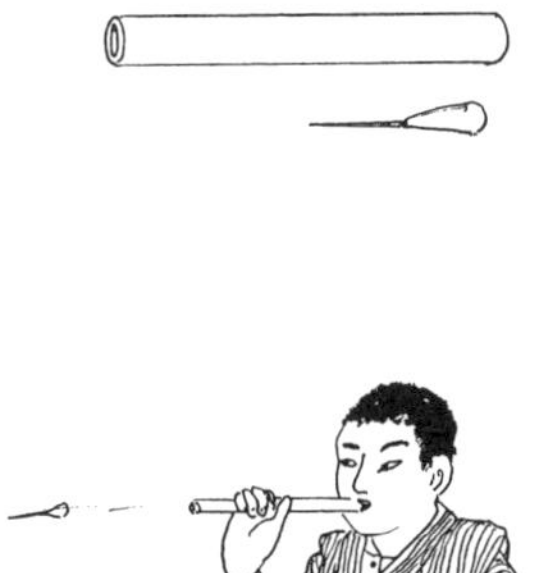

えた。正月になると「さござい、さござい」と言いながら、子供たちに宝引きを引かせる行商が町を流して歩いた。「福引き」という言葉は、年初に2人で餅を引き割って禍福を占った行事から来たという説もある。

[文献] 日本の遊戯、日本遊戯の解説、日本遊戯史、遊びの大事典、絵本西川東童、吾妻余波

福笑い（ふくわらい）

おそらく江戸時代に錦絵（多色刷りの木版画）ができてから盛んになった遊び。「お多福」（「おかめ」ともいう）の顔の輪郭だけが描かれた紙の上に、ばらばらになった眉・目・鼻・口を配置していくが、これを目隠しして行うので、とんでもない顔ができる。

[文献] 日本全国児童遊戯法（上）、日本の遊戯、遊びの大事典、風俗画報

不性独楽（ぶしょうごま）

「無精独楽」とも書く。「鞭独楽」「たたき独楽」のこと。➡**貝独楽《ばいごま》、鞭独楽《むちごま》**

[文献] 日本の遊戯

二宿鬼（ふたやどおに）

「宿替え」ともいう。「鬼ごっこ」で逃げ込む宿を、適当な間隔で2か所決めておく。逃げ手は捕まりそうになると宿へ逃げ込み、甲の宿から乙の宿へ、乙の宿から甲の宿へと捕まらないように行ったり来たりする。➡**一宿鬼《ひとやどおに》**

[文献] 日本の遊戯、遊戯大事典、日本遊戯の解説

2人鬼（ふたりおに）

「鬼ごっこ」の一種。鬼も逃げ手も2人が1組になって、手をつないだまま追いかけたり、逃げたりする。逃げ手が途中で手を離してしまうと鬼になる。➡**鬼《おに》ごっこ**

[文献] 日本の遊戯、遊戯大事典、日本遊戯の解説

2人まわしの縄跳び（ふたりまわしのなわとび）

➡**縄跳《なわと》び**

ぶっこみ

竹馬の高度な技。竹馬を持つ手をへその位置ぐらいに低くし、手で持っているところを交互にまたいで歩く。またぐとき、バランスをくずしやすい。➡**竹馬《たけうま》**

[文献] 下町の子どもの遊び

フットボール

❶サッカー、ラグビー、アメリカンフットボールの総称。

❷サッカーと同じルールでボールを蹴り合う遊び。広い空き地でコートとゴールをつくり、敵陣のゴールにボールを蹴り入れる。ゴールの前にはゴールキーパーがいて、ボールが蹴り込まれそうになると防ぐ。ゴールキーパーだけは手でボールを扱ってもよい。

[文献] 遊戯大事典

不倒翁（ふとうおう）

「起き上がり小法師」のこと。➡**起《お》き上《あ》がり小《こ》法師《ぼうし》**

[文献] 小学遊戯法、遊びの大事典

舟競べ（ふなくらべ）**【参考】**

競漕のこと。大きなものでは一艘に50～60人が乗り、櫓をそろえて漕ぐ。中国から伝わったといわれ、『万葉集』の柿本人麻呂の歌に「舟競《ふなぎほひ》」とあって、橘千蔭は『万葉集略解』でこれを「舟ぎほひはきそい漕也」と解説している。長崎のペーロン、沖縄のハーリーなどは現在も行われている。➡**水馬《はいろん》**

[文献] 日本の遊戯、遊戯大事典、遊びの大事典

ブーメラン

「く」の字形の飛び道具で、もとはオーストラリアの先住民が狩猟に用いた。遊具のブーメランは、端を持って回転させながら投げると、旋回しながら手もとに戻ってくる。

[文献] 遊戯大事典、遊びの大事典

フラフープ

径1メートル程の輪の形をした軽いプラスチック製の遊具。体に通して腰のあたりにつけ、フラダンスのように腰を揺すって上手に回すと下に落ちない。フラフープは商品名。

[文献] 遊びの大事典

ぶらんこ

中国から伝わった遊びで、古くは「鞦韆《しゅうせん》」「揺《ゆさ》振《ぶり》」「ぶらここ」などといった。太い木の枝や梁に綱を2本結び、下に乗るための横木を結びつけたもの。横木に座るか立つかし、振り子のように揺すって遊ぶ。いつごろ日本に伝わったのかはっきりしないが、平安初期の嵯峨天皇（在位809～823）の詩に鞦韆を詠んだものが

福笑い『風俗画報』

お多福の顔の輪郭

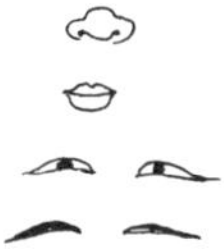

目隠しして目・鼻・口などを並べる

福笑い（ふくわらい）

2人鬼（ふたりおに）
鬼も逃げ手も2人組で手をつなぐ

二宿鬼（ふたやどおに）
逃げ手は2つの宿を行ったり
来たりして逃げる

不性独楽（ぶしょうごま）
たたき独楽のこと

ブーメラン

フラフープ

フットボール

2人まわしの縄跳び
(ふたりまわしのなわとび)

あり、当時は上流貴族の遊びであったらしい。源順《みなもとのしたごう》編『倭名類聚鈔《わみょうるいじゅしょう》』には「古今芸術図云、鞦韆 秋遷二音和名由佐波利 以二綵縄一懸二空中一、以為レ戯也」とある。江戸時代になって「ぶらんこ」と呼ばれるようになり、一茶の句に「ぶらんこや桜の花を持ちながら」とある。

［文献］日本全国児童遊戯法（上）、日本の遊戯、日本遊戯の解説、遊びの大事典、東京風俗志、吾妻余波

振り将棋（ふりしょうぎ）

将棋遊びの一つ。歩兵1点、香車5点、桂馬・銀将10点、飛車・角行50点、王将100点とする。まず順番を決め、金将4枚を振り駒にして盤上で振り、出た点数を相手から駒でもらう。点数は上向き1点、横に立つと5点、たてに立つと10点、斜めに立つと1000点で計算する。全部裏だと100点、全部表だと50点で、つづけて金将を振れる。駒が重なると相手に払う。盤から出るともらえない。➡将棋《しょうぎ》

［文献］日本全国児童遊戯法（上）、日本の遊戯、遊びの大事典、下町の子どもの遊び

フリスビー

「フリスビー」は商品名で、正式には「フライングディスク」という。プラスチック製の丸い円盤状の遊具。横に平らにして水平に投げると、空中を滑るように飛ぶ。屋外の広いところで投げ、相手は飛んでくるフリスビーをつかまえて投げ返す。米国で大学生がパイの皿を投げて遊んだことにはじまるといわれ、商品化された当初は金属製であったが後にプラスチック製になった。日本には1969年に紹介された。

［文献］遊びの大事典

振鼓（ふりづつみ）

俗に「でんでん太鼓」という。本来は雅楽の楽器で、円筒の太鼓2つを直角に重ねて柄を貫き、小さな玉を糸で結びつけたもの。柄を振ると玉が鼓面に当たって音を出す。これを簡略にしたおもちゃで、紙を張った小さい太鼓に柄を付け、左右に鈴や大豆の付いた糸を垂らしたもの。柄を回すと鈴（大豆）が太鼓に当たって鳴る。大正の頃までおもちゃ屋で売っていた。

振々（ぶりぶり）

八角形の槌の頭のような形の側面にめでたい絵を描いた木製の玩具。側面の両側に車のようなものが付いていて、紐を引いて遊ぶ。両側の車をはずして玉にし、「毬杖《ぎっちょう》」のように打って遊んだともいう。「振々」と「毬杖」は同一という説があるが、山東京伝の『骨董集』には「ぶりぶりの名は古き書にいまだ見あたらず。近き昔、造り始めたる物なるべし。毬杖と同物とするは、ひがことなり。元来別物なり」とある。江戸時代末には、縁起物として正月に贈ったり飾ったりする風習があった。➡毬杖《ぎっちょう》

［文献］日本の遊戯、遊戯大事典、日本遊戯史、骨董集、遊びの大事典、絵本大和童、守貞漫稿、風俗画報

ふろ

指遊び。「熱いかいぬるいかい」と同じ。➡熱《あっ》いかいぬるいかい

［文献］日本全国児童遊戯法（中）

プロペラ遊び（ぷろぺらあそび）

飛行機のプロペラの羽根の形をした8センチぐらいのおもちゃで、「ぶんぶん独楽」のようにして遊ぶ。羽根の中程に穴が2つあり、そこに紐を通す。両手で持って振って回して糸によりをかけ、左右に引っぱると、プロペラが回転する。駄菓子のおまけについてきて、プロペラが食べられるものもあった。➡ぶんぶん独楽《ごま》

ぶんだし

磐城《いわき》（福島県）の胡桃《くるみ》を投げる遊び。地面に図のように、約2メートル間をあけて線を2本描く。1人が1個ずつ胡桃を出し、最初の子がそれを全部持ち、イの線の手前にうずくまって、ニのあたり撒《ま》く。他の子が相談して指定した胡桃を狙って、自分の胡桃を打ち付ける。自分の胡桃が線と線の間に残り、打った胡桃がロの線から向こうにはじき出されると全部を取れる。うまくはじき出せなかった場合、またはじき出せても別の胡桃にも当たった場合は、取らずに次の子に代わる。胡桃の代わりに銀杏《ぎんなん》で遊ぶこともあった。

［文献］日本全国児童遊戯法（中）

ぶんぶん独楽（ぶんぶんごま）

「ぶん回し」ともいう。昔は竹やブリキでつくったが、ボール紙でも簡単にできる。材料はボール紙約10センチ四方、たこ糸約80センチ。ボ

振り将棋（ふりしょうぎ）
金将の駒をさいころ代わりに振る遊び

ぶらんこ
古くは鞦韆《しゅうせん》、ゆさふりなどといった

ぶらんこ『吾妻余波』

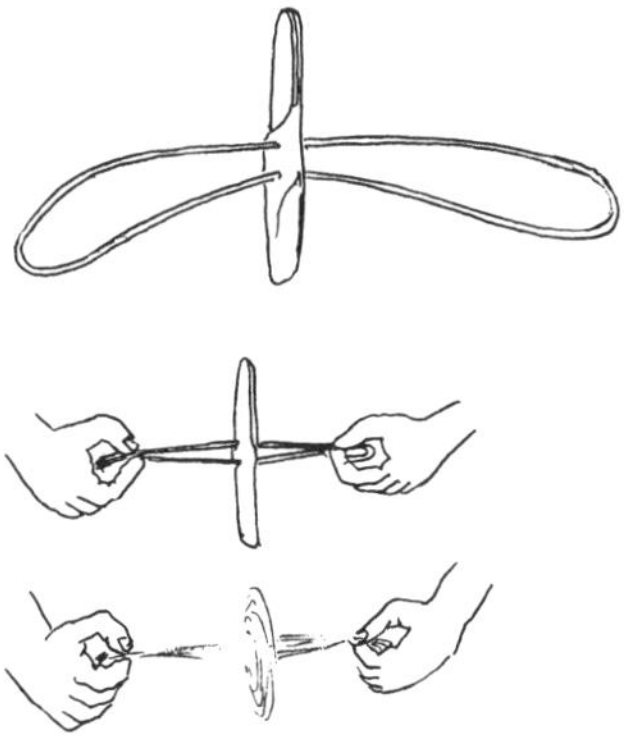

プロペラ遊び（ぷろぺらぁそび）

振鼓（ふりづつみ）
幼児をあやすおもちゃ。
でんでん太鼓ともいう

フリスビー

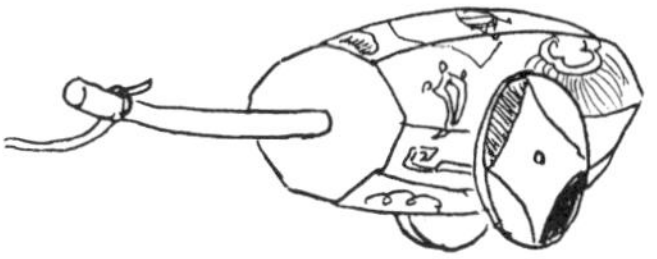

振々（ぶりぶり）

江戸時代のおもちゃ。
車をはずして玉にして
打って遊んだともいう

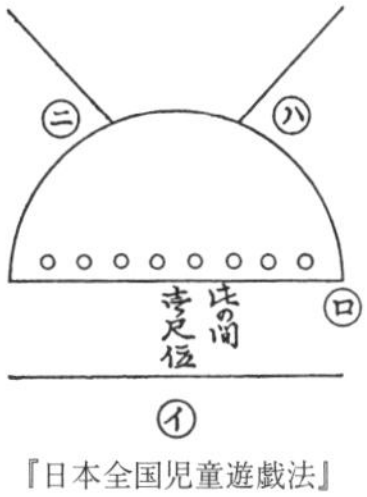

『日本全国児童遊戯法』
ぶんだし
胡桃を投げる磐城の遊び

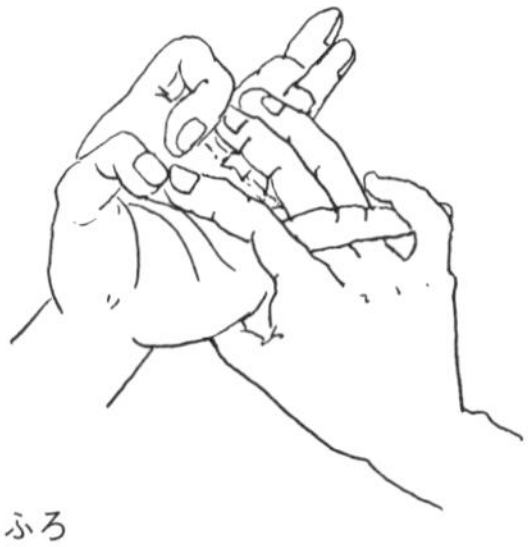

ふろ
両手の指をこの形に組んで、左手の親指と人さし指の間に相手の指をはさみ、力を入れたり抜いたりする

右下のほうに振々が見える『絵本大和童』

江戸初期の正月元旦の遊戯『洛中年中行事絵巻』

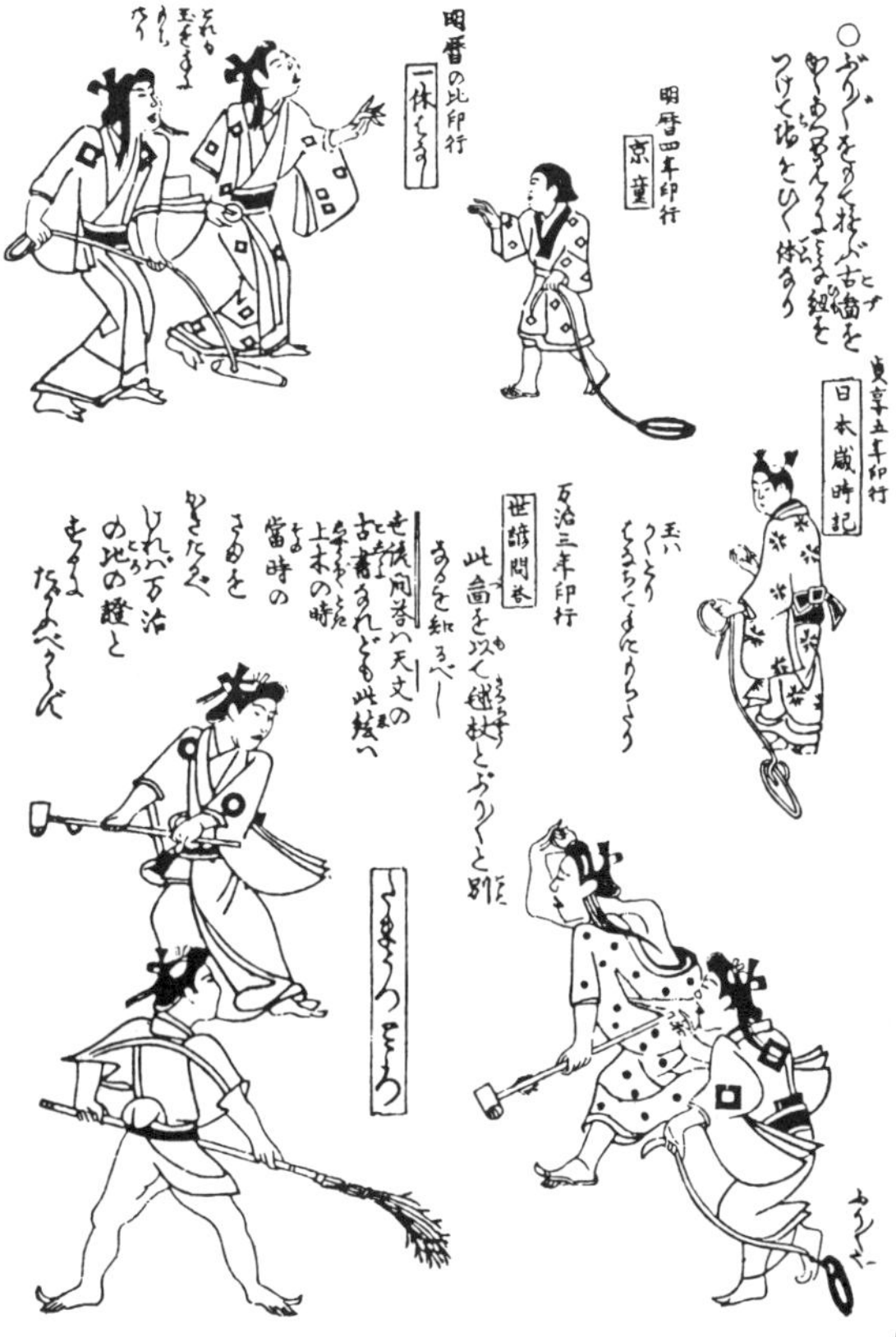

『骨董集』

〔本草啓蒙〕巻廿七云《いはく》、「碌碡《ろくじく》は田器《でんき》なり。形瓜《かたちうり》の如《ごとく》にして六稜《むかど》あり。両頭《りやうとう》に索《なは》ありて、土上《どじやう》をひきて地《ち》面《めん》を平《たひら》にする具《ぐ》なり。三才図会、授時通考等《とう》に図《づ》を載《の》す。本邦《ほんばう》正月児戯《じげ》のぶりぶりは、この形《かたち》に象《かたど》るなり。」一醒云、今此説《このせつ》によりて按《おもふ》に、正月男児《なんじ》にぶりぶりをもてあそばせしは、年始《としのはじめ》に農業《のうげふ》のまねびをさせ、農事《のうじ》をすゝむる意《こゝろ》なるべし。古画《こぐわ》を見るに、ぶりぶりに紐《ひも》をつけて、地上《ちじやう》をひく体《てい》をおほく画《ゑが》けり。是《これ》田畑《たはた》の地面《ぢめん》を平《たひら》にするのまねびならん。

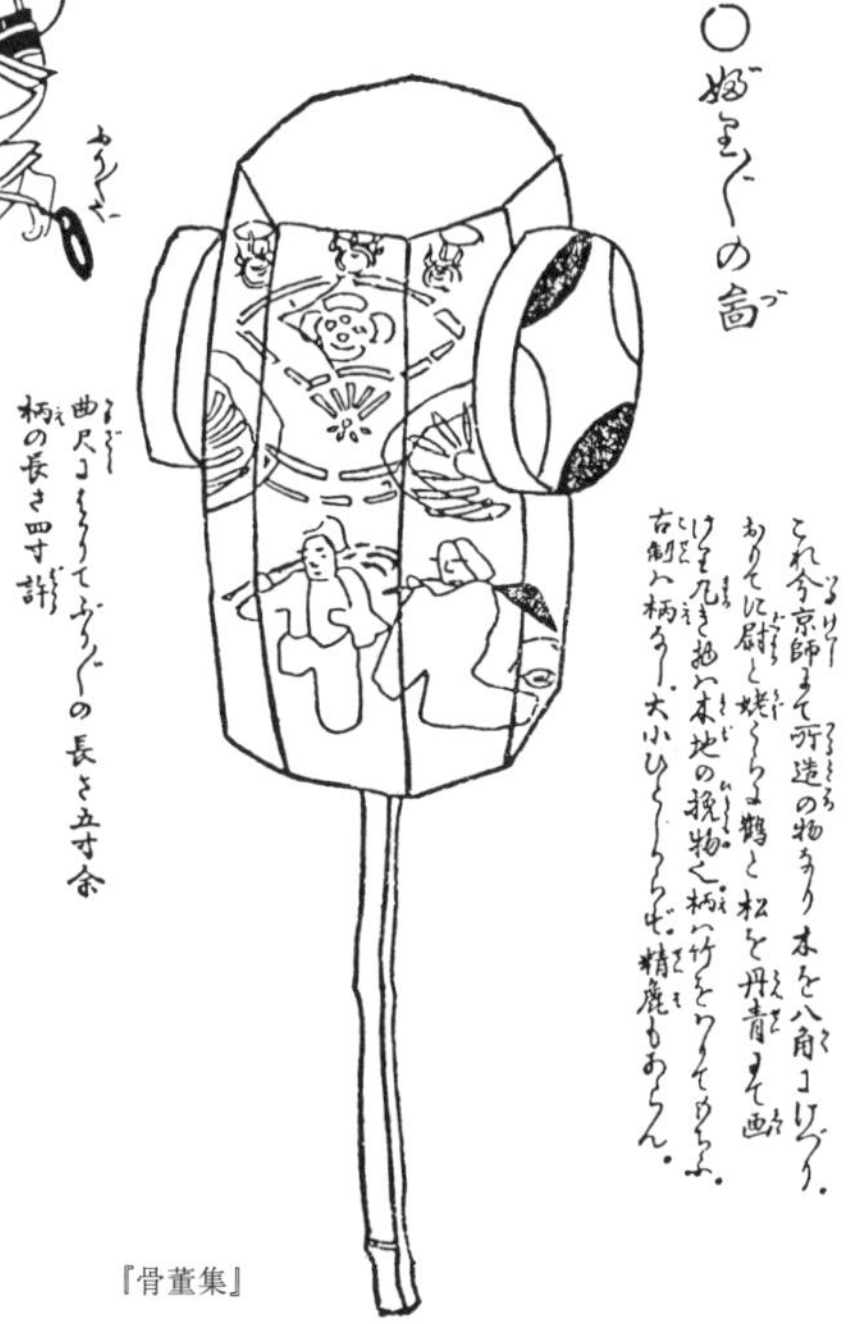

『骨董集』

○ぶりぶりの制作《せいさく》を考《かんがふ》るに、両脇《りやうわき》につけたる戸車《とぐるま》の如《ごと》きものは、元地《もとち》をひく料《れう》の車《くるま》にてありしなるべし。しかるを後《のち》に毬杖《ぎつちやう》にならひ、その車《くるま》をとり放《はな》ちて、投《なぐ》る玉《たま》とし、ぶりぶりの紐《ひも》を持《もち》てふりめぐらし椎《つち》のかはりとして、玉《たま》を打《うち》とめしゆゑに、毬杖《ぎつちやう》とおなじ物のやうになりし歟《か》。左《さ》にあらはす明暦、万治の此《ころ》の古図《こづ》を見て、推当《おしあて》にさおもへり。前《さき》にいへるごとく、今は年始《ねんし》の祝《いはひ》のおくり物にするのみ。何《なに》の所用《しよよう》もなきものとなれり。

ール紙を短冊か円盤に切り、真ん中に1センチ間隔で穴を2つあける。この穴にたこ糸を通して、両端を結ぶとできあがり。紐を両手で持って、振るように回して糸によりをかけ、左右に引っぱると回る。左右の間隔を縮めながら回転の惰性で糸によりがかかるのを待ち、また左右に引いて回す。高速回転させると「ブンブン」とうなり音が出る。円盤の外周に切り込みを入れて互い違いに折り曲げておくと、うなり音がよく出る。

[文献] 日本遊戯の解説、下町の子どものあそび

【へ】

平行棒（へいこうぼう）

体操競技の一種。同じ高さの平行する2本の鉄棒を使って、体を前後に揺すったり、倒立、宙返りなどを行う。

[文献] 遊びの大事典

塀こお（へいこお）

周防《すおう》・長門《ながと》（山口県）の遊び。⇨**こおば**

[文献] 日本全国児童遊戯法（下）

兵隊ごっこ（へいたいごっこ）

敗戦までは兵隊さんに憧れる男の子が多かった。おもちゃの銃やサーベルを持って集まり、軍隊のように行進したり、敵陣に突撃するまねをしたりして遊んだ。下総《しもうさ》（千葉・茨城県）では、杉皮に細く切った金銀紙を貼って尉官・佐官の帽子のようにかぶり、1メートルぐらいの青竹の先を割って細い竹をはさんだものを銃のようにかついで遊んだ。細い竹に麻糸が結んであり、それを引くと細い竹がはずれて大きな音がするしかけになっていた。

[文献] 日本全国児童遊戯法（中）、遊びの大事典、下町の子どもの遊び

兵隊さん（へいたいさん）

竹馬の技。1本を肩に担いで、片足だけでとんとん歩くこと。将校級になると、股《また》の間に竹馬をはさみ、片足で乗って両手を離して見せ場をつくった。

[文献] 下町の子どもの遊び

べーゴマ

「貝独楽」のこと。⇨**貝独楽**《ばいごま》

[文献] 下町の子どもの遊び

べたの凧

遠江《とおとうみ》（静岡県）の四角い凧。たこ糸は3本以上で、大きいほどたくさん付けた。尻尾に縄を付けるので、風が強くないと揚がらない。揚げると、凧を絡ませてたこ糸を切り合う喧嘩凧になり、1個の凧に10～30人が集まって騒いだ。⇨**凧揚**《たこあ》**げ**

[文献] 日本全国児童遊戯法（中）

へたんこ

遠江《とおとうみ》（静岡県）で、紙製になる前の鉛製の四角い面子を「へたんこ」といった。⇨**面子**《めんこ》

[文献] 日本全国児童遊戯法（中）

べっかんこ

「べかこう」「べかんこ」「あっかんべえ」ともいう。指先で下まぶたを引き下げ、目の裏の赤い部分を見せる仕草で、拒否を表す。下をぺろっと出すこともある。

べった

地方により「面子」をこう呼ぶ。⇨**面子**《めんこ》

[文献] 日本全国児童遊戯法（上）（中）、遊びの大事典

べったり

出雲の呼び方で「面子」のこと。⇨**面子**《めんこ》

[文献] 日本全国児童遊戯法（下）

ぺったんこ

「上がりこ下がりこ」のこと。⇨**上**《あ》**がりこ下**《さ》**がりこ**

[文献] 日本の遊戯

べろべろの神（べろべろのかみ）

放屁した子を占って当てる遊び。簡単なのは、先を折り曲げた小枝や箸、「や」の字に結んだこよりなどを使う。みんなで円形になって座り、1人が箸やこよりを両手でもんでぐるぐる回し、「べろべろの神は正直な神よ、誰がした彼がした、した方につん向きやれ」ととなえる。言い終わったときに折れた先が向いた方向にいる者が犯人。ほかに丼《どんぶり》に水を入れて小さい茶碗を浮かべ、茶碗の縁に折れ箸を割ってはさみ、これをぐるぐる回して水の動きが止まったときに箸の

下総の兵隊ごっこ
『日本全国児童遊戯法』

兵隊ごっこ（へいたいごっこ）

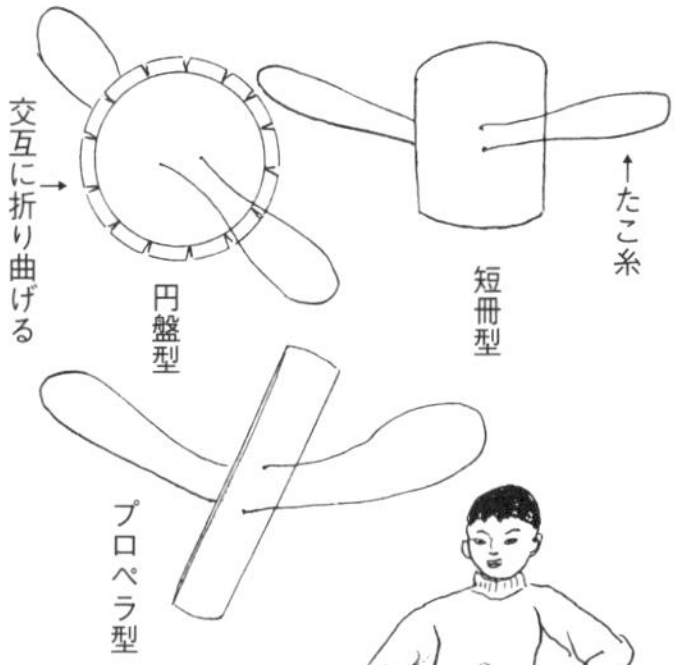

ぶんぶん独楽
（ぶんぶんごま）

べっかんこ
あっかんべえともいう

へたんこ
遠江で鉛製の四角い面子を
へたんこといった

兵隊さん（へいたいさん）
将校級になるとこの格好から
両手を離し、片足で乗って見
せた

水に浮かべた茶碗を
ぐるぐる回す

ぺったんこ
上がりこ下がりこのこと

箸やこよりを両手で
ぐるぐる回す

べろべろの神（べろべろのかみ）
犯人探しのおまじない

べった
面子のこと

先が向いた方向にいる者が犯人、というのもあった。

[文献] 日本全国児童遊戯法（上）（中）、遊びの大事典

変化の退治（へんげのたいじ）

「変化」というのは妖怪のこと。10人ぐらいで遊ぶ。それぞれ紙や布で頭巾《ずきん》をつくり、前後にいろいろな妖怪の絵を描く。床か地面にぐるっと円陣を描き、そこからは外に出ないことにする。みんな円陣の中に入り、変化の頭巾をかぶって目が見えないようにする。「初め」の合図で、手探りで他の変化の頭巾をつかまえて引き抜く。引き抜かれた者は外に出る。一番多くの変化を引き抜いた者を1等、最後まで残った者を2等とする。

[文献] 絵入幼年遊戯

べんざい

陸奥《むつ》（青森・岩手県）の冬の遊びで、下駄スケートに似ている。木履のようなものの底に竹か細い鉄を打ち付け、これを履いて氷結した雪の上を滑ると、自転車ぐらいの速度が出た。⇩**下駄《げた》スケート、雪滑《ゆきすべ》り**

[文献] 日本全国児童遊戯法（中）

べん茶羅隠し（べんちゃらかくし）

京都の遊びで、「べん茶羅」とは茶碗のかけらのこと。どのかけらは誰と決めて土中や草の中に隠し、鬼に探させる。見つかった者が次に鬼になる。鬼が探しているとき、「茶の湯が茶なら出してやろ、出してやろ」と、はやした。

[文献] 日本全国児童遊戯法（上）

【ほ】

ほいほい

足遊びの一つ。地面に図のように区画を描き、「そとそとホイホイ　なかホイホイ　そとなかなかそと　そとなかホイ」とうたいながら、両足を広げたり閉じたりして、足を間違えずに枠の中に入れる。⇩**足《あし》じゃんけん**

[文献] 下町の子どもの遊び

棒押し（ぼうおし）

じょうぶな棒を2人で持ち、両端から押し合って力競べをする遊び。江戸時代に商家の子供が荷物を運ぶ天秤棒を使って遊んでいたという。

[文献] 日本の遊戯、遊戯大事典、日本遊戯の解説、遊びの大事典

棒くぐり（ぼうくぐり）

東京の遊び。長さ1.5メートルぐらいの竹を、体の前で横に握る。棒を下げていって、まず片足でまたぎ、次にもう片足でまたぎ、棒を背後から頭の上に回して体の前に戻す。棒が服に触れないように、これを繰り返す。

[文献] 日本全国児童遊戯法（上）

坊さんこっけらこ（ぼうさんこっけらこ）

豊前《ぶぜん》（福岡・大分県）の遊びで、「芋虫ころころ」と「子捕ろ子捕ろ」に似ている。親を先頭に一列になり、前の子の帯をつかんでしゃがむ。この格好で「坊さんこっけらこ、いもむしゃかわらけ、土器《かわらけ》の焼けるまでお待ちゃれ、お待ちやれ」と言いながら進む。親が「後の者ちょっと来い」と呼ぶと、最後尾の者が「雨が降って行かれません」。親「蓑笠貸そう」。後の者「川が深うて行けません」。親「舟を一艘貸そう」。後の者は列を離れて、「きっこきっこ」と言いながら親の前に進み、「参りました。何の用でございますか」。親「御殿様の御通りばばをさらえ」。後の者「ばばをさらいましたが、何で洗いましょうか」。親「湯で洗え」。後の者「湯は熱うございます」。親「水で洗え」。後の者「水は冷とうございます」。親「湯と水と混ぜて洗え」。後の者「洗いましたが何で拭きましょうか」。親「父と母のへこで拭け」。一同「くさいなくさいな、くさいなくさいな」。ここで後の者は、最後尾にいる者を捕まえようとする。親は「ひとりっ子はやらぬ」と言って、とらえさせまいと左右に動く。⇩**芋虫《いもむし》ころころ、子捕《こと》ろ子捕《こと》ろ**

[文献] 日本全国児童遊戯法（下）

坊さん坊さん（ぼうさんぼうさん）

「籠女かごめ」に似た遊び。皆で手をつないで輪になり、鬼が1人、中に入って目を隠す。皆は「坊さん坊さんどこ行くの。私は田んぼへ稲刈りに。私も一緒に連れしゃんせ。お前が来るとじゃまになる。このカンカン坊主カン坊主。

変化の退治（へんげのたいじ）『絵入幼年遊戯』
思い思いに妖怪の頭巾をつくってかぶる

べん茶羅隠し（べんちゃらかくし）
京都では茶碗のかけらをべん茶羅といった。これを隠して探す遊び

べんざい
雪道でスケートするために木履に細工したもの

棒くぐり（ぼうくぐり）

棒押し（ぼうおし）
棒を押し合う力競べ

ほいほい
歌に合わせて足を動かす足遊び

坊さんこっけらこ
（ぼうさんこっけらこ）
豊前の芋虫ころころに似た遊び

坊さん坊さん（ぼうさんぼうさん）

後ろの正面だぁれ」とうたいながら回り、「カンカン坊主カン坊主」のところで鬼に近づいて頭をつつく。歌が終わると、鬼は目隠しのまま、自分の後ろにいる子の名前を言い当てる。⬇籠《かご》女《め》かごめ

［文献］下町の子どもの遊び

鳳仙花（ほうせんか）

草花遊び。鳳仙花はツリフネソウ科の一年草。赤やピンクの花びらをもんで爪に載せてしばらく置くと、爪がピンクに染まる。この遊びから鳳仙花の別名を爪紅《つまべに》という。

［文献］下町の子どもの遊び

棒抜き打ち（ぼうぬきうち）

剣術で、扇を刀の柄の上に立て、落ちる前に刀を抜いて斬る「扇切り《おうぎきり》」という技があり、これをまねた遊び。木刀または棒切れを刀代わりに腰にさす。1メートルぐらいの棒を片手で地上に立て、手を離すと同時に木刀を抜いて、その棒が倒れる前に払い斬りにする。

［文献］日本の遊戯、日本遊戯の解説

棒捻じ（ぼうねじ）

2人で向かい合って棒を持ち、棒を反対方向にねじり合って勝負を争う遊び。長さ約50センチ、太さ約4センチの棒を使う。

［文献］日本の遊戯、日本遊戯の解説

宝引き（ほうびき）

「福引き」のこと。⬇福引《ふくび》き

［文献］日本の遊戯、遊びの大事典

ほおずき

ナス科の多年草。赤く熟した実を採ってよくもみほぐし、楊枝《ようじ》で穴をあけて中の種を出し、水洗いし、息を吹き込んで膨らませると、ほおずきの風船ができる。これを口に入れて舌で押しつぶすと「ギュッ」と音がする。これを「ほおずき鳴らし」という。ほおずきをもみほぐすには根気がいり、東京では「根は先出ろ、種《たね》は後から出ろ、坊さん赤い衣《べべ》着せて観音様へ連れてってやるから早く回り灯籠んなぁれ」と言いながらやると早くできるといわれた。ゴム製のおもちゃや「海ほおずき」（アカニシ・テングニシ・ナガニシなどの巻貝の卵嚢）もあり、同様に鳴らして遊んだ。

［文献］日本全国児童遊戯法（上）、日本遊戯史、下町の子どもの遊び、東京風俗志

ほおずき盗み（ほおずきぬすみ）

磐城《いわき》（福島県）の遊び。2人を選び、片手をつないで差し上げて門の形になる。他の子たちは1人ずつ門に来て「こことーせとくれ」と言う。2人は「裏にほおずきがあっから、とんねあどこれ」。他の子は「はいはい」と言って門をくぐる。これを繰り返して皆が門をくぐると、「ポキリポキリ」と言ってほおずきを取るまねをする。袂を抱えて門のところに戻り、「帰っから、とーせとくれ」と言えば、2人は「ほおずき取ったんでねあげあ」と言う。「ええええ」と言って皆が門を出てしまうと、同時に「ほおずき盗んだ盗んだ」とはやして逃げる。ここで2人は別々に皆を追い、それぞれ捕まった2人が次の門になる。

［文献］日本全国児童遊戯法（中）

星祭り（ほしまつり）

7月7日の七夕祭りのこと。⬇七夕祭《たなばたまつ》り

蛍狩り（ほたるがり）

東京でも大正時代ぐらいまで、屋敷町や下町で蛍が飛んでいた。団扇《うちわ》で軽くたたいて落としたり、竿《さお》の先に笹を付けたものを振ってからませて捕まえた。寛永19（1642）年刊の『秋長夜物語』に「れいの童さきに立て、、、ぎよなふのちやうちんに蛍を入てともしたり。其光かすかなるに……」とある。⬇蛍来《ほたるこ》い

［文献］日本全国児童遊戯法（上）、日本の遊戯、遊戯大事典、遊びの大事典、都名所図会、小児遊戯、絵本御伽品鏡

蛍来い（ほたるこい）

「ほーほーほーたる来い、そっちの水は苦いぞ、こっちの水は甘いぞ、ほーほーほーたる来い」という蛍狩りのときにうたう歌。江戸の子供たちは「ほーたる来い、山みて来い、行灯《あんど》の光をちょと見て来い」とうたったという。他の地方では「ほーたろこーい、じょうねんぼ、あちらのみーずは泥水、こちらのみーずは清水、一杯飲まそにとーんで来い」（伊勢《いせ》）、「ほーたろこい、ほーたろこい、提灯もてこい、火ともそ、ホホほーたろこい、行灯にかくけて火ともせ」（摂津《せっつ》）など。⬇蛍《ほたる》

棒捻じ（ぼうねじ）
棒を反対方向にねじり合う力競べ

棒抜き打ち（ぼうぬきうち）
剣術をまねた遊びで、棒から手を放すと同時に木刀を抜いて払い斬りにする

『大植物図鑑』

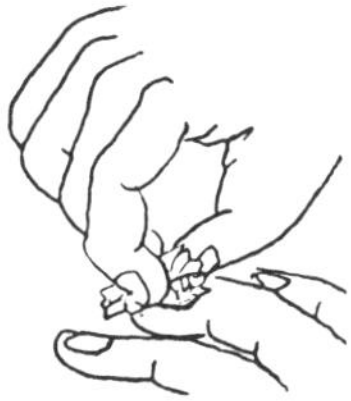

鳳仙花（ほうせんか）
子供たちが花汁で爪を赤く染めて遊んだことから別名を爪紅《つまべに》という

ほおづき

ほおずきの実

楊枝で中の種を出す

ほおずきの実の皮だけが残る

口に入れて舌で押すとギューと鳴る

星祭り（ほしまつり）
七夕祭りのこと

ほおずき盗み（ほおずきぬすみ）

蛍狩り（ほたるがり）
飛んでいる蛍は団扇で軽くたたくと落ちた

七夕祭りとほうずき遊び『絵本十寸鏡』

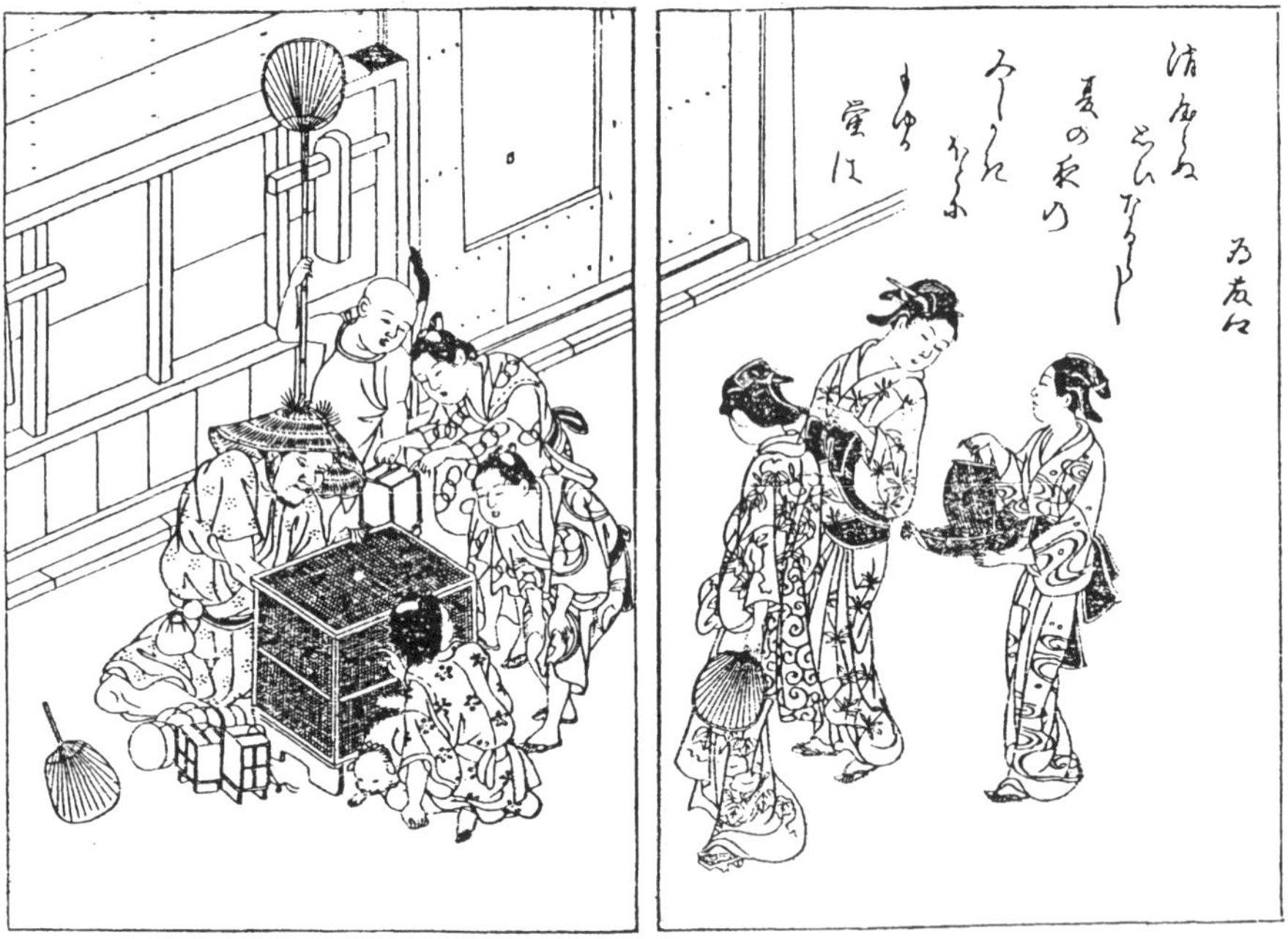

蛍売り『絵本美奈能川』

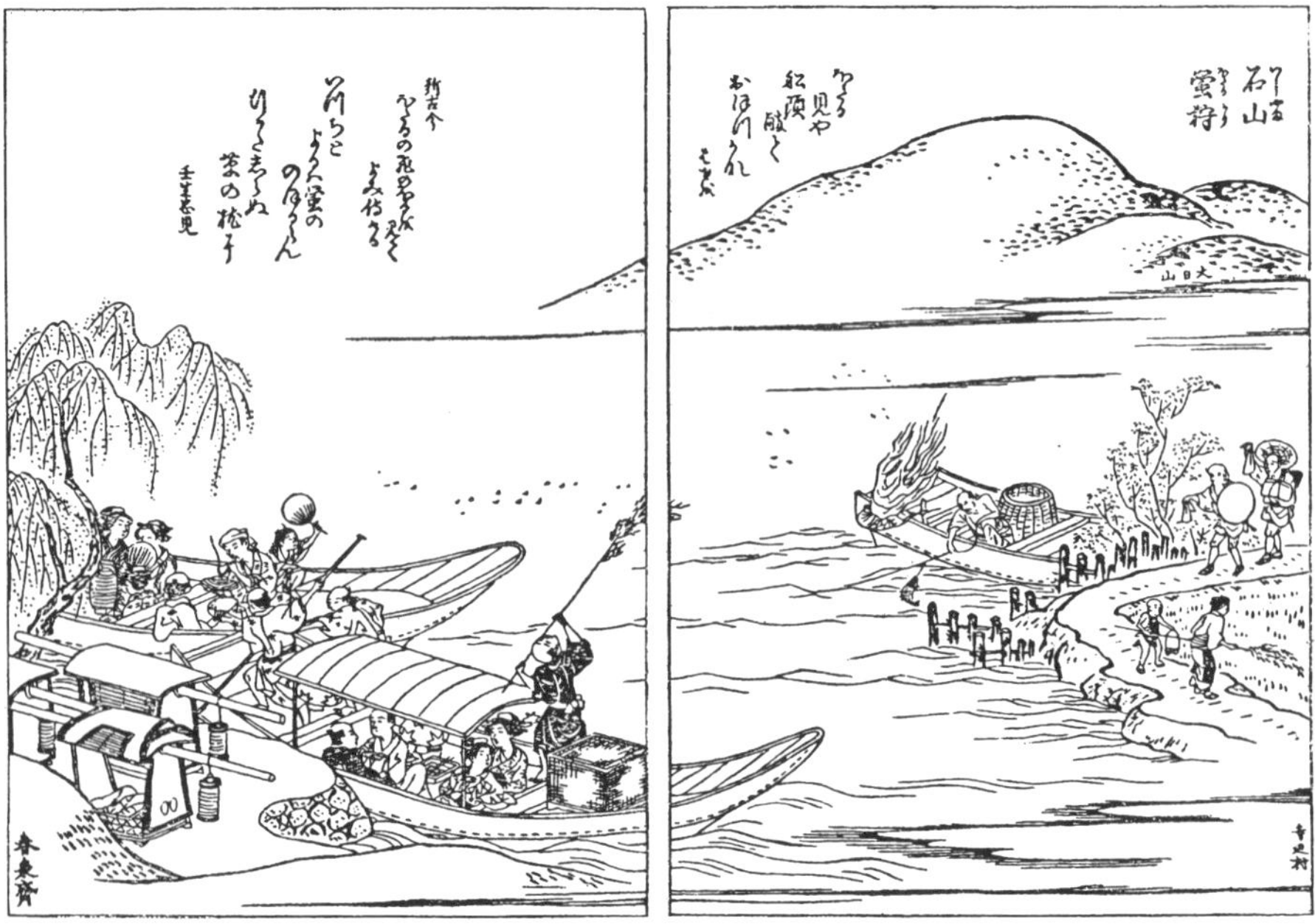

蛍狩り『東海道名所図会』

家集　鳥羽院の北面会に「江上蛍多し」といふことをよめる
いざやその蛍の数はしらねども玉江の蘆のみえぬ葉ぞなき　源三位頼政

『都名所図会』

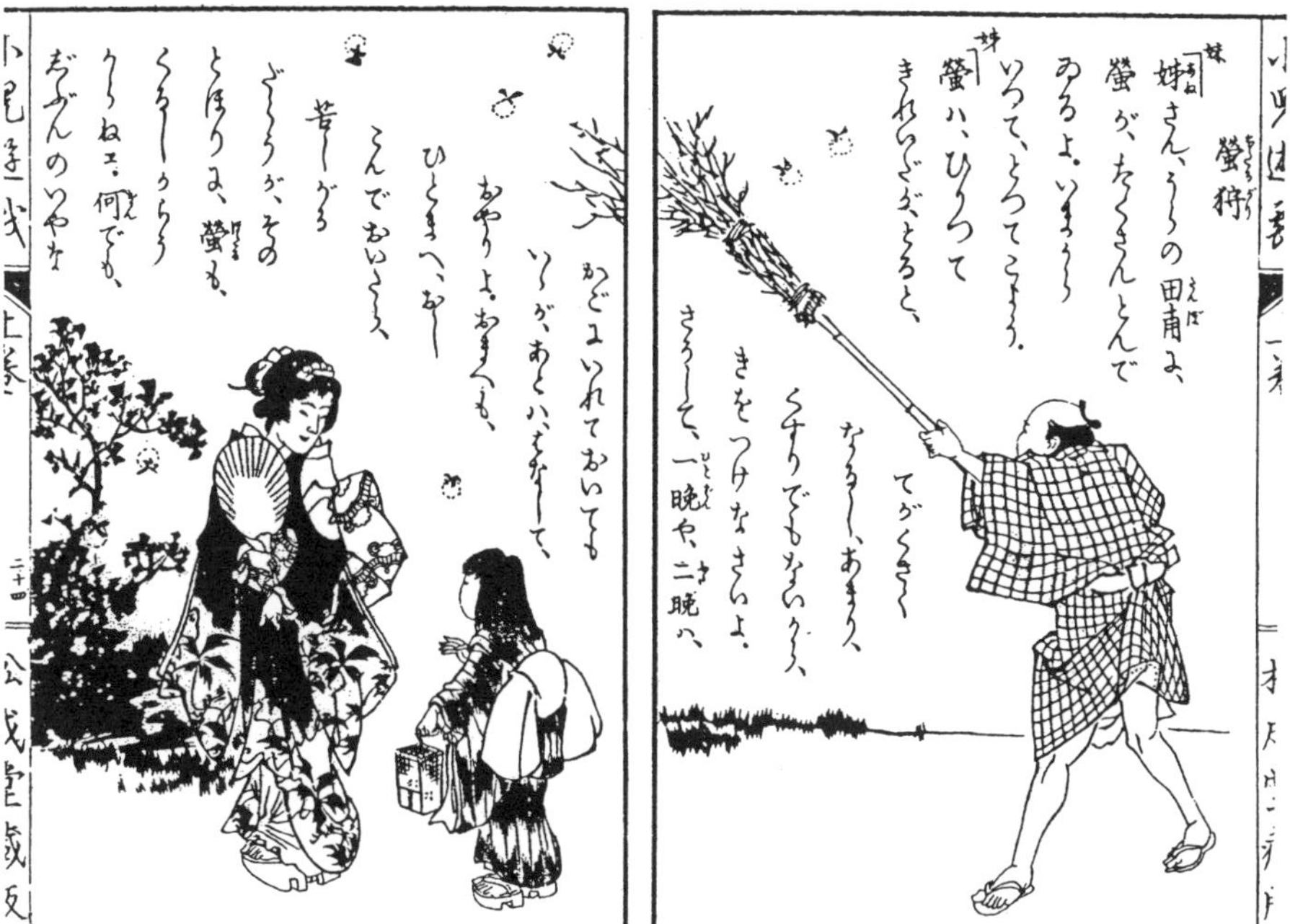

蛍狩り『小児遊戯』

狩《が》り

［文献］日本全国児童遊戯法（中）（下）

ホーラホラ

　2人まわしの縄跳びで、3人が跳ぶ。「ホーラホラ、青山の、えんど豆は、青ぐさい、お姫様、ドンスケドン、一はっさん、二はっさん、三はっさん、一抜けろ、二抜けろ、三抜けろ」。「ドンスケドン」までは3人が順に跳ぶ。「一はっさん」で1人目が、「二はっさん」で2人目が、「三はっさん」で3人目が入る。ここで3人がたまって、次の「一抜けろ」で1人目が、「二抜けろ」で2人目が、「三抜けろ」で3人目が抜ける。⇒縄跳《なわと》び

［文献］下町の子どもの遊び

ほんこ

　面子で勝負して、面子を取ったり取られたりすること。「ほんこ」に対して、取ったり取られたりしないことを「うそこ」といった。⇒面子《めんこ》

盆とり（ぼんとり）

　相模《さがみ》（神奈川県）の「盆々」。男の子が5人、10人と集まって、団扇太鼓をたたき、簓《ささら》（細かく割った竹を束ねたもの）をこすり、「ぼんのぼんのとても、きょうあすばかりあさっては嫁の日より草」とうたいながら、にぎやかに町を歩いた。⇒盆々《ぼんぼん》

［文献］日本全国児童遊戯法（中）、遊びの大事典

盆々（ぼんぼん）

　江戸の子供たちの間で行われた盂蘭盆《うらぼん》の行列遊び。子供が数人集まって、手を引き合って往来を歩いた。喜田川守貞《きたがわもりさだ》の『守貞漫稿《もりさだまんこう》』には、「江戸は京と同く手をひきあひ、横に列り一二行或は二三行に往く。然れども京坂の如く盛ならず。丁児及婢を供する者稀にて、多くは小民のむすめのみ、又多数稀也。八九児に過ず、其辞発語必らずぼんぼんと云。故に號てぼんぼんと云」とあり、大阪遠国ほど盛んではないと書いている。「ぼんぼんの十六《じーう》日に、お閻魔様《えんまさま》へまいろとしたら、数珠《じゅうず》の緒《お》がきれて、鼻緒《はあなお》がきれて、南無釈迦如来《なあむしゃかにょらい》、手でおーがむ、手ぇでおーがむ。ぼんぼんは今日明日ばかり、あしたは嫁《よめ》のしおれくさ、しおれたくさを櫓《やぐら》へあげて、下から見ればぼけのはな、ぼーけのはぁな」とうたいながら歩いたという。明治の初め頃までは稀に見られた。⇒遠国《おんごく》

［文献］日本全国児童遊戯法（上）、日本の遊戯、遊びの大事典

盆飯（ぼんめし）

　相模《さがみ》（神奈川県）の女の子の行事。7月の盂蘭盆の前後に屋外にかまどをつくり、小さい焼物か鉄の釜で茶飯を炊いてみんなで食べた。

［文献］日本全国児童遊戯法（中）、遊びの大事典

盆とり（ぼんとり）
相模の盆々で、団扇太鼓をたたき簓《ささら》をこすり、歌をうたってにぎやかに歩いた

ホーラホラ
縄跳びを2人がまわし、「ホーラホラ」の歌に合わせて3人が跳ぶ

蛍来い（ほたるこい）

盆飯（ぼんめし）
相模では盆に女の子が戸外で茶飯を炊いた

盆々（ぼんぼん）
江戸の子供たちによる盆の連なり歩き

【ま】

舞舞螺（まいまいつぶり）

舞舞螺は蝸牛《かたつむり》のこと。江戸の子供たちは蝸牛を手に持って「まひまひつぶり、うーら（湯屋《ゆーや》ともいう）に喧嘩があるから、角だせ、棒だせ（槍だせともいう）、まひまひつぶり」とはやして、角を出すのを待った。越谷吾山《こしがやござん》の『物類称呼《ぶつるいしょうこ》』には、蝸牛の名称について「五畿内にて、でんでんむし。播州辺九州四国にて、でのむし。周防にて、まいまい。駿河沼津辺にて、かさぱちまいまい。相模にて、でんぽうらく。江戸にて、まいまいつぶり。同隅田川辺にて、やまだにし。常陸にて、ないばろ。下野にてをぼろ。奥仙台にて、へびのてまくら、といふ。今按に、かたつぶりは必雨ふらんとする夜など鳴もの也、貝よりかしら指出して、打ふりかたかたと声を発す、いかにも高きこゑ也。かたかたとて鳴て頭をふるものなれば、かたふり、といへる意にて、かたつぶり、となづけたものか、つは助字なるべし」とある。➡でんでんむしむし 蝸牛《かたつむり》

［文献］日本の遊戯

まえろぶち

磐城《いわき》（福島県）の「浜投げ」に似た遊び。玉は、径約10センチの丸太を厚さ約2センチに切ったもので、「まえろ」という。2組に分かれ、この玉を先が少しカーブした長さ1メートルぐらいの棒で打ち合った。

［文献］日本全国児童遊戯法（中）、遊びの大事典

枕相撲（まくらずもう）

拳固の上に枕を載せ、バランスをとりながら相手の枕に打ち付ける。枕が落ちると負け。

［文献］日本全国児童遊戯法（上）、遊びの大事典

升入れ（ますいれ）

面子遊びの一つ。升を三重に描き、小さい升ほど高得点とする。3メートルほど離れた線のところから面子を投げ、一番小さい升に入れば面子3枚、その次の小さい升なら2枚、一番大きい升なら1枚を、相手からもらえる。➡きず

［文献］日本全国児童遊戯法（上）

升鬼（ますおに）

5人で遊ぶ。地面に約10メートル四方の四角を描き、四隅を逃げ手の立つ場所、中央を鬼の立つ場所とする。遊び方は「隅の猫」と同じ。➡隅《すみ》の猫《ねこ》

［文献］遊戯運動法

松葉切り（まつばきり）

松の葉をとって、二股になっているところを交叉させて引っぱりっこし、切れたほうが負け。喜多村信節《きたむらのぶよ》の『嬉遊笑覧《きゆうしょうらん》』草木部に「松の葉の股を互に引かけて、切たるを負けとするを松葉きりといふ」とある。

［文献］日本の遊戯、下町の子ども遊び、吾妻余波

松葉つなぎ（まつばつなぎ）

草花遊び。数本の松葉をつないで鎖のようなものをつくる。

［文献］日本全国児童遊戯法（中）、日本遊戯史、遊びの大事典

ままごと

「飯事《ままごと》」と書き、本来は食事のまねごとをする意味。炊事・食事・洗濯・買い物・訪問・客をもてなす・赤ん坊の世話をするなど、家庭内の仕事を行うまねをして遊ぶ。お母さん役、お父さん役、子供の役、お客さんの役などを決めて、ござなどを敷いた上を家の中とする。おもちゃの包丁やまな板、茶碗などのほかに、土・砂・小石・葉っぱ・花・木の実など、ありとあらゆるものが道具になる。

［文献］日本全国児童遊戯法（中）、日本遊戯の解説、遊びの大事典、下町の子ども遊び、吾妻余波、絵本西川東童

豆がら（まめがら）

羽前《うぜん》（山形県）の遊び。幼児が互いに両手を握り、以下の歌をうたいながらその下をくぐり合う。「まぁめがらがぁらがら、桜のしょっこ、又来てくぅぐろば、くんぐれやぁ」

［文献］日本全国児童遊戯法（中）

鞠遊び（まりあそび）

「手鞠《てまり》」ともいう。手鞠は「蹴鞠《けまり》」から派生した遊びで、最初は手で鞠を上につきあげていたという。『吾妻鏡』貞応2（1223）年正月の

枕相撲（まくらずもう）
枕が落ちたら負け

舞舞螺（まいまいつぶり）
かたつむりのこと。でんでん虫ともいう

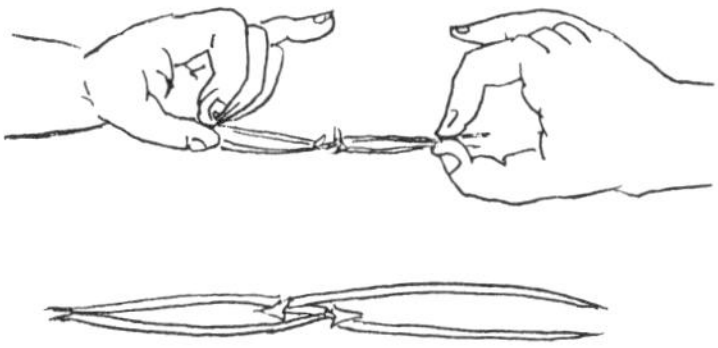

松葉切り（まつばきり）
松葉の股を交叉させてひっぱり合う

まえろぶち
磐城の遊びで、まえろという輪切りの木を棒で打ち合う

松葉切り『吾妻余波』

升鬼（ますおに）『遊戯運動法』

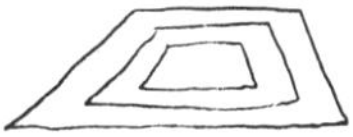

升入れ（ますいれ）
面子遊びで、小さい升に入るほど多く面子を取れる

松葉つなぎ（まつばつなぎ）
『日本全国児童遊戯法』

豆がら（まめがら）
羽前のくぐり遊び

ままごと

ままごと『絵本西川東童』

條に「其後於若君頼経御方、有手鞠御会、奥州、駿河守、後藤左衛門尉、隠岐入道、苅田右衛門尉等、為其衆、若年之輩不被召加、……」とある。この手鞠は、男性数人が鞠が下に落ちないようにつき上げ続けるものであったらしい。江戸時代になって、弾力をもたせてはずむようにした鞠を下について遊ぶようになり、鞠場という遊技場もできた。喜多村信節《きたむらのぶよ》の『嬉遊笑覧《きゆうしょうらん》』に「昔は都鄙ともにみな立まりにて、女子も庭に走り門に立て弄びしが後には、さるべき人の娘は家の内にて遊ぶに立毬はしがたく、跪きてつきたるが、都人の風となり、立まりは田舎にのみするようになれり」とあり、『遊びの大事典』によると、この「立毬」は上につき上げる遊びだという。当時の鞠は綿、こんにゃく玉、芋殻、おがくずなどを芯にして糸を固く巻きつけたもので、表面に五色の絹糸を巻いた装飾的な鞠もつくられた。ただし、はずむといってもゴム鞠ほどではなく、当時の絵を見ると座ってついているものが多い。明治以降、ゴム製の球の中に空気を入れたゴム鞠が輸入され、よくはずむので流行した。鞠つきには、長くついた数を競うもの、つきながら相手と鞠をやりとりするもの（鞠2個をつき合う場合もある）、鞠が跳ね上がった間に体を1回転させたり、足の下に鞠をくぐらせたりといった動作を行うものなどがある。

鞠をつきながらうたう歌を「鞠つき歌」「手鞠歌」などといい、地方によりさまざまな歌が伝わっている。「一つとや、一と夜あくればにぎやかでにぎやかで、おかざり立たる松かざり松かざり。二つとや、二葉の松は色ようて色ようて、三蓋松は上総山上総山、三つとや、皆さん子供衆は楽遊び楽遊び、穴いち小まどり羽子をつく羽子をつく。四つや、吉原女郎衆は手毬つく手毬つく、手まりの調子は面白や面白や。五つとや、いつもかはらぬ年男年男、年をばとらひで嫁をとる嫁をとる。……」（『守貞漫稿《もりさだまんこう》』収録）、「向こう横丁のお稲荷さんへ、一銭あげてちょいと拝んで、お仙の茶屋へ、腰を掛けたら渋茶を出して、渋茶のみのみ、横目で見たら、土の団子か米の団子か、まずまず一貫、お貸し申した。……」（関東地方）、「やーまの、やーまのきりぎりす、だーれとねてかねつけた、おちょぼとねーて、かねつけたー、おちょぼの土産に何もろたー、あーかい手拭三尺と、しーろい手拭三尺と、おほくのおほくのべぶぶへ、かけといたーい、いーつもいーつもくる、ちやうきちが、ちよっと持てはーしった、どこまではーしった、京まではーしった、きょんきょん京橋橋詰の、べにやの、おかっちゃんよくそまる、これでたうたう一かん貸しました」（大阪）、「てんてんてんまり、てんてまり、てんてん手鞠の手がそれて、どこからどこまーで、飛《とー》んでった、飛んでった、飛《とー》んでった、垣根を越えて屋根越えて、飛んでった、表の行列なんじゃいな、金紋先箱供ぞろい、紀州の殿様お国入り……」（昭和になってから）など。➡お手玉《てだま》、蹴鞠《けまり》

［文献］日本全国児童遊戯法（上）（中）（下）、日本の遊戯、日本遊戯の解説、日本遊戯史、遊戯大事典、遊びの大事典、下町の子どもの遊び、骨董集、大和耕作絵抄、絵本西川東童、日本歌謡類聚、尾張童遊集、小学体育全書、東京風俗志

鞠打ち（まりうち）

❶「毬打」のこと。➡毬打《ぎっちょう》
❷「鞠受け」ともいう。竹や棒で鞠を打って、それが地上に落ちない間にまた打つ遊び。

［文献］日本全国児童遊戯法（中）、日本の遊戯、日本遊戯の解説、遊戯大事典、吾妻余波

丸一（まるいち）

磐城《いわき》（福島県）の胡桃《くるみ》を投げる遊び。地面に図のように半円を描き、胡桃を出し合ってロの線上に並べる。順番を決め、イのところにうずくまって、中の1個を狙って自分の胡桃を打ち付ける。投げた胡桃と当たった胡桃がともに半円から転がり出て、ハとニの線の間にとまると、並べた胡桃を全部取れる。それ以外の場合や、他の胡桃にも当たった場合は、取らずに次の子に代わる。胡桃の代わりに銀杏《ぎんなん》で遊ぶこともあった。

［文献］日本全国児童遊戯法（中）、遊びの大事典

円鬼（まるおに）

地面に円を描き、鬼以外の子はその中に入って鬼をからかう。鬼は円の中には入れない。円

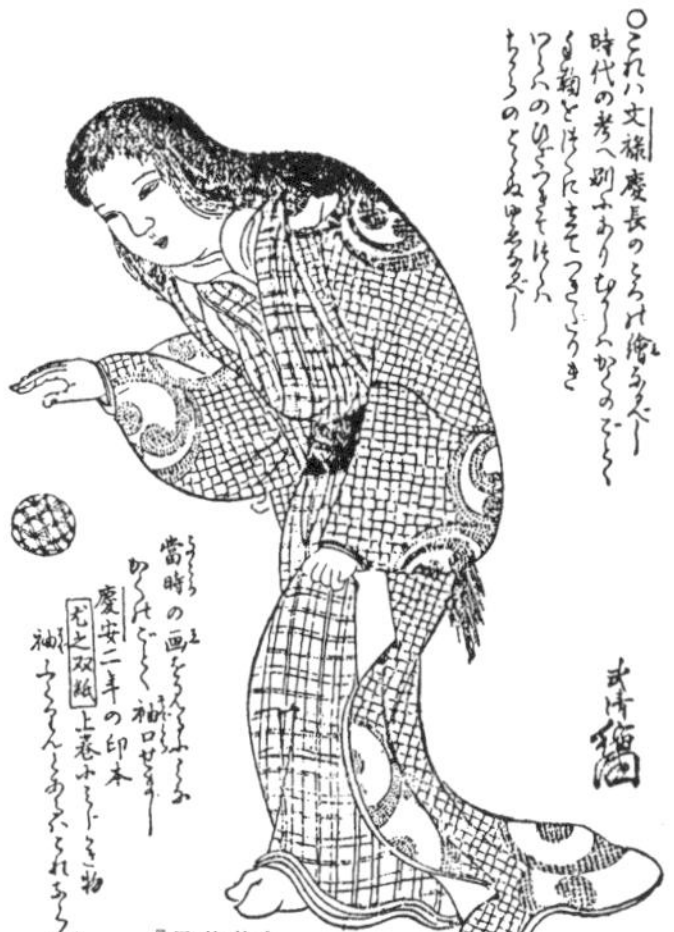

『骨董集』

綿やこんにゃくに糸を巻いた手鞠は
あまり高くは跳ねなかった

座ったままで鞠をつく

鞠遊び（まりあそび）

ゴム鞠

ゴム鞠をつき上げ、落ちてくるまでに体を一回転させる

鞠遊び『尾張童遊集』

鞠受け（まりうけ）『吾妻余波』
鞠を棒で打つ遊び

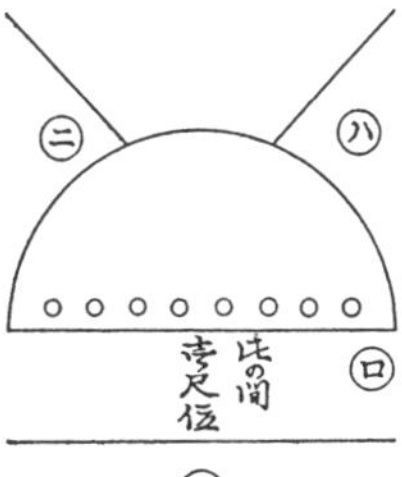

『日本全国児童遊戯法』

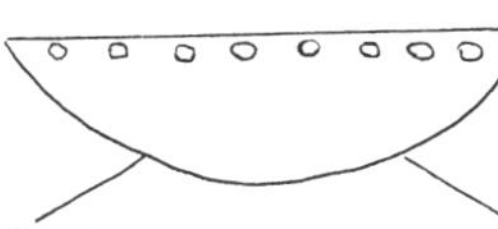

丸一（まるいち）
半円の中の胡桃を狙って胡桃を打つ

○まり　『絵本西川東童』
ひいふうみよゝの手まりをまきたてしいとのより合
祐雅《ゆうが》　洛北東山の人　名高し

明治期の本に描かれた鞠遊び『日本歌謡類聚』

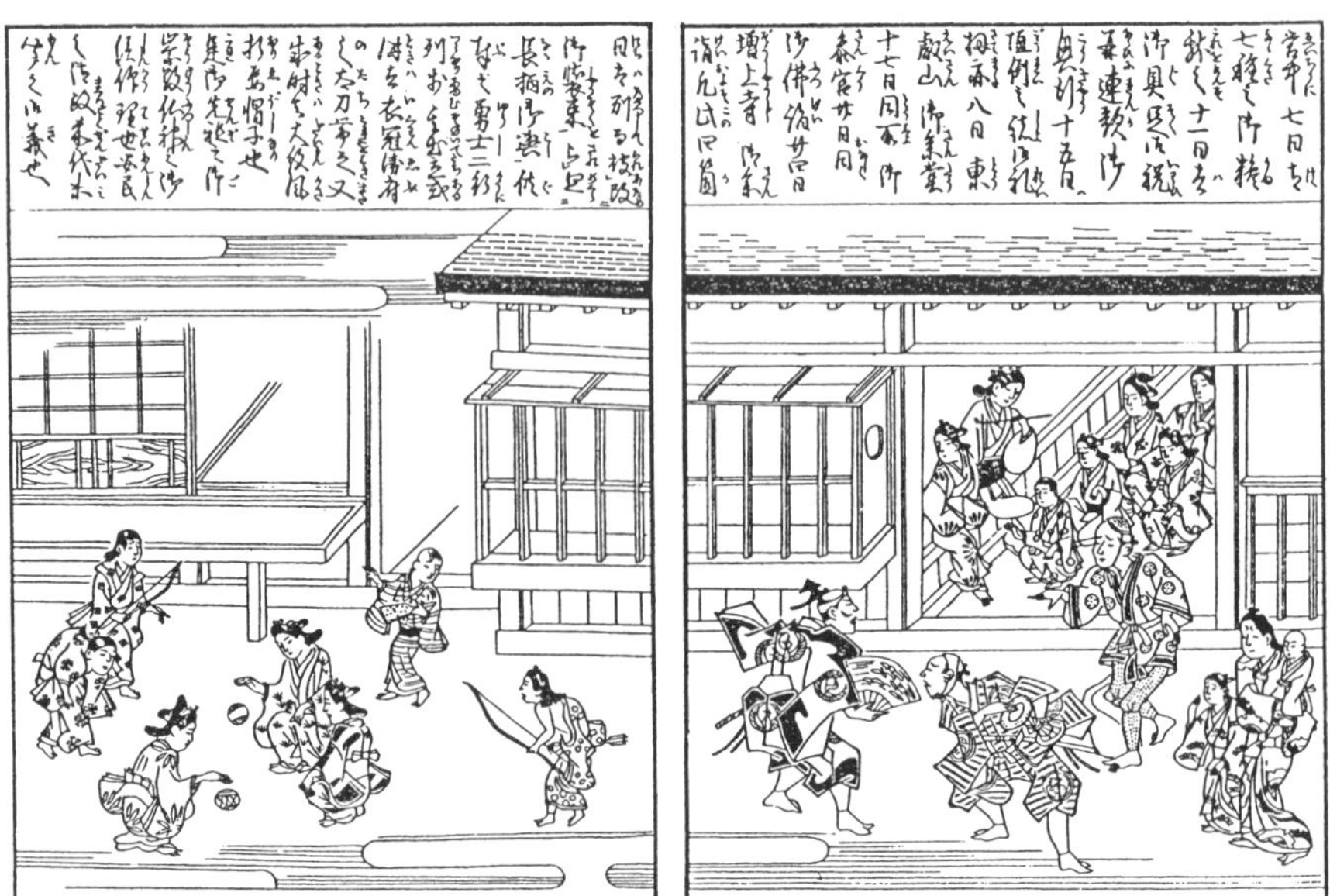

江戸時代の手鞠はゴム鞠のようには跳ねないためか、座ってつくことが多かった『大和耕作絵抄』

『守貞漫稿』

○今制の手鞠　かんや手まり（揚げまり）
今制の手鞠、大中小種々ともに蚕糸を以て巻き飾る。其糸五彩を交へたり。中心蛤殻等砂を入れ、振レ之に音あり。貝殻の表にはほそき鋸屑を以て包レ之、其表に真綿を包み、其表に五彩糸を巻く。

『紀州童謡』

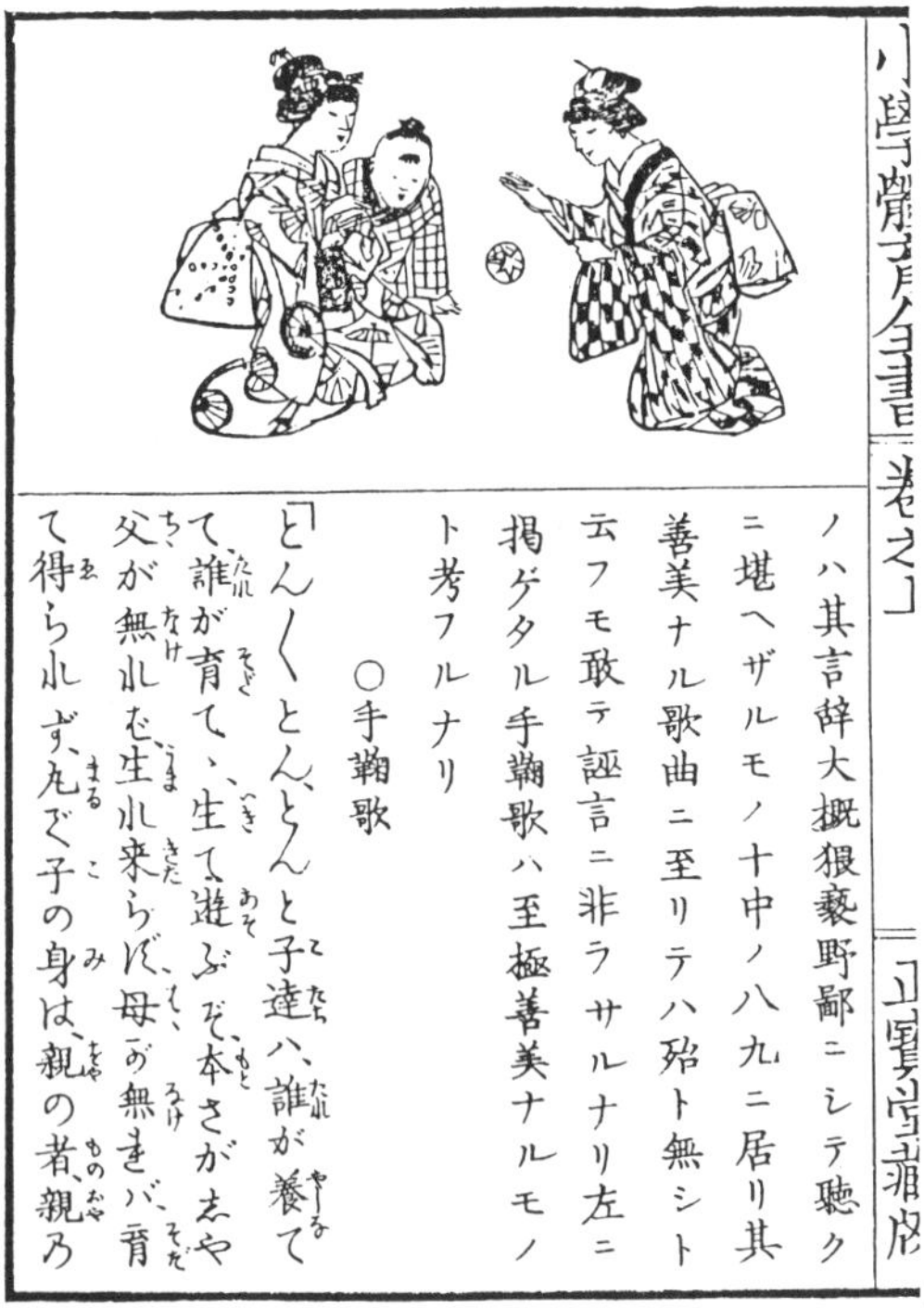
小學體育全書　巻之一
正寶堂藏版

ノハ其言辞大概猥褻野鄙ニシテ聴クニ堪ヘザルモノ十中ノ八九ニ居リ其善美ナル歌曲ニ至リテハ殆ト無シト云フモ敢テ誣言ニ非ラサルナリ左ニ掲ゲタル手鞠歌ハ至極善美ナルモノト考フルナリ

○手鞠歌

「とん〳〵とん〳〵と子《こ》達《たち》ハ、誰《たれ》が養《やしな》てて誰《たれ》が育《そだ》て、生《いき》て遊《あそ》ぶぞ本《もと》さが志や父《ちゝ》が無《なけ》れば生《うま》れ来《きた》らば母が無《なけ》きゃバ育《そだ》て得《え》られず丸《まる》で子《こ》の身《み》は親《をや》の者《もの》親《おや》乃

『小学体育全書』

『絵本和歌浦』

『絵本浅香山』

のまわりを走って中の子にタッチする。タッチされると鬼を交替する。

［文献］日本の遊戯、日本遊戯の解説、遊戯大事典

丸太渡り（まるたわたり）

地上に丸太を置くか、少し高いところに丸太を橋のように渡し、その上を、落ちないように歩いて競争する遊び。「遊動円木《ゆうどうえんぼく》」はこの丸太を鎖でつるし、前後に揺れるようにしたもの。

［文献］日本の遊戯、日本遊戯の解説、遊戯大事典、遊びの大事典

回り将棋（まわりしょうぎ）

将棋遊びの一つで、2～4人で遊べる。各自将棋盤で自分の角を決め、そこに駒（最初は歩兵）を1個立てる。金将4枚を盤の上で振って、出た目数だけ駒を盤の四辺に沿って進めていく。目数は、金将1枚につき上向き1、横に立つと5、縦に立つと10、斜めに立つと1000で計算する。振った駒が重なると、その目数だけ後退する。盤から落ちると進めない。盤を一周して最初の位置に戻ると、次は位が上がって、香車を進める。以下、桂馬→銀将→角行→飛車→王将と出世していって、早く王将になった者の勝ち。➡将棋《しょうぎ》

［文献］日本遊戯の解説、日本遊戯史、遊びの大事典、下町の子どもの遊び

回りっ競（まわりっくら）

東京の遊び。出発点から左右に分かれ、同じ距離を走って出発点に戻る。戸外で行うので坂や曲がり角があり、往路が有利でも復路は不利など条件はさまざま。早く戻った方の勝ち。

［文献］日本全国児童遊戯法（上）、遊びの大事典

まわりのまわりの小仏（まわりのまわりのこぼとけ）

「まわりの小仏」ともいう。地方で「中の中の地蔵さん」（「地蔵さん」の代わりに「小仏」「弘法大師」「小坊様」「小僧」などが入ることがある）と呼ばれている遊びと同じ。子供たちが手をつないで輪になり、その中に小仏が1人、目隠しして立つ。子供たちは「まわりのまわりの小仏はなぜ背が低い。親の日に魚食《とと》って飯食《まま》ってそれで背が低い」とうたいながら回り、歌が終わると止まる。小仏は目隠ししたまま背後にいる者の名前を当て、当たると小仏を代わる。喜多村信節《きたむらのぶよ》の『嬉遊笑覧《きゆうしょうらん》』には、「まはりのまはりの小仏はなぜせいがひくい。親の日にとと喰てそれでせいがひくい」とうたいながら一同がめぐってとまると、中に立った者が「線香抹香花まつこう、樒《しきみ》の花でおさまつた」と言いながら、まわりの者を指先で数えていき、最後に指された者が次に中に立つとある。➡中《なか》の中《なか》の地蔵《じぞう》さん

［文献］日本の遊戯、日本全国児童遊戯法（上）、遊戯大事典、日本遊戯史、遊びの大事典、東京風俗志

万華鏡（まんげきょう）

「カレイドスコープ」ともいう。3枚のガラスを組み合わせてつくる。材料は、ガラス板または鏡（幅3～5センチ、長さ15～20センチ）3枚、厚紙（ガラス板と同じ幅で長さが0.5センチ長いもの）3枚、セロファン紙またはトレーシングペーパー、色セロファン、厚紙少し。

(1) 3枚のガラス板をセロテープでとめて、正三角形の筒をつくる。鏡の場合は、鏡面を内側にする。(2) 三角筒の一方に、セロファンで蓋をする。もう一方は、径約1センチののぞき穴をあけた厚紙で蓋をする。(3) ガラス板より0.5センチ長い厚紙で、三角筒の外側をおおう。0.5センチは、セロファンで蓋をした側に出す。(4) セロファンの蓋の上に小さく切った色セロファンを載せ、もう一枚セロファン（またはトレーシングペーパー）で蓋をする。(5) まわりに千代紙などを貼ったり、好きな色を塗ればできあがり。のぞき穴から中をのぞくと、筒を回すたびに中の模様が変化して楽しい。

［文献］遊びの大事典、下町の子どもの遊び

万歳遊び（まんざいあそび）

「万歳」は正月に家々を訪れて寿詞《ことほぎ》を述べる民俗芸能で、平安時代後期に成立したといわれる。江戸には正月はじめに三河《みかわ》万歳がやってきて、江戸城、諸大名の屋敷、庶民の家などの門口や座敷で祝言を述べ、めでたい謡《うた》をうたって喜捨を乞うた。一般に太夫《たゆう》と才蔵《さいぞう》の2人連れで、素襖《すおう》に烏帽子《えぼし》姿の太夫が祝言を言いたて、着物に半袴《はんばかま》姿の才蔵が小鼓を打ち鳴らして合いの手を入れた。これをまねた遊び。

［文献］遊びの大事典、絵本西川東童

回り将棋（まわりしょうぎ）
金将をさいころ代わりに振って、出た点数だけ駒を進めて盤の周囲を回る

丸太渡り（まるたわたり）

円鬼（まるおに）
鬼は円の中に入れない。外から中の子に触って捕まえる

『東京風俗志』

まわりのまわりの小仏
（まわりのまわりのこぼとけ）

回りっ競（まわりっくら）
同じ距離を走る競争だが、違う方向に走って戻ってくる

○まんざい
徳若に御万在所のわらべとも
君もさかゐの波のつゞみを
紹鴎《ぜうおう》 泉州堺の人 茶の道の元祖なり

万歳遊び（まんざいあそび）『絵本西川東童』

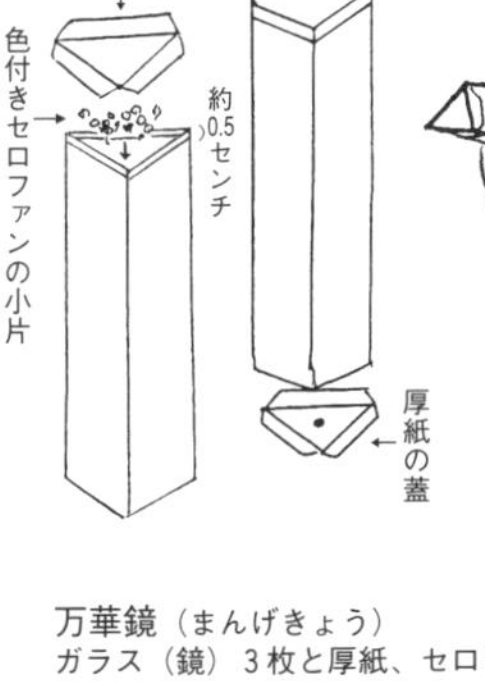

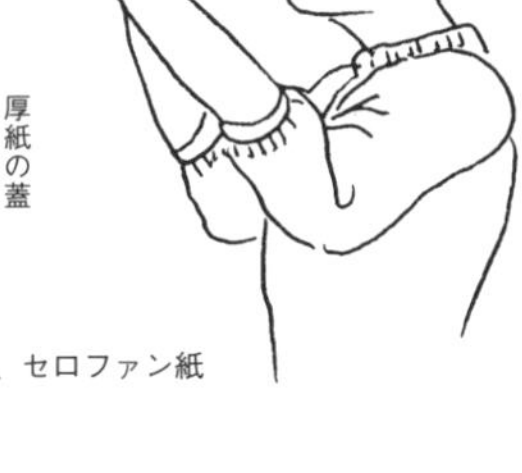

万華鏡（まんげきょう）
ガラス（鏡）3枚と厚紙、セロファン紙でつくる万華鏡

満州の山奥で（まんしゅうのやまおくで）

2人まわしの縄跳びで、「満州の、山奥で、かすかに聞こえる豚の声、一匹ブー、二匹ブー、三匹ブー、……（全員入るまで）、一匹子豚が逃げ出した、二匹子豚が逃げ出した、三匹子豚が逃げ出した、……（全員出るまで）」の歌に合わせて跳ぶ。最初は1人が2つずつ跳び、「一匹ブー」からは抜けずに全員が入るまで跳び、「一匹子豚が逃げ出した」から1人ずつ順に抜けていく。➡**縄跳《なわと》び**

［文献］下町の子どもの遊び

［み］

水祝（みずいわい）【参考】

前年の暮れに嫁取りした男に、「若水《わかみず》を祝う」として元旦に水を浴びせる風習。谷川士清《たにかわことすが》の『和訓栞《わくんのしおり》』に「是より後例になりて、建武年中に、家毎にはかなき者等まで、此ことぶきをなして、嫁娶過《よめとりすぎ》てのつとめての正月には、かならず妻の縁家より、水祝とておこなひ侍る也」とあり、鎌倉末期から行われていたという。これは江戸時代に禁令が出たこともあって、しだいに行われなくなった。出雲《いずも》（島根県）では「水掛け」と称して、5月5日に男の子が女の子に水をかける風習があり、花嫁・花婿に対しても水をかけたという。水を浴びせることには清浄の意味があり、祭礼の神輿《みこし》に勢いよく桶の水をかけることもこれに通じるものがある。

［文献］日本の遊戯

水切り（みずきり）

「打瓦」のこと。➡**打瓦《ちょうま》**

［文献］遊びの大事典、下町の子どもの遊び

水車（みずぐるま）

❶甲斐《かい》（山梨県）の遊び。小川に杭を打ち込んで車軸の台にする。麻殻などを車軸にしていくつか竹片を付け、先に栗の殻を付けて台にかけると、水の流れを受けてくるくる回転する。

❷「淀の川瀬の水車」に同じ。➡**淀《よど》の川瀬《かわせ》の水車《みずぐるま》**

［文献］日本全国児童遊戯法（中）

水字（みずじ）

「浮き出し」に同じ。➡**浮《う》き出《だ》し**

［文献］日本の遊戯

水鉄砲（みずでっぽう）

竹筒でつくったおもちゃの鉄砲で、紙玉鉄砲と同じ原理で水を飛ばす。竹の一方の先は節を残し、小さい穴をあける。もう一方からは握りのついたピストン棒をさし込む。バケツなどに水を入れ、小さい穴のあいたほうを水の中につっこんで握りを引くと、筒の中に水が入っていく。これを目的物に向けて握りを勢いよく押すと、中の水が飛び出す仕掛け。➡**紙玉鉄砲《かみだまでっぽう》**

［文献］日本の遊戯、日本遊戯の解説

水はご（みずはご）

甲斐《かい》（山梨県）の小鳥を捕る遊び。細い竹の先に鳥黐《とりもち》（モチノキから取れる粘着性物質）を塗ったものを水面の上に置いて、水を飲みに来た小鳥を捕獲する。

［文献］日本全国児童遊戯法（中）

三つ島（みつじま）

面子遊びの一つ。大勢で順番に面子を打ちながら積み上げていき、三つ島（盛り上がりが三つできること）ができると全部取れる。意識して山をつくるというより、山からはずれた面子が別に山をつくる感じで、人数が多いと四つ島、五つ島になるときもある。➡**面子《めんこ》**

［文献］下町の子どもの遊び

耳っとう（みみっとう）

東京の遊び。相手の耳に口を寄せて内緒話をすると見せかけて、「耳っとう」と大声で言って驚かせるいたずら。大声で相手の鼓膜が破れるおそれがあるので、やってはいけない遊び。

［文献］日本全国児童遊戯法（上）

［む］

むかで遊び（むかであそび）

加賀《かが》（石川県）の遊び。毎年、盆になると東西両本願寺の境内は参詣人でごった返す。年長

祭りの神輿に勢いよく
桶の水をかける

水祝（みずいわい）
前年の暮れに嫁取りした
男に元旦に水をかける

満州の山奥で
（まんしゅうのやまおくで）
2人まわしの縄跳び遊び。
全員が入って跳ぶときは
かなり込み合う

水鉄砲（みずでっぽう）

水字（みずじ）
焼きみょうばんを使って紙に文字を書いて
水に浸すと、紙に文字が浮き出てくる

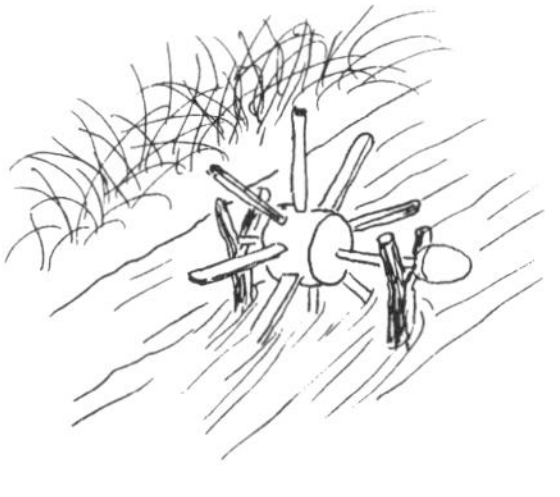

水車（みずぐるま）
竹片や栗の殻などでつくる水車の
おもちゃ。水流を受けてくるくる
回転する

三つ島（みつじま）
面子遊びで、島が三つ
できると取れる

むかで遊び（むかであそび）
参詣人で込み合う本願寺の境内での遊び

耳っとう（みみっとう）
いきなり大声を出して驚かせる
いたずら

者3人を先頭・真ん中・最後尾とし、10人ぐらい、ときには30～40人の子供が、前の子の帯をしっかりつかんで一列に連なる。これを「むかで」と呼び、この体勢で「むかでやむかで、千年たったむかで」とうたいながら境内の人混みに割り込み、若い女性などをみつけると、いたずらにぐるりと巻き込んで倒してしまう。子供のいたずらなので、倒されたほうも怒るわけにいかず、「むかでやむかで」の歌が聞こえると、女性は参詣もそこそこに逃げ出した。

[文献] 日本全国児童遊戯法（下）

むき

京都の面子《めんこ》遊びで「おこし」のこと。⇩おこし、面子《めんこ》

[文献] 日本全国児童遊戯法（上）、遊びの大事典

向こうのおばさん（むこうのおばさん）

「向かいのおばさん」「向かい婆」などともいう。数人で遊び、うち鬼を1人決める。残りは甲乙の組に分かれ、向かい合って一定の場所（宿）を決めて立ち、鬼はその中ほどに立つ。甲と乙で以下のような問答を交わす。甲「向かいのおばさん、ちょいとおいで」、乙「鬼がこわくて行かれません」、甲「そんならお馬に乗っておいで」、乙「それでもこわくて行かれません」、甲「そんならお駕籠に乗っておいで」、乙「それでもこわくて行かれません」、甲「そんなら私がお迎えに」。ここで、甲の子が宿を出て乙の宿に行こうとし、同時に乙の子も甲の宿に行こうとする。鬼はそれを追って捕まえ、捕まった者が鬼を交替する。地方によって問答に違いがあり、「○○に乗っておいで」のところでは、「お舟に乗って」「お釜をかぶって」などと即興で言って続けることもある。また、「隅の猫」のように宿を4か所（子供の数により3か所）にとり、鬼が宿を占領しようとするものもある。

[文献] 日本全国児童遊戯法（上）（中）（下）、日本の遊戯、日本遊戯の解説、遊戯大事典、遊びの大事典、東京風俗志、吾妻余波、小学体育全書

武蔵（むさし）

❶「十六武蔵」のこと。⇩十六武蔵《じゅうろくむさし》

❷京都の呼び方で、江戸で「きず」といった面子遊びのこと。越谷吾山《こしがやござん》の『物類称呼《ぶつるいしょうこ》』に「京の小児はむさしと言ひ、大坂にてはろくと言ひ、和泉、尾張、下野、陸奥地方にては六道といふ。相模、上総にては江戸と言ひ、津軽も同じ、江戸の町々にたとへていふなり、信濃にては十六、江戸にてきづといふ」とある。⇩きず、面子《めんこ》

[文献] 日本の遊戯、日本遊戯の解説、遊びの大事典

虫撰（むしえり）【参考】

平安時代に上流貴族の間で行われた遊び。野原から松虫、きりぎりす、鈴虫、こおろぎなど鳴く虫を採ってきて献上し、鳴き声のよい虫を採ったことを誇りとする。鴨長明《かものちょうめい》の『四季物語』に「宮の若人だち、后宮或は内の宮の仰言にて、内部、鳥部野、栗栖野《くるすの》などにて、くさぐさの虫撰と申して、それかれかなど奉るに、形《なり》おどろおどろしうも、声の浪をつくし、をかしきもあり、又形《なり》は美しう、玉虫などいひて、いみじけれど、蟋蟀《きりぎりす》、促織《はたおり》、絡線《こほろぎ》にさへ劣りて、声立てぬもあれど、この虫がやんごとなき幸あるものにて、宮の曹《さう》にて、何くれの御局にも、御櫛笥《みくしげ》の中なる白粉の中にまろびて、骸《から》は人をさへ、野辺にふてたンめるならひなるに、十年廿年《ととせはたとせ》の後までも、御物の中に包ませ置かせ給ふことよ、……」とある。

[文献] 日本の遊戯、遊びの大事典

虫拳（むしけん）

三すくみ拳の一つで、蛇（人さし指）・蛙（親指）・ナメクジ（小指）で勝負をする。蛇は蛙に、蛙はナメクジに、ナメクジは蛇に勝つ。2人か3人で、最初は小脇に右手を隠しておき、「しっ」の合図で出して勝負する。⇩拳《けん》

[文献] 日本の遊戯、日本遊戯史、日本遊戯の解説、遊戯大事典、遊びの大事典

鞭独楽（むちごま）

「打独楽《うちごま》」「たたき独楽」ともいう。軸のない先の尖った独楽で、胴に巻いた紐を引いて回し、回っている独楽の胴を紐でたたいて回転を助ける。⇩貝独楽《ばいごま》

[文献] 日本の遊戯、遊戯大事典、遊びの大事典

六行成（むつむさし）

「十六武蔵」のこと。⇩十六武蔵《じゅうろくむさし》

[文献] 日本の遊戯

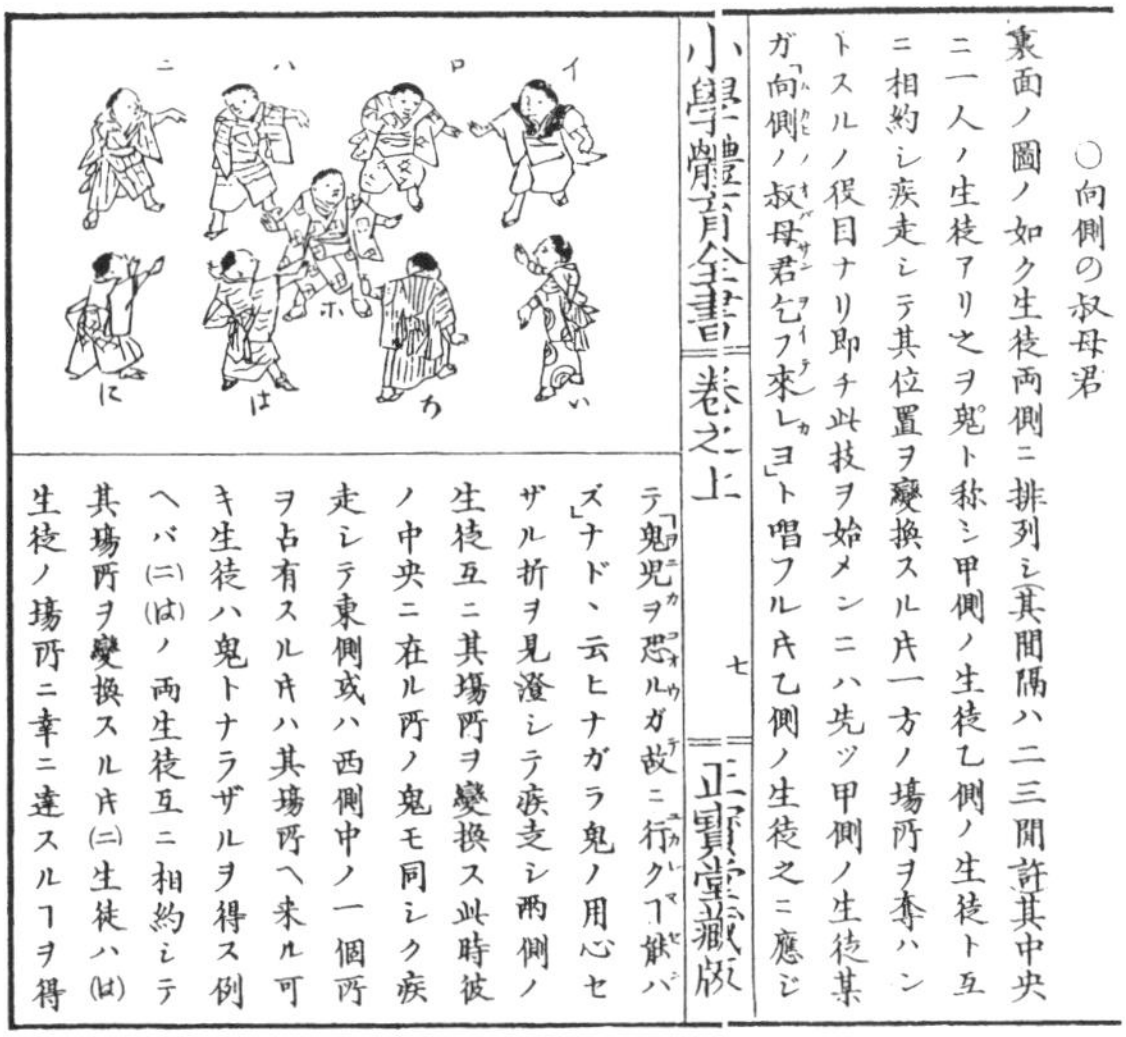

小學體育全書 巻之上 七 正寶堂藏版

○向側の叔母君

裏面ノ圖ノ如ク生徒両側ニ排列シ其間隔ハ二三間許其中央ニ一人ノ生徒アリ之ヲ鬼ト称シ甲側ノ生徒乙側ノ生徒ト互ニ相約シ疾走シテ其位置ヲ變換スル𪜈一方ノ場所ヲ奪ハントスルノ役目ナリ即チ此技ヲ始メンニハ先ツ甲側ノ生徒某ガ「向側《ムカヒ》ノ叔母君《オバサン》乞ヿ来《コイテ》レ《カ》ヨ」ト唱フル𪜈乙側ノ生徒之ニ應ジテ「鬼兒《オニカ》ヲ恐ル《コオウ》ガ故《テ》ニ行クヿ《ユカレマ》能《ゼ》ハ《バ》ズ」ナド、云ヒナガラ鬼ノ用心セザル折ヲ見澄シテ疾走シ両側ノ生徒互ニ其場所ヲ變換ス此時彼ノ中央ニ在ル所ノ鬼モ同シク疾走シテ東側或ハ西側中ノ一個所ヲ占有スル𪜈ハ其場所ヘ来ル可キ生徒ハ鬼トナラザルヲ得ス例ヘバ(ニ)(は)ノ両生徒互ニ相約シテ其場所ヲ變換スル𪜈(ニ)生徒ハ(は)生徒ノ場所ニ達スルヿヲ得

向こうのおばさん『小学体育全書』

むき
面子遊びで、おこしのこと

向こうのおばさん
（むこうのおばさん）

向こうのおばさん『吾妻余波』

虫撰（むしえり）
平安時代の貴族は虫を採って
鳴き声の良さを競った

虫拳（むしけん）
蛇・蛙・ナメクジで勝負する三すくみ拳

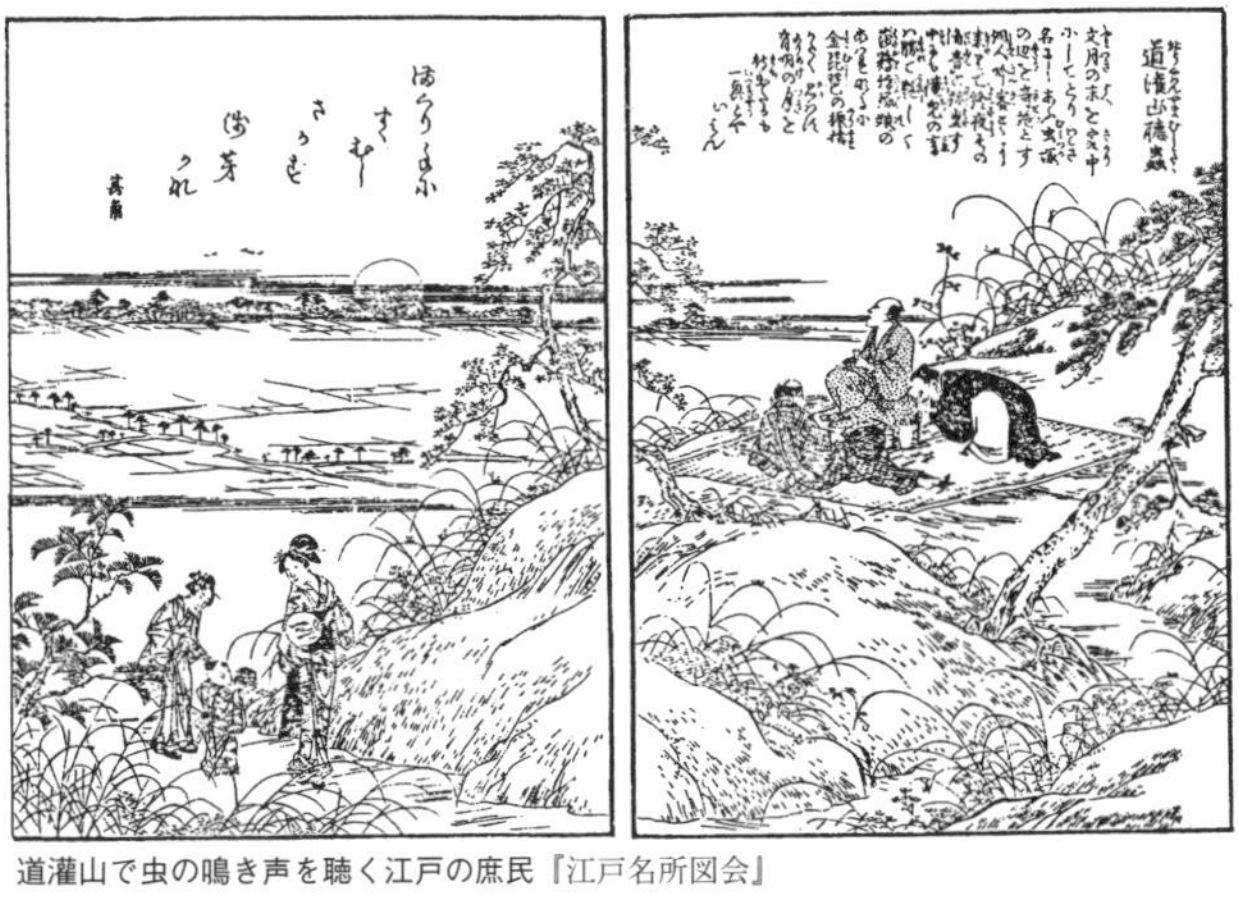

道灌山で虫の鳴き声を聴く江戸の庶民『江戸名所図会』

【め】

姪売ろ子売ろ（めいうろこうろ）
周防《すおう》・長門《ながと》（山口県）の遊びで、「子買お」と同じ。⬇子買《こか》お

目隠し（めかくし）
［文献］日本全国児童遊戯法（下）、遊びの大事典
❶「目隠し鬼」のこと。⬇目隠《めかく》し鬼《おに》
❷甲斐《かい》（山梨県）の遊び。鬼を1人決め、手ぬぐいで目をおおう。他の子が1人、鬼を背負って回転して方向がわからないようにし、別の場所に運んで降ろし、「ここどーこ」と聞く。当たらなければ、また背負って別の場所に連れていく。答えが当たれば、次の順の子に代わる。
［文献］日本全国児童遊戯法（中）、遊戯大事典、遊びの大事典

目隠し鬼（めかくしおに）
「当て鬼」「探し鬼」「目無同志《めなしどち》」「目無千鳥《めんないちどり》」などともいう。また『仮名手本忠臣蔵』の中で大星由良之助が遊廓で遊女を相手にこれをして遊んだことから、「由良鬼」ともいう。あらかじめ逃げ回る範囲を決めておく。1人を鬼とし、手ぬぐいなどで目隠しをする。逃げ手は「鬼さんこちら、手の鳴るほうへ」などと言いながら、手を打ち鳴らして逃げ回る。鬼はそれを手探りで捕まえ、頭や顔、衣類などを触って名前を当てる。当たると鬼を交替する。また、名前を言い当てなくても捕まえただけで鬼を代わるもの、逃げ手が手をつないで鬼のまわりをぐるぐる回り、合図で止まったところで鬼が1人を捕まえて名前を当てるもの（「按摩遊び」など）も目隠し鬼の一種である。室町時代の御伽草子『福富草子』に「道すがら目なしどち軒の雀遊ぶ童の手さし指さして笑ふ」とある。⬇当《あ》て鬼《おに》
［文献］日本全国児童遊戯法（上）（中）（下）、日本の遊戯、遊戯大事典、日本遊戯の解説、日本遊戯史、遊びの大事典、下町の子どもの遊び、教育的遊戯の原理及実際、簡易戸外遊戯法、吾妻余波、守貞漫稿、遊戯運動法

目隠し花買い（めかくしはなかい）
1人を鬼、1人を花屋とし、残りの子は花として、それぞれに菊、牡丹、桜のように名称をつけて並ぶ。鬼は手ぬぐいなどで目隠しをして、花屋に欲しい花の名を告げる。花屋は花のところへ連れていって、求める花を選ばせる。選んだ花に当たると、その花が鬼に代わる。当たらなかったときは、花屋が鬼に代わる。
［文献］新編小学遊戯全書

目隠し人当て（めかくしひとあて）
子供たちは手をつないで輪になり、1人を鬼として目隠しをし、杖を持って輪の中に立たせる。輪になった子供はうたいながら右に回って止まる。中の鬼は杖を輪に向かって差し出し、その方向にいる子がその杖を握る。鬼はその子に対し、「歳はいくつですか」「お兄さんはいますか」「家はどこですか」など、3回に限って質問ができる。その子は、なるべく声を変えて答える。鬼はその声と答えから判断して、その子の名前を当てる。当たると鬼を交替する。
［文献］小学遊戯全集

目隠し棒打ち（めかくしぼううち）
子供たちは一列に並ぶ。そこから20歩ほどのところに竿を立て、短い横棒を十字になるように結びつける。順番を決め、最初の子に1メートルほどの棒を持たせ、十字の位置を記憶させてから目隠しをし、その場で体を数回、回転させる。それから合図で目隠しのまま十字の位置に進んで、横棒を3回打つ。3回とも当たれば第一優者、2回なら第二優者、1回なら第三優者、3回ともはずれると失格とする。
［文献］普通遊戯法

目くさん事（めくさんごと）
出雲《いずも》（島根県）の呼び方で、「目隠し鬼」のこと。⬇目隠《めかく》し鬼《おに》
［文献］日本全国児童遊戯法（下）

目比べ（めくらべ）
「睨めっこ」の古称。⬇睨《にら》めっこ
［文献］日本全国児童遊戯法（上）、日本の遊戯、遊びの大事典

目白押し（めじろおし）
子供が数人集まって列になり、互いに押し合って中の者を押し出す遊び。押し出された者は

目隠し鬼『吾妻余波』

『教育的遊戯の原理及実務』

目隠し鬼（めかくしおに）
鬼を交替するには、捕まえるだけという場合と、捕まえた子の名前を当てなければならない場合がある

『守貞漫稿』

目隠しした鬼のまわりをぐるぐる回る「まわりのまわりの小仏」なども目隠し鬼の一種

花役の子供たち

『新編小学遊戯全書』

目隠し花買い（めかくしはなかい）
花屋は鬼を花の所に連れていき、求める花を撰ばせる

目隠し鬼『簡易戸外遊戯法』

目隠し棒打ち（めかくしぼううち）『普通遊戯法』

目隠し人当て（めかくしひとあて）『小学遊戯全集』
鬼は3回まで質問ができ、答えと声から名前を当てる

端に行って押し手になる。メジロが一本の木の枝に押し合うようにたくさん並んでとまることからついた名称。喜多村信節《きたむらのぶよ》の『嬉遊笑覧《きゆうしょうらん》』に「雄は鳴、雌は鳴ず、並び居て押合うものなり、是を学びて小童おしあふに、中なる者推出さるれば端にゆきて中なる者を押、めじろが押合もその如くなり」とある。

［文献］日本の遊戯、日本遊戯の解説、日本遊戯史、遊戯大事典

滅茶ぶつけ（めちゃぶつけ）

大きいボールを使い、敵味方の区別なくボールをぶつけ合う遊び。

目付絵（めつけえ）

多くの絵がある中から、誰かに心の中で絵を一つ決めさせ、他の者がその絵を当てる遊び。

［文献］守貞漫稿、遊びの大事典

めっけっこ

「隠れん坊」のこと。➡隠《かく》れん坊《ぼ》

［文献］日本全国児童遊戯法（中）

目無同志（めなしどち）

「目隠し鬼」「当て鬼」のこと。➡当《あ》て鬼《おに》、目《め》隠《かく》し鬼《おに》

［文献］日本の遊戯、日本遊戯の解説、遊戯大事典

面打ち（めんうち）

「面子」のこと、あるいは「面子」を用いて勝負すること。➡面子《めんこ》

［文献］日本全国児童遊戯法（上）、日本の遊戯、日本遊戯の解説、遊戯大事典、遊びの大事典

面起こし（めんおこし）

面子遊びの一つで「おこし」のこと。➡おこし、面子《めんこ》

［文献］日本全国児童遊戯法（下）、遊びの大事典

面かえし（めんかえし）

面子遊びの一つで「おこし」のこと。➡おこし、面子《めんこ》

［文献］日本全国児童遊戯法（下）、遊びの大事典

面子（めんこ）

「面打ち」ともいう。江戸時代は「面形《めんがた》」「泥面子」ともいい、泥素焼き製の銅貨大の丸いもので、厚さ3、4ミリ、片面に人の顔や紋を浮き出させてあった。喜多村信節《きたむらのぶよ》の『嬉遊笑覧《きゆうしょうらん》』に「今小児のめんがたは面摸なり、瓦の摸《かた》に土を入てぬくなり、また芥子《けし》面とて唾にて指のはらに付る小き瓦の面ありしが、今はかはりて銭のやうに紋形いろいろ付たる面打となれり」とある。明治になって鉛製の面子ができたが、鉛害が問題になって、ボール紙に印刷した紙を貼った紙面子に代わった。最初は丸形であったが、のちに小判形や角形ができた。表には歴史上の武将、スポーツ選手、漫画の登場人物、役者などの絵が印刷されていた。

遊び方にはいろいろあり、代表的なものは次の通り（ただし、名称は地方によって異なる）。⑴互いに面子を打ち付け、面子をひっくり返すと取れる。ひっくり返らないときはその場にためておき、次にできた者が全部を取れる。東京で「おこし」といった。⑵地面に描いた区画に面子を投げ入れて、前の者の面子に重なれば取れる。東京で「きず」といった。⑶地上に描いた円の中に面子を置き、自分の面子を打ち付けて円の外にはじき出すと取れる。東京で「すか出し」といった。⑷面子を戸や塀にぶつけ、一番遠くまで跳ね返した者が全部を取れる。東京で「戸ぶつけ」といった。➡おこし、きず、すか出《だ》し、戸《と》ぶつけ

［文献］日本全国児童遊戯法（上）、日本の遊戯、日本遊戯の解説、遊びの大事典、絵本家賀御伽、吾妻余波、貧福悟道捷径

面子すべり（めんこすべり）

机などの端に面子を少し出して置き、手のひらでたたいて前方へ飛ばす。遠くまで行った者の勝ちだが、行き過ぎて机から落ちると負け。➡面子《めんこ》

［文献］下町の子どもの遊び

目無千鳥（めんないちどり）

「目隠し鬼」のことを京阪でこう呼ぶこともあった。➡当《あ》て鬼《おに》、目《め》隠《かく》し鬼《おに》

［文献］日本の遊戯、日本遊戯の解説、遊戯大事典

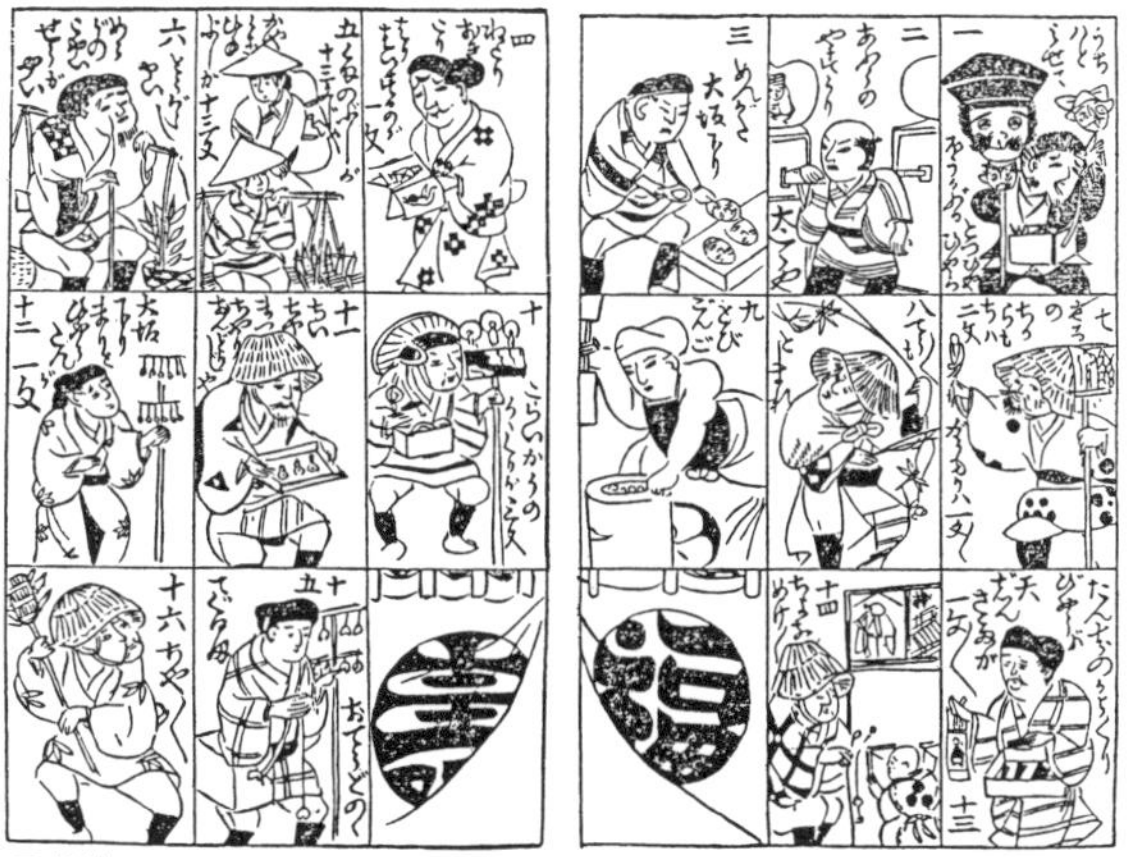

目付絵（めつけえ）『守貞漫稿』
享保年間の小売を集めた目付絵。１枚ごとに違う商人が描かれている

目白押し（めじろおし）
押し出された者は端に加わって押す役になる

滅茶ぶつけ（めちゃぶつけ）
敵味方の区別なくボールをぶつけ合う

江戸時代の面子売り『絵本家賀御伽』

面子（めんこ）
面子は素焼き製から鉛製、紙製へと変わった。紙製になって、たたきつけてひっくり返す遊びができた

面子すべり（めんこすべり）
机の端から面子をたたいてすべらせる

泥面子を投げる遊び『貧福悟道捷径』

【も】

木馬（もくば）
馬の形をした木製のおもちゃ。乗馬の稽古に用いたり、馬の背にまたがって遊んだりする。馬の足に弓形にカーブした木が打ち付けてあるものは、鞍《くら》にまたがって体を前後に揺すると、馬が走っているように上下に揺れた。➡馬遊《うまあそ》び

もぐら打ち（もぐらうち）
肥前《ひぜん》（佐賀・長崎県）の子供の行事。1月14日の夕方から夜更けまでに行う。男の子が集まって、松飾りに使った竹に藁《わら》でかまぼこ形につくったものを付ける。4、5人が一列になって各家を訪れ、門口石をたたいて、「もぐら打ちは科《とが》な、科《とが》な、科《とが》な、棒の目、棒の目」と3度繰り返し、「おしゃんのしゃん」と言って終わると、その家から銭や餅菓子をもらえる。何ももらえないときは「ここのおっかさんはしまつぼう（けちんぼの意）」と言って次の家に行く。起源ははっきりしないが、もぐらの害を除くおまじないともいう。➡睨《にら》めっこ
［文献］日本全国児童遊戯法（下）、遊びの大事典

文字絵（もじえ）
「へのへのもへじ」（「へへののもへじ」ともいう）など、文字の形を土台にして絵をつくる遊び。山東京伝の『奇妙図彙《い》』には、「古法」として「人丸」「へまむしょ入道」ほか数種、「新法」として山東京伝考案の52種が載る。喜多村信節《きたむらのぶよ》の『嬉遊笑覧《きゆうしょうらん》』には「古きものには天神の二字にて菅家渡唐の像を画き、人丸の二字にて柿本の影をうつす、是はもと真言僧の木筆にて、梵字をかきて仏像を作るより出たり」とある。
［文献］日本の遊戯、日本遊戯の解説、日本遊戯史、遊びの大事典、世界遊戯法大全

文字鎖（もじくさり）
相手が詠んだ和歌の句の語尾を受けて、次の句を詠むこと。たとえば相手の句が「……めずらしきかな」で終わると、「な」を受けて「名《な》にしおば……」というように詠む。喜多村信節《きたむらのぶよ》の『嬉遊笑覧《きゆうしょうらん》』に「もじくさりは、体は長歌にて句の終の文字を取て、次の句の首に置てつづる、源氏文字くさりなど有り、鴨長明が文字くさりの歌ありて、逍遙院に至りて盛なりといふ」とある。源氏文字鎖の例をあげると

源氏のすぐれてやさしきは
　はかなく消えし桐壺よ
よそに見えし箒木は
　われから音に鳴く空蝉や
やすらふみちの夕がほは
　わかむらさきのいろごとに
にほふ末摘む花の香に
　にしきとみえし紅葉の賀

というようにつづく。「り」で終わった場合、「り」始まる歌はほとんどないので、「い」に代えてもよかった。

［文献］日本の遊戯、日本遊戯史、遊びの大事典

桃の木（もものき）
羽前《うぜん》（山形県）では、幼児の両手を取って振りながら「桃の木よウさ桃の木よウさ、桃なったらもヲえでこ」とうたってあやした。
［文献］日本全国児童遊戯法（中）、遊びの大事典

紋富（もんとみ）
「ひっぺがし」ともいう一種の賭博《とばく》。台紙に書かれた紋を選んで賭け、別に用意した紋紙を引きはがして賭けた紋と合えば当たり。尾張《おわり》（愛知県）の子供の遊びでは、紋を百ぐらいと、瓶子一対を備えた三方（供物を載せる台）の図が印刷された紙を用いた。紋のうち一つを細かくたたんで三方の中に秘封し、残りの紋を一ついくらと決めて売る。売ってしまうと、買い手2、3人が立ち会って開封し、それと同じ紋を買った者に食べ物で褒美を出した。
［文献］日本全国児童遊戯法（中）、遊びの大事典

翻筋斗（もんどり）
「もどり打つ」ともいう。「とんぼ返り」に同じ。手を地につかずに後方に体を回転させる技。喜多村信節《きたむらのぶよ》の『嬉遊笑覧《きゆうしょうらん》』に「とんぼかへり、蜻蛉の飛ぶさまをいふ、先へさしてゆき仰に返りうつをいふ、もんどりといふ是なり」とある。
➡とんぼ返《がえ》り
［文献］日本の遊戯、日本遊戯の解説、遊戯大事典

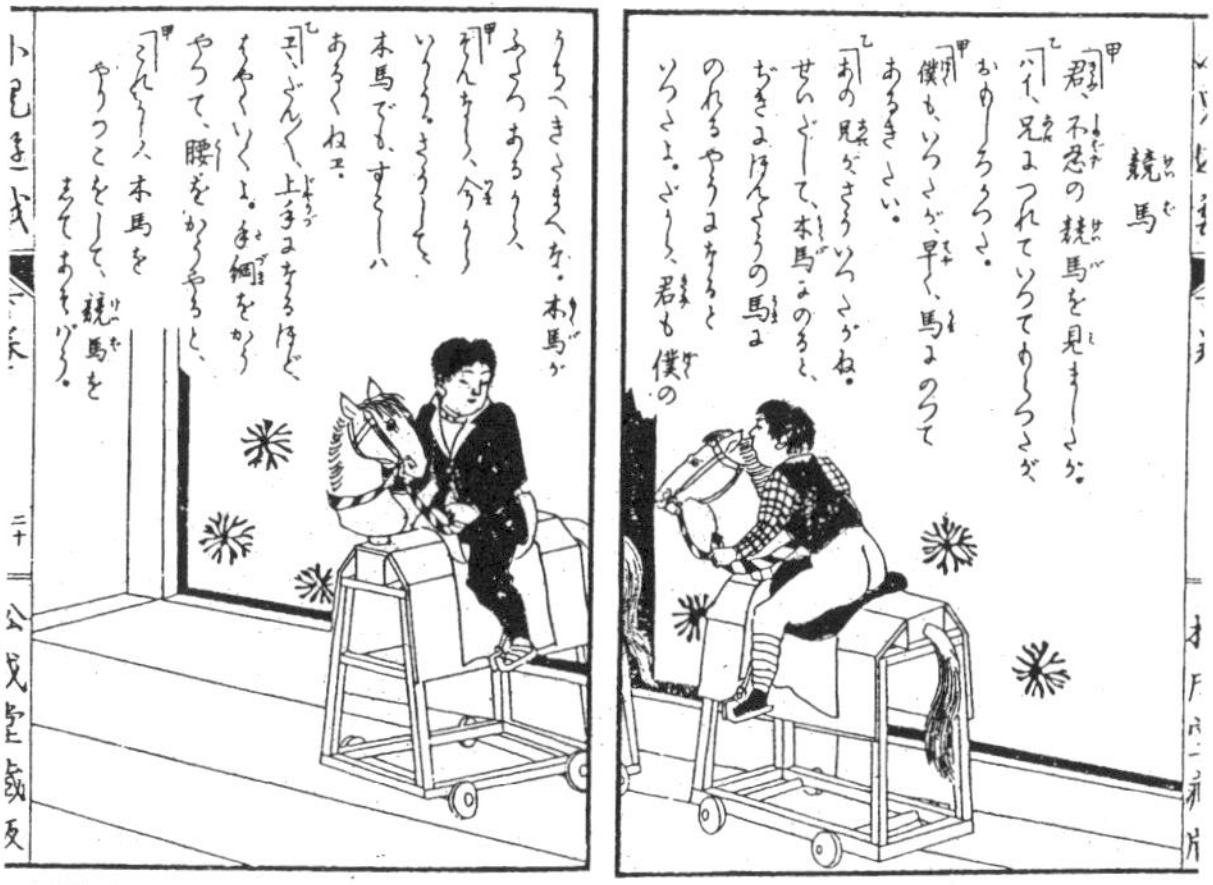
木馬『小児遊戯』

木馬（もくば）

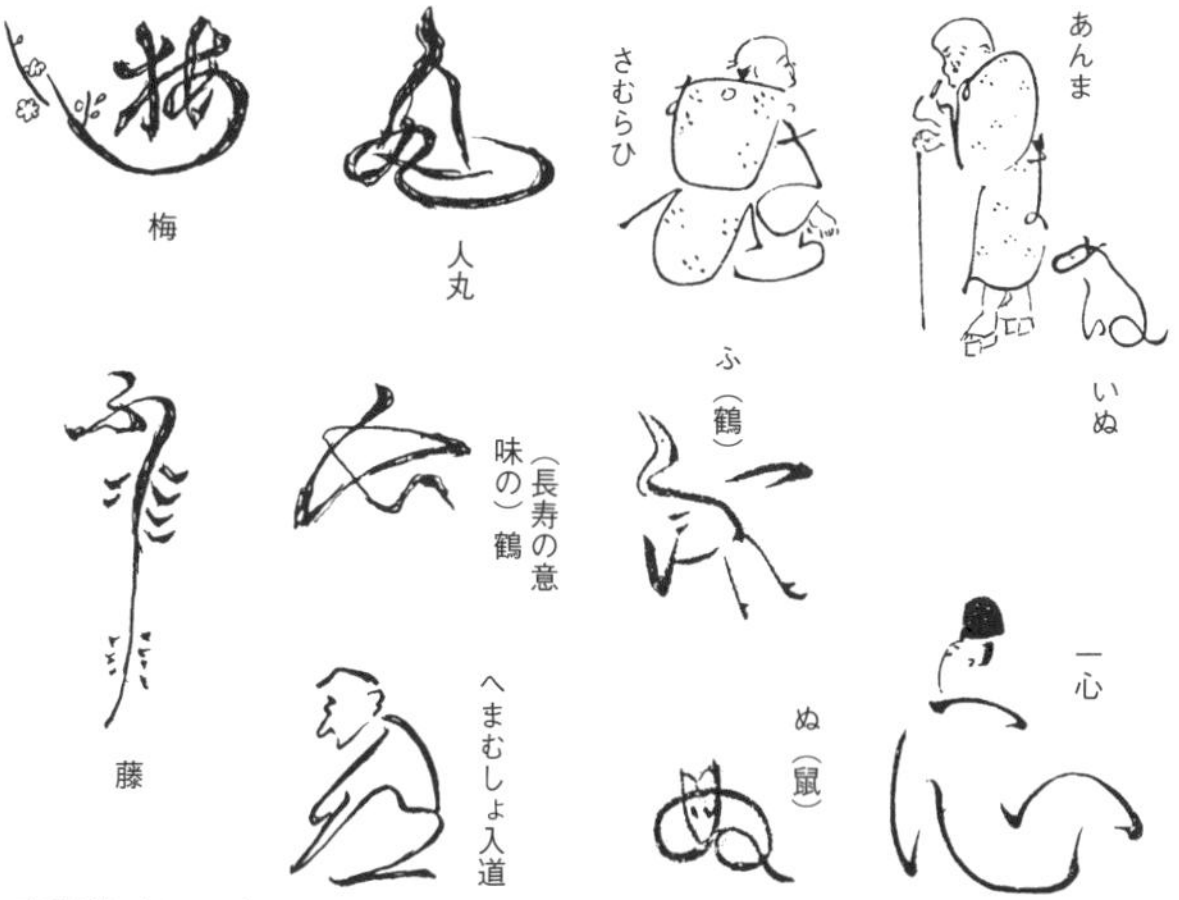

文字絵（もじえ）
文字の形を利用して絵をつくる遊び

『世界遊戯法大全』

木馬『小学体育全書』

熨斗目麻裃姿

乗馬の稽古は幼少の頃は木馬で行い、12、3歳ぐらいになると正月2日に乗馬はじめの儀式を行って、本物の馬に乗った

翻筋斗（もんどり）

文字鎖（もじぐさり）
前の者が詠んだ和歌の語尾の音を受けて、次の和歌をつないでいく

［や］

野球（やきゅう）

一応、正式の野球のルールに準じるが、内野の広さが適当で、ボールも硬球がなければゴム球を使ったりするので、正確には野球ごっこ。広い空き地や原っぱで地面に大きく四角を描き、隅をそれぞれ本塁・一塁・二塁・三塁とし、その外を外野とする。それぞれのチームで投手・捕手・内野手・外野手を決め、じゃんけんで勝ったほうが先に攻撃する。バット・グローブ・ボールなどは各自で持ち寄る。凡打でも、取り損なってボールがころがっていき、本塁打になることも多かった。服装もユニフォームではなく各自ばらばらで、大正頃には着物に下駄履きでボールを追う子もいた。

野菜鉄砲（やさいでっぽう）

大根や人参の切れ端を弾にするから野菜鉄砲というが、消しゴムや粘土でもよく飛ぶ。図は2連発式のもので、3連発、4連発もできる。材料は、真竹（太さ約4センチ、長さ42センチ）、輪ゴム20ほど。

(1) 真竹を20センチと22センチに輪切りにする（22センチのほうは本体にする）。20センチのほうを縦割りにし、3センチ幅1本（ストッパーにする）と2センチ幅2本（矢にする）の竹片を取る。(2) 3センチ幅の竹片を、長さ約6センチ（真竹の太さ＋2センチ）に切って、ストッパーを2本つくる。(3) 本体をつくる。22センチの真竹の端から12センチのところに竹の半分くらいまで切り込みを入れ、縦に削り落とす（丸のまま残った10センチが握り部分になる）。削り落とした部分に、ストッパーをはめ込むための切り込み（3センチ幅、2連発なので2か所）を入れる。ストッパーを本体にはめ込んで輪ゴムでしっかり固定する。(4) 幅2センチ×長さ20センチの竹片で、矢を2本つくる。端にツマミ部分を4センチ残し、長さ16センチにわたって両側から削り、先端は弾がささるようによく尖らせる。ツマミの部分に、輪ゴムを引っ掛ける切り込みを入れておく。(5) 本体とストッパーに穴をあけて、矢をさし込む。ストッパーの両端に輪ゴムをかけ、矢のツマミの切り込みに引っ掛ければできあがり。

大根や人参を1センチ角ぐらいに切って弾にする。これを矢の先にさし、ツマミ部分を手前に引いて輪ゴムが伸びたところで指を放すと、矢のツマミがストッパーに衝突した勢いで弾が飛んでいく。

［文献］下町の子どもの遊び

弥次郎兵衛（やじろべえ）

「与次郎人形」「与次郎兵衛」「正直正兵衛」ともいう。両手を広げて1本足で立つおもちゃで、広げた両手の先におもりがついている。指で揺らしても、人形は左右に揺れながらバランスをとって落ちない。享保（1716〜36）の頃、与次郎という芸人が、これを笠の上で舞わして見せたのが始まりといわれる。

［文献］日本の遊戯、遊びの大事典、江都二色、都名所図会

奴凧（やっこだこ）

凧の一種。鳶凧《とんびだこ》や烏凧《からすだこ》と同じ形で、撥鬢《ばちびん》に鎌髭《かまひげ》の奴《やっこ》（武家の下級奉公人）が半纏《はんてん》を着て両袖を広げた様子を絵にしたもので、足は風になびくように紙で形をつくって貼ってある。大田南畝の『奴師労之《やっこだこ》』に「やっこだこは、鳶だこの形をうつして、足を尻尾にしたるもおかし。是は安政の初より出来たり」（安政は江戸末期、1854〜60）とある。現在でも土産物店などで見かけることがある。➡鳶凧《とんびだこ》

［文献］日本の遊戯、遊びの大事典

宿無し鬼（やどなしおに）

逃げ手が逃げ込む場所（宿）を設けない「鬼ごっこ」のこと。現在、普通に行われている「鬼ごっこ」と同じ。➡鬼《おに》ごっこ、一宿鬼《ひとやどおに》

［文献］日本の遊戯、日本遊戯の解説、遊戯大事典

山吹鉄砲（やまぶきでっぽう）

山吹の髄《ずい》を丸めたものを弾にして飛ばすおもちゃの鉄砲。紙玉鉄砲と同じ原理で、竹筒の先に山吹の髄を丸めた弾を詰め、もう一方から棒をさし込んで押すと、空気の圧力で弾が飛び出

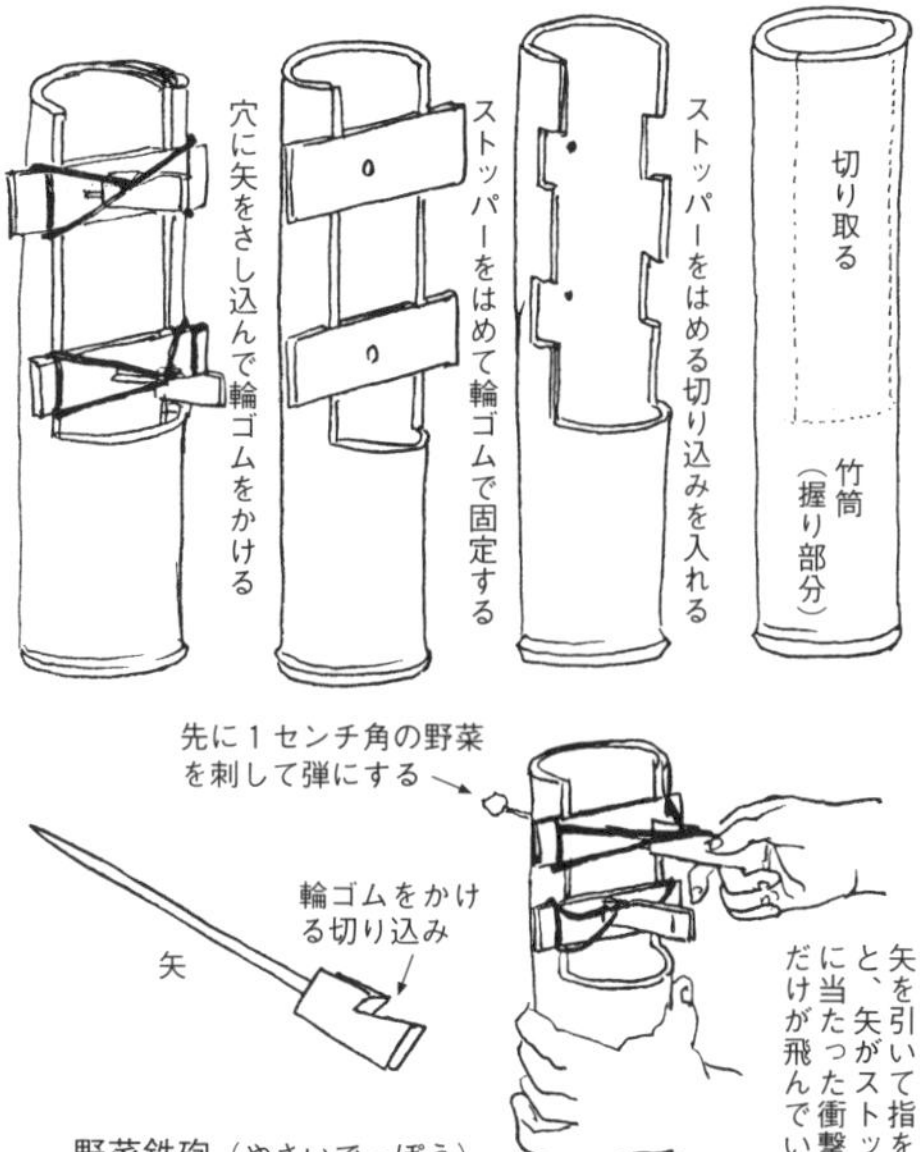
竹筒（握り部分）
先に1センチ角の野菜を刺して弾にする
矢を引いて指を放すと、矢がストッパーに当たった衝撃で弾だけが飛んでいく

野菜鉄砲（やさいでっぽう）

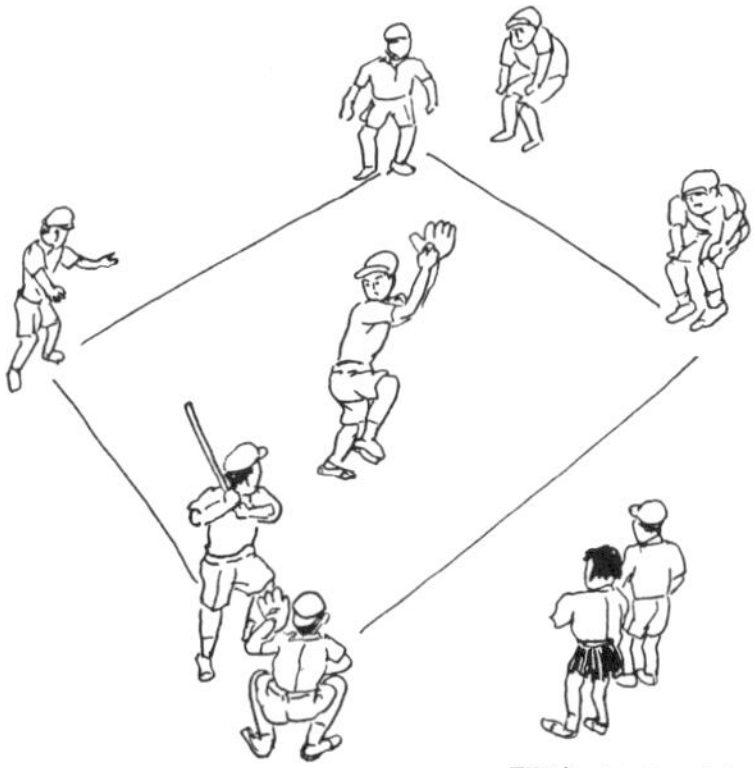

野球（やきゅう）

弥次郎兵衛（やじろべえ）

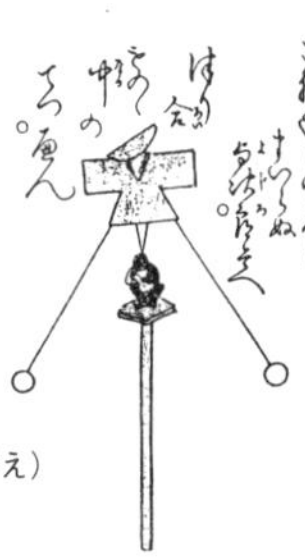

『江都二色』

縁側に弥次郎兵衛で遊ぶ子が見える『都名所図会』

山吹鉄砲（やまぶきでっぽう）

宿なし鬼（やどなしおに）
宿（休憩場所）がない鬼ごっこで、現在ふつう鬼ごっこというとこれをさす

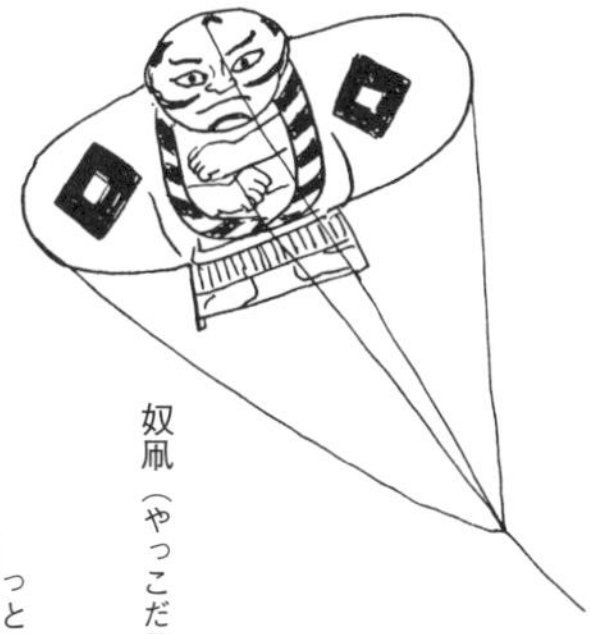

奴凧（やっこだこ）

す。縁日の露店などで売っていた。⇩紙玉鉄砲《かまだまでっぽう》

山伏遊び（やまぶしあそび）

「菖蒲打ち」「印地打ち」と同じように、江戸時代、5月の端午の節句前後に行われた遊び。子供が何人か集まり、菖蒲の葉で鉢巻きをし、菖蒲刀をさし、山伏のように兜巾《ときん》（小さい頭巾）をかぶり、法螺貝《ほらがい》を吹いて歩いた。享保18（1733）年の写本、新見正相の『むかしむかし物語』に「童子の遊び、五月印じゆ切の事、百年も以前は、五月四日、ときん篠懸を着し、菖蒲にて鉢巻し、しやぶ刀をさし、ほらの貝を吹立、人数を催す。……六七十年以前迄は、五月初より、ときん、篠かけ、ほら貝、菖蒲刀を売ありく。是を求て、五月四日、子供、菖蒲にて鉢巻、貝を吹歩行《あるき》、又外の子供も其通にして、其まま十人も廿人も集り、しやうぶ切をはじむ」とある。⇩印地打《いんじう》ち、菖蒲打《しょうぶう》ち

［文献］日本の遊戯

やんまつり

「とんぼ釣り」のこと。⇩とんぼ釣《つ》り

［文献］日本全国児童遊戯法（下）

［ゆ］

郵書投げ（ゆうしょなげ）

大阪の遊び。紙を図のようにたたんで折り、矢のように投げて飛ばす。遠くまで飛んだ者の勝ち。

［文献］日本全国児童遊戯法（上）、遊びの大事典

郵便遊び（ゆうびんあそび）

10人ぐらいで手をつないで輪になる。1人が配達人となり、手ぬぐいなどで目をおおう。開始の合図で輪の中の1人が木片を拾って、隣に渡す。隣はその隣に渡し、順次渡していって配達人の隣に来たら、その子は配達人の手を打つ。配達人はすぐに目のおおいをはずし、他の子の様子を見て誰か木片を発したかを当てる。当たれば配達人を代わる。当たらなければ、発した子が名乗り出て、木片をどこどこまで持って行けと命令する。配達人は木片を命令された場所へ持っていって戻り、遊びを繰り返す。

［文献］普通遊戯法、遊びの大事典

郵便屋さん（ゆうびんやさん）

2人まわしの縄跳びで、「郵便屋さん、落としもの。なあに。はがき。何枚。12枚。拾ってください。1枚、2枚、3枚、4枚、5枚、6枚、7枚、8枚、もうかれこれ12枚」の歌に合わせて1人で跳びながら、地面に両手をついてはがきを拾うまねをする。⇩縄跳《なわと》び

［文献］下町の子どもの遊び

雪遊び（ゆきあそび）

「雪合戦」「雪転がし」「雪すべり」「雪釣り」など、雪を利用した遊び。とくに積雪の多い地方には、「玉栗《たまぐり》」や「かまくら」など独特の雪遊びが見られる。鈴木牧之の『北越雪譜《ほくえつせっぷ》』には、越後《えちご》（新潟県）で小正月（1月15日）に子供たちがつくって遊ぶ雪の鳥追櫓《とりおいやぐら》が紹介されている。櫓の高さは3メートルほどにもなり、そこに登る階段も雪でつくった。頂きは平らにして筵《むしろ》をしき、四隅に松竹を立ててしめ縄をめぐらせた。子供たちは櫓に上がってものを食べたり、鳥追歌《とりおいうた》（初春に田畑の豊作を祈る歌）をうたったりして一日中遊んだという。

雪で山などをこしらえて眺めることは古代より行われていた。天平勝宝3（751）年の介内蔵忌寸縄麿の館の宴で詠んだ歌のはじめに「積雪重厳の趣を彫成し、奇巧に草樹の花を綵《ひろどり》発《ひら》く、……」と、雪で岩の形をつくって観賞したらしい記述がある。清少納言の『枕草子』には、師走に雪がたくさん降ったので、あちこちの庭で高い雪の山をつくったという話が載っている。また紫式部の『源氏物語』にも「童べの雪あそびしたる、けはいのやうにぞ、ふるひあがりける」とある。⇩玉栗《たまぐり》、雪合戦《ゆきがっせん》、雪転《ゆきころ》がし、雪細工《ゆきざいく》、雪滑《ゆきすべ》り、雪達磨《ゆきだるま》、雪釣《ゆきつ》り

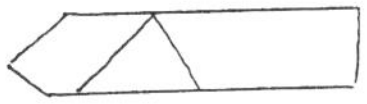

郵書

郵書投げ（ゆうしょなげ）
大阪の遊び。四角い紙を上の図のように折って矢のように投げた

やんま釣り（やんまつり）

5月の節句の頃、男子が集まり法螺貝を吹いて練り歩いた

山伏遊び（やまぶしあそび）

郵便屋さん（ゆうびんやさん）
縄跳びをしながら地面に手をついて葉書を拾う格好をする

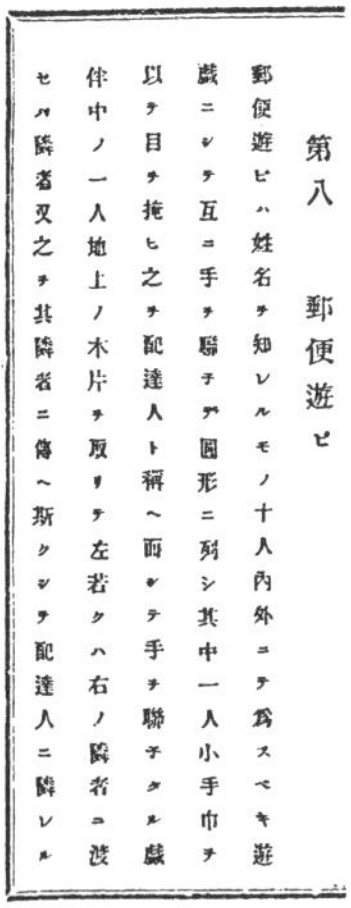

第八　郵便遊ビ

郵便遊ビハ姓名ヲ知レルモノ十人内外ニテ為スベキ遊戯ニシテ互ニ手ヲ聯ネテ圓形ニ列シ其中一人小手巾ヲ以テ目ヲ掩ヒ之ヲ配達人ト稱ヘ而シテ手ヲ聯ネタル戯伴中ノ一人地上ノ木片ヲ取リテ左若クハ右ノ隣者ニ渡セハ隣者又之ヲ其隣者ニ傳ヘ斯クシテ配達人ニ隣レルモノニ傳ヘ至ラバ手ヲ以テ配達人ヲ打ツ此時配達人ハ直ニ目ヲ掩フタル小手巾ヲ取リ列生ノ挙動容貌ニ注目シテ木片ヲ發セシ者ヲ指名シ幸ニシテ當レバ當テラレタルモノ代リテ配達人トナルナリ若シ當ラザレバ之ヲ發シタル

第二圖

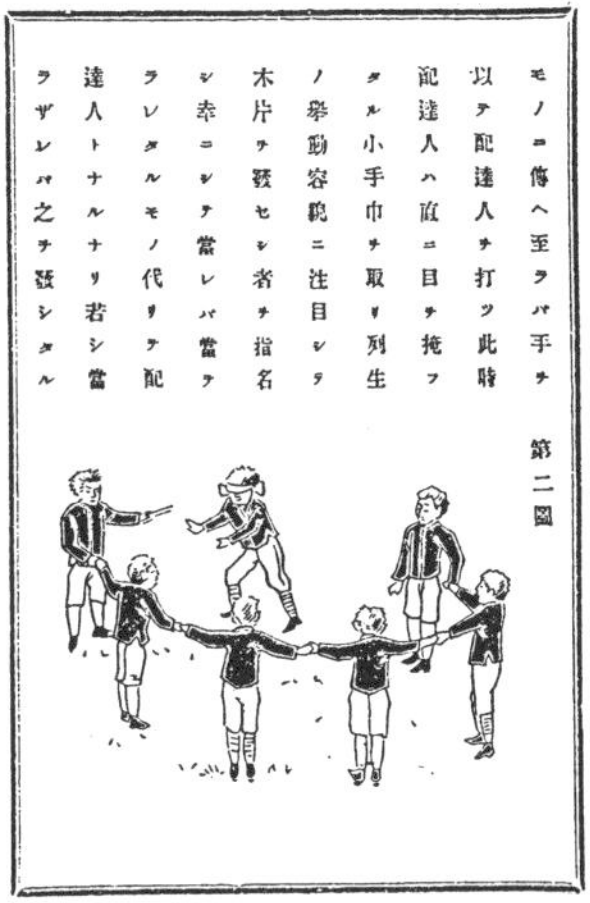

郵便遊び（ゆうびんあそび）『普通遊戯法』

雪達磨

雪転がし

雪合戦

雪遊び（ゆきあそび）『絵本西川東童』

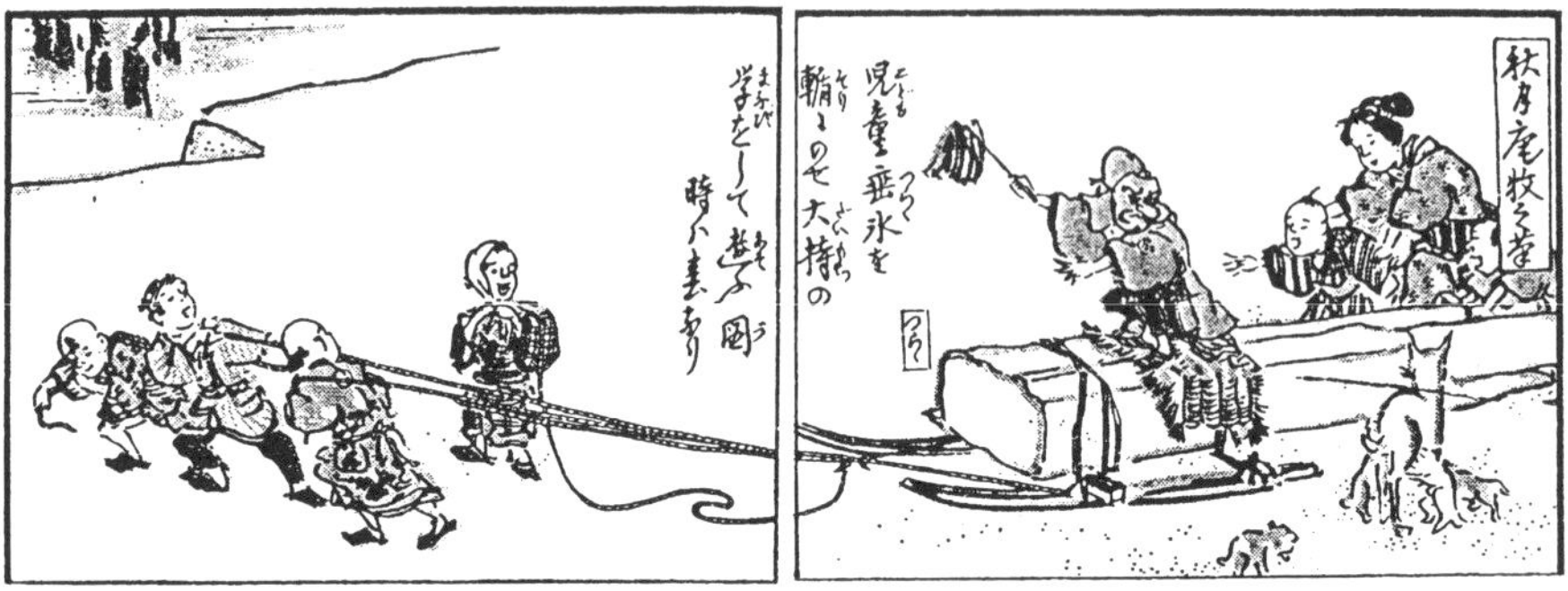

輴《そり》の大なるを里言《りげん》に修羅《しゆら》といふ事前にもいへり、これに大材木あるひは大石をのせてひくを大持《だいもち》といふ。（中略）児曹《こども》らが手遊の輴《そり》もあり、氷柱《つらゝ》の六七尺もあるをそりにのせて大持の学びをなし、木やりをうたひ引あるきて戯れあそぶなど、暖国《だんこく》にはあるまじく聞《きゝ》もせざる事なるべし。『北越雪譜』

雪遊び（ゆきあそび）『絵本大和童』

正月鳥追櫓之図『北越雪譜』

我越後には小正月の小正月とは正月十五日以下をいふはじめ鳥追櫓《とりおひやぐら》とて去年《きよねん》より取除《とりのけ》おきたる山なす雪の上に、雪を以て高さ八九尺あるひは一丈余にも、高さに応《おう》じて末《すえ》を広《ひろ》く雪にて櫓《やぐら》を築立《つきたて》、これに登《のぼ》るべき段《だん》をも雪にて作り、頂《いたゞき》を平坦《たひら》になし松竹を四隅《すみ》に立、しめを張《はり》わたす広さは心にまかす内には居るべきやうにむしろをしきならべ、小《こ》童等《どもら》こゝにありて物を喰《く》ひなどして遊《あそ》び、鳥追哥《とりおひうた》をうたふ。

雪滑り（ゆきすべり）『風俗画報』

［文献］日本の遊戯、遊戯大事典、遊びの大事典、小児遊戯、絵本西川東童、北越雪譜

雪合戦（ゆきがっせん）

「雪礫《ゆきつぶて》」「雪投げ」「雪玉投げ」ともいう。雪を適当な大きさに丸めて投げ合う遊び。本格的になると、二手に分かれてそれぞれの陣に旗を立て、雪を積んで城壁をこしらえ、雪玉を大量につくって投げては進撃した。敵方の雪玉に当たると捕虜になるというのもあった。➡雪遊《ゆきあそ》び

［文献］日本全国児童遊戯法（上）（中）、日本遊戯史、日本遊戯の解説、遊戯大事典、遊びの大事典、絵本大和童、吾妻余波

雪転がし（ゆきころがし）

「雪こがし」ともいう。雪の玉をつくって雪の上を転がしていくと、しだいに大きな塊になる。これを基礎にして灯籠や人物などをつくる。塊を2つ重ねて、木炭や炭団、松葉などで目鼻をつけると雪達磨になる。➡雪遊《ゆきあそ》び

［文献］日本全国児童遊戯法（上）、日本遊戯の解説、遊戯大事典、吾妻余波

雪細工（ゆきざいく）

雪を材料にして家やお堂などをつくる。また雪で小高い山をつくって上からすべり降りて遊ぶ。➡雪遊《ゆきあそ》び

［文献］日本全国児童遊戯法（中）

雪滑り（ゆきすべり）

雪の上をいろいろな方法ですべって遊ぶこと。陸奥《むつ》（青森県）では、木履《ぼっくり》のようなものの底に竹を打ち付けた「べんざい」をはいてすべった。越中《えっちゅう》（富山県）では、草履《ぞうり》の裏に4つに割った竹をしばりつけたものをはいてすべった。また木製の雪かきをバンバといい、近江《おうみ》（滋賀県）ではこれで雪をしめ固めた後、杖を1本持ってバンバに乗り、杖で舵を取りながら坂をすべり降りて遊んだ。鈴木牧之の『北越雪譜《ほくえつせっぷ》』によると、越後《えちご》（新潟県）では子供たちが、大持《おおもち》（大きな橇《そり》に材木を乗せて大勢で引くこと）をまねて、橇に約2メートルもある氷柱《つらら》を積み、引いて遊んだという。➡べんざい、雪遊《ゆきあそ》び

［文献］日本全国児童遊戯法（中）（下）、風俗画報、北越雪譜

雪達磨（ゆきだるま）

雪を転がしてつくった大きな雪玉を2つ重ね、木炭や炭団、松葉などで目鼻をつける。積雪で雪山や雪仏《ゆきぼとけ》をつくることは古くからあったが、「雪達磨」といわれて子供の遊びになるのはおそらく江戸時代から。江戸前期の俳人、北村季吟の『独吟集』に「所まだら雪ころばかしおり立てつくる達磨もそれとみわかず」とある。➡雪《ゆき》遊《あそ》び、雪転《ゆきころ》がし

［文献］日本の遊戯、日本遊戯の解説、遊戯大事典、遊びの大事典

雪釣り（ゆきつり）

たこ糸の先に炭のかけらを十文字に結びつけて雪の中に投げると、雪が付着して塊になる。塊の大きさを競って遊ぶ。➡雪遊《ゆきあそ》び

［文献］日本全国児童遊戯法（上）、日本遊戯の解説、遊戯大事典

雪の竹馬（ゆきのたけうま）

美作《みまさか》（岡山県）の遊び。積雪の頃、「遠乗り」と称して竹馬で隊を組み、竹の上端に紙旗を立て、隊長のもと1里（約4キロ）を往復した。高い竹馬に乗ることを競い、塀の上から乗るような足台の高い竹馬に乗る子もいた。➡竹馬《たけうま》

［文献］日本全国児童遊戯法（下）

雪ばんば（ゆきばんば）

越中《えっちゅう》（富山県）の雪遊び。小型の木鍬《きぐわ》を使って雪を積み上げて竈《かまど》のような形をつくり、絵の具で染める。➡雪遊《ゆきあそ》び

［文献］日本全国児童遊戯法（下）

ユースヤむかで

紀伊《きい》（和歌山県）の遊び。子供たちは一列になって、前の子の帯をもってうずくまる。これを「むかで」に見立て、声をそろえて「ユースヤむかで、尻尾はピコピコ」と2度ほど叫ぶ（「ユースヤ」は「揺すれば」のなまり）。先頭の子が「後の者ちょっと来い」と言う。最後尾の子が進み出て「何でそうろう」。先の子「昨夜の昨夜の焼き餅は？」。後の子「猫と鼠が引き合いました」。先の子「いって逐《お》ってこい」。後の子はシーシーと逐うまねをして、「逃げませぬ」。先の子「もう一ぺん、逐ってこい」。後の子「シーシー、逃げました」。先の子「逃げた賃に何やろに？」。後の子は「頭はり」とか「耳引き」と

雪転がし（ゆきころがし）『吾妻余波』

雪合戦（ゆきがっせん）

雪合戦『吾妻余波』

雪達磨（ゆきだるま）『小児遊戯』

雪細工（ゆきざいく）

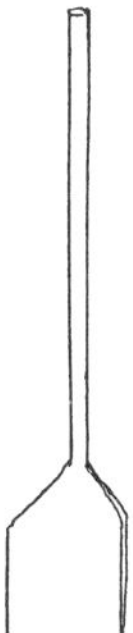
バンバ（木製の雪かき）

雪の竹馬（ゆきのたけうま）

雪釣り（ゆきつり）

雪滑り（ゆきすべり）

か言う。「頭はり」なら、先頭の子を除き、その次の子から後ろへと順に頭を軽くたたく。これで一段落し、後の子が先頭になって、この遊びを繰り返す。

［文献］日本全国児童遊戯法（下）、遊びの大事典

指当て（ゆびあて）

片方の手の指先だけを出すようにもう片方の手で握り、1本だけ指先を出して、何の指かを当てさせる。親指と小指以外は、指先だけだと判断しにくい。

［文献］下町の子どもの遊び、遊びの大事典

指隠し（ゆびかくし）

両手の指を組み合わせ、1本だけを手のひらの中に隠す。他の者に、どの指が隠れているかを当てさせる遊び。

［文献］日本全国児童遊戯法（上）、遊びの大事典

指切り（ゆびきり）

約束を破らない誓いに、2人で小指と小指をひっかけて振りながら、「指切りげんまん嘘ついたら針千本のーます、指切った」と言う。もとは江戸の遊里で、男女が愛が真実であることの証明に実際に小指を切り取ったことをいったという。また人さし指と人さし指を引っかけて引き合う遊びがあり、これも「指切り」といった。

［文献］日本の遊戯、日本遊戯の解説、遊戯大事典、遊びの大事典、下町の子どもの遊び

指くぐり（ゆびくぐり）

「指くぐし」ともいう。両手の指の先を密着させ、指を離さずに、そのまま中指2本を、人さし指の下をくぐらせて上に出す。さらに薬指2本をくぐらせて上に出し、元に戻す。

［文献］日本の遊戯、日本遊戯の解説、遊戯大事典

指相撲（ゆびずもう）

2人で向き合って、右手の指4本を握り合い、親指を立てる。互いに親指だけで戦い、相手の親指を押さえ込むと勝ち。

［文献］日本全国児童遊戯法（上）（中）、日本の遊戯、日本遊戯の解説、遊戯大事典、遊びの大事典

指で動物をかたどる遊び（ゆびでどうぶつをかたどるあそび）

指遊びのいろいろ。⑴河童。両手で拳をつくって合わせ、人さし指と中指の間から親指の先をのぞかせる。小指と薬指を伸ばして合わせる。⑵蛙。左右の親指、人さし指、中指を合わせ、左右の薬指を交差させて、中指と人さし指の間から、指先をのぞかせる。

［文献］下町の子どもの遊び

指回し（ゆびまわし）

「指登り」ともいう。まず、右手の親指と左手の人さし指を軽く合わせる。次に左手の親指と右手の人さし指を軽く合わせると同時に、最初の指を放す。これを繰り返すが、はやく行うと4本の指が回転しているように見える。

［文献］日本の遊戯、遊戯大事典

由良鬼（ゆらおに）

「目隠し鬼」のことで、「由良さん」ともいう。『仮名手本忠臣蔵』の中に、大星由良之助が遊廓で遊女を相手に「目隠し鬼」をして遊ぶ場面がある。⇨目隠《めかく》し鬼《おに》

［文献］日本全国児童遊戯法（中）（下）、遊びの大事典

【よ】

よいやさのよんやさ

「羅漢回し」のこと。遊ぶときの掛け声で、「よいやさのよいやさ」ともいう。⇨羅漢回《らかんまわ》し

［文献］日本遊戯の解説、遊戯大事典

楊弓（ようきゅう）【参考】

遊戯用の小さい弓。もと楊《やなぎ》でつくられたのでこの名があるが、のちに蘇芳や紫檀に銀金を用いた贅沢なものがつくられた。中国から伝わったもので、室町時代には宮中で七夕の七遊《ななあそび》の一つとして行われた。天和3（1683）年、岡西惟中の『一時随筆』によると、弓は2尺8寸（約85センチ）、矢は9寸（約27センチ）で白鳥の羽根を上等とした。的は3寸（約9センチ）で、中央に「きり穴」という小さい輪を描き、革を張った堋《あずち》にかけた。これと7間半（約13.5メートル）離れ、座ったまま膝を的のほうに向け、左手で弓をかまえて右手で射る。寺島良安の『和漢三才図会』によると、矢200本を1表とし、うち50本以上的中するのを「朱書」、100本以上を

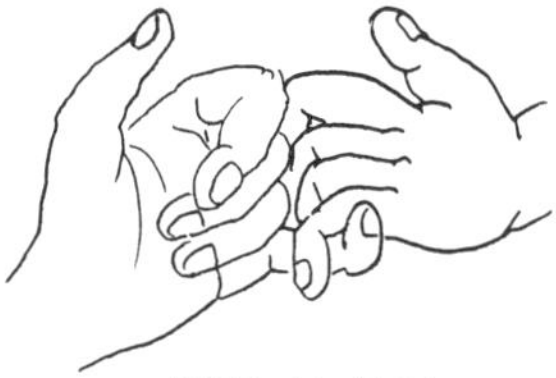

指切り（ゆびきり）
約束を破らないおまじない

指当て（ゆびあて）
何指かを当てさせる遊び

ユースヤむかで
紀伊の芋虫ころころに似た遊び

指回し（ゆびまわし）
左手の親指と右手の人さし指、右手の親指と左手の人さし指を交互にくっつけることをはやくすると4本の指が回転しているように見える

河童

蛙

指で動物をかたどる遊び
（ゆびでどうぶつをかたどるあそび）

指隠し（ゆびかくし）
隠れている指を当てさせる遊び

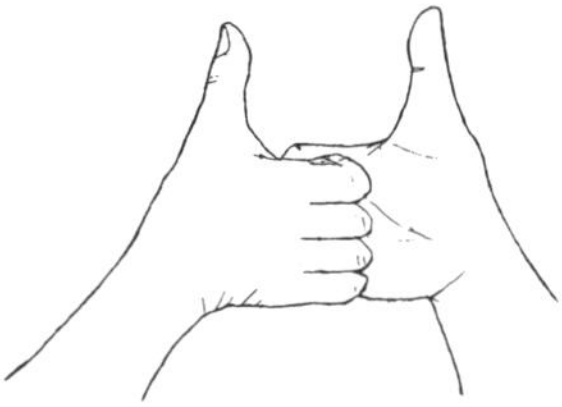

指相撲（ゆびずもう）

楊弓『絵本吾妻の花』

楊弓（ようきゅう）
矢場女は客と向かい合って左手で矢を射た

由良鬼（ゆらおに）

「泥書」、150本以上を「金書」といったという。江戸時代になって庶民の遊戯として流行し、盛り場や神社の境内に「矢場」（京坂では「楊弓場」といった）がたくさんできた。矢場は矢を集めるためとして「矢拾女（矢場女）」を抱えたが、これが私娼化したためにたびたび取り締まりの対象となった。矢拾女は客と向き合い、右手に弓を持って左手で器用に射たという。➡小《こ》弓《ゆみ》、雀《すずめ》小弓《こゆみ》

［文献］日本の遊戯、日本遊戯の解説、日本遊戯史、遊戯大事典、遊びの大事典、東京風俗志

四隅換りの猫児（よすみがわりのねこご）

「隅の猫」に同じ。➡隅《すみ》の猫《ねこ》

［文献］小学遊戯法

淀の川瀬の水車（よどのかわせのみずぐるま）

「淀の川瀬」「水車」ともいう。子供たちが横一列に並んで手をつなぎ、端の2人がつないだ手をあげて門をつくる。もう一方の端から順に、「淀の川瀬の水車、どんどと落ちるは滝の水、ぼちゃぼちゃ落ちるはお茶の水、子供や子供やへそ隠せ、いまに雷鳴ってくる、ゴロゴロゴロゴロ」とうたいながら、手をつないだまま門をくぐる。最後に門の2人が回転して一列になり、これを繰り返す。また『吾妻余波』では、門をくぐって歌が終わるとちりぢりに逃げるとある。

地方によっても歌や所作に違いがある。筑後《ちくご》（福岡県）では、子供が2列になって中央で交差した十字形をつくり、この隊形で「淀の川瀬の水車、どんどと落ちる滝の水、子供や子供、今に夕立降ってくる」とうたいながら同じ方向にぐるぐる回った。『日本遊戯の解説』では「其方法に数種あり」としたうえで、そのうちの一つの方法として、輪になった子供が「淀の川瀬の水車、いくらまわっても水は出ぬ、どんどと落ちるは滝の水、今に雷鳴ってくる、子供よ子供よへそ隠せ、うしろの正面だーれ（わたしの指先だーれ）」とうたいながら回り、目隠しをして輪の中に立った鬼が、歌が終わると任意の者を指して名前を当てるとある。

喜《き》田《た》川《がわ》守《もり》貞《さだ》の『守《もり》貞《さだ》漫《まん》稿《こう》』には「京坂の童五七輩、各互手を携へ、内に向て輪を成し、左の言を云ながら歩み回り、一章云畢れば一所の携へ合た手の下を向の童より次第に潜り、必らず手を放さざれば乃ち外に向て輪となり、又唱ㇾ之を畢れば前の如くにして内に向ひ輪となること数回をなすの戯あり。其詞。『淀の川瀬の大水車、ちよいちよい、ゆんべふいた風は大津へ聞へて、大津はおんま、槌の子は鎗持、ようやりもつた、晩にだいてねて味噌すつてねぶらそ、夫がいやなら一文で飴しよ、二文で女郎、じやうろはだれじや、茜屋のお仙、おせんにや児があろ、子があろとままよ、ままははにかけて糸びいびいよ、びとかへりかりましよ』。江戸にも右に似て又異也、衆児手を携へ連て輪をなさず、譬へば児ならば二、一年長也、三より漸くに幼を列し、左の言を云ながら、一、二の童の携へ合ひたる手の下を第十の幼より潜ㇾ之、九、八、七、六、五、四、三、二と次第に潜り畢れば又唱ㇾ之潜返し数回をなす。『淀の川瀬の大水車、どんどと落るは滝のみづ云々』」とある。江戸時代から明治の中頃まで行われていた。

［文献］日本全国児童遊戯法（上）（中）（下）、遊戯大事典、日本遊戯の解説、遊びの大事典、東京風俗志、吾妻余波

ヨーヨー

車輪形のもの2つを合わせて軸でつなぎ、軸にたこ糸を巻いたおもちゃ。木製・ブリキ製・プラスチック製などがある。たこ糸の巻き終わりを輪にして指にかけ、本体を下に投げると、回転しながら下がり、下がりきると反動で上に巻き上がってくる。もとは古代に東南アジアで武器として使われていたものが、宣教師によってヨーロッパに伝わり、おもちゃとして世界に広まったという。日本では昭和初期に輸入されて流行したが、江戸時代にすでに同じおもちゃが中国から伝わっており、当時は素焼き製で「手車」といった。➡手《て》車《ぐるま》

［文献］日本の遊戯、遊びの大事典

筑後の「淀の川瀬の水車」は子供たちが十字形になってぐるぐる回った

兒モ齊シク走リテ他ノ童兒等ガ未ダ一隅ニ達セザル前隙ヲ伺ヒ疾ク其位置ヲ占ムルヿヲ要ス若シ占メ得テ此ニ據ルトキハ其隅ヲ奪ハレタル者代リテ猫兒ト爲ルモノナリ假令バ甲乙ノ二童アリ各其隅ヲ變セントスルニ當リ甲ハ乙ノ隅ニ達スルヿヲ得レ𪜈中央ノ猫兒先ヅ甲ノ占有セシ隅ニ達スル𪜈ハ

四隅換りの猫児（よすみがわりのねこご）『小学遊戯法』

淀の川瀬の水車（よどのかわせのみずぐるま）
淀の川瀬の水車の歌に合わせてくぐり遊びをする

ヨーヨー
江戸時代にもあり、手車といった

淀の川瀬の水車『東京風俗志』

淀の川瀬の水車『吾妻余波』

【ら〜ろ】

羅漢回し（らかんまわし）

「羅漢さん」「羅漢そろい」「よいやさのよんやさ」ともいう。数人から大勢で円座になる。いっせいに「羅漢さんがそろったら回そじゃないか、よいやさのよんやさ」ととなえ、言い終わると同時に皆思い思いの格好をする。つづいて「よいやさのよんやさ」ととなえ、各自いっせいに左隣の者の格好を間違わないようにまねする。またつづいて「よいやさのよんやさ」ととなえて、いっせいに左隣の者の格好をまねする。これを格好が一周するまで繰り返すが、だんだんはやくしていって、間違えたり、まねができなかった者は座からはずれる。10人いれば10人とも違う格好になるとおもしろい。「羅漢」は「尊敬・布施を受ける値のある者」を意味する言葉で、仏法を護持する仏弟子のこと。「十六羅漢」「五百羅漢」として、さまざまな姿をした羅漢像が描かれている。

［文献］日本全国児童遊戯法（下）、日本の遊戯、日本遊戯の解説、遊戯大事典、遊びの大事典

落書き（らくがき）

「楽書き」とも書く。書いてはいけない場所にいたずら書きをすること。またその書かれた絵や文字。古代の遺跡や建造物にも落書きと思われる絵や文字が残っている。8世紀に建立された法隆寺には、金堂や五重塔の天上裏などに大工によると思われる多数の落書きがある。また藤原宮跡や平城宮跡から出土した木簡や土器にも九九の落書きらしきものが見られる。

［文献］遊びの大事典

螺旋《らせん》のかけっこ（らせんのかけっこ）

3人で遊ぶ。地面に大きく螺旋《らせん》を描き、1人が判者としてその中央に位置する。後の2人は左右に分かれ、合図でいっせいに、螺旋の上を片足けんけんで中央に向かって走る。先に中央に着いたほうが勝ちで、次に判者に代わる。

［文献］簡易戸外遊戯法

陸龍船（りくりょうせん）

肥前《ひぜん》（長崎・佐賀県）で端午の節句前後に行われた男の子の行事。長崎の競渡船になぞらえて、4、5メートルに切った竹で舟形をこしらえる。顔を赤く塗り、頭に畳紙《たとうがみ》をはさんで藺笠《いがさ》をかぶった子供たちがこれをかつぎ、「○○町子供中」と大書した三角旗を立て、銅鑼太鼓《どらたいこ》で調子をとって「セーラエン」と叫びながら町中を練り歩いた。途中、他の町の陸龍船に会うと、同じぐらいの年格好の子を選び、「ちょいちょいちょい」という掛け声で、左右の辻までかけっこして勝負した。あとには、顔に色を塗ることはせず、先のほうだけ葉を残した12メートルぐらいの竹に「○○町子供中」と大書した旗を掲げて押し立て、皆は小旗を持って練り歩いた。かけっこに負けると小旗を1本取られる決まりで、負け続けると大旗まで取られたという。

［文献］日本全国児童遊戯法（下）、遊びの大事典

輪鼓（りゅうご）

鼓《つづみ》のように中央がくびれた形をしたもので、これを曲独楽のように紐の上で回して見せる曲芸。平安時代以前に中国から伝わったもので、藤原明衡《ふじわらのあきひら》の『新猿楽記』に「品玉、輪皷、八玉」という名称が見える。方法は、2本の細い竹の先に紐を結んで両手で持ち、輪鼓のくびれた部分を紐の上に載せて、両手で糸のたるみを加減しながら輪鼓を回したり、空中に投げたり、すくい取ったりする。鎌倉時代以降になって、一般の民衆や子供がこれで遊ぶようになったらしい。山東京伝の『骨董集』に「技芸にも、わらは遊びにももちひて、糸のうへにまはせしものなり、いかにしてかまはしけん、その所為はしりがたし。そのかたちは、今の小つづみの柀《どう》に似たるものなり。七十一番職人哥合の放下の著物にかくのごときもやうあるは、リウゴなり、伊呂波字類抄林逸節用運歩色葉集等にも、輪皷の名見えたれば、近古までも、もはらもてあそべるものにこそあらめ」とある。

［文献］日本の遊戯、遊戯大事典、日本遊戯史、遊びの大事典

りょうぶん

磐城《いわき》（福島県）の遊び。地面に図のような区

五百羅漢寺の羅漢像『江戸名所図会』

羅漢回し（らかんまわし）
皆が思い思いの格好をし、その格好を「よいやさのよんやさ」の掛け声で回していく

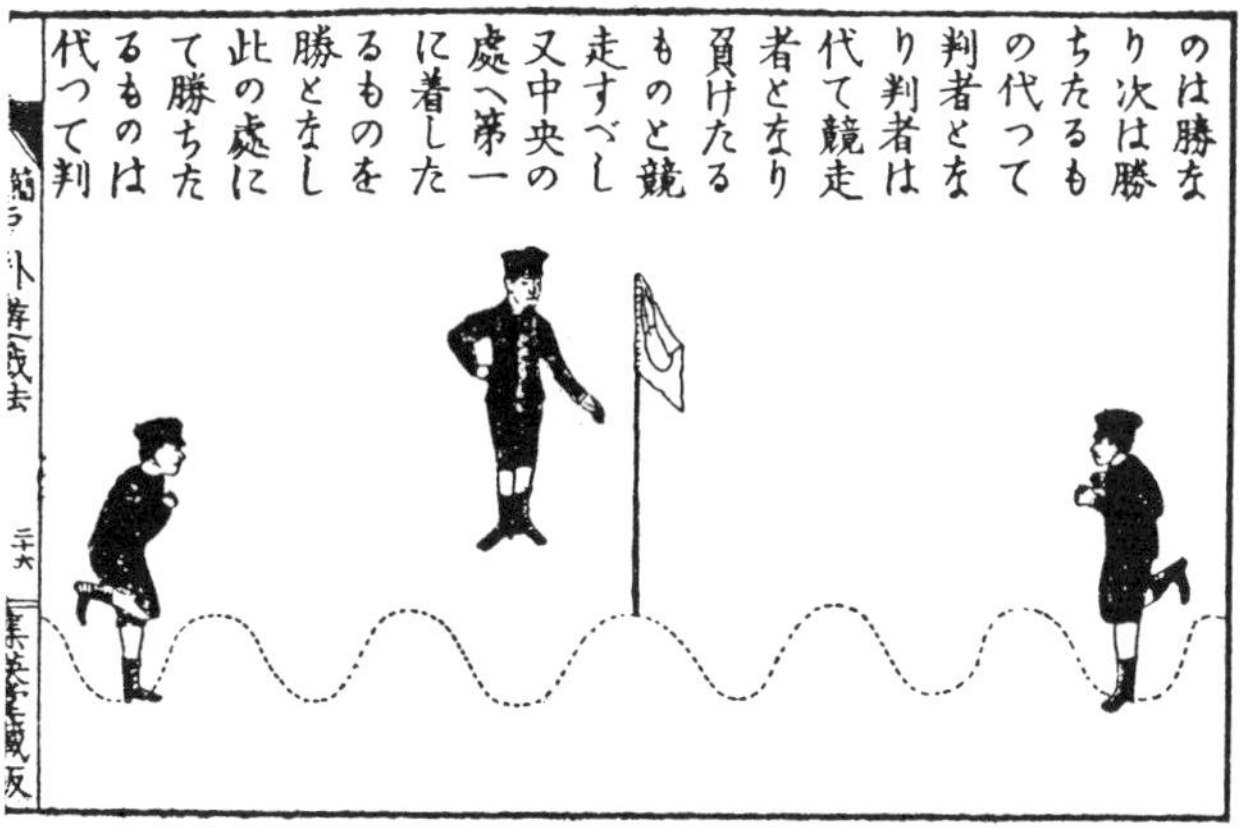

螺旋のかけっこ（らせんのかけっこ）『簡易戸外遊戯法』

落書き（らくがき）

りょうぶん
磐城の銀杏を投げる遊び

輪鼓（りゅうご）
猿楽の芸で、鼓のような形の物を紐の上で回したりすくい取ったりして見せる

肥前では端午の節句頃、男児が竹でつくった舟をかつぎ「セーラエン」と叫びながら練り歩いた

陸龍船（りくりょうせん）
『日本全国児童遊戯法』

画を書き、銀杏《ぎんなん》（あるいは胡桃《くるみ》）を投げて、自分の領分を取る。じゃんけんで順番を決め、手前の線のところから、区画の中に銀杏を1個投げる。たとえば、それが（ロ）に入ると、（ロ）の区画はその子の領分となる。順番に投げて各自、自分の領分を決めていくが、間違えてすでに他人の領分になっているところに入ると、その銀杏は取られる。銀杏が（ハ）のように区画線の上で止まると、その両側ともに領分となる。また、図の真ん中（イ）に止まると、全区画が領分となり、区画内にある銀杏を全部取れる。こうして一巡すると、先に投げた自分の銀杏を取って投げ直す。

［文献］日本全国児童遊戯法（中）、遊びの大事典

蓮華の王冠遊び（れんげのおうかんあそび）

蓮華の花をたくさん茎ごと取って、茎を次々と編むようにつないでいくと花の輪ができあがる。それを頭に冠のように載せて遊ぶ。

蓮華の花（れんげのはな）

「開《ひら》いた開《ひら》いた」ともいう。子供たちが手をつないで輪になり、「ひーらいた、ひーらいた。何の花が開いた。蓮華の花が開いた。開いたと思ったら、いつのまにかつぼんだ。つーぼんだ、つーぼんだ。何の花がつーぼんだ。蓮華の花がつーぼんだ。つぼんだと思ったら、いつのまにか開いた」という歌に合わせてぐるぐる回りながら、輪を広げたり閉じたりする。輪を閉じるには手をつないだまま輪の中心に集まり、開くときはそのまま手がいっぱいに伸びるまで下がる。「蓮華の花」ではなく、「牡丹の花」や「蓮の花」「朝顔」に言い換えて遊ぶところもある。

［文献］日本全国児童遊戯法（上）（中）、下町の子どもの遊び、遊戯大事典、遊びの大事典、東京風俗志

レンコレンコ

紀伊《きい》（和歌山県）の遊び。1人親を決め、その他の子たちは親から離れて、姿が見えない場所で一列に並ぶ。最初に親が大声で「レーンコレンコ」と呼ぶと、列の子たちは「誰さん隣に誰がいる?」と聞く。ここで親は見当をつけて、たとえば「竹さん隣に梅さんいる」というように答える。これが当たれば、梅さんが親に代わる。もしはずれたら、声をそろえて「おーきな間違い、デングリガヤリデングリガヤリ」と叫び、こっそりと列を入れ替えて、「レーンコレンコ」を繰り返す。

［文献］日本全国児童遊戯法（下）、遊びの大事典

ろく

大阪の呼び方で、江戸で「きず」といった面子遊びのこと。越谷吾山《こしがやござん》の『物類称呼《ぶつるいしょうこ》』に「京の小児はむさしと言ひ、大坂にてはろくと言ひ、和泉、尾張、下野、陸奥地方にては六道といふ。相模、上総にては江戸と言ひ、津軽も同じ、江戸の町々にたとへていふなり、信濃にては十六、江戸にてきづといふ」とある。➡きず、面子《めんこ》

［文献］日本全国児童遊戯法（中）

ローンビリヤード

叉手網《さであみ》8本（棒の先に網を付けたもの、長さ約1～1.5メートル、網の径約20センチ、球の色に合わせてそれぞれ違う色のテープを巻く）、球8個（径約5、6センチ、それぞれ違う色を塗る）、杭1本、玉を通す鉄の環1個（径約20～25センチ）を用意する。地面に杭を打ち、そこから約10メートル離れたところに鉄の輪を立てる。輪は、球がうまく通らずに縁に突き当たると倒れるようにさし込んでおく。4人でチームを組み、2チームで争う。各自叉手網を持ち、杭のところから順番に、対応する色の球を打って、輪を通過させる。1度で通らないときは、2度、3度と打つが、距離が棒の長さより近いときは打ってはいけない。球は必ず杭のほうから通し、反対側から通しても無効。輪を倒してしまうと、1回休み。最初に何回と決めておき、その回数を先に通したチームの勝ち。

［文献］小学体育全書

『東京風俗志』

蓮華の花（れんげのはな）
歌に合わせて、つないだ輪を広げたり
すぼめたりを繰り返す遊び

れんげ草『大植物図鑑』

蓮華の王冠遊び
（れんげのおうかんあそび）
蓮華の花を編んで冠にする

○「ローンビリヤード」一名「トロッコ」
此遊戯ヲ為サンニハ可成的廣キ平地ヲ要ス其器械ハ扠綱《サデ》ハ本鐵環一個各々異ナリタル色ヲ以テ塗リシ球八個及ヒ杭一本ナリ」扠綱ノ長サハ大約四五尺ニシテ柄ノ直径ハ六七分ナリ又柄ノ中央ニハ各々異ナル所ノ色ヲ以テ帶ヲナシ球ノ色ト相符合セシム鐵環ノ直径ハ七八寸ニシテ留メ釘様ノ者ニ因テ之ヲ地上ニ立ツ装置トス然レ𪜈此釘ハ環ニ確ト結付シモノニアラズシテ若シ球ノ鉄環中ヲ通過セズシテ其邉縁ニ、突キ當ル𪜈ハ直ニ倒ル、ナリ球ノ直径ハ一寸乃至二寸許ニシテ杭ノ長サ一尺許ナリ又此杭ニハ各々異ナル色八種ヲ以テ其全躰ヲ輪環状ニ彩飾ス此遊戯ヲ始ムルニ當テ先ツ夫ノ杭ヲ地上ニ打込ミ次ニ五六間隔テヽ鉄環ヲ立ツ可シ衆生徒ハ四人ツヽ一組トナリ甲乙ノ両組ヲ造リ総計八人ノ生徒各々一個ノ扠綱ヲ携ヘテ其柄ニ符合セル所ノ色アル球ヲ取リ杭ニ彩飾セシ色ノ順ヲ以テ杭ノ本ヨリ各自ノ球ヲ鉄門ニ通シ其度数ニ因テ勝敗ヲ決ス即チ両組ノ生徒最初約束シ十四鉄門ヲ通過スルニ決スル𪜈ハ各組ノ中早ク十回通過セシ組ヲ勝利トス。

ローンビリヤード『小学体育全書』
この本には一名「トロッコ」とある

レンコレンコ
紀伊の遊びで、親は誰と誰が並んでいるかを言い当てる

【わ】

わくはずし

東京の遊び。麻糸の端を結んで輪にしたものを一ひねりして自分の耳と鼻に掛け、手を使わずにそれをはずす。面白い顔つきになるので、見ている者は思わず笑ってしまうが、笑った者は次にこれをやらされることになる。

［文献］日本全国児童遊戯法（上）、遊びの大事典

輪探し（わさがし）

「鎌遊《かまあそ》び」と同じ。⇩鎌遊《かまあそ》び

［文献］日本全国児童遊戯法（下）、遊びの大事典

輪投げ（わなげ）

棒を立てて、一定距離はなれたところから輪を投げてそれに引っ掛ける遊び。棒にかかった輪の多さを競う。現在も小さい子供の遊びとして一般的であり、木製の輪立て台と輪がセットになった玩具が市販されている。明治時代には、宴席で畳に立てた火箸に輪を投げる遊びが盛んに行われた。また床に品物を並べ、投げた輪がはまった品物をもらえるというのもあり、これは今でも縁日の露店などで見られる。

［文献］日本全国児童遊戯法（上）、日本遊戯の解説、遊戯大事典、遊びの大事典

輪回し（わまわし）

「輪転がし」ともいう。「箍回し」に同じ。⇩箍回《たがまわ》し

［文献］日本全国児童遊戯法（上）、日本遊戯の解説、遊戯大事典、遊びの大事典

割り箸鉄砲（わりばしでっぽう）

輪ゴムを弾にして飛ばすおもちゃ。割り箸（4膳）と輪ゴムだけで簡単にできる。割り箸は1本ずつに割っておく。

(1) 図を参考にして銃身をつくる。2本の割り箸で1本の割り箸をはさむ（1本が前に出るようにすること）。銃身支え棒（2本、割り箸を約4センチに切る）を2か所に当てて、輪ゴムでしっかりとめる。銃身の先端は、輪ゴムが引っかかりやすいように切り込みを入れる。(2) 引き金をつくる。割り箸を約7、8センチの長さに切る。端から2センチのところに溝を付け、もう一方の端は斜めに削る（弾にする輪ゴムがはずれやすいように）。(3) 銃身の後ろから7センチぐらいのところに、引き金を取り付ける。斜めに削った端を1.5センチぐらい銃身の上に出して輪ゴムでとめるが、引き金が動くようにしておくこと。(4) 残った割り箸を切って握りを2本つくり、銃身の引き金より後ろに付ける。(5) 引き金が戻るように、溝と銃身支え棒（前側）を輪ゴムでつなぐ。(6) 弾になる輪ゴムを用意し、銃身の先端と引き金にかけるとできあがり。

握りの部分を握り、狙いを定めて人さし指を引き金にかけて引くと輪ゴムが飛ぶ。マッチ箱を的にして打つと、命中すると倒れるぐらいの威力がある。

［文献］下町の子どもの遊び、遊びの大事典

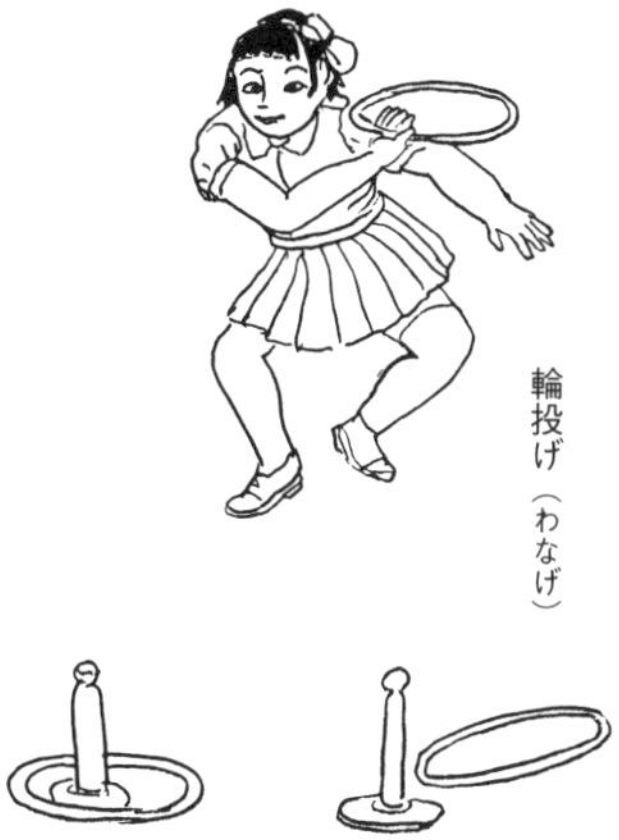

輪投げ（わなげ）

輪探し（わさがし）
藁や草でつくった輪を隠し、あると思われる場所に鎌を突き刺す遊び

わくはずし
麻糸の輪を鼻と耳にかけ手を使わずにはずす遊び

輪投げ『小学体育全書』

輪投げ『新撰東京名所図会』

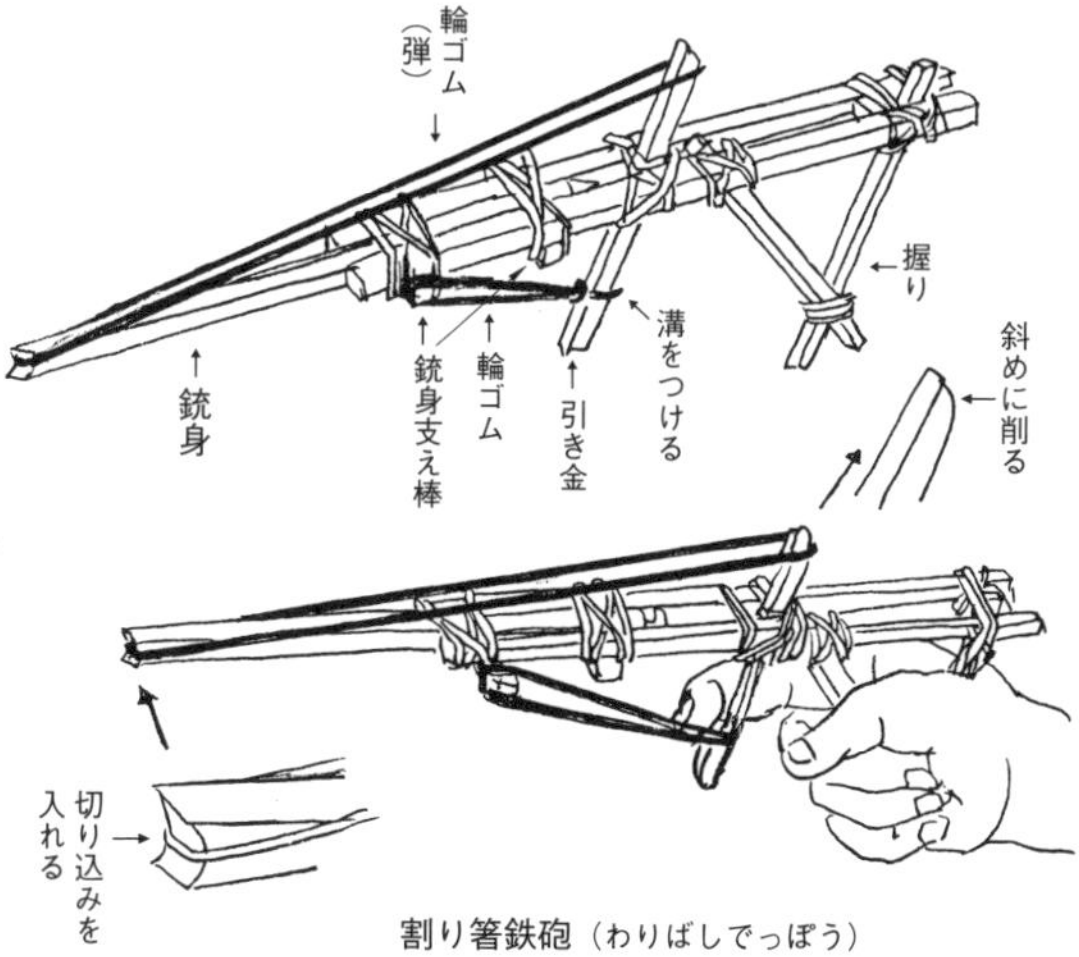

割り箸鉄砲（わりばしでっぽう）

輪回し（わまわし）

〔付録〕

近世遊戯わらべうた集

［近世遊戯わらべうた集］依拠・参考文献一覧

＊［近世遊戯わらべうた集］の参考文献をおおむね時代順に収録した。
＊明治期以降の文献の和暦は省略した。

林羅山『徒然草野槌』一六二一（元和一六）
初代長太夫武則編『大蔵長太夫扣狂言秘本』一六七三〜八八頃（延宝・貞享頃）
『淋敷座之慰』一六七六（延宝四）
大木扇徳編『落葉集』一七〇四（元禄一七）
野間義学『筆のかす』一七〇四頃（宝永一頃）
新井白蛾『牛馬問』一七五五（宝暦五）
木崎惕窓『拾椎雑話』一七五七（宝暦七）
鈴木煥卿『撈海一得』一七七一（明和八）
菅江真澄『菅江真澄日記』一七八三〜一八二九（天明三〜文政一二）
太田全斎『諺苑』一七九七（寛政九）
野口文龍『長崎歳時記』一七九七（寛政九）
宗亭『阿保記録』一八〇三（享和三）
古川珺璋『紙鳶全書』一八〇四〜一八頃（文化期）〈推定〉
栗田維良『弄鳩秘抄』一八〇四〜二四（文化一〜文政七）
菅江真澄『鄙廼一曲』一八〇九（文化六）
源成勝『てまり歌』一八一六（文化一三）
釈行智『童謡集』一八二〇（文政三）
高橋仙果『おし花』一八二六（文政九）
〈諸国風俗問状答書〉等
駒井乗邨編『陸奥国白川領答書』一八一八頃（文政一頃）〈推定〉
那珂通博編著『出羽国秋田領答書』一八一四（文化一一）
秋山多門編『越後国長岡領答書』一八一七（文化一四）
小泉氏計『北越月令』一八四九（嘉永二）
犬塚流水『紀伊国和歌山領答書』刊年不詳
菅茶山編著『備後国福山領答書』一八一九頃（文政二頃）
『淡路国風俗問状答』一八一八〜三〇（文政一〜天保一）
藤井彰民『淡路草』一八二五（文政八）
『阿波国高河原村答書』刊年不詳
朝岡宇朝『朝岡露竹斎　手録　子もり歌　手まり歌』一八一八〜二九（文政一〜一二）
本間季平『越志風俗部　歌曲』一八三〇〜四四頃（天保期頃）
喜多村信節『嬉遊笑覧』一八三〇（文政一三）
高橋仙果『熱田手毬歌　盆歌童諺附』一八三〇〜三一頃（天保一〜二）
松浦静山『甲子夜話続編』一八三一（天保二）
小寺玉晁『尾張童遊集』一八三一（天保二）
鈴木牧之『北越雪譜』一八三六〜四二（天保七〜一三）
柳亭種彦『柳亭記』一八三九〜四二頃（元文四〜寛保三頃）〈推定〉
万亭応賀著・静斎英一画『幼稚遊昔雛形』一八四四（天保一五）
喜田川守貞『守貞漫稿』一八五三（嘉永六）
『古今栢毬歌』刊年不詳
西沢一鳳『皇都午睡』江戸後期
村上小十郎・橋本季吉編『紀州童謡』明治初期頃〈推定〉
岡本昆石編『あづま流行　時代子供うた』一八九四
山中笑「山の手の童謡」〈雑誌・武蔵野〉所収、一九一九

[付録] 近世遊戯わらべうた集

*遊戯わらべうたの見出し項目を五十音順に配列し、一般に通用する漢字表記を記載した。

*遊戯わらべうたは、類歌と思われるものをまとめ、おおむね資料の時代順に配列した。

*遊戯わらべうたの資料名は［ ］内に記し、依拠・参考文献一覧として扉裏に示した。

*遊戯わらべうたは原資料に準拠し、一般に通用する漢字表記で記載した。

*「本編」の同一項目、関連項目の参照ページを➊で示した。

*「注」をページの下段に設け、遊戯わらべうた中の難解と思われる用語を解説した。

○上がり目下がり目（あがりめさがりめ）➊2ページ

[熱田手毬歌]

あアがりめ、さがりめ、くるりとまはつてさるの目。

又、だるまの目ともいふ。
目をいろ〳〵にしていふ詞。

[幼稚遊昔雛形]

此あそびは、りやうのめじりをおさへて、
　あがりめ、
ト、うへゝつるしあげ、またしたへさげて、
　さがりめ、
ぐるりとさがつて、ねこのめ。
といふのなり。

[あずま流行　時代子供うた]

　両手の人さし指にて目尾《めじり》を押《おさ》へ
上《あ、が》り目、尾下《さあが》り目、周《くる》りと旋《まは》ツて猫の目。

○石投げ（いしなげ）➊12ページ

[尾張童遊集]

一《ヲヒト》、二《ヲフタ》、三《ヲミツ》、四《ヲヨツ》、鳴《ナツタ》、不鳴《ナラズ》、二玉《ヲフタダマ》、ヲク、ミ、ヲソウハ。

○石投子（いしなご）➊12ページ

[あずま流行　時代子供うた]

　石を投合《なげあつ》て此方《こつち》へ届かず地に落《おち》た時
地平《ぢびた》が痛《いたい》ツて泣《ない》てるやイ。

○鼬ごっこ（いたちごっこ）➊12ページ

[諺苑]

イタチコッコ、鼠コッコ。

[嬉遊笑覧]

鼠ごつこ、鼬ごつこ

○いっちくたっちく➊14ページ

[童謡集]

いつちくたつちくたんゑむどんのおと姫が。ゆ屋《や》でおされてなくこゑは。ちん〳〵もんがらもんがら〳〵。おひやり

こひやりこ。

［弄鳩秘抄］
いつちくたつちくどんみやうすんみやう、なにもかにもかたのことにしようふ、じつくりしんないどのが杖ついて通る所を、さらばいつてつんぬけべものよ。
いつちくたつちくとんみやうすんみやう、座頭[注1]京へのぼるところを、さらばいつてつんぬけべものよ。

［筆のかす］
いちく、たちく、たいねんほうに、たんたけ、おちやうが恋しき、小山の、またすも、やうすも、かんねの、よんぼし、でんでて、十度に、一度は、のいて、やすみやる、まいかいの、どうちくびんばふ、はなげに、とんぼ、つないだ。
　「タイネンホー」を「鯛の目」とも謡ふ。

［諺苑］
イッチクタッチク　タイノメ、タイガ女《ムスメ》梶原[注2]、源八助六ヲンノキヤレ。
　一二云、タイ殿タイ殿、タイガ女カヂハラ。

○亥の子祭り（いのこまつり）➡16ページ

［長崎歳時記］
亥の子の餅つかぬものは、鬼子もて子もて。

［淡路国風俗問状答］
亥の子の餅つかふか、お祖父や祖母呼ぼか、庄屋殿ついでにしやう。

［備後国福山領答書］
亥の子、亥の子、亥の子の餅を、つきやらんしうは、鬼を産め蛇をうめ、角のはへた子を産め。

［紀伊国和歌山領答書］
亥ンの子や〳〵。

［阿波国高河村答書］
亥の子餅をつかんか、搗てがなけりついてやろ、もみてがなけりやもんでやろ。

○芋虫ころころ（いもむしころころ）➡18ページ

［筆のかす］
いもむし、かはらけ、へうたん、こきりこ。

［諺苑］
アトノ〳〵千次郎、今マデ何ヲシテイタ。

［阿保記録］
イモムシコロ〳〵、サンショムシコロ〳〵。

［嬉遊笑覧］
芋《イモ》むしころころ、ひやうたんぽつくりこ。
　と云つゝしばらくありきて、先に立たるもの「あとの〳〵せん次郎」と呼ぶは、最後に居たるものはなれ出て来て、「何用でござる」といふ、呼たる者「手前今迄何して居た」、答「棚から落たぼた餅を食て居た」、「それならば

注1　座頭（ざとう）
中世・近世の剃髪の盲人で、琵琶や三味線を弾いたり、按摩などを業とした者の総称。

注2　梶原（かじわら）
梶原景時の故事から、意地の悪い憎まれ者・嫌われ者の異名。

雨がふるか鎗がふるか見てこよ」といへば見に行まねをして、「雨が降る、鎗がふる」と問まゝにそむかず答ふ、其時「前がよいか後がよいか」といへば「前がよい」といふ、「それならば前に居よ」とて、それを先の第一番に居らしむ、さて初めの如くはやし歩むなり。

［熱田手毬歌］
ひやうたんごろ〳〵、しほ水ごろ〳〵、しほ水川へながれた。

［尾張童遊集］
五人にても三人にてもつくばい、順々にうしろの者帯の所を持て居と、壹ばん先の者、
あとの〳〵ちゞみ子。
トいうと壹ばん跡の者が先の者の前へ来りて手を付て、何で候。ト云、
前の者、
お前はあついが好《スキ》歟、ぬるいがすきか。
ト問、うしろより来りし者、あついがすきといふて、まへの者の前へ来りてうしろ向と背中をたゝく。又ぬるいがすきといへばこそぐる也。此こそぐられし者、又あとの〳〵と呼て順々に右の如くするなり。

［守貞漫稿］
晩のいもむし、尾はちんがらちんがらよ、〳〵。

○鰯来い（いわしこい）⬇18ページ

［嬉遊笑覧］
いわしこい〳〵まゝくはしよ。

○兎うさぎ（うさぎうさぎ）⬇22ページ

［諺苑］
兎々、ナニヲミテ躍《ハネル》、十五夜オ月ヲ　見テ躍。

○お駕籠（おかご）⬇30ページ

［熱田手毬歌］
おかごめさんこ《イか》、よるもひるもめさんこ《イか》。
又「おかごはいくら、十三匁、もちつとおまけ。」末しらず。

［尾張童遊集］
お駕籠にめへさんか、夜《ヨウル》も昼《ヒイル》もめへさんか。

○お亀じょん女郎[注3] まき（おかめじょんじょろうまき）
⬇30ページ

［あづま流行　時代子供うた］
おかめじよんじよろ巻《まき》、大根《だいこ》背負《せをつ》て逃《にげ》ろ。

○お尻の用心（おしりのようじん）⬇32ページ

［諺苑］
今日《ケフ》ハ廿八日、御尻ノ用心火ノ用心。

［阿保記録］
今日《ケフ》ハ二十八日、オシリノ用心　ゴ用心。

注3　女郎・女臈（じょろう）遊廓で客と枕をともにする遊女。若い女をさすこともある。また、女性名に付けて軽い尊敬や親密の意を表す。

［あづま流行　時代子供うた］
お臀《しり》の用心ごヲ用心、今日ハ二十八日《にじふはちんち》。

［筆のかす］
今日《けふ》は何の日、丑寅子《うしとらね》の日、ちやつと尻をさぐる日。

［守貞漫稿］
今日二十五日、尻まくり御法度。

○お月様いくつ（おつきさまいくつ）➡34ページ

［筆のかす］
お月さまなんぼ、十三七つ、な、おり着せて、京の町に出いたれば、笄《かうがい》注1落す、はな紙落す、かうがい紺屋《こうや》注2が拾ふ、はな紙はな屋が拾ふ、泣いてもくれず、笑ふてもくれず、何《なん》ぼ程《ほど》な殿じや、油壺からひき出いたやうな小男々々。

［諺苑］
ヲ月様イクツ、十三七《ジウサンナ、ツ》、マダ年ハ弱《ワカ》イナ、アノ子《コ》ヲ産《ウン》デ、コノ子ヲ産デ、オマンニ抱《ダカ》セヨ、オマンドコイタ、油買《カヒ》ニ酢買《スカヒ》ニ、其油ドウシタ、次郎殿狗ト、太郎殿狗ト、皆《ミンナ》ナメテシマッタ、其狗ドウシタ、太鼓ニ張テ、アソコノ隅デハ田田田《デンデンデン》、コ、ノ隅デハ田田田《デンデンデン》、ヤブッテシマッタ。

［弄鳩秘抄］
お月さまいくつ、十三七ツ、まだとしは若ひ、まぶりかいて見さいな。
お月さまいくつ、十三七ツ、まだとしは若ひ、若ひな〳〵、おまんどこいつた、油買に茶買に、油屋の椽注3で、すめつてころんで、油一升こぼした、其あとどうした、次郎殿といぬと、太郎殿のいぬが、ぺろり〳〵となめた。

［童謡集］
お月さまいくつ。十三七《な》つ。まだとしやわかいな。あの子をうんで、この子をうんで。だれにだかしよ。お万にだかしよ。お万どこいた。油かいに茶かいに。油屋の縁で。氷がはつて。すべつてころんで。油一升こぼして。次郎どんの犬と。太郎どんの犬と。みんななめてしまつた。その犬どうした。太鼓にはつて。あツちらむいちやどんどこどん。こツちらむいちやどんどこどん。

［守貞漫稿］
おつきさんいくつ、十三ひとつ、そりやまだわかや、こんど京いのぼつて、まもりのぜゝでおまんをかうて、おまんどこいいた、油かいに酢かひに、油屋のかどで、すべってころんで、油一升こぼして、太郎どの犬と、次郎どのいぬと、なめつて候ふ。

［尾張童遊集］
お月さまこさま、豆いつてあげよか、豆ならいや〳〵、団子なら三ツくを、三ツの女臈が、二階からぶちおちて、これやたれにだかしよ、おまんにだかしよ、おまんはどこいた、油かひに茶かひに、油屋の表で、すべつてころんで、油をちつとこぼいて、茶もちつとこぼひて、あかひものぶちだいた。

注1　笄（こうがい）
江戸時代の女性の髪飾り。金銀、瑪瑙、鼈甲などで作り、髷に挿した。

注2　紺屋（こうや）
もと藍染を職業とする職人、またその家。のちには広く染物屋をさした。

注3　椽・縁（えん）
和風建築で家の外側につけた細長い板張りの床。濡れ縁、入り側（がわ）などの種類がある。

○お手玉（おてだま） ➡ 34ページ

[あづま流行　お手だま唄（手だまの数七個なり）　時代子供うた]

お一《ひ》と、お二《ふ》た、お三《み》い、お四《よ》を、お五《い》つ、お六《む》う、なつてくりヨ、トンキリ、お一《ひ》と桜、トンキリ、お二《ふ》た桜、トンキリ、お三《み》い桜、トンキリ、お四《よ》を桜、トンキリ、お五《い》つ桜、トンキリ、お六《む》う桜、トンキリ、一寄《ひとよせ》桜、トンキリ、お七《なゝ》返し、トンキリ、お載せ、トンキリ、おたゝき、おかわ、かアわ、トンキリ、お三つお出し、出たよ〱、ばアらり、トンキリ、お匾蛋《ばつた》ばつた押《おさ》へ、トンキリ、お匾蛋逃《ばつたにが》し、トンキリ、お馬の乗《のり》かへ、お駕籠乗《のり》かへ、トンキリ、お一《ひ》とお抜《ぬけ》、トンキリ、お二《ふ》たお抜《ぬけ》、トンキリ、お三《み》いお抜《ぬけ》、トンキリ、お四《よ》をお抜《ぬけ》、トンキリ、お五《い》つお抜《ぬけ》、トンキリ、お六《む》うお抜《ぬけ》、トンキリ、ひと寄《よせ》お抜《ぬけ》、トンキリ、お一《ひ》とおつめ、トンキリ、お二《ふ》たおつめ、トンキリ、お三《み》いおつめ、トンキリ、お四《よ》をおつめ、トンキリ、お五《い》つおつめ、トンキリ、お六《む》うおつめ、トンキリ、ひと寄《よせ》おつめ、トンキリ、お別れ、トンキリ。

○鬼ごっこ（おにごっこ） ➡ 37ページ

[阿保記録]

ゴヨウノ船ニ、手ヲツケマイゾ、糞船《クソブネ》、糞船《クソブネ》。

[童謡集]

御用の舟に。手をつけまいぞ〱。㒵何舟でござる。くそぶね〱〱。といふてにげる也。めかくし道念坊《だうねんぼう》注4〱。一寸もらはう〱。しんぬうけ。鬼どのござれ〱。おいらをつかまへたもないゝこ。おにんぶくろちやんぶくろ。むぎのゑのゑんぶくろ。おに、なたとて腹立《はらた》つものは。十五夜の月の。もちかけぬすびと、はやさァれた。しんまいかずのこ。ひねならそつちへおんのきやれ。

[幼稚遊昔雛形]

おにごつこに　どよふよ
なみのかずは、つくれんぢよと
わりやそつちへ　つんのきやれ。

ト、ひとりづつのかして、のこりしものがおにとなつて、いろ〱のあそびを。

[守貞漫稿]

京坂の衆童は、
きつきりもうよ〱。
と呼ながら手を拍て逃る。或は拍手せず呼レ之走る。

江戸にては鬼と称童の名を云て、
誰さんの鬼はこはくもないぞ〱。
と云ながら逃走る。

[あづま流行　時代子供うた]

数人《おほぜい》の子供坐敷に並び
内一人鬼になり

猫や〱何《どの》猫みつき、彼《あの》猫見付き、何《なん》で飯《まんま》くはしヨ、魚《とゝ》で飯《まんま》食ハしヨ、小骨がたアつ、噛んで食ハしヨ、唾《つばき》が付《つう》く、洗《あら》つて食ハしヨ、水気《みづけ》が付《つう》く、干して食ハしヨ、天道虫《てんたうむし》がたかる、観音様ジヤ〱豆十買《まめとをかつ》って食ハしヨ、それが虫の

注4　道念坊（どうねんぼう）道念は僧侶の妻。坊は軽いあざけりや親しみの意を表す。

大薬《だいくすり》。（若《も》しく古睾丸《ふるきんたま》が落《おち》ましたヨ、一匁[注1]、否《いや》いや、二匁、否《いや》いや、三匁、否《いや》いや、四《し》匁、否《いや》いや、五匁、否《いや》いや、六匁、否《いや》いや、七《しち》匁、否《いや》いや、八匁、否《いや》いや、九《く》匁、否《いや》いや、十匁、飛《とん》でごらん、是《こう》れハ女、或ハ是《こう》れハ男）

○鬼定め（おにさだめ）

➡38ページ

［諺苑］
鬼《ヲーニ》ノ皿《サラ》ハ、幾皿《イクサラ》ムサラ、七《ナ、》皿八皿、八皿ノ内《ウチ》デ、蓑笠キタモノァ、メヱニガ鬼《ヲー》ニダ、新米数ノ了《コ》、ヒネナラソッチへ、ノカシヤァアマセ。

［弄鳩秘抄］
おにさらや、さらや、さらのこととてあかいべをきたものぬけめものよ。

［熱田手毬歌］
扇のさらは幾皿かりた、一皿二皿三皿四皿五皿六皿七皿八皿九皿十さら。

［尾張童遊集］
鬼のさらはいくさらかいて、一さら二さら三さら四さら、五さら六さら七さら八さら、九のさら十さら、十せんから来て、みのきて笠きて誰が鬼じや。

［嬉遊笑覧］
向ひ河原でかわらけ[注2]焼は、五皿六皿、七皿八皿、八皿めにおくれて、づでんどつさりそれこそ鬼よ、これこそ鬼よ、蓑着て笠きて来る者が鬼よ。

［諺苑］
一《ヒー》二《フー》二二　フンダン達磨ガ　赤イ頭巾　カーブリスンマイタ。

［守貞漫稿］
ひ《一》ふ《二》にだ《三》るまど《四》んが夜《五》も昼《六》も赤《七》い頭《八》ツ巾かづ《九》きと《十》ほしも《十一》うし《十二》た。

［牛馬問］
ダイドノく、ダイガ娘《ムスメ》ハ梶原《カジハラ》、アメウジ盲《メクラ》ガ杖《ツヘ》ヲ突《ツイ》テ通《トヲ》ル処《トコロ》ヲ、去《サラ》バヨツテ終《ツイ》ノケ。

［諺苑］
隠ン房ニ、チッチャ子持ヤ　カツラノ葉、新米数ノ子、ヒネナラソッチへ　ノカシヤマセ。

［淡路草］
鬼になつてつらがつて、小豆三升[注3]米三升。
　と口々に云ひて、大いに嘲り笑ふなり。

へゑく やまく、笠のしづくはびいどろ[注4]びどろ、油桶斗[注5]桶、さむらいつきのけくいちたるい、いんしりもんしり、し丶んのしんた、よんべかぶら三ツくてうまかつた。

［嬉遊笑覧］
かくれんぼうにとよふよなみの、かさつくれんぼうと、わりやそつちへつんのきやれ。
　又　づんくづめの云々、中切てくぢやむぢやが鬼よ。ともいへり。

かくれぼちだてやなあなめちくりちんとはじきしまたのお

注1　匁（もんめ）
尺貫法の重さの単位。一貫の千分の一で、およそ三・七五グラム。

注2　土器（かわらけ）
釉をかけない素焼の陶器。

注3・5　斗・升（と・しょう）
尺貫法の容量の単位。一升は一斗の十分の一で、およそ一・八リットル。

注4　びいどろ（ビードロ）
もとポルトガル語で、ガラスの異名。近世に使われた語。

けたのけ。

［尾張童遊集］
鬼どちこどち、ましないはいふどやはちとや、御むかひもふしてのふふやのみとこせ。

太平どの〱助八紋八。のいたがじやうか、のかぬがじやうか、のいたものは鬼じやときわまりじやぞよ、ひィふゥだだらく、まだたがにつちんダ。

アノ子がおにならは御宿はいらぬ。

［熱田手毬歌］
善四郎のあまはいくつになるよ、三十三になるよ、藪の中のくそさがし。

又は「一人二人三めの子、とってなめよ平二郎、平二郎のあまは云々、ないものくはず、あるものくはず、やぶの中のくそさがし」ともいふ。

［尾張童遊集］
おにどちこどちぬけかみは、金のゑぼしででんでら坊、しよぼたの鼠で爪きつてヲチヨチヨのチヨ

［熱田手毬歌］
でんでら坊にかつらぼう、ふぬけ髪は金《イ鬼の》のゑぼし[注6]ででんでら坊、そばた《イ勝幡》の鼠でヲ、チウチユとのいていけ《イがつめきてチョイ、ヲ、ちょとのいていけ》。はしの下の菖蒲はだが植た菖蒲よ、太子《タイシ》の〱およねがうゑた菖蒲よ。

ざうりかくししやうねん坊、じやうりやのおばゞがざうりで鼻かんで、ふんつくつんのつんよ。木まめ丹豆すた、んたんよ、こうやの屋根でからすがいちは、なとゆて《いふ》なくよ、かァかとなァくゥよ。

［幼稚遊昔雛形］
これは、めい〱のかた〱のぞうりをあつめて、おらのぞうりは　おきろ。トなげだして、うらのでたのがおにとなり、いろ〱のあそびをするおにをさだめるのなり。

○鬼の留守に洗濯（おにのるすにせんたく）❶38ページ

［諺苑］
鬼ノ留守ニ洗濯。

［弄鳩秘抄］
鬼のおるすにおせんたくに参へた。

［童謡集］
鬼どの留守《るす》に。せんだくしやうな。

［尾張童遊集］
おにさのるすに、せんだくだく〱と。

［あづま流行　時代子供うた］
鬼の居なイうち洗濯仕《し》ましよ。一人狙《ねら》ひ三度鬼。鬼さん御《ご》ざれ、逃げないと鼻糞《はなくそ》。肩《かた》〱ツン抜《ぬうけ》エた。

注6　烏帽子（えぼし）元服した男が用いた袋状のかぶり物で、烏の羽根のように黒く塗ったもの。

○お山のお山のおこんさん（おやまのおやまのおこんさん）

⬇42ページ

［幼稚遊昔雛形］

これは、おにをひとりかくしておくと、ひとりの子が、

　おやまの〳〵おこんさんはへ。

トよびにくると、またひとりの子がいで、、

　いま湯《ゆ》にゆきました。

トいつてかへすと、又きて、

　おやまの〳〵おこんさんはへ。

ト、いくたびも、きたりもどつたりして、しまひに、かくしたおにをいだすと、たづねにきた子が、りやう手でたまをこしらへ、

　これはなに。

トだすと、おにが、

ほうしゆのたま。注1

これはなに。

と二尺ばかりに手をひろげると、

　きつねのしィぽ。

トいふがいなや、おほぜいの子どものにげるのを、おにがつかまへるあそびなり。

［あづま流行　時代子供うた］

問人 山越して川越して、お山の〳〵おこんさんハ。答人 今お湯にゆきました。問人 山越越して川越して、お山の〳〵おこんさんは。答人 今髪を結《いつ》てゐます。（此外《このほか》いろ〳〵問ひ答ふ）

○お山の大将（おやまのたいしょう）

⬇42ページ

［諺苑］

山ノ主ハヲレヒトリ。

［尾張童遊集］

お山の大将おれ計。

○遠国（おんごく）

⬇44ページ

［皇都午睡］

遠国《ヲンゴク》なはゝ、なはゝや遠国なさヨイ〳〵、船は出て行帆かけて走る、茶屋の娘は出て招くハリヤリヤ、ヤアトサア〳〵、爰は松坂越へた、やつさ踊りもアリヤ〳〵、サア〳〵よいヤサ。

［守貞漫稿］

おんごくなはゝ、なはゝやおんごく、なさよいよい、船は出てゆく帆掛て走る、茶屋の娘は出てまあねくさ、ちあのむーすめーは、でーてまあねくありやりや、こりやりや、さあさよいやさよいやさ。

［皇都午睡］

一置《イチオイ》てまわりや、コチヤ市立ぬ、天満なりやこそ市立ます。二置いてまわりや、コチヤ庭はかぬ、丁稚注2なりやこそ庭掃まする、三置いてまわりや、コチヤ三味弾ぬ、芸子なりやこそ三味ひきまする、四置いてまわりや、コチヤ皺よらぬ、としよりなりやこそ皺よりまする、五置いてまわりや、コチヤ碁はうたぬ、能衆なりやこそ碁を打まする、六置いて廻りや、コチヤ艪はおさぬ、船頭なりやこそ艪をお

注1　宝珠の玉（ほうしゅのたま）
上部が尖り、火焔が燃え上がっているさまの玉。仏教で、これによって願いがかなえられると説く。

注2　丁稚（でっち）
商家や職人の家などで年季奉公する十歳前後から十五歳くらいまでの少年。使い走りや雑用に従事した。

しまする、七置いて廻りや、コチヤ質置ぬ、貧乏なりやこそ質置きまする、八置てまわりや、コチヤ鉢わらぬ、麁相なりやこそ鉢破まする。下略

[守貞漫稿]
おんごくなはゝ、なはゝやおんごく、なさよいよい、塞の河原[注3]で碁石をひろて、砂で磨てあこやいあつて、阿古屋姉さんかねかと思て、金じやござらん碁石ござる、是がかねなら帯買あをゝとさ、こーれがかあねなあゝら、おゝびかあをとありやりや、こりやりや、さあさよいやさよいやさ。

○蛙の弔い（かえるのとむらい）⬇48ページ

[捞海一得]
かいるどの、おしにやった、おんばくどの、おんとむらい。

[備後国福山領答書]
蛙殿は死にやった、おばこ殿は弔ひに。

○隠れん坊（かくれんぼ）⬇48ページ

[弄鳩秘抄]
だまれきじこ、おとなりするな。

[淡路草]
隠れ事によらん者は、つゝちやこほしや、かづらの葉ァや、十度に一度はめいておやすまいするいィちィたァるいいんじかとんしりしゝんのじんた、よんべかぶら三ツくてうまかつた。

隠れ事によらん者は、早《はや》来い、疾《はや》来い、遅う来い、長泣きする者は、それもそでないいのくいちたるい。

[尾張童遊集]
かく〳〵かくれんぼのまじなひは、いふどや八どうやおむかひもふして、のふやふやのみとこせ。

○かけっこ ⬇50ページ

[尾張童遊集]
おれについたら金万両、あとのもの狐の子。はしり合して先の者のいふ詞。

○影踏み鬼（かげふみおに）⬇50ページ

[あづま流行　時代子供うた]
影やとをろくじん、十三夜の牡丹餅《ぼたもち》。

○籠目かごめ（かごめかごめ）⬇50ページ

[幼稚遊昔雛形]
此あそびは、みな〳〵手をひかれて、わになり、
かァごめ〳〵、
かごのなかへとりは、
いつ〳〵ねやる、
よあけのまへに、
つる〳〵つッぺつた。
トいつて、一トところつながつた手を、もちあげて、そこへくゞると、せなかあはせのわになり、
こんどのうたは、

注3　賽の河原（さいのかわら）冥途への途中にあるとされる三途の河原。この河原で親に先立って死んだ子供が父母供養のために小石を積んで塔を作ろうとするが、鬼が来て壊してしまう。そこへ地蔵菩薩が現れて子供を救うという仏教説話がある。

なべの〱　そこぬけ、
　そこぬけたら　どんかちこ。
ト、いくたびもうたひ、
　そこいれてたァもをれ。
ト、もとのやうにくゞりいで、、かァごめ〱にまたなるなり。

○雁雁（がんがん）⬇64ページ

［諺苑］
鴈々ミツクチ、後《アト》ノ鴈ガ先《サキ》ヘナッタラ、髪掻《カウガイ》トラショ。

［幼稚遊昔雛形］
がん〱　三ツゆく、
あとのがんが　さきにたつたら、
かうがに射《い》らしよ。

［あづま流行　時代子供うた］
雁々《がんがん》ミいつくち、後《あと》の雁《がん》が先ツたらかうがいとらしよ、への字になアれ。

［山の手の童謡］
がん〱三ツくち、あとのがんが先へなつたら、笄とらしよ、への字になーれ、くの字になーれ。

［筆のかす］
雁々棹《がんがんさを》になれ、ひつになれ。

［弄鳩秘抄］
がん〱弥三郎、あとへ一ぴきのこせ、にてもやいてもくはないぞ。
がんがん弥三郎、おびになれ、たすき[注1]になれ。

［熱田手毬歌］
鴈よ〱、あとの鴈さきになれ。
又かぎになれ棹になれともいふ。鴈を見ていふ詞。

［嬉遊笑覧］
がん〱しつちやうがんしつちやう、あとのがんなさきになれ、さきのがんなあとになれ、弓のおれた矢のおれた、はやういたてみづかけろ。

［守貞漫稿］
がんがとうりや、竿に乗てとうりや、竿がをれたら市のがわいとんでゆきや。

○菊相撲（きくずもう）⬇66ページ

［熱田手毬歌］
菊引せうか、まん〱まけてもよいが。

○蝙蝠取り（こうもりとり）⬇84ページ

［諺苑］
蝙蝠《コウモリ》コウモリコーイ山椒《サンショ》クレョ、柳ノ下デ水ノマショ。

［尾張童遊集］
蝙蝠こういお茶持てこい、堀切廻ッてお茶持て来《コ》い。

注1　襷（たすき）
紐などの細長いものを斜めに交差させること。またその模様。

こうもりこうい水もてこい、お茶のましよ。

[守貞漫稿]

かうもり〳〵さんしよのこ、柳のしたで酢のましよ。

かうもりこひ火いとらそ、落たら玉子の水のまそ。

○子買お（こかお）⬇86ページ

[陸奥国白川領答書]

子売ふ〳〵、子買ふ〳〵、子に何しんじよ、砂糖にまんぢう、それはむしの大毒、ととましんじよ、ととにや骨がある、箸は何ばし、柳ばし[注2]折ばし[注3]、そふならやろふかどの子にしよ。

[淡路草]

「子買ふ〳〵」「子買ふて何するや」「砂糖饅頭」「そりや身の大毒」「飯に魚そへてさぶ〳〵と喰はそ」「骨がある」「むしつて喰はそ」「小骨がある」「ない〳〵して喰はそ」「きたない」「洗ふて喰はそ」「水くさい」「醤油かけて喰はそ」「からい」「酢かけて食はそ」「すい」「酒かけて食はそ」「それもよかろうか、銭箱金子箱さらへて、どの子がほしい」「某と云ふ子がほしい」

[幼稚遊昔雛形]

これは、子どもをいかい事ならべておくと、ほかの子がひとりきて、

子をかほ子かほ。
どのこがみつき。
ちよつとみちや　なかの子。
なんでまゝくはす。
とゝでまんまくはしよ。
こぼねがたァつ。
かァんでくはしよ。
つばきがつゥく。
ほしてくはしよ。
てんとうむしがたかる。

などゝ、いろ〳〵のせりふをいつて、それからねをつけるに、

いちもんめ。[注4]
イヤ〳〵。
にもんめ。
イヤ〳〵。

ト、十もんめまでねをあげてもまけぬゆゑ、かへりかゝると、

モシ〳〵、ふるぎんちやく[注5]がおちました、ついでにまけてあげませう。

トいつて、子をわたすゆゑ、うけとつて、しばらくすぎて、いろ〳〵のなんくせをつけて、かへしにくるあそびなり。

[守貞漫稿]

つばなけん〳〵豆つばな、今年のつばなはようできた、いけておこよりやつんだほうがましじや。

○子捕ろ子捕ろ（ことろことろ）⬇88ページ

[阿保記録]

子ヲトロ子トロ、ドノ子ガ眼ツキ、後《アト》ノ子ガ眼ツキ、サアトッテミヤレ。

注2　柳箸（やなぎばし）
柳の枝で作った太い箸で、新年の雑煮箸などに用いる。

注3　折箸（おりばし）
一本の木を二つに折り曲げた箸。その両端で食べ物を挟む。

注4　文目（もんめ）
銭を数える単位。銭一枚を一文目、あるいは一文とした。

注5　巾着（きんちゃく）
布・革などで作った小ぶりの袋で、口を紐でくくるようにしたもの。金銭や守り札などを入れて腰に下げた。

[あづま流行　時代子供うた]

児《こ》を捕ろことろ、何《ど》の児《こ》を捕らしよ、彼《あ》の児《こ》を捕らしよ。

[筆のかす]

親はとるとも、此子は得とるまい。

[尾張童遊集]

どふじよじ〳〵、すつてんから〳〵道成寺《ドウジヨジ》。[注1]

[守貞漫稿]

ちうりやとつてくりや〳〵〳〵。

○独楽（こま） ↓90ページ

[あづま流行　時代子供うた]

引《ひい》たら持《もつ》といで、道でくたバる番所の掛り。

○塩屋紙屋（しおやかみや） ↓98ページ

[あづま流行　時代子供うた]

塩屋紙屋、老青《やんま》のおツ交合《つるみ》。

○菖蒲打ち（しょうぶうち） ↓106ページ

[越後国長岡領答書]

こきりこでふみやれ、サア扇が二本にとくかない、サアなんとしよ〳〵

○白髭明神（しらひげみょうじん） ↓106ページ

[尾張童遊集]

下唇に小よりをはさみ相手にわたす。

白髭大明神、御ひげのちりを御渡し申ス。

トいひあごをさし出せば、請取者、

白髭大明神、御髭のちりを請取申ス。

ト下唇えはさみ請取。

○尻取り（しりとり） ↓108ページ

[あづま流行　時代子供うた]

牡丹《ぼたん》に唐《から》獅子[注2] 竹に虎、とらを践《ふま》いて和唐内《わたうない》、[注3] 内藤さまハ下《さが》り藤、[注4] ふじ見西行ハ 背向《うしろむき》、むきみ 蛤《はまぐり》 バかハしら、柱に二階に縁の下、下谷《したや》上野の山かつら、桂文治ハ落語家《はなしか》で、でん〳〵太鼓に笙《しやう》 の笛、閻魔《えんま》ハ盆とお正月、勝頼さんは武田菱《びし》、[注5] ひし餅三月雛祭り、まつり万燈《まんどう》花車《だし》屋台《やたい》、鯛にかつをに鱆《たこ》まぐろ、ろんどんいかだの大港《おほみなと》、とたんするのはお富《ふ》士《じ》さん、二三べん廻《まは》りて煙草《たばこ》にしヨ、正直庄太夫《しやうだいふ》伊勢のこと、琴や三味線笛太鼓、太閤さまハ関白じヤ、白蛇《はくじや》の出るのハ柳島、しまの財布《さいふ》に五十両、五郎十郎曾我兄弟、鏡台針箱煙草盆《たばこぼん》、坊やはい丶子だ寐《ね》んねしな、品川女郎衆《ぢよろしゅ》ハ十匁、十匁エの鉄炮丸《てつぽだま》、玉屋は花火の大元《おほぐわん》祖《そ》、宗匠の住むのは芭《ば》蕉庵《しやうあん》、餡《あん》かけ豆腐に夜たかそば、[注6] そうばの鉦《かね》がどんちヤン〳〵、爺《ちやん》やおツ嬶四文《かあしもん》おくれ、お暮《くれ》が過ぎたらお正月、お正月にハ宝船、宝船には七福神、神功皇后武内《じんぐうくわうごうたけのうち》、内田はけん菱[注7] 七ツ梅、梅松桜ハ菅原で、藁《わら》で束《たば》ねた投島田、[注8] しまだ金谷《かなや》の大井川、可愛けりヤこそ神田から通《かよ》ふ、通《かよ》ふ深草百夜《もゝよ》のなさけ、酒に肴《さかな》で六百出しア気ま丶、ま丶よお三度笠横ツちよにかぶる、頭《かぶり》をたてに振る相模《さがみ》の女《をんな》、女寡《をんなやもめ》に

注1　道成寺（どうじょうじ）　和歌山県日高郡川辺町にある天台宗の寺で、安珍と清姫の伝説で名高い。

注2　唐獅子（からしし）　ライオンの異名。

注3　和唐内（わとうない）　浄瑠璃「国性爺合戦」の主人公。和藤内とも書く。

注4　下がり藤（さがりふじ）　紋所の名。下向きの二房の藤の花を輪形にかたどったもの。

注5　武田菱（たけだびし）　紋所の名。甲斐武田氏の紋。四つの菱形を菱形に組み合わせたもの。

注6　夜鷹蕎麦（よたかそば）　夜遅くまで売り歩く蕎麦屋のこと。夜鳴きそばともいう。

注7　剣菱（けんびし）　紋所の名。菱形の四隅を剣先のようにとがらせたもの。

注8　投島田（なげしまだ）　女の結髪のひとつで、島田髷の髷（もとどり）の根を下げた結い方。髷がうしろに反り、投げ首に似た形となるからという。

花が咲く、さいた桜になぜ駒繋《つな》ぐ、つなぐ髱《かもじ》に大象《おほぞう》もとまる。

○ずいずいずっころばし ⬇110ページ

［あづま流行　時代子供うた］
ずゐ〳〵すつころバしヤ胡麻味噌ずゐ、烏坊《からすぼう》に追ハれてすつぽんちヤん、抜けたアらとの字のどんどこしヨ。

○双六（すごろく） ⬇112ページ

［柳亭記］
五四《ぐし》をふれば「五四《ぐし》〳〵と啼くは深山の時鳥」。
三六なれば、「三六《さぶ》さつて猿眼」。
又、重五《でく》をよするとき、「さつとちれ山桜」。
　五は桜の花に似たり。それが二ツ並びていづるは桜のちるさまなればなり。

○せっせっせ ⬇116ページ

［尾張童遊集］
天の七夕おゆとしごうざる、としに一度はしのぶでごうざる、しのぶよふさはあめふり七日《ナアヌカ》、雨となみだともヲろとも、テンツクツン〳〵〳〵。

○千艘や万艘（せんぞやまんぞ） ⬇118ページ

［あづま流行　時代子供うた］
　赤児を膝の上へ載《のせ》て揺《ゆす》りながら云ふ
千《せん》ぞや万艘《まんぞ》、お船やギツチラコ、ぎち〳〵漕げバ、恵比寿歟《か》大黒歟《か》、此方《こをち》ア福の神《かあみ》いよ。

○草履隠し（ぞうりかくし） ⬇118ページ

［鄙廼一曲］
ざうりきじよばんに、たん〳〵お茶の子、ぢんがらぼうに、ぢいとんバァとん、粟粥、稗粥、たが鬼、かゞ鬼、われこそ鬼の子たれか。

［弄鳩秘抄］
草履きんなんたつミどのが、御弟子ハのう来てまた来てすいさんすごろくぬけめものよ。

［淡路草］
草履隠し、せたまたたいにや、たくらたくらひにやまた、ふんぞくないないよ、ことばもいらいで、てんでがこのくいちたるい。

［淡路草］
　背中へざうりをあて、、
コリヤ誰がざうり、と云誰さのざうり。
かくれんぼざうりかくし共しれざる時は、お茶わかいてと頼。

○草履近所（ぞうりきんじょ） ⬇120ページ

［徒然草野槌］
橋の下の菖蒲は、折どもおられず、かれどもかられず、伊東殿土肥殿、土肥がむすめ梶原源八、介殿のけ太郎殿。

［筆のかす］
橋《はし》の下の菖蒲《せいぶ》は誰《た》が植えた菖蒲《せいぶ》ぞ、じたい殿《どの》、たい殿《どの》、たいが娘梶原《むすめかじはら》。

［捨椎雑話］
橋の下の菖蒲は苅れどもかられず、折るともおられず、御台どの台どの、台が娘、梶原源八、すけどの、よいやうに頼まする。

［諺苑］
橋ノ下ノ菖蒲《シヤウブ》ハ、サイタカサカヌカ、マダサキソロハヌ、メウ〳〵車ガ、ヒドロクマドロク、三六十《サブロクジウ》。

［皇都午睡］
木杭《キグヒ》隠し九年母、橋の下の菖蒲刈れども刈れぬ、たい殿《ドヲノ》同《ドヲノ》鯛の虫は軽業、味噌ちつくり酒ちつくり、呑でもお腹はたちやぬなや。

［童謡集］
草履きんじよ〳〵〳〵。おじよんまじよんま。はしの下の菖蒲は。咲《さ》いたか咲《さ》かぬかまださかぬ。みやう〳〵車を手にとて見たれば。しどろくもどろく十さぶろくよ。

［嬉遊笑覧］
さうりけんじよけんじよ、おてんまてんま、橋の下の菖蒲はさいたかさかぬかまださきそろはぬ、めう〳〵ぐるまを手にとてみたれば、しどろくまどろくじうさぶろくよ。

［幼稚遊昔雛形］
ぞうりきんじよ〳〵　おでんまでんま、はしのしたのしようぶは　さいたかさかぬか　まださきそろはぬ　めう〳〵ぐるまを　手にとつてみたれば　しどろく　まどろく　じうさぶろくよ　しんまいかずのこ、ひやかしかずのこ、ひねならそつちへ　つんのふけヱろ。

［あづま流行　時代子供うた］
草履きんじよ、きんじよ〳〵、おてんバてんバ、橋《はあし》の下の菖蒲が咲《さい》たか咲《さか》ぬか、まだ咲揃《さきそろ》はぬ、妙々車《めうめうぐるま》を手《て》に採《とつ》てみたらば、しどろくまどろく、十三六《じふさぶろく》、雪隠《こうか》の婆《ばあ》さんすツとんとん。

［陸奥国白川領答書］
ぞうりけんじよ〳〵、おてんじよ桜〳〵、ものよしこよし、一げしよ二げしよ、三げしよ四げしよ、七方《しつぽ》か八方《はつぽ》か、はりまのはやし、小池のちどり、松屋の花ひらいたか、つぼんだか、おなんさかさに、おてんてんぐるまに、おほらほらほとさ。

［徒然草野槌］
一りけんぢやう二けんしやう、三りけんしやう四けんしやう、しこのはこの上にはゐもはもをとり、十万鴨豆なかえたよ、黒虫は源太よ、あめ牛めくらが杖つゐてとほるところ、それはそこへつんのけ。

○竹の子一本（たけのこいっぽん）➊128ページ

［陸奥国白川領答書］
びんこだんこ、正直しよかい、おほこにしよ、しやん〳〵ととりつけよ。

［童謡集］
竹のこはまだはへませぬか。
まだはへませぬ。
そんならこやしをかけましやうザブ〳〵。
竹のこはもうはへましたか。
アイちつとはへました。
又こやしをかけましやうザブ〳〵〳〵。
竹の子はもうはへましたか。
アイもうはへました。
サアぬこう〳〵。

○凧揚げ（たこあげ）⬇128ページ

［紙鳶全書］
たこ〳〵干だこ、あがつたら焼て喰はふ、さがつたら煮てくわふ。

［諺苑］
風フケナフケ、地頭殿ノ山デ、餅買《カフ》テクハショ。

［熱田手毬歌］
おばゞさ〳〵、西の山から風持てこい、おばゞ風吹酒一升やろに。

［尾張童遊集］
ばゞ《婆々》さ〳〵、藁三わやるに、西の山から風持てこひ。

［あづま流行　時代子供うた］
風吹け、なふけ、どをどの山で、麦ヲ一升遣《や》るからどをどど吹《ふう、》きアれ。

［尾張童遊集］
てん〳〵天のぼし、あつちばかりてつてこちやなぜてらぬ、いぢのわるい雲よ。

壹文凧《ダコ》ダコのきり〳〵まひ。

かへれ〳〵ぼんぼ、かいらにやふみつぶす。

［幼稚遊昔雛形］
たこをあげるとき、かぜがないと、
　かぜふけ　なふけ、かぜのかみは　よわいな、てんとさま　つよいな。
トいひ、また、かぜのつよくふくときには、
　かぜふくな　なふくな、てんとさま　よはいな、かぜのかみは　つよいな。
トいつて、てんとうさまをはげますことばなり。

○ちゃんちゃんぎり⬇134ページ

［幼稚遊昔雛形］
ちゃん〳〵ぎりや　ちゃんぎりや、ちゃんがけつたら　ねんねしよ、ちやん〳〵ぎりや　ちやんぎりや。

○ちゅうちゅうたこかいな⬇136ページ

［諺苑］
チウジ〳〵、タコノクハイガ、十《ジツ》チャウ。

［幼稚遊昔雛形］
これは、十ヲのかずをよむとき、

ちう、〱、たこ、かい、な。
ト、ふたつづゝかぞへるのなり。
又、一ツづゝかぞへるには、
　はまぐりは、むしのどく。
トいふなり。

[あづま流行　時代子供うた]
は、ま、ぐ、り、ハ、子、ど、も、に、ハ、む、し、の、
ど、く。
一つ鵯《ひよどり》、二つ梟《ふくろ》ふくろ、三つ鵬《みゝづく》、四つ鴟鵂《よたか》、よたかと
云ふ鳥ハ、をかしな鳥で、彼方《あつち》の隅じア、ごそごそ、此方《こつち》
の隅じアごをそごそ。
いちじく、胡蘿蔔《にんじん》、山椒《さんしよ》に、椎茸《しゐたけ》、牛房《ごぼう》に、零餘子《むかご》に[注1]、
七種《なゝくさ》、緑豆《やへなり》、乳子《くねんぼ》、唐茄子《たうなす》。

○蝶々（ちょうちょ）⇩136ページ

[諺苑]
蝶々《チヤウチヤウ》トマレ、菘《ナ》ノ葉《ハ》ニトマレ、菘ノ葉ガイヤナラ、木に
トーヲマレ。

[弄鳩秘抄]
てう〱べらこ、菜の葉へとまれ。

[童謡集]
てふ〱とまれ。菜《な》の葉《は》にとまれ。菜《な》の葉《は》がいやなら手に
とまれ。

[尾張童遊集]
蝶々とまれ、菜の葉にとまれ、なのはがいやならこの葉に
とまれ。

○提灯あぶい（ちょうちんあぶい）⇩138ページ

[幼稚遊昔雛形]
ちようちん　あぶい、きへたら　まゝよ。

○ちんちんもがもが⇩138ページ

[諺苑]
ヲテラチンガラコッコ。

[尾張童遊集]
ちんぎりこいて、御見舞申〱。

[あづま流行　時代子供うた]
ちん〱もぐ〱、おしやりこしア、ゝりいこ。

○茅花つばな（つばなつばな）⇩142ページ

[大蔵長太夫扣狂言秘本]
つばな摘まう、つくし摘まう、今年のげんげはようさいた、
よめなつんだら、たんぽゝう、よめなつんだらたんぽぽう。

[あづま流行　時代子供うた]
つう花つ花、一本抜《ぬ》ぬいちアきイりきり。

注1　零餘子・零余子（むかご）ヤマノイモなどの葉の付け根に生じる珠芽のこと。地上に落下して発芽する。

○手車（てぐるま）⬇146ページ

［筆のかす］
これは誰の手車《てんぐるま》、地頭殿《ぢとうどの》の注2手ン車。

［幼稚遊昔雛形］
おぢよさんの　てんぐるま〱。

［嬉遊笑覧］
こりやたがてんぐるま。

○てんてっとん⬇150ページ

［幼稚遊昔雛形］
てんてつとんてと、すとんともちこめ　いろざくら、すけさんこまもの　うらんすか、わたしもこのごろ　しくじつて、かみくずひろいに　なりました。

［あづま流行　時代子供うた］
てんてつトンてと、すとんと打込め色桜ア、助さん小間物売らんすか、私も此頃《このごろ》出世して、上下《かみしも》着るやうに成りました。

○でんでんむしむし蝸牛（でんでんむしむしかたつむり）⬇150ページ

［筆のかす］
でん〲での虫、でたら蓑も笠も、買うて着せよ。

［嬉遊笑覧］
角だせ棒だせまひ〱つぶり、うらに喧嘩がある。

［尾張童遊集］
でん〱でゞ虫、でざ釜うちわろ。

［弄鳩秘抄］
まい〱つぶろ、角だして見せろ。

［あづま流行　時代子供うた］
蝸牛《まいまいつぶろ》、角《つの》出せ鎗《やり》ヲ出せ、一挾箱出ア、しやアれ。

［山の手の童謡］
まひ〱つぶろ、湯屋にけんくわがあるから、角出せ鎗出せ、挾箱出しーしやれ。

○道中駕籠（どうちゅうかご）⬇154ページ

［阿保記録］
道中駕《カゴ》ハ安イナ、往《イキ》ヨリ来《モドリ》ガ安イナ。

［童謡集］
道中かごやから駕籠《かご》や。行《ゆ》ゆきよりもどれば、やァすいな〱。

［あづま流行　時代子供うた］
道中駕籠《かご》やから駕籠《かご》や、馬より牛より安直《やあすい》いな、安直《やあすい》とッちや三百だ。

注2　地頭（じとう）
江戸時代の地方知行取りの旗本。また各藩で知行地を与えられ、徴租の権を有した家臣などをいう。

［朝岡露竹斎手録　子もり歌　手まり歌］
お駕籠にめさんか、夜ルも昼ルもめさんか、奥の殿様目がまつて、お駕籠にめしてよいさつさ。

○堂々めぐり（どうどうめぐり）➡154ページ

［諺苑］
ドウ〱廻《メグ》リコ廻《メグ》リ、粟《アハ》ノ餅《モチ》イヤ〱、米ノ餅《モチ》モイヤ〱、蕎麦切索麺《ソバキリソウメン》　クイタイナ。

［嬉遊笑覧］
一の膳いや〱、二の膳いや〱。
　といふより段々かぞへて十の膳までいひ立る。

［熱田手毬歌］
あかにぼいつけ、しろにぼいつけ。

［尾張童遊集］
どんどの水は、よくふる水よ、十鍋で汲で、まつこでかやせ。

○通りゃんせ（とおりゃんせ）➡154ページ

［あづま流行　時代子供うた］
此所《こゝ》ハ何所《どこ》の細道じや細道じや、天神さんの細道じや細道じや、些《ちつ》と通して下さんせくださんせ、御用の無い者《も》ナ通されぬ通されぬ、天神様へ願掛けに願かけに、通りやンせ通りやンせ、往《ゆ》きハよいよい帰りは怖い。

○通れ通れ山伏（とおれとおれやまぶし）➡156ページ

［筆のかす］
いれ〱ごんぼ、かへせ〱ごんぼ。

［尾張童遊集］
くんぐれ山伏《ヤンマブシ》、又くんぐれやんまぶし。

○どんどん橋（どんどんばし）➡160ページ

［あづま流行　時代子供うた］
どん〱橋ヲ渡れば狐が通る。

○とんぼ釣り（とんぼつり）➡162ページ

［嬉遊笑覧］
をんやまつるみ、しほやかねや。
しほやかねや、やんまかへせ。

［尾張童遊集］
あぶらめつきもどり、やんまもどり、きり、とまつてもふ。
こひ〱こひし、ヤンマデアブラ、メツキぢやうりんどふでもどれ。

［あづま流行　時代子供うた］
老青《やんま》来ヲい、やんま、おつりき、をつとや、めつと。

[山の手の童謡]
ヤンマうしあかとんぼ、ヤンマうし赤とんぼ。

[幼稚遊昔雛形]
たかやま　はつと、ひくやま　ゆるし。

○中の中の地蔵さん（なかのなかのじぞうさん）⬇164ページ

[筆のかす]
（中ノ子ノ言フ詞）「側《はた》の〱小仏《こぼとけ》は、なぜに丈《せい》が低《ひく》いぞ、閻魔の梶原で、いそ〱とか ゞんだ（と云つて下につくばふ）。（廻リノ子ノ言フ詞）「中の中の小仏は、なぜに丈《せい》が低いぞ、閻魔の梶原で、いそ〱とか ゞんだ（と云ひ下に坐る）。

[尾張童遊集]
中《ナアカ》の〱小仏《コウホトケ》は何《ナア》ぜ脊がひィくいの、親《ヲヽヤ》の日に海老《エビ》を食《クツ》てタデそれで脊がひィくいの。

[守貞漫稿]
「中の〱小坊主、なんで背がひくい」「親の日にゑびくて、夫で背がひくい」「ひくきあ立て見や」

○ねぶた⬇172ページ

[菅江真澄日記]
ねぶたもながれよ、豆の葉もとゞまれ、芋がら〱。

○花摘み（はなつみ）⬇180ページ

[菅江真澄日記]
とうど[注1]の鳥とゐなかの鳥と、わたらぬさきに、たんたらはたきにたらはたき。

注1　唐土（とうど）中国のこと。「もろこし」「から」ともいう。

[弄鳩秘抄]
七くさなづな、とうとの鳥の、いなかの土地へ、渡らぬさきに、ストト、ト、トン〱。

○羽根つき（はねつき）⬇184ページ

[諺苑]
一《ヒト》ゴ二《フタ》ゴ、三《ミ》ワタシヨメゴ、五《イツ》ヨ二六《ム》サシ、七《ナ》ンノウ八《ヤ》クシ、九《コヽノ》ヤデ十《トヲ》。

[童謡集]
一子にふたご、三わたしよめご、だんのふやくし、あすこのやじや十ぅ、こゝのやじや十ぅ。

[あづま流行　時代子供うた]
一子《ひとご》に、二子《ふたご》、三渡《みわたし》し、嫁子《よめご》、よめ子《ご》の尻へ根太《ねぶと》[注2]が出来て、お痛ちこ、お痛ちこ。
一《ひと》よに、二《ふた》よ、三《みい》よに、四《よ》よに、何時《いつ》来ても、むウづかし、なアんの薬師、九《ここの》やじや十《とを》よ。

注2　根太（ねぶと）背中・尻・腿などにできる腫物。赤く腫れ、中心部が化膿してひどく痛む。

[尾張童遊集]
ヒイヤフゥ。ミデヨ。イ、ツデム。ナァナデヤァ。コウコデ十《トウ》ヲ。

［紀州童謡］

一人り来て、二人り来て、三に来て、四かない、五つ来て、六つかし、七かすな、八かまし、九な人、十しよう。

［あづま流行　時代子供うた］

一人来な、二人来な、見て来な、寄《よつ》て来な、いつ夜にむさし、七子《なゝこ》の帯を、やの字に締《しめ》て、こゝの前ハ通せない。

［紀州童謡］

とめ十《トウ》で、わたしましよ、とめ十でうけとつて、とめ十でまたつけよ、とめ二十でうけとつて、とめ三十でまたつけよ。

［弄鳩秘抄］

わたご〳〵十三わたご、つばくらかへれバみなかへる。

じんじいばんばあどれとるべ、だいこくたのんでこれとるべものよ。

［尾張童遊集］

ひねふねふんだる、だるまがよるもひるも、頭巾かぶりとをいた。

［あづま流行　時代子供うた］

風吹くな、なアふくな、どをどの山で、麦ヲ一升遣《やら》らぬから、どをどゝ吹《ふうゝ》くうな。

［山の手の童謡］

風ふくナ、ナ吹くな、風の神は弱ひナ、天道様はおきついな。

○早口言葉（はやくちことば）⬇186ページ

［尾張童遊集］

むかへのひへのこ、むせたらもてこい。

［あづま流行　時代子供うた］

私《わたし》の娘を茶筅《ちやせん》注1に結《い》はせ、お茶たてさせたさも立てさせたし、御奉公致させたさもいたさせたし。

自家《うち》の桐《きり》の木《き》の切株《きりかぶ》の切口《きりくち》と向《むか》ふの桐《きり》の木《き》の切株《きりかぶ》の切口《きりくち》と能《よ》く似《に》た桐《きり》の木《き》の切株《きりかぶ》の切口《きりくち》。

向ふの竹垣へなぜ竹立《たて》かけた竹たてかけたさに竹立《たて》かけた。

向《むこ》から坊主が屏風を背負《せをつ》て来る屏風が坊主歟《か》坊主が屏風歟《か》。

駒込のわがまゝ娘二つ合《あは》して三駒ごめのみわがまゝ娘。

狸のきんたま八畳敷《はちじやうじき》、彼《あ》の子の巾着《きんちやく》八丈縞《はちでうじま》注2、讃岐《さぬき》のこんぴら大権現。

がら〳〵御免なさい米屋で御坐《ござ》イます昨日《きのう》五升今日《けふ》五俵。

隣家《となり》の客ハ能《よ》く柿を食ふ客だ。

向ふのふる桃の木へふる襤衣《ぼろ》が下《さが》ツた。

殿様お丸行燈《まるあんどん》奥様おぼんぼり。

注1　茶筅（ちゃせん）
茶筅髪の略。もとどりを束ねて茶筅のようにした髪形。

注2　八丈縞（はちじょうじま）
八丈島で産する平織りの絹織物のこと。

鴨が米噛《かみ》ア小鴨が小米かむ。
生豆《なままめ》なま米《ごめ》なま牛房《ごぼう》。
赤巻紙に白巻紙白巻紙に赤巻紙。

○一とつ二たつ（ひぃとつふぅたつ）⬇190ページ

［あづま流行　時代子供うた］
一《ひ》イとつ二《ふ》ウたつ三《み》んみの三《み》ツつで、大山《おほやま》ぶきやうでハよく〱下《くだ》れバ、くだりの先のはアさみくうしやア見《みい》しやいな、みイしやいなみしやいな。

○一人二人三めの子（ひとりふたりさんめのこ）⬇192ページ

［弄鳩秘抄］
一人二人かんめのこ、あえとりひえとりくそさがし、かしまけてかつぱらめ。
一人二人三目《さんめ》の子、取《とつ》て嘗《なめ》ろ糞《くそ》さらひ、流《ながし》の下の大入道《おほにふだう》、箸で掻《かつ》込め千次郎、其残《そのあと》かん嘗《なあ》ア、めエろ。

○べろべろの神（べろべろのかみ）⬇206ページ

［諺苑］
ベロベロノ神ハ、誰ヒッタ神ダ、ヒッタ方ヘツンムケ。
［熱田手毬歌］
べろ〱かんぞ、こうかんぞ、今のへはたがひつた。

［あづま流行　時代子供うた］
べエろべろの紙《かみ》ハ誰《だ》が放《し》た彼《か》が放《し》た放《し》た方《ほ》へツン、向《むう》きアれ。

○ほおずき⬇210ページ

［あづま流行　時代子供うた］
赤い衣服《べゝ》きせて遣《や》るから旋燈籠《はまりどうろう》注3になアれ。
根が先《さ》アきへ出エろ、核《たね》ハ後《あと》から出エろ。

注3　旋燈籠・回り灯籠（まわりどうろう）枠を二重に作って内枠に切抜きの絵を貼り、蝋燭の熱の上昇気流で内枠が回転して切抜きの絵の影が外枠に映る仕掛けの燈籠。走馬灯ともいう。

○蛍来い（ほたるこい）⬇210ページ

［弄鳩秘抄］
ほふたるこい、山見てこい、あんだのひかりをちよと見てこい。
［嬉遊笑覧］
ほうたろこう、おのがて、の合子で、かぶら川の水くれう。
［熱田手毬歌］
蛍こい露のましよ、あつちの水はにがいよ、こつちの水はあまいよ。
［尾張童遊集］
蛍来《ホツタルコウ》い水のましよ、そつちの水はにがいよ、こつちの水はあまいよ。

[守貞漫稿]
ほうちこい、落たら玉ごの水のまそ。

[山の手の童謡]
ほーたるこい、柳の下で水のましよ、あつちの水はにーがいな、こつちの水は甘いな。

○盆唄（ぼんうた）【参考】

[菅江真澄日記]
おほ輪にござれ、丸輪にござれ、十五夜さんまのわのごとく。

[皇都午睡]
扨も艶《ヤサ》しや蛍の虫は、草の小影に身を焦すハツヤリヤ、さあさよひやさ。
盆の十四日に廿日鼠へさへて、元服させて髪結て、牡丹餅売にやつたれば、牡丹もちや売ずと昼寝して、猫にとられてひんよいよほ、又昆布屋の嘆が一枚紙惜んで、昆布で開ふいてひりつくや〱。

[童謡集]
御手の切たに御くすりやないか、せき〱せうぶ大わうのねり薬。
夫より外に御薬はないか、御若衆《わかしゅ》さまの御手薬〱。
ぼけた〱、どこまでぼけた、よし原女郎みなぼけた〱。
月でもないが、星でもないが、しうとめ婆《ばゞ》の目が光る〱。
向ふの御山で何やら光る、月か螢かよばいぼしか。

[甲子夜話続編]
むかふのお山に何やらひかる。月か星か夜ばいぼしか。月でもなひが星でもなひが、しうとめごぜの眼《メ》が光《ヒカ》る、〱。

[あづま流行　時代子供うた]
向《むこ》ウ、このお山に、何《なあ》にイやら光る、月歟《か》星歟《か》、夜ヲ、這《ば》ひ星歟《か》、月《つうき》でも無いが星でも無いが、一《ひい》とつ目子僧の目が光《ひいか》アる、目が光アる。

[おし花]
一条通れば二条でござる、二条通れば三条でござる、三条通れば四条でござる、四条とほれば五条でござる、五条通れば六条でござる、六条通れば七条でござる、七条とほれば八条でござる、八条通れば九条でござる、九条通れば東寺[注1]でござる、東寺あぶらをやつたりすつたり、つけてすいたるさげ髪さまは、いろよし子よししなもよし、ぬれた姿はしんとろ〱、とろにきんだんまんだん、まことに秋はさよ〱さよと、ふく風けふのあかひとくらべてみたれば、せたのから橋《ハシ》や、くゞりよ《わる》て〱、ならん〱とあアめとあらりやこりやりや、ヨイヨイ〱ヨイヤサ、シテどうぢやいな。
盆にはどこもいそがしや、東《ヒガシ》の茶屋の門口《カド》に、赤前垂に繻子の帯、ちとよらんせはいらんせ、巾着《キンチヤアク》に金がない、それでもだし《大事》しないはいらんせ、ヲ、しんき、かうしんき。

注1　東寺（とうじ）教王護国寺の通称。京都市南区九条町にある東寺真言宗の総本山。空海に勅賜され、真言密教の根本道場となった。金堂・五重塔の国宝建造物のほか、貴重な文化財を多数有す。

三条さがり町《マチ》のいとやの娘、あねは廿三妹は廿チ、妹ほしよさにごりゆがんかけて、お伊勢七度熊野へ三度、あたごさまへは月あアゐり、月来はどこまアゐり、西行法師のぬけまゐり、さるまさアまのをどり狂言、きんらんまんらん、まことに秋はさよ〳〵。

こちの隣の阿房めが、状をもたしてやつたれば、道の一里《イチリ》もいてからに、大きな橋に腰かけて、桔梗刈萱女郎花、シイシやつこらせ。

［嬉遊笑覧］

ことしの盆はぼん共おもはない、かうやがやけて、もがり注2がぶつこけて、ぼんかたびら注3を白でした。

［熱田手毬歌］

盆々々と待かねました、今日《ケフ》は盆の十六日よ、あさつてお山のしをれぐさ〳〵、しをれた草をからいてみたら、からさき山の盆《イ門》の中〳〵。

［尾張童遊集］

盆々ぼんと待かねたれど、今日《ケフ》は盆の十六日よ、あさつてお山のしほれ草〳〵、しほれた草をどんと苅ば、草苅鎌の柄が折れた〳〵、折たらだしか〳〵、世間に鍛冶屋はなひものか〳〵。

［甲子夜話続篇］

盂々盂は今日明日《ケフアス》ばかり、あしたはよめのしほれ草、〳〵。しほれた草をやぐらにあげて、下から見ればぼけの花、〳〵。

［熱田手毬歌］

盆ならさんよ〳〵、盆がちかいに帯かておくれ、赤いがえ《イよ》いか白いがえ《イよ》いか、赤いもわるい白いもわるい、当世はやる縫の帯〳〵、ぬひの帯に《イハ》はつとがついて《イでござる》、はつとの上に小池がござる、小池の子供〳〵、あの水のむなこの水のむな、むかしゐちごが　ゐちごはお児（チゴ）のあやまりといふ。身を投られて、あさくさがいろが目をさます〳〵。あさくさがいろは朝草苅ならんと古人いへり。

［尾張童遊集］

盆ならさんよ〳〵、盆が近いに帯買《カ》ておくれ、赤いがゐいか白いがゐいか、赤いもわるい白いもわるい、当世はやる縫の帯〳〵、縫のおびは誰がしてみせた、おまん女郎がして見せた〳〵。

［熱田手毬歌］

向ふからくるは梵天太鼓、ぼんでんたいこを所望ときいて、しようもいはれてはづかしないか、はづかしけれど〳〵、けふのたいこは一番太鼓、しめよがぬるてねがでん程に、水をうちだいてもてまゐれ〳〵。

わたし《イわし》のかゝ様きついことおしやる、盆々《イの》三日を出さんとおしやる、地獄の釜のふたさへあくに、出いておくれよかゝさまや《イよ》〳〵。

わたしのかゝさまそれよりきつい、天のほしをかぞよとおしやる、百や二百はかぞへもせうが、千や万はごめんなれ《イあ》〳〵。

先たち衆《イお子様がたの》はおこゐがひくい《イたゝん》、お声のひくい《イたゝん》も道理

注2　虎落（もがり）
枝のついた竹を立て並べて作った物干し。とくに高く設けた紺屋の干し場をいう。

注3　盆帷子（ぼんかたびら）
お盆の頃に着る裏を付けないひとえの小袖。

じや《イでござる、》ないか、六ツ七ツ《セツハツ》のお子供衆よ、それから下へ《シタイが》は皆五ツ〳〵。

マア《イモウ》まがらんせ〳〵、まがつた角でいなものひろた、いなものなんでや〳〵、銀のきせるに銀たばこ入、一服あがれお某様よ、以下ノコラズ子供ノ名ヲ二服三服とカサネウタフ二服あがれお某様よ、中の莟がお某様〳〵、お某様のおつしやる事に《イは》や、つぼみはいやよ〳〵、中で《イわしも》ひらいた花じゃもの〳〵、開た花は一れん花よ、中のつぼみは二れん花〳〵。

マアまがらんせ〳〵、まがつた角で大須がみゆる、大須ののれんがひとかけほしや、一かけあぎよが何になさる、手習い子供のおてふきに〳〵。

［尾張童遊集］

マアまげさんしよ〳〵、まがつた角から大野が見へる、大野もめんが四五尺[注1]ほしや、何《ナア》にするとて四五尺ほしや、跡先切てぼたんにそめて、踊子供のあせふきに〳〵、踊子供のあせふきいらん、手習子供の汗ふきに〳〵。

［熱田手毬歌］

味噌屋を見こめ〳〵、何みてみやる〳〵、お旦那様は十六さゝげ、ごしんぞ様は牡丹の花よ、ぼたんの花を折《ヲラ》ふとしたら、十六さゝげがまきついた〳〵。

こゝらの町はきれいな町よ、大石も《イが》なふて小石も《イが》なふて、碁盤《ゴバン》の上をとほるよな〳〵、碁盤のおもてにやきりめがござる、こゝらの町にはきりめなし〳〵。

［尾張童遊集］

爰らのおもてはきれいなおもて、大石《ヲイシ》もなふて小石もなふて、小判のおもてをふむやうな〳〵、小判のおもてにやきりめがござる、爰らのおもてはきりめなし〳〵。

［熱田手毬歌］

こゝらのわかいしゆあんぽんたんよ、あちら《イそこ》の門にもきよ《イけ》ろりとたつて、こちらの門にもきよろりとたつて、あの子《イあの子》がよ《がよてもこの子がよても、》いの、この子がよいの、いらぬお世話《いられんおせわの》のかみのぼり〳〵。

［尾張童遊集］

爰らの若ィ衆あんぽんたんよ、あそこの門《カド》にもけろりと立て、こゝらのかどにもけろりと立て、あの子がよいのこの子がよいの、あの子がよふてもこのこがよても、おまへの御世話にやなりませぬ〳〵。

［熱田手毬歌］

こゝらの一町海ならよかろ、千石[注2]つんで万石つんで、万石うへに畳敷て、畳うへに毛氈しゐて《イもうせん上に双六置て》、姉様お出すごろくふろ《イる》に、一番まけたら小歌でかやそ、二番とまけたら草となろ〳〵。

［尾張童遊集］

爰ら壹丁海ならよかろ、千石積《ツン》で万石つんで、万石上に畳を敷て、畳のうへに毛氈敷て、姉さまおいで双六ふろに、一番まけたら小歌でかへ《や》そ、貳ばんとまけたらくさとなろ〳〵。

［熱田手毬歌］

お某様の目元のしほは、ほんかたびらにつけたらよかろ、

注1　尺（しゃく）
尺貫法の長さの単位。一尺の長さは時代によって異なり、近世には用途によって曲尺（かねじゃく）・呉服尺・鯨尺・享保尺などが用いられた。一八九一年（明治二四）曲尺一尺を三十三分の一メートル（約三〇・三センチメートル）と定義し、尺貫法の長さの基本単位とした。

注2　石（こく）
体積の単位。米穀などを量るのに用いる。一石は十斗、約百八十リットル。大名・武士の知行高を表す単位としても用いられた。

ほんかたびらは一年物よ、めもとのしほは末代よ〱。

今日《コンニチ》やどなたもよふござらした、お茶も多葉粉もえうあげなんだ、明晩おいでよお茶多葉粉〱。

お某様の島田をごろんぜ、ねこもく〻るがいたちもくぐる、爰らの若衆《ワカイシユ》はみなく〻る〱。

お某様のごきりよのよさは、薄紙ほうづき包んだやうに、あれみて母様お嬉しゆないか、嬉しうないとは世間のぎりよ、しんの心はうれしかろ〱。

お某様のおよめりごろんぜ、箪笥長持衣桁[注3]がまいる、衣桁のあとから雪踏[注4]が参る、雪踏のうらにお某と書て、お某なぜなくなみだをこぼす、涙をこぼすも道理じやないか、一里二里さへ遠いといふに、千里山中遠いはず〱。

今日やおつきにおあつい天気、お裏へまはつておすゞみなされ、けつこなおうらに蓮池ござる、蓮池なかにおふねがござる、大船小船三艘ござる、一番船がお旦那様よ、二番船がごしんぞ様[注5]よ、三番船が辰次郎様よ、辰次郎様は馬のり上手、はねんやうに邪魔せんやうに、をどりの拍子にあふやうに〱。

こんにちやおつきにおあつい天気、あんまりあつさに門まで出たら、門のわかいしゆに引とめられて、帯がきれるにはなしておくれ、帯はきれても結べもせうが、縁がきれたらむすべまい〱。

おあつた様へをどりがまゐる、なとゆてまゐる〱、をどり候てくたぶれ候て、椽やとおもふて腰かけたれば、えんはどす〱どすめく程に、なとゆてまゐるよりこゝまで名古屋にてはうたはず門《モン》あけさんせ、木戸あけさんせ門のぐるりに火をともさんせ、あしもとくろてはをどれまい〱。

［尾張童遊集］

お天王さまへおどりがまゐる、なとゆてまいる〱、門あけさんしよ木戸あけさんしよ、門のところに火をともさんしよ、あしもとくろてはおどられぬ〱。

［熱田手毬歌］

ことし新板山王の芝居、何をするとて立よりきけば、天満屋お初に平野屋住み人、とくべいさんはむたいなお人、お初をつれてはしろとおしやる、おはつはまんだ走《ハシ》つてならぬ、内のお房とはしらんせ〱。

柳の下の乙姫様よ、なぜ色くろい〱、おいろがくろけりや日傘をめされ、日傘は京都へあつらへたれば、京ではやるみもぢ笠〱、もみじの笠に千鳥をかけて、あちらむけ千鳥こちらむけ千鳥、やれおもしろや花千鳥〱。

［あづま流行　時代子供うた］

柳《やあな》ぎの下のおヲいしいでり様よ、朝ア日に照られて、おヲ色が黒い、おヲ色が黒けりヤぢん傘《がらかさ》冠《かぶ》れ、ぢんがらかさ嫌よぢんがらかさ嫌よ、おヲ江戸で流行《はや》る蛇《じや》のヲめ傘[注6]、蛇《じや》の目《め》がアさ。

［熱田手毬歌］

門前町の黒船ごろんぜ、幕は緋緞子[注7]葵の御紋、中で船歌面白や〱、面白〱つしまの祭り、宵の試楽《シンガク》よあけにまつ

注3　衣桁（いこう）　着物などをかけて置く家具。細い木の棒を鳥居形に組んだもので、衝立（ついたて）式のものと、蝶番（ちょうつがい）で2枚に折り畳むもの（衣桁屏風）とがある。

注4　雪踏・雪駄（せった）　竹皮の草履の裏に獣の皮を張りつけた履物。千利休の創意で雪中で用いたのに始まるという。のちには踵に金物を打ちつけた。

注5　御新造様（ごしんぞさま）　「ごしんぞうさま」の転。武家・富商・上層町人など身分ある人の妻を敬っていう語。「奥様」に次ぐ格の語。

注6　蛇の目傘（じゃのめがさ）　蛇の目の形を表した和傘。中央と周辺を黒・紺・赤色に塗り、中間を白く抜く。黒蛇の目・渋蛇の目・奴蛇の目などがある。元禄時代から使われた。

注7　緞子・鈍子（どんす）　繻子（しゅす）織物の一種。たて繻子の地にその表裏組織の練糸を用いて文様を織り出した光沢のある絹織物。

り、祭すんだら市がたと〳〵、市がたつたら庭までたつた、三ばら〳〵〳〵皆たつた〳〵。

むかふの山をゑさし注1が通る、ゑさしの腰をながめてみたら、印籠巾着なるこをつけて、お手にはちくのお棹を持て、たつなよ雀〳〵、たつたらおたかのおゑになる〳〵。

お懸所さまへいざござらんか〳〵、行もゆかうがなにしに行う、はし見物にきやう見物に、はしよりけつこならんかがござる、らんかの下にしほくみ女《ヲナゴ》、袖が六尺ふりそで〳〵が、袖はぬれてもだじやないほどに、かわい男の布さらし〳〵。

お某様とお某様と、お中のよさは〳〵、お手引あはせてお観音まゐり、お観音まいりのおかさにほれて、おかさもちたやお供がしたや、ついてゆきたやお江戸まで〳〵、お江戸の城はたかい城よ、一段あがり二段あがり、三段あがつて南《イ東》を見れば、よい子〳〵が三人とほる《イござる》、一でよい子が糸屋の娘、二でよい子が二の屋の娘、三でよい子《イさらさら》がさゝや《イさらしや》の娘、さゝやの娘ははで《だて》しやぢや《イでや》ないか、大巾《イ帯を》丈長きりゝとまいて、五尺のもつといしめつけまして、こまげたはいてかよはんす〳〵。

お某様の盆かたびらは、いろはにほへとちりぬるをわか、よたれそつねのすそもやう〳〵。

こつから《イコレ》こういきやえいちや《イよい丁》へまいる、えいちや《イよ》の旦那がえい子《イよ》をもつて、帯や袴や花帷子よ《イよい子花よし》、花かたびらのすそめがあはぬ、すそめのあはぬはごめんなれ〳〵、ごめんあれとは女の事よ、男にごめんがあるものか〳〵。

爰らの子供はおちやくな子供、石ぶちするなすなぶちするな、しぜんよの児にあたつたならば、とゝさんかゝさんおはらだち〳〵。

［尾張童遊集］

爰らの子供はおちやくな子供、石打したりすな打したり、もしやあなたにあたつたならば、きつてはなひて塩ふりかけて、お寺の門につるいておいて、からすやとんびに経よましよ〳〵、烏や鳶が経よむならば、かつたい坊主に経よましよ〳〵。

［熱田手毬歌］

踊《ヲド》り揃《イ候て》て草臥さんす、ゑい《イ椽や》やと思ふて腰かけたれば、えんはどし〳〵どしめく程に、こりや何事とお乳母に問へば、お乳母しらずにおふさに問へば、お某様の嫁入りときいて、どこへよめり〳〵、本町壱丁目の鍋屋へよめり、鍋屋くろうでやりとはないが、さきの旦那が物かき上手、だんだとかいてだんだとよんで、だんだら橋の水より早い、それみて親様嬉しうないか、お嬉しないとは世間のぎりよ、しんの心はうれしかろ〳〵。

お子様がたのお声のよさは、春二月の鶯声よ、ばた〳〵〳〵と立様な〳〵。

私がうらのあさくら山椒、一ふさおくれ二ふさおくれ、わしがものなら皆でもやろ《イあげよ》が、とつさやかゝさの物ぢやもの〳〵。

注1　餌差・餌刺（えさし）鷹の餌にする小鳥を黐竿（もちざお）で捕えること。また、これを職業とする人。江戸時代には幕府の職名の一つで、鷹匠の配下に属した。

［尾張童遊集］

お花さまへ参りてみれば、結構なお庭に朝倉山椒、[注2]一ふさおくれお花さまよ、二ふさおくれお花さまよ、わしが物なら皆でもあげよが、と、さまか、さまみなさんしよ〱。

［熱田手毬歌］

向ふに見えるは甚目寺、堂はたれが立られた〱、音にきこへた半四郎さまよ、半四郎さまはおわかいけれど、子がない程に〱、子のあるやうにとたてられた〱。

わしが裏で蝉なく声は、しんだしゞらによく似た声よ、しんだしゞらが物いふならば、大竹小竹にものいはしよ〱。

お某様のおみおびほしや、ほしやといふてもおくれはせぬが、しぜん其時おくれたならば、三重に短し二重に長し、結んだ所が五葉の松[注3]〱。

私があねさま三人でござる、一人の姉様材木町よ、ひとりの姉様石切町よ、ひとりの姉様おしろに御奉公〱、おしろ〱〱しろ見物よ、城よりよい子がらんかにござる、欄干の下でなつゝ川が女子、一人はさらすひとりはくける、ひとりは御番のひもくける〱。

お月さまこさま、豆煎《マンメイツ》てあげよか、まんめはいや〱だんごなら三ツくを、三ツくをの中に、くいさし《イおのあるとりとおのないとりと》があつて、こりや誰にやろよ、お万にやろか、おまんはどこいた、油買に茶かいに、あぶらやの表で、すべつてころんで、油《イあかいものぶちだいた》はながれるちやはふきたつよ。

［尾張童遊集］

向《東イ》ふの山で何やら光る、月《ツウキ》か星か、月《螢のむかしイ》でもないが星でもないが、大納言さまのお江戸へおたち、そのはやお船のろがひかる〱、其はや御ふねの御供はどなた、隼人《ハウイト》山城嘉源太さまよ、跡《アヽト》のおるすが甲斐さまよ〱、甲斐さま屋敷でうづらがふける、なと云てふける〱、翌日《アヽス》はてん〱天気もよふて《よかろイ》、お江戸の細道なをよかろ〱。

［あづま流行　時代子供うた］

向《むう》ウ、このお藪で光《ひか》アるハ何《なん》だ、月《つうき》歟《か》星《ほし》歟《か》、螢《ほをたる》の虫歟《か》、月《つうき》イでも無いが、星《ほをし》イでも無いが、山城《やあましろ》様が日光《にっこ》へ御座る、日光《にいっこ》へ御参《ござ》らバ、おヲ供《とをも》を申す、お供にハぐれて大《だ》イ、丸町《まるちやう》へ、一《いいち》の丸超えて、二《にい》の丸越えて、三の丸境へ井《ゐ》イ戸掘《どほり》をあげて、井《ゐ》イ戸《ど》ハ巻井戸釣《つうる》う瓶《べ》ハ黄金、水ウ汲み女郎衆《ぢよろしゆ》ハ京ヲ、女郎衆《ぢよろしゆ》、京ヲの女郎衆《ぢよろしゆ》、京ヲ、の女郎衆《ぢよろしゆ》はおヲ色《いゝろ》が黒い、何故《なあぜ》また黒い、何故《なあぜ》また黒い、朝日《あゝさひ》に照《てら》し夕日に照《てら》し、横《よこを》ウ町横《ちよよこ》やへてり込んだ照り込んだ。

［尾張童遊集］

西の国から唐人まゐる、唐人いくたりかぞへてみれば、二百余人に大将が貳人、大将貳人が上ごしなれば、今夜おとまりどこでかござる、そんじよそこの問屋でござる、とひ屋の女房のいわれることにや、もふはやいやよ〱、もふはやとひやもあけてやろ〱、問屋を明けて口すぎならば《身だいもたばイ》、木綿な、子に赤うら付て、しんだい持たやら〱と〱。

是より東のお天王《テンノ》さまへ、わかい女がおみくじをあげる、なとゆてあげる〱、わしはたちで子がない程に、子のあるよふにとみくじあげよ〱。

注2　朝倉山椒（あさくらざんしょう）　サンショウの一変種。とげがほとんどなく、実は普通のサンショウより大きく香が強い。兵庫県八鹿（ようか）町朝倉で多く産出する。

注3　五葉の松（いつはのまつ・ごようのまつ）　ゴヨウマツの異称。マツ科で五本の葉が束になって生じる種類の総称で、山地に生える。庭木・盆栽とすることも多い。

一の丸こへて二の丸こへて、三の丸には林がござる、林に付て小池がござる、小池の子供〳〵、あの水呑なこの水呑な、むかしゐちごが身を投て、うゐたりしづみ〳〵、紫川へ身をなげた〳〵。

爰ら壹丁牡丹が咲て、西へ咲たがお某さまよ、東へ咲たがお某さまよ、中のつぼみがお某さま〳〵、お某さまのおつしやることにや、つぼみはいやよ〳〵、わしもひらいた花じやもの〳〵。

［甲子夜話続篇］

むかふに見えるは躍り子じやなひか。躍りがあらばせり合《アヒ》もふそ。せり合はりやひまければはぢよ。いしでもなげてけがでもすれば、てんでの親のめいわくよ、〳〵。

むかふのお山のすもとり草よ。ゐんやらやつとひけばおてがきれる。おてのきれたにやお薬りやなひか。石《セキ》々菖蒲大わ《ヲ》う根が薬。夫より外にや薬なし、〳〵。

向ウ、このお山の角力草《すうもうとりぐさ》ハ、ヱンヤラヤと曳けば、おヲ手《てえて》が切《きれ》る、おヲ手《てえて》の切《きれ》たにや、おヲ薬りヤ無歟《ないか》、おヲ若《わか》衆《しゅ》様のおヲ手《て》エ 薬《くうすう》り、お手《て》エ 薬《くうすう》り。

今日此夜御《コンニチコンバンゴ》大儀でござる。お宿へ帰つてお休まれ、〳〵。お宿はどこよ、〳〵。一の丸越《コヘ》て、二の丸越《コヘ》て、三の丸さきに堀井《ヰド》ほつて、井どは堀井ど釣辺《ツルベ》は金《コガネ》、釣辺の竿は大和竹。大和の竹に蜻蜓《トンボ》がとまつた。やれ飛べ蜻蜓、それ飛べ蜻蜓、飛《トバ》ずば蜘《クモ》が網《ス》をかける、〳〵。

［あづま流行　時代子供うた］

一の丸越《こえ》て、二イの丸越《こえ》えて、三のヲ丸先へ掘りイ井《ゐい》戸《ど》掘《ほっ》て、井戸の釣瓶《つるべ》へ注1 蜻蛉《とんぼ》がとまる、やアれヱ飛べ蜻蛉《とんぼ》、それヲれエ飛べ蜻蛉《とんぼ》、飛《とを》ばアぬと羽をきり〴〵イす、きり〴〵イす。

［甲子夜話続篇］

今日今夜《バン》大儀でござる。奥じや三味線中の間じや躍。お台所までが笛太鼓、〳〵。

［あづま流行　時代子供うた］

向ウ、この御殿ハ涼《すう》ずうしい御殿、おヲ奥じや三味線中《さみせんなあか》の間《ま》じや踊り、おヲ台所《だいどこ》までは笛太鼓《ふうえたいこ》、笛太鼓《ふうえたいこ》。

［甲子夜話続篇］

両国橋や長い、〳〵。夫より長いはすいぎよう橋よ。すいぎよう橋へお船がついて、お船の中に誰々御坐る。右近様や左近様や、お中にござる紅葉様、〳〵。紅葉女郎はきりよふよき女郎。きりよふよき女郎に髪ゆて進上、嶋田がよひかから子がよひか、嶋田もいやよから子もいやよ、御城ではやるおさげ髪、〳〵。さげた髪へちどりを付て、あちらむけ千鳥、こちらむけ千鳥。あら面白や花千鳥、〳〵。

今年の盂は目でたい盂よ。稲に穂が咲穂に穂がさいて、俄に庫が十五建つ、〳〵。十五の庫に三女郎《サンジヨロ》さまを《ン》なご。見よたが女子《ヲナゴ》、〳〵。見よはぬとてもゐんじやもの、〳〵。

ゐんじやと思ふ《ツ》て腰かけたらば、大《ダヒ》じのひめが三つにわれて、一つは京へ一つは奈良へ、一つは置《オヒ》てお目にかけ《キ》よ。お目にもかけよが衡《ハカリ》にかけよ。衡にかけて十三文目、〳〵。

注1　釣瓶（つるべ）
縄や竿の先につけて井戸水を汲み上げるのに用いる桶のこと。

盂の〳〵十六日に、お閻魔様へ参ろとしたら、珠数の緒がきれて鼻緒がきれて、南無釈迦如来手で拝《ヲガム》、〳〵。

切子〳〵切子の燈籠。切子の燈籠はどなたのお細工。お若衆様のお手ざいく、〳〵。

[あづま流行　時代子供うた]

両国橋や長い、両国橋や長い、お馬で往《ゆ》こか、おヲ駕籠《かあご》でゆこか、お馬も嫌よお駕籠《かあご》も嫌よ、十ウ、六日に手ヱを引イかアれ、手を引イかアれ。

此所《こをこ》と堺町《さかいちよ》が海《う、み》イなら宜《よ》から、朝鮮船流して半四郎《はんしろ》さん載せて、後《あ、と》ヲから三升《みます》源之助《げんのすけ》源之助《げんのすう》ウ、ケ。

此所《こをこ》らの子供に仕着《しいきい》せを致《い》たそ、白《しい》ろの縮緬《ちりめん》浅黄《あ、さぎ》[注2・3]に染て、裾《すうそ》にハ鯉の滝のヲぼヲり滝のぼヲり。

竹町《たあけちよ》ハ怖い竹町《たあけちよ》ハ怖い、何故《なあぜ》また怖い、何故又《なあぜま》たこわい、大《おほ》ヲ竹小竹《たけこだけ》化《ば》アけエてエ出エる、化《ば》アけてエ出エる。

鍋町《なあべちよ》ハ怖い鍋町《なあべちよ》ハこわい、何故《なあぜ》又怖い、何故《なあぜ》又怖い、大《おほ》ヲ鍋小鍋《なべこなべ》化《ば》アけエてエ出る、化《ば》アけエてエ出エる。

桶町《を、けちよ》ハ怖い桶町《を、けちよ》ハこわい、何故《なあぜ》又怖い、なアぜエまた怖い、大《おほ》ヲ桶小桶《をけこをけ》化《ばあ》けエてエ出エる、化《ば》けてエ出エる。

○**盆々**（ぼんぼん）➡214ページ

[守貞漫稿]

ぽん〳〵ぽんのじーう六日に、おゑんまさまへまあいろとしたら、じゆうずのおがきれてはあなおがきれて、なあむしやかによらい手でおーがむ、てゑでおーがむ。

[あづま流行　時代子供うた]

盆《ぼをん》ぼん、盆《ぼん》の十《じふう》ウ、六日に、おヲ閻魔様[注4]へ詣《まあい》ろとしたら、数珠の緒がきれて鼻緒《はあなあを》が断《きれ》て、南無釈迦如来手で拝《を、》がアむ、手で拝《おがあ》む、手《てえ》でも拝むが足《あ、し》でも拝む、南無釈迦如来手で拝《お、が》アむ、手で拝アむ。

[守貞漫稿]

ぽん〳〵ぽんはけうあすばかり、あしたはよーめのしほれぐさ、しほたれくさをやあぐらへあげて、したからみればぽけのはな、ぽーけのはあな。

[あづま流行　時代子供うた]

人形町《ちよ》は怖い人形町《ちよ》ハ怖い、何故《なあぜ》又怖い、何故《なあぜ》又怖い、人形《にんぎよ》の首が化《ば》アけエてエ出エる、化《ば》アけヱてエ出エる。

○**鞠遊び**（まりあそび）➡216ページ

手鞠唄

[淋敷座之慰]

向ひ通るは甚太じやないか、鉄砲《てつぽ》かついで小脇指を差《さ》いて、どこへ御座ると問たれば、雉子のお山へ雉子打に、雉子はけん〳〵ほろろ打、よつて御茶参れお煙草《たばこ》参れ、お茶も煙草《たばこ》も望《のぞみ》じやないが、是の娘にちよつと惚《ほ》れた、晩に参ろ

注2　縮緬（ちりめん）
一面に細かくしぼ（凸凹）をたたせた絹織物のこと。

注3　浅葱・浅黄（あさぎ）
薄い黄色。「葱（き）」はネギの古名で、薄いネギの葉の色の意。「葱」を「黄」と混同し、「浅黄」とも書く。

注4　閻魔（えんま）
亡者の生前の善悪に判決を下す地獄の王。地蔵菩薩の化身ともいう。笏を持ち、中国の道服を着けて、忿怒の相をあらわした姿で描かれる。

かどち枕、東枕に窓あけて、窓は切窓《きりまど》[注1]戸はあり戸、七ツ下り〳〵に、そろり〳〵と手をやれば、爰はどこ〳〵爰は膝さら、爰は内股《うちもゝ》爰は情のかけ所、情かけての其後に、親に三貫子に五貫、ましてお婆《ばゝ》にや四拾五貫、四十五貫の銭金で、高い豆買《まめか》ふて何にしよ、安《やす》い米買《こ》て舟に積《つ》み、船は白銀鱸《ろ》は黄金《こがね》、綾や錦を帆《ほ》にかけて、明日は上《のぼ》ろぞつんつくつの津の国へ〳〵。

［落葉集］

つく〳〵〳〵には手鞠《まり》つく、一二三四五六に七八に、音《おと》は十三十四十五、てはまおく廿一二三四、御世《みよ》なら〳〵、松を飾《かざ》りて梅《むめ》の折枝《をりえだ》、それさ〳〵それ好《す》いた三味《しやみ》の手、一二三四五六に七八に、音《おと》は十三十四十五、手はまおく廿一二三四、中の丁下の丁、揚《あげ》屋町の色比《いろくら》べ、とんと突上《つきあ》げ。

［筆のかす］

おじやれ子どもたち花をりにまいろ、花はどこ花、地蔵のまへの桜花々々、一枝折ればパツと散る、二枝折ればパツと散る、三枝《えだ》の坂《さか》から日がくれて、あんなのこうやに宿《やど》かろか、こんなのこうやに宿かろか、蓆ははしかし夜はながし、あかつき起きてそと見れば、児《ちんご》のやうな傾城が、黄金《きん》の盃手にすえて、黄金《きん》の木履[注2]をはきつめて、黄金のぼくとうつきつめて、一ぱいまゐれ上戸[注3]殿、二はいまゐれ上戸殿、三ばいめの肴には、魚が無うなうてまゐらぬか、われ等がちやうの肴には、ひめうりこうりあこだうり、あこだにまいたかうの物。

向ふの山に、猿が三疋とまつて、先の猿も物知らず、後の猿も物知らず、中の猿が物知つて、前かけ川に飛びこんで、鯰《なまづ》一疋へさえて、手でとるも可哀《かあい》し、足で取るもかゆし、あんまり可愛《かあい》さに燈心《とうしみ》でく、つて、苧殻《をがら》で荷ふて、堂の前に持つて来て、ぢよぎ〴〵とはやいて、貴方《あなた》に一片《ひときれ》、此方《こなた》に一片《ひときれ》、も一片《きれ》あまつて、棚の端《はし》に置いたれば、隣のお万が、ちやつと取つて食やつた、やれ腹立《はらたち》や、それ程腹が立つならば、むらさき川に身を投《な》ぎやれ、身は下に沈むとも、着るものは上の浮草《うきくさ》、帯は山の蛇《くちなわ》、刀《かたな》は山の光物《ひかりもの》、草履はうへの泥亀《どんがめ》、木履《ぶくり》は山の腰掛、上通る侍衆《さむらいしゆ》、下通る商人《あきんど》、引きあげてたもれ、引上げたれば何喰はせよう、きり麦三杯《ばい》酒三盃《ばい》、きり麦三杯呉れようが、酒三杯はようくれまい〳〵。

［弄鳩秘抄］

一ツとさ、人はよい〳〵どこまでも、やぶれぐるまでわがわるひ。

［てまり歌］

一つとや、一夜《ひとよ》あくれバ百千鳥《ももちどり》〳〵、さへづるはるハのどかなり〳〵。

二つとや、二見《ふたみ》の浦《うら》に引《ひく》あミハ〳〵、いせをのあまの春のわざ〳〵。

三つとや、三笠《みかさ》の山べにうちむれて〳〵、裾野《すその》のはらに若《わか》菜《な》つむ〳〵。

四つとや、吉野《よしの》の山のはなざかり〳〵、雪《ゆき》かくもかとまがふらん〳〵。

五つとや、五十鈴《いすゞ》の川上尋《かハかみたづぬ》れバ〳〵、神路《かみぢ》の山にかゝる雲〳〵。

六つとや、六田《むつだ》の淀《よど》の柳原《やなぎハら》〳〵、若葉《わかば》も深くかすむなり〳〵。

七つとや、七《なゝ》の社《やしろ》のゆふだすき〳〵、かけてもたのむ君《キミ》がよを〳〵。

注1　切窓（きりまど）
羽目板・壁などに切ってあけた明り取り。

注2　木履（ぼっくり）
「ぽくり」の転。駒下駄の一種。台の底をくり抜き、後ろ側を丸くし、前部を前のめりにしたもの。多く黒または朱の漆を塗る。主に女の子が用いる。

注3　上戸（じょうご）
酒をたくさん飲める人。酒好きな人。

八つとや、八塩《やしほ》のをかの岩《いは》つゝじ〱、こや山姫のたぐるいと〱。
九つとや、こまのわたりの瓜《うり》つくり〱、となりかくなりなるこゝろ〱。
十とや、豊浦《とよら》の寺の西《にし》なれや〱、くれぬとつぐる鐘《かね》のこゑ〱。

[皇都午睡]
一《ヒト》ころ二ころ三《ミ》ごろ四ごろ五ごろ六ごろ七ごろ八ごろ九ごろ十ごろ、十で豆腐屋のお内儀が三つ子を産しやつて、一人の子は木綿屋へやつてモメン〱〱ヨ、まひとりの子は茶屋へやつて茶〱〱ヨ、まひとりの子は紙屋へやつて紙半帖もろて、爺御に半枚母御に半枚跡に半枚遺つて、いろはと書て左義長へあげて、とんどの道で喧嘩が有て、わけ〱〱ヨ。

ハリヤ一反《イツタン》、ハリヤ二反。
と突有。是は蹴鞠のヤリヤヲウの掛声より出るものならん。

[童謡集]
むこ通うりやる、小田原通りやる、小田原名主の中娘。色白で桜色で、目《め》もとに化粧して、江戸崎塩屋へもらはれて、其塩屋が伊達《やだて》な塩屋《や》で、金襴どんすにあゐ紫が七かさね。七かさね八かさね〱て、染て下され紺屋《こうや》さま。こうやの事なら染てもしんじよが、はつてもしんじよが、おかたは何《なん》とつけまァしよ。かたすそに梅の折えだ、中はこうしやのそり橋《はし》。そりはァしを渡《わた》るものとて、渡《わた》らぬものとて、こきにこッきらこと、ちよきにちよッきらこと、そこで殿御の御こころ〱。

[おし花]
むかへとほる治右エ門、目も鼻も赤うて、しろ山くづいて宮建て、宮のぐるりに胡麻播《まい》て、胡麻は仏のさらひもの、油は仏のおみあかし。明年《みやうねん》の〱、太鼓のぶちにかね壱升いれてともうたふいれて、一おきや二おきや、三おきや桜、五葉の松柳、柳の 枝《イ上にとも》 に烏もとまり、とんびもとまり、からす首はねざげた首で、長老《チヤウロ》にみせて、長老はかしこ、殿《トノ》さん鎗持ち、つちの子はやりもち、よう鎗もつた、あした餅やろ。

げんげ花《バアナ》 なぜさかん、親も子もござれども、橘町のあねさんに、木綿一反[注4]かしたれば、あるのにないとてかへさねど、町内はん〱おひまを下されお江戸ゆく、江戸の長崎こしかけて、子供衆や〱こゝは何と問ふたれば、こゝはおほかねつりがね堂、梅と桜と進《シン》じたら、梅はすいとてかへされて、桜はよいとてほめられて、よをよかじゆつくわんつきまアした。

お鶴とおかめと魚つりに、大鯛小鯛をつりあげて、あの子にくはして嫁よんで、嫁ははたちのちやら者《モン》で、一ィ二《フ》の三《サン》吉さらりとみかけて、山のあいから天《テン》ふくまつこ、御池のちどり、さくかさかぬかまださき初《ソメ》し。

[朝岡露竹斎手録 子もり歌 手まり歌]
とん〱せ、誰さんじや、新町米屋の武平さん、今比何しに御ざんした、雪踏《セキダ》が替つて替にきた、お前の雪踏《セキダ》は京せきだ、わたしのせきだは奈良せきだ、替〱せまいかそれ替た。

大事の〱お手まりさまを、紙で包んで小より[注5]でしめて、

注4 反(たん) 「端」とも書く。布帛(ふはく)の単位。成人一人前の衣料に相当する分量。

注5 紙撚・紙縒・紙捻(こより) 「かみより」から転じた「こうより」の転。細く切った和紙によりをかけて糸のようにしたもの。

しめた所にいろはと書て、こんないろはが又あるものか、いろはきやいてぼたんと書て、ぼたんしやくやくぼけの花。

むかへの小寺は誰《タ》が建た、大原はんじよの乙姫〳〵、乙はよい子やきよの子やきよの子や、きよの松原通るとて〳〵、元の旦那に行逢て〳〵、元の旦那がいふ事にや〳〵、おらが娘《女房》にならまいか〳〵、おゝらが娘になつたらば〳〵、赤い小袖も十二きせよ〳〵、白い小袖も十二きせよ〳〵、白い小袖に血が附て〳〵、血でもないもの血とおしやる〳〵、ゆふべ化粧した紅粉じや物〳〵、洗川で洗つて（〳〵）、すゝぎ川ですゝいで〳〵、洗つてもすゝいでも落ません〳〵、京都の紺屋へやつたれば〳〵、京都の紺屋でうけとらず〳〵、お江戸の紺屋へやつたれば〳〵、お江戸の紺屋で受取て〳〵、一年過ても状がこぬ〳〵、二年過ても状がこぬ〳〵、三年目に状が来て〳〵、お万にこいとて状がきた〳〵、お万はやらまいおせんやろ〳〵、おヲせんやろふが何きせる〳〵、下にちん〳〵ちりめんを〳〵、上にこん〳〵高野《カウヤ》染〳〵、中には牡丹の吹ちらし。

猫が娵入りすりや鼬が仲人、廿日鼠が五升樽さげて、うらの細道ちよこ〳〵と。

ぶどうよ〳〵、はかりに懸て何匁、一匁のぶどうよ。

源五兵衛ばゞさは九十九で桑名へ娵入《イの九膳さへ娵入なる》、よめりやならまい奥歯がぬけた、奥歯ぬけても前歯が御座る、前歯二本におはぐろ[注1]つけて、白髪三筋にかもじ[注2]を入れて、入れたかもじに油をち《し》んとろりとつけて、娵入りするといや孫めがとめる。

おゝらがむかへの黒れんじ[注3]〳〵、夕ァござつた花娵子〳〵、何にも喰ずにじんじやうな〳〵、おばこの座敷へ出いたればく〳〵、大めし三ばい汁四はい〳〵、それでもまんだたらんとて〳〵、お彼岸だんごを七いかき〳〵、宮重大根[注4]を十二本〳〵、それでもまんだたらんとて〳〵、たまやの泥をすゝりやるの〳〵、それでもまんだたらんとて〳〵、ながしの角でおなきやるの〳〵。

おゝらのうらのせんざいに〳〵、鶴と亀と巣喰て、何にするとて巣くつた、みのにするとて巣くつた、蓑にはならまい笠になろ〳〵、笠はよい笠市の笠、市野の祭へ出いたればく〳〵、壹貫[注5]五百に直がついて〳〵、壹貫五百にうろよりも〳〵、内のお万にきせまして、こんど御座れやお万女郎〳〵、今度来た時何たもる〳〵。

弁慶が〳〵、夜ル昼ル桑名へ参る迚、雨ふる雪ふる具足はぬれる、山へゆこ〳〵、山に何やらわすれた、硯箱に香箱、香箱の中に、おん鳥めん鳥つゝき合ていふ事には、うしろむきや堀川、前むきや松原、松原の上臈は、いやしい上臈や、あれ〳〵はふこれ〳〵はふ、御所柿のへた〳〵はふ。

キイカン木のうらうら吹風は、おぢゞやおばゞやお茶やの茶袋で、ひろり〳〵としんじやう也、おかごは六尺七前かた花ごはしぐるまでありや河染、むかしはやうちとんさんかは、川崎波うつおんさのさ、お城のさ御侍衆が。

まぐそ〳〵マン〳〵まぐそつかんだ、其手のきたなさは、たらひであらはんせ、たらひのきたなさは、はんぞであらはんせ。

注1　御歯黒・鉄漿（おはぐろ）　歯を黒く染めること。江戸時代には既婚女性がつけた。

注2　髪文字・髢（かもじ）　髪を結う時、自分の髪に添え加える髪。

注3　連子・櫺子（れんじ）　窓や戸などに木や竹の桟を縦または横に一定の間隔を置いてはめ込んだ格子。

注4　宮重大根（みやしげだいこん）　ダイコンの一品種。愛知県西春日井郡春日村宮重が本場。首の部分が緑色で、甘味に富み、切干大根に適する。

注5　貫（かん）　穴あき銭に紐を通したものから、銭貨を数える単位。銭千文を一貫とする。

す、れ〱、一匁す、れ、二匁もす、れ〱。

おさんさへさ、山で手た、きしやうか先一ツ、おさんさへさ、山で手た、きしやうか先二ツ。

［嬉遊笑覧］

おほたんやこたんや、さ、たやしもたや厩橋、うたさましまぶに腰かけころんで、ひやあくころんで、二百ころんで三びやあく。

いろは前達伊せ〱参る、いせの長者のまがり木のもとで、七ツ小女郎が八ツ子をうむで、うむにやうまれずおろすにやおりず。

鎌倉へのぼる道に、椿うゑてそだて、、日が照らば涼み処、雨の夜はやどり木。

おん京々橋、なん〱中橋、おつや十六大ふり袖。

オケンジヨサマヨ、オヨネジヤトウヨ。

おせんや〱おせん女郎、そなたのさしたる笄は、拾たかもろたか美しや、市右衛門どんの一むすこ、女房が泣て悋気[注6]する、女房は亀屋のお鶴どの、おつるが処から文がきた、文の上書よんでみる、一に香箱二に葛籠、三にさらしの帷子を、誰に着しよとて買てきた、おまんにきしよとてかふてきた、おまん死なれてけふ七日、あすは待夜のぼた餅よ。

［熱田手毬歌］

くゥしやくゥさに五十五《ゴンジュ》ヲ六。そバ七升八いたこに丁百。

かへ〱手毬《デンマリ》かへておめにかけよそれかへた。

笹よ〱、一のさ、きつたかよ。

一そうりよちやかぽん。

おオらがうウらのせんだの木〱、鶴と亀がすをかけて〱、何にせうとてすをかけた〱、蓑《ミノ》にするとて巣をかけた〱、みのにならふや笠になる〱、笠はよい笠越後笠〱、越後の祭に出《ダ》いたれば〱、壱〆五百に値《ネ》がついた〱、壱〆五百にうるよりは〱、うちのおかめにきせませう。

ゆんべばァさどこいた〱、綿帽子[注7]かりにいつたればく〱、あるものないとてかせられん〱、そのよに腹が立ならば、桶をふせて苧でしめて〱、苧は山のめ、ぞ〱、帯は山のくちなは〱、綿帽子山の白狐〱、雪踏は山のかち〱、草履は山のぶら〱、鏡は山の光もの〱。

ゆうべござつた花よめ御〱、おちやと《イおめしもくはずに》たばこも尋常に〱、御客のざしきへ出《ダ》いたれば〱、お飯三杯汁四杯〱、それでもまんだたらぬとて、宮重大根を十二本〱、それでもまんだたらぬとて、おひがん団子を七いかき〱、それでもまんだたらんとて〱、いみぞの泥《ドロ》まです、られた〱、それがに喰ふなら出てうせう、出《デ》ェてくみちにうまれ子が浮《ウイ》とつて〱、男の子なら拾ひあげよ〱、女の子ならふみつぶせ〱、女の子でとて拾ものか〱、わしが子にして山家のかたらへ縁につきよ〱、縁《エエン》につけたる向ふの旦那《ダアンナ》、あァしはちよつかい手はてんぼ〱、かァた

注6　悋気（りんき）
やきもちをやくこと。特に情事に関する嫉妬。

注7　綿帽子（わたぼうし）
真綿をひろげて丸形や船形にしたかぶりもの。もと防寒用で男女共に用いた。後には婚礼に際して新婦がかぶるようになり、顔までおおうようになった。

めつぶれてしほらしや。

おぬい様〳〵、ひともとせがおちて、落ても大事《ダジヤ》ない甚太郎さにかけもらを、いかな甚太郎さはたはけじやないが、たはけ〳〵銭金いれて、貳分で帯かて三分でくけて、くけめ〳〵にな丶ふさつけて、おぬいこれよとさしだいたれど、おぬいなぜなくなみだをこぼす、涙こぼすも道理じやないか、つる《イっし》がやむかよつさき《イっし》がやむか、つる《イっし》もつさきも病だ事ないが、今年はじめてお腹にね丶さが出来て、しぜんこの子が男の子なら、寺へのぼせて《イかみをゆはせて》手習させて、寺が不調法でならはぬかげに、高い椽《エン》からつきおとされて、一帖半の鼻紙おといて、どこでおとつたか覚えもないが、まがり〳〵の小八《イ与八》がひろた、与八くれんか酒買《か》てのましよ、酒の肴に何〳〵くれる、菊や牡丹やあやめの花よ。

しん〳〵しつかとうけとりましたが、ことに今晩大事のおひめが、てふや花やとおそだちなされて、紙もいらんがすゞりもいらむが、おひめ様へとかいてやる。

おもん様はことしの物よ、裏は赤裏《うら》表はとび色、とびろの上にりんず[注1]の帯よ、りんずの帯に八ツ緒の雪踏《セキダ》、八緒雪踏《セキダ》はたがかてくれた、名古屋金さに皆かてもろた、名古屋金さはよい子じやないか、京へまいれば京かたびらよ、お江戸へ行ば雪踏をもろふ、伊勢へまゐればいせかたびらよ、名古屋へ行ばおびかてもろふ、帯はみぢかし手拭ながし。

坊さん〳〵どこいかしやんす、わしはたんばの清水《イ山中寺へ》くみに、わしもつれてゆかしんせ、坊主のおれには女は無用。

大門口や揚屋の町や、三むら高村茶屋の君、みな〳〵道中は《イが》見事な事、ふりさけみよなら《イみゆるは》あひむらさき、あゐ川清川立田の川、錦あはせてしなの丶ほうれんさう、あのせいこのせいやつこせい、またおくにんさんおしろのせい、おしろ〳〵白木屋の、おこまさん、才三さん、いまでのはやりの十町目、一ィ二ゥ三ィ四で十町、おちやのこいつたいわァたいた。

［尾張童遊集］

十ヲセ、二十三十セ、四十五十セ、六十七十セ、八十九十セ、丁百セ。かくの如くくり返し、再度以上、十ヲノ処ニテ二百セ、三百セ、とかぞへうたふ。

むかふの山で木を切くだく、はたごにさいつ、ちきりにさいつ、機織娘《ハタヲルムスメ》はいくつでござる、七ツ八ツ八ツから口紅さいて、か丶さまかくひておはぐろつけて、あんまりあつさに門口《モンクチ》出《デ》たら、御寺の若ィ衆に抱《ダキ》留られて、よふしやれはなしやれおびきらしやんな、おびのきれたはむすびもなるが、ゑんのきれたはむすばれぬ〳〵。

坂だん〳〵あがつて見れば、よい子が〳〵三人通る、一によい子が糸屋の娘、二によい子が二の屋の娘、三によい子がさらさやの娘、さらさやの娘は伊達しやでござる、あぶらとろ〳〵しんとろ〳〵、五尺丈長びら〳〵かけて、扇であふひで雪駄をはいて、本町かいどをしやら〳〵と。

かへ〳〵てんまり、かへておめにかけそれ壹ツ。

下をた丶き〳〵つく時

す丶はきや〳〵、一匁のはかりにかけてす丶ハアい夕。

注1　綸子・綾子（りんず）紋織物の一。生糸を用い、織りあげた後に精練する。滑らかで光沢と粘り気がある染生地。

手の甲へのせては突
たアけめんぐり、ひとかへり〱二かへり。

夕方連中わかれに突
お仕舞がらんしよからがんしよ、是からしまつてまいります、おいとまへおさらばへ、又明日来てつきまアンす、ひふみ。

［柳亭記］
いも〱いも〱芋屋さん、お芋は一升いくらぢやへ、二十四孝[注2]でござります、十六羅漢[注3]さんに負さんせ。

［越志風俗部　歌曲］
あゝら見事や高田の御城、城は白かべ八ツ棟造り、あふぎ柱にかうぎばしらに、舟はりやう〱かいりやう〱、東は女来の善光寺、八幡八まんだい山薬沙、大阪女郎衆の袖口ミれば、花がチヤンカラカンコサイヤイ、。

ア、ラ見事やあのこの着もの、竿につければさをがたつくし、つなにかけれバつながたつくし、むかひ小山のつゝじの枝に、かけて干ましやう花かぜに。

つかみどり、わしミどり、おちよさのまへまででごへ〱〱。

一チぎちよう、二ぎちよう、三ぎてう、さくら、桜の下でこうやを建てむば〱、たれ〱よばうや、七チどん八チどん源三郎、やゝの弥太郎こやまの別当、さァるがさかづき、とつさかづき、ゑゝびがはねたらしやァごんだ。

高田越中さまおもて御門の、扉の饅頭がね見るやうの、乳ちだ誰ににぎらさふ此ちゝを。

おらがかゝさやきもちずきで、よんべ九つ又けさ七つ、ひとつのこして袂へ入れて、馬にのるとてぽとらとおとした、とればはづかしとらぬもくやし、ひとつ焼餅ゑんがない、〱〱。

あすことをやる坐頭の坊、一夜の宿にかねかりて、さんやの娘に手をかけて、手には水晶の珠数かけて、足には紫足袋はかせ、腰には法花経ゆひつけて、ひと山こえてもつく〱と、ふた山こえてもつく〱と、三山の梅の木に鶯が、都へのぼらふと申せども、梅の木の折枝まくらに、南無妙法蓮花経。ふたつとか、二村やさめて雨宿なるまい、ナアムメヤウ法蓮花経。三つとか、見もせぬ世界にゆく時は、しそくらうそくともしそろへて、南無妙法蓮花経。四つとか、よもそめやそめの衣着て、姿あれども心ござらぬ、ナアム妙法蓮花経。五つとか、いつものこまにおくられて、無常の煙を人におがませう、ナアム妙法蓮花経。六つとさ《か》、むくろの罪をつくせども、人はづくれし後生ハ願ハず、ナアム妙法蓮花経。七つとか、内証はよはらミづはら、けふにすミ《又ヤミ》ましよう、ナアム妙法蓮花経。八つとか、山径に法花経よミかけて、ナアム妙法蓮花経。九つとか、こゝハ一夜のかりの宿、広い世界にすみかなされませ、ナアム妙法蓮花経。十とか、十の蓮花をさしあげて、となへる御題目[注4]後の世のため、ナアム妙法蓮花経。十一とか、十一めん く首にかけましやう、ナアム妙法蓮花経。十二とか、十二一重をかされども、死ンでゆく時父のかたびら、ナアム妙法蓮花経。

注2　二十四孝（にじゅうしこう）中国で古く親孝行であったという二十四人のこと。

注3　十六羅漢（じゅうろくらかん）永くこの世にあり、正法を護持し、衆生を導くという十六人の羅漢をいう。羅漢は阿羅漢の略で、仏教の修行の最高段階に達した人をいう。

注4　御題目（おだいもく）日蓮宗で唱える「南無妙法蓮華経」と「妙法蓮華経」を題目といい、これを丁寧にいう語。

一つとか、人もとをらの山中に、おせさと伝兵へさが色ばなしノヲ〳〵。二つとか、ふた村河原にあミをひく、網をひかぬで女郎をひく。三つとか、見事のかうがへ買て来て、おせさにさゝせて姿見やうノウ〳〵。四つとかよもない小路へ二度三度、おせさにあハふとて二度三度ノウ〳〵。五つとか、今なるかねハ初夜のかね、後なるかねハ後夜のかね、初夜後夜申せばありがたいノウ〳〵。六つとか、むろくに結んだハら帯を、ゆるめて下んせ伝兵さんノウ〳〵。七つとか、なむなくたからを手に持て、八万地獄へおちやうともノウ〳〵。八つとか、焼たやしきに倉立て、おせいさと伝兵さが色ばなしノウ〳〵。九つとか、こゝにあハぬでどごにあふ、極楽浄土の真中でノウ〳〵。

［北越月令］

おせん〳〵やなで髪ゆはぬ、櫛がないかやこがいないか、櫛もかうがいもいやほどあれど、とつさおしにやる三吉は江戸へ、何が嬉しうてかみゆはふは〳〵。

長い〳〵は両国橋よ、御馬やらうかやおかごをやらうか、御馬いや〳〵御駕籠もいやよ、仙松さァまに手をひーかれ〳〵。

うらの番小屋で赤子がなくが、うてやたたけやはりころばせや、それできかずばちちのーませ〳〵。

おら家のおばこはよいおばこ、木綿の合羽に茶の小袖、野にも山にも寝てみたが、松葉にさされてめがさめた、ここはどこだとおもたれば、鎌倉街道の森の下、杜につづいてしなの町、しなの町から何かふた、一に手ばこ二にこばこ、三にさらさのおびかふた、誰にくらぶとてかふて来た、おばこにくらぶとてかふてきた、おちよまは死なれてけふ七日、いつてみやれや墓所へ、はかのしるしにたけ三本《さんぼ》、竹のぐるわへ胡麻まへて又京のすずめと田舎のすずめがあがつたりさがつたりちよいとくついたトモごまへほとけにおがましやれ。

アアラ見事やうつつやうまや、下のせんすのからくさ[注1]のふとん、蒲団ばりかけこしやう衆をのせて、小姓衆くだるかわしや今のぼる、ここは大事の山坂なれば、筆もござらぬ硯もないが、もちと下らしやれさがりめの茶やに、筆もござるし硯もござる、書てやりましやうこま〳〵と〳〵。

とつさま〳〵どこへいぎやる、かみのかもやへかもかへに、一年見えてもまだきやらぬ、二年見えてもまだきやらぬ、三年むつきに状がきた、誰にこゆとて状がきた、、おちよまにこいとて状がきた、おちよまはことしはやられまい、紬のひとつもかふてきせて、まゐの小寺へまゐらせて、まへの小寺の錠があかぬ、うしろの小寺へまゐらせて、うしろの小寺の錠があいた、おちよまが小つまさき血がついた、ちではないもの紅じやァもの〳〵。

むかひの山に光るものあれなんだ、星かほたるか、今来る女らう衆の松明か、いつてみたればすぽぽんおとこのやせおとこ〳〵。

一つガラ〳〵、二つガラ〳〵、三つガラ〳〵、四つガラ〳〵、五つガラ〳〵、六つガラ〳〵、七つガラ〳〵、八つガラ〳〵、九つガラ〳〵、とをにとつておさめて、あまつんぎりこつんぎり、こしにひとまき、またとつて一つガラ〳〵。

注1　唐草（からくさ）
唐草模様の略。つる草がからみ合うさまを図案化した装飾模様。

つかんどりわしんどりおちよさのまへからでごへ〱〱。

こォことをるはたれですろ、大津おせんのおとむすめ、わしがつまにもなるならば、たンびかふてもはかしやうし、たァびよりも雪駄よりも、雪駄かふてもはかしやうし、かがに摘だる綿ぼうし、綿帽子を馬の上からふはり〱と打かけて、やがて御座れやあねご様、頓てこふとは思ひども、舟がならぬて死ンだならば、あとの子供にめをかけてくりやれ、あとの子供はかしこて利口で、橋の下夕からこいしひろうて、砂で磨てやすりをかけて、紙にくるんでおこやへなげた、おこやこころ持金ネだと思ふて、いけば餅つい て酒のォませ〱。

すずめ〱あし洗ふてどこへいく、さんごくやへ胡麻蒔に、何石何石蒔て来た、さらに三石まいて来た、さんごくや女良は牛にのつてでんかへして、馬にのつてころんで、小袖のつまよごして、洗川で洗て、すすぎ川ですすいで、のり付け川でのり付て、前にほせば人みるし、内にほせばすすけるし、うらにほせばからすがばばしかけるし、てん〱手ばこ畳ミ込ンで置たれば、鼠がちよろり鼬がちよろり、皆くふて仕舞た、隣のばさ〱猫壱疋かしやれ、屏風のかげでニヤヲ〱いはァしやう〱。

[幼稚遊昔雛形]

一ツとやァ、ひィと、うまれししるしには〱、おやにはかう〱せにやならぬゥ〱。

二ツとやァ、ふたりのおやよりあづかりし〱、からだをだいじにせにやならぬゥ〱。

三ツとやァ、みとせのあひだのは、おやの〱、くるしみたまふをおもひやれ〱。

四ツとやァ、よく〱おもへばおやほどの〱、だいじなもヲのはほかになし〱。

五ツとやァ、いづくのうちでもかう〱な〱、ものにはおめぐみあるぞかし〱。

六ツとやァ、むゥかし〱のをしへにも〱、かう〱ばかりはとくのもと〱。

七ツとやァ、なにごとよくてもふたおやに〱、ふかうなもゥのは人でなし〱。

八ツとやァ、やつぱりおやをばわがみぞと〱、おもへはだいじになるものぞ〱。

九ツとやァ、こゝろをよく〱つけてみろ〱、ひとりでおほきくなるものか〱。

十ヲとやァ、とほから此うたおぼへたら〱、おやにはせわをばやかせまい〱。

おねんぢよさァま、およねじやとをよ。

[守貞漫稿]

一つとや、一と夜あくればにぎやかで〱、おかざり立たる松かざり〱。二つとや、二葉の松は色ようて〱、三蓋松は上総山〱。三つとや、皆さま子供達は楽遊び〱、穴いち小まどり羽根をつく〱。四つとや、吉原女郎衆は手鞠つく〱、手まりの拍子は面白や〱。五つとや、いつもかはらぬ年男〱、年をばとらひで嫁をとる〱。六つとや、無病で帖だ玉章は〱、雨風吹ともまだとけぬ〱。七つとや、南無阿弥陀仏を手に添て〱、後生願ひのおじゝ様御祖母様。八つとや、やはらよいとや千代の声〱、おちよで育てた御児じやもの〱。九つとや、爰へござれや姉さんよ〱、十をとや、年神さまの御かざりは〱、だい〱かち栗ほんだはら〱。十一とや、十一十二日は蔵開き〱、御倉を開て祝ひましよ〱。十二とや、、、、、。

ひ《一》いふ《二》うみ《三》いよ《四》う、御代のあねさん、かうとおかいち、ならの都はおとすなおとすな、丁百丁百でうど百つひた、ひいふうみいよう。

［紀州童謡］

あの山のわらぢ[注1]うる子は、わしのよめか、むすめか、わしのよめなら、さゝいのぼつて、さゝの十兵衛さんどこへゆきしやんす。やをやお七の帯かひに。わたしにくれるおびならば、地もよかろし、幅もよかろし、ところ〲に紋ついて、一まるこへて、二まるこへて、三でさかやのゐどほりかけて、つるべのおしたの、織姫さまは、あそぼとおもて門まで出たら、おてかけさまに、だきしめられて、おゝはづかしやあーはづかしや。この子をうんでなにきせましよに、どんすもいやよ、びろーどもいやよ、だん〱だんなはんの、ゆかた、ちよつとかつて、きせておんばに、だかして宮参りさして、宮のちよぼさん、あれ一つたのむ。これ一つたのむ。十七、二十七、三十七、四十七、五十七、六十七、七十七、八十七、九十七、百七、百十、百二、百三、百四、百五、百六、百七、百八、百九、十万。チヤトついた。

桜ちら〱とんで行く。伯父さんにもろた水引箱へ入れて、取といてまゝ母ごぜんに、さがされて、はらだちや。そないもおはらが立ならば、むらさき川へ飛こんで、下通る女中さん、上通る若い衆、ひきあげておくれよ。ひきあげた。ちんに、赤いべゝ、二ツ、白いべゝ、三ツ、それいやならおかへり。おかへりの道で、こけこのめんどりは、あたまに毛がのて、おさおさむしのー〱、すつぽん〱ひとまわり。

烏かあ〱どうこいき。田圃山へ、麦ほしに。しんこ山に火がついた。けやそか、もそか、青松葉。松屋の門に松三本、竹屋の門に竹三本、其竹何に竹、笙にも笛にも、なる竹か。つぱり棒。あすはどんどのむしこいに、なに着てむしこいに、きんらん、どんす、きりこの枕、中にちよこり梅の花。

とん〱お寺の道成寺、釣鐘卸して、身をかくし、あんちん清姫[注2]蛇に化けて、なゝやにまかれて、ひとまはり。

お月さんこんどの、べー〱は、裏は桃色表は鹿の子、〱揃へて、鶯や〱、たま〱都へ上るとて、梅の小枝に昼寝して、昼寝の夢に何を見た、梶原源太が来ると見た、のー来ると見た。

あの山からこちらの山から、娘さんが五人連れで、でました。一でよいおは、いもやの娘、二でよいのはにくやの娘、三でよいのは酒屋の娘、四でよいのは柴屋の娘、五でよいの呉服屋の娘、呉服かたげて、エツサツサ　々々。

一　おいて廻ろ。わしや市ゆかん。八百ならこそ、市へ行まする。

二　おいて廻ろ。わしや庭はかん。丁稚ならこそ、庭掃きまする。

三　おいて廻ろ。わしや三味ひかん。芸者ならこそ、三味ひきまする。

四　おいて廻ろ。わしやしはよらん。おばゝならこを、しはよりまする。

五　おいて廻ろ。わしやごをうたん。旦那ならこそ、ごを

注1　草鞋（わらじ）
藁で編んだ草履のような履物で、爪先の二本緒を左右の縁の乳（ち）に通し、足首に結びつけて履く。

注2　安珍清姫（あんちんきよひめ）
紀州道成寺の縁起に伝わる伝説の男女の主人公の名。熊野詣で途上の若僧安珍に清姫が恋慕し、帰途の約束をたがえられたため大蛇となって後を追い、道成寺の釣鐘の中にかくまわれていた安珍を焼き殺したという。能・浄瑠璃・歌舞伎舞踊などに脚色される。

打ちまする。
六　おいて廻ろ。わしやろをこがん。船頭ならこそ、ろをこぎまする。
七　おいて廻ろ。わしや質おかん。貧乏ならこそ、質おきまする。
八　おいて廻ろ。わしや鉢破らん。鼠ならこそ、鉢わりまする。
九　おいて廻ろ。わしや鍬持たん。百姓ならこそ、鍬もちまする。

だん〳〵たれん、誰さんの重箱、はさみ箱持ち上げ、ちやうちんにぎやかな、にぎやかそろへて、酒屋店、酒屋のおばさん豆杓子、杓子かたげて、天覗く、桃栗三年柿八年、柚は九年の生りはじめ。梅は酸いとてにくまれて、桜はよいとて誉められて、と丶よ餅搗け、か丶よ飯たけ、酒の肴に鰯買て来て、焼て置いたら猫にとられて、猫を追ふとて、石にけつまづいて、スポン〳〵〳〵一ト廻り。

けふは日もよし、天気よし、向への恵比須講へ呼ばれて、鯛の焼物、小判の吸物、私と柳と一ツぱ、吸まーしよか、二ホン吸まーしよか、三ボン吸まーしよか。

あの舟何処の舟。大坂丹波の遊ぶ舟。遊ぶ舟なら、遊ばんせ。逆毛刺《サカゲソツ》て結ふて、白粉つけて、紅つけて、蟹〳〵橋を渡ろとて、蟹に、チヨツコリ、はさまれて、こらゑてよー、こらゑてよー。私は十五になつたらば、あの山くづして宮建て丶、宮のぐるりへ胡麻蒔て、胡麻は仏のきらひもの、油は仏のおすきもの。一ノ木二ノ木、三ノ木桜、五葉の松柳、柳のそらへ鳶もとまり、ネジヤゲもとまり、ネジヤゲの首を、一トねじねじて鬼の首。スツテントン。

ヒーフー、三ーヨー、お山の景色を春と眺めて、梅に鶯、ホケキヨ〳〵とさーへずる、梅たんと匂ひ、判官明日は来たなら、二軒茶屋で、琴や三味線、囃してん〳〵手鞠つく。

［あづま流行　時代子供うた］

向ふのお藪へ餌刺《あさし》が通る、印籠巾着《いんろきんちやく》ぶらりと下《さげ》てお手にハ淡竹《はちく》のお竿をもつて、あの鳥刺したい孔雀《くじやく》の鳥を、飛《とん》でゆきたい名古屋のお城、高いお城、一段あがれ二段あがれ、三段上《あが》りて南を見れバ、美《よを丶》いよい子が三人通る、一によい子ハ糸屋の娘、二によい子ハ二の屋の娘、三によい子ハさらやの娘、さらやの娘は粧飾者《だてしや》じやないか、一幅帯《ひとはゞをび》を青茶《あをちや》に染《そめ》て、結んだところが五葉《ごよ》の松。

向《むこ》見いしやイ、新川《しんかは》見いしやイ、帆掛船《ほをかけぶうね》が二挺続《つう丶づ》ウく、三挺続《つう丶づ》ウく、続《つう丶づ》た船《ふうね》へ御女郎《おんぢよろ》載《のを》せて、お客を載《のを》せて、後《あと》から館舟《やかたぶね》が押し掛《かあけ》ヱる。船頭止ヲめヱる、止めたら汝等《わいら》に五升遣《ごしよやあ》ろな、五升《ごしよ》イ、らアぬ、三五升《さんごしよい丶》不要《らぬ》ぬ、汝等に構ふと日が暮《くうれ》る、日も暮《くう》れエる、お月も出《でえ》やアる、お星も出《で》やアる、三吉俳優《やくしや》が今流行《はあやるあ》アる、何処《どこ》で流行《はあやあ》アる、お江戸で流行《はあやあ》アる、お江戸の名主の中娘《なかむう》すウめ、色白《いろじいろ》で、桜色で、目元に化粧《けしよ》して、江戸崎塩屋へ貰ハアれエて、その塩屋が、だてな塩屋で、金襴緞子《きんらんどんす》を七重《な丶かあさ》アね、八重《やかさね》かさねて染てください紺屋《こうや》さん、紺屋《こうや》のことなら染ても進上《しんじよ》、張《はつ》ても進上《しんじよ》、お模《かた》ハ何と付《つけ》まアすウる、肩裾《かたすうそ》に梅の折枝、桜の折枝、胴《なか》ハ五条のそり橋《はあ丶》し、そのそり橋渡る者とて、渡らぬ者とて、チヨキにチヨツ切棒《きらぼう》と彼所《あすこ》で打《ぶた》れて、此所《こ丶》で打《ぶた》れて、茶屋の女《をんな》に打《ぶた》れエ、て、面目無いとて、烏川《からすがは》へ身を投アげエる、身は沈《しい丶》づウむ、髪は浮《う丶き》やアる、それで殿御《とのご》の御心《おんこを》こヲろ。

前の山で啼鳥《なくとり》は、ヒウ〳〵鳥《どり》か嘯鳥《うそどり》[注1]か、嘯鳥誰《うそだあ》レに貰《もをらつ》た、一の木二の木三の木桜、五葉松《ごよまつ》柳、柳の下で文一本《ふみをいつぽんひいろつ》拾て、その文何《ふみどう》した、さいかち鼠が引《ひい》てツた、何所《どこ》から何所《どこ》迄引《ひい》てツた。観音堂《くわんのんだう》へ引《ひい》てツた、観音堂で日が暮《くれ》て、松葉に刺《さゝ》れて目が覚《さあ》めた。

お月様〳〵鉈《なた》一挺お貸し、何《なん》に仕やる、桃《もをも》の葉を刻む、桃《もをも》の葉の中から美《うつつ》い女臈《ぢようろ》と汚い女郎《ぢようろ》と化粧《けしよ》して出やる、何所《どこ》へ行《ゆきや》る、熊野へ行《ゆき》ヤる、熊野の道で日が暮《くれ》て、千本榎《えのき》へ火を附けて、附けても〳〵燈《あかり》が無い、向ふの障子を蹴破《けやぶつ》て、お馬三疋飛出して、後《あと》のお馬が云ふことにやア、、彼《あの》猿《やい》焼て喰《く》ヲ、此《この》猿焼て喰《く》ヲ。

お裏の〳〵の柿の木へ、鳥が三疋とヲまつて、一羽の鳥が云《いふ》ことにア、お前も大きく成《なつ》たから、成《なつ》たから、おもやの背へ身を立て、筵《むしろ》を三枚ござ三枚、合せて六枚敷しめて、吸物坐敷《ざしき》へ出したらば、べいしよヲ、べいしよヲとお啼《なき》やる〳〵、おみやの背《うしろ》へ血が付《つい》て、血イじやあるまい、紅じやもの〳〵、紅屋の旦那に聞《きい》たらば、血《ちい》じや有《ある》まい紅じやもの、向方《むこふ》へ着物を洗《あらつ》て干したらば、お向《むこ》子供が取《とつ》てツた、それ程欲《ほし》い着物なら、チヤン〳〵と糸とつて、チヤン〳〵と機織《はたをつ》て、一町目の紺屋《こうや》へ遣《やつ》たらバ、　町目の紺屋《こうや》で請《うけ》取らぬ、二町目の紺屋《こうや》へ遣《やつ》たらば、請取《うけとつ》た、三月桜が咲くやうに。

大晦日〳〵、大晦日の晩に、一夜《いちや》源之助が骨牌《かるた》に負て、かるた負たは何程《どらほど》負た、金《かね》が三両《さんりよ》に小袖が七ツ、七ツ〳〵ハ幾個《いくら》のことよ、十四のことよ、己《おの》が姉《あね》さん三人御坐る、一人姉《あね》さん鼓《つゞみ》が上手、一人姉《あね》さん太鼓が上手、一番美《いつちよい》のは下《した》谷《や》に御坐る、下谷《したや》一番粧飾者《だてしや》で御坐る、五両《ごりよ》で帯ヲ買《かつ》て三《さん》両《りよ》でくけて、綴目《くけめ》[注2]〳〵へ七房下《なゝふささげ》て、折目〳〵へ口紅さして、今年初て花見に出たら、寺の和尚に抱止《だきとめ》られて、罷《よ》しやれ離しやれ帯切《きら》しやるな、帯の断《きれ》たハ結べもするが、縁の断《きれ》たは結ばア、れぬ、前で結んで後《うしろ》で締《しめ》て、しめた所へいろはと書《かい》て、いろはは子供たちア伊勢いせ詣《まへ》る、伊勢の長者の茶木《ちやのき》の下で、七ツ小女郎《こぢよろ》が八個子《やつご》を産て、産むにや生れず堕《をろ》すにや堕《をり》ず、向ふ通るハ医者でハないか、医者ハ医者だが薬箱持たぬ、薬用《くすりよう》なら袂に御坐る、これを一服煎じて呑《のま》しよ、虫も落《をり》よが其子も堕《をり》よ、若《もし》も其子が男の児なら、京へ遣《やつ》て狂言さして、寺へ遣《やつ》て手習《てならひ》さして、寺の和尚が道楽和尚で、高い椽《えん》から突落とヲす、かうがい落《おと》し、小枕落《おと》し、お仙や〳〵お仙女郎《ぢよろ》お仙女郎、其方《そなた》のさしたる簪《かふがい》ハ〳〵、貰《もら》たか拾《ひろ》たか美しや〳〵、貰ひも拾ひも致さんが〳〵、お鶴の針箱明《あけ》て見たらば、雌鳥雄鶏中宜《めんどりをんどりなかよ》しこよし、シツシツしらの貝、ホツホツ螺《ほら》の貝、ぼうぼう貝を拾ツて、お釈迦のおけつへ鳴り込んだ。

向通《むこどを》り山に鶯が一羽ネ、彼奴《あいつ》刺して呉《くれ》ウと、竿取直《とりなほ》し、竿じや捕れない、綾草《あやぐさ》で捕《とつ》てくりヨ、竿を忘れて駿河の茶やエネ、一に橘、二に燕子花《かきつばた》ネ、三に下《さあが》り藤、四に獅子牡丹《ししぼたん》ネ、五ツ伊山《いやま》の千本桜ネ、六ツ紫色《いろ》よく染《そめ》て、七ツ南天、八ツ山牡丹《やまぼたん》、九ツ小梅を散《ちら》しに染《そめ》てネ、十《とを》で殿様葵の御紋よ。

法《はふ》ほけ京《きやう》や鶯や、鶯や、梅の小枝に昼寐《ひるね》して、ひるねして、枕の下で文《ふみ》を一本拾つて、ひイろつて、文《ふみ》の上書《うはがき》ヤ何《なん》と云ふ、半兵衛《はんべい》と申します、それで皆さん合点歟《がつてんか》、合《がつ》てんのやうなら、毬をストンと突《つい》たらバ、毬ハお江戸へ飛上《とびあが》り、本町石町《ほんちよこくちよ》の若衆《わかいしゆ》ハ、鼻紙袋で洒落《しやれ》やんす。

注1　鷽（うそ）スズメ目の鳥。スズメよりやや大きい。鳴き声は口笛に似てよく人になれ、飼養されることが多い。

注2　絎目（くけめ）くけ縫いにした縫い目。

おん横、よこ〳〵横町《よこちやう》の芋やさん、お芋ハ一升何程《いくら》だへ、三十二文で御座ります、最些《もうちと》まからかすちヤらかぽん、お前のことなら負《まけ》たげよ、笊《ざる》お出し、末那板包刀《まないたほうちやう》出しかけて、頭を切られる八《や》ツ頭《がしら》、注3 尾尻《しつぽ》を切られる唐の芋、注4 一《ひ》イ二《ふ》ウ三《み》イ四《よ》、おみよの吉田へ固炭起《かたずみおこ》して切りに刻《きざん》で袂へ入イれエる、袂がツン抜《ぬ》ウけエた。

おん正《しやう》しやう〳〵お正月、松立《たつ》て竹立《たつ》て、喜ぶ者《もをの》ハお子供衆《しゆ》、嫌がる者《もをの》ハお年寄、旦那の嫌ひは大晦日、一夜明《いちやあけ》れば元日で、年始の御祝儀申しましヨ、お煙草盆《たばこぼん》、お茶持《も》て来《こい》、吸物なんぞハ早《は》ヨ持《も》て来《こい》、一《ひ》イ二《ふ》ウ三《み》イ四《よ》ヲ、夜《よをる》も昼《ひいる》も赤《あゝか》い頭巾冠《づうきんかぶ》りふんまいた。

向ふ横町《よこちやう》のお稲荷様へ一銭献《あげ》て、ざつと拝んでお仙の茶やへ、腰を掛けたら渋茶を出して、渋茶よこ〳〵横目で見たらば、米の団子歟《か》、土《つち》の団子か、お団子だアヽんンご先《まづ》〳〵一貫貸しまアしいた。

向山《むこやアま》で蕨《わらび》摘むとて、他人《ひと》の娘に酒を呑《のま》して、駕籠で上総《かづさ》へ送りイ込《こを》ミ、上総《かづさあ》から水が流れて、名主様《さあま》へ駈込《かけこ》ンヽで、名主様《さあま》じや、旦那様《さあま》もお内室様《かみさあま》も、併枕《あわせまくら》で寐《ね》て御坐《ごをざあ》る、ホオヘンサ〳〵〳〵、お向《むこ》の簾《すだれ》で目を突《つい》た、さぞ痛かつた痒かつた、お内室《かみ》さんのお庇《かげ》で癒治《よくなつ》た、旦那のお庇《かげ》で悪くなつた。

大丸《だいまる》土手から東を見れば、門の扉におとはと書《かい》て、おとハ差したる水牛《すいぎゆ》の櫛は、誰に貰《もら》たと詮議《せんぎ》をすれば、清五郎男《をとこ》におとはが惚《ほれ》て、惚《ほれ》て間もなく身持《みもち》になつて、やアレお医者さん、ソヲレお医者さん、お手《てゝ》が利《きか》ぬ、ねん〳〵ころり牡丹《ぼたん》の花よ、桜の花よ、先《ま》づ〳〵一貫貸しまア、しいた。

春ハ初茸《はつだけ》梅の花、芒《すゝき》に山吹、垣根に卯《う》の花、山やしやりきは百合の花、らいげつしろげつ白玉練《しらたまねり》の、ほうほけ京の鶯ハ、石の造つた石の角《つの》、奴《やつこ》さアん何所《どこ》行《い》きヤる、私《わし》ハ田圃《たんぼ》へ馬子曳《まごひき》に、子供を伴《つれ》しヤんせ、子供ハ邪魔になる、サツテも邪見な奴《やつこ》さん、一《ひ》イ二《ふ》ウ三《み》イ四《よ》ヲ五《い》ツ六《む》ウ七《な》ナ八《や》ア九《こ》ノ十《と》ヲと返して一貫貸しまア、しいた。

おん白《しろ》しろ〳〵白木屋《しろきや》の、お駒《こま》さん才三《さいざ》さん、煙草のけむりは丈八《じやうはち》さん、お前と私《わたし》と逃亡《かけおち》しよう、何所《どこ》から何所《どこ》迄逃亡《かけおち》しよ、吉原田圃《たんぼ》ハ皆たんぼ、一《ひ》イ二《ふ》ウ三《み》イ四《よ》ヲ五《い》ツ六《む》ウ七《な》ナ八《や》ア九《こ》ノ十《と》ヲ。

一《ひ》イ二《ふ》ウ三《み》イ四《よ》ヲ、おみよの吉原かたすみ通れバ、たん圃《ぼ》の榎《えのき》に雀が一羽とヲまつて、その雀が鷹に蹴られて、雨やこん〳〵、雪やこん〳〵、ちょうど一貫かしまア、しいた。

奥さんへ御殿山《ごてんやま》の花盛り、三絃弾《べんべんひい》て参りましやうかへ、三重の重箱へおむすび詰《つめ》て、叩き牛房《ごぼう》に罌粟《けし》ヲ振掛《ふりかけ》て、椎蕈《しひたけ》さんに干瓢《かんぺう》さん、赤貝さんに毛が生《はえ》て、モヲサモサ。

とん〳〵殿様何所《どこ》へ行《ゆ》きやる、おん竹女郎衆《ぢよろしゆ》の帯買ひに、帯も宜《よ》かろが値《ね》もよかろ、締《しめ》てみたらばふく〴〵と、畳《たゝん》でみたらバちま〳〵と、行燈《あんどん》注5 うちに措《おい》たらバ、姉御《あねご》に取られて腹がたつ、そんなにお腹が立つならバ、金《かね》やの金《かね》でも献《あげ》やんしよ。

隣家《となり》の内儀《かみさん》世帯持《しよたいも》ちイ、世帯持《もつ》たら下婢《をんな》おき、下婢《をんな》を三人置《おい》たらバ、一人の下婢《をんな》が白痴者《ばかもの》で、一人の下婢《をんな》が洒落者《しやれもの》で、一尺八寸たぼ出して、男が通ると寄《よれ》々と、婦人《をんな》が通ると貌《かほ》

注3 八つ頭（やつがしら） サトイモの栽培品種。よく肥大する親芋と数個の小さい子芋が癒合して直径十センチメートルくらいの塊となる。濃密・粘質で美味だが収量は少ない。

注4 唐芋（からいも） サツマイモの別名。中国から琉球を経て渡来したという説に基づく。

注5 行燈（あんどん） 木や竹の枠に紙を貼り、中に油皿を入れて灯火をともす照明具。室内に置くもの、柱に掛けるもの、さげ持つものなどがある。

隠す。

突競《つきくら》おこくら、サア参ろ、サア参ろ、此毬《このまあり》に負た者は一生の恥と思召《おぼしめ》ヱせ、一合《いちご》や二合《にごう》や三合《さんご》や、四合《しご》や五合《ごんご》や六合《ろくご》や七合《しちご》や八合《はちご》や九合《くご》や九貫目、おてさん三六《さぶろく》てう度お前のまへで百突きまア、しいた、お目出度やお盃《さかあ》アづうき。

おんこんこん〱お嫁入り、お嫁の小袖は百七ツ百七ツ、それ程仕立《したつ》て遣《やる》からにヤあ、お嫁に入《いっ》たら出てくるな、朝ハ一十九《いちじふく》枚の戸を明《あけ》て、隅からすみ迄掃出《はきだし》て、窓《まど》の光で髪結《いっ》て、ちゃん〱茶釜で湯《ゆう》わかし、爺《じい》さん婆《ばあ》さん起《おき》やんせ、今朝のお菜《かず》は何《なん》じゃイな、鹿角草《しゞき》に油揚《あぶらげ》お寺の総菜《そうざい》、先づ〱一貫貸しまア、しいた。

よい〱わい〱、花一独楽《はないちこま》の、油会所《あぶらくわいしよ》[注1]の孫じゃと云ふて、云ふにいはれぬ班緒《ばらを》の雪駄《せつた》、遅《おそ》ヲ坐ンす友八《ともはつ》さんや、酒の暖《かん》しよ歟《か》、奈良茶を出そか、奈良茶嫌なら、暖酒《かんしゅ》も嫌よ、私ヤお前の側《そば》がよヲい。

おんどらどら〱どら猫さん、三毛猫さん、お前と私と逃亡《かけおち》しヨ、何所《どこ》から何所《どこ》迄逃亡《かけおち》しヨ、吉原田圃《たんぼ》の真中で、小間物店《こまものみせ》でも出しましヨか。

山寺のヲ、和尚《おしよ》さんハ、猫がお好《すき》で、猫を紙袋《かんぶくろ》へ押込《おしこん》ンで、鳥渡《ちよいと》押しや、ニヤンと啼《な》く、おニヤニヤンのニヤンと啼《な》く、先々《まづまづ》一貫貸しまア、しいた。

猫や〱、今に寒《さむさ》が来るから夜着や布団や、畳んで置《おゝき》アれ、畳んだ中からぼろがア出ヱた。

月夜の晩に重箱拾《ひいろ》つて、明《あけ》て見たらバ大福饅頭、よく〱見たらバ伝兵衛《でんべ》さんのお臀《けつ》。

浅草の市のみやげに、何をもらたかうつくウウしいや、はま弓《ゆうみ》に羽子《はね》に羽子板《はごいた》、金《きん》の附《つい》たるお松ウウだあけ、助ヤ助べだネ。ホ、、ハ、、。

おねんじヨ臀《しり》まくり、尻《しり》まくりの番ハ、何方《どなた》の番よ、お嬢さんの番よ、聢《しつか》りか、合点《がつてん》か、正直なら渡した回《めぐり》。

［古今栢毬歌］

庭上柳《ていしよやなぎ》に雀がとまつて〱〱、おんなきめんなきめんはなかいでおんがなく、一のまを越よか、二のまをこよか、三のまの月の出しやるまへに、お方をよぼか、刀をよぼか、刀が抱《だ》いてねらる、ものか、恥づかしやござらんか、はづかしやござらぬ、今日はけふ〱、大事の大事のおてまりさまを、もみのふくさ[注2]に包みまはして、金糸《きんし》でしめて、しめた所にいろはを書いて、お手の上から、お手の下までおわたし申した、慥かに〱うけとり申した。

むかひ祖母《ばば》さま縁から見れば、菊や牡丹や粉団《てまり》花の花や、行けばようきたあがれ茶々のめ、うすべりたばこ、たばこのめとはよういはしやつた、花のお娘《むす》はなぜ飯《まま》たべぬ、恋か悪阻《つわり》か積聚《しやくじゆ》の虫か、むしやござらぬ腹にな、月子がござる〱、てん〱其子が男子《おのこ》であらば、寺へやつて手習させて、ばくちうたせてうちまけさせて、寺の縁からつき落されて、二帖《でう》や三帖の畳紙《はながみ》おとした、そりや誰が拾うた、大阪ばくろ町《まち》名左衛門が拾うた、名左衛門よんで来い盃せうぞ、名左衛門うせいでたまめがうせて、たまめ何しよぞ川へながせ〱、川へ流して糸くづ拾ふて、うんでつむい

注1　会所（かいしょ）
江戸時代、商業上の取引を行う集会所。幕府の統制下におかれた。ここでは油の取引所。

注2　紅・紅絹の袱紗（もみのふくさ）
「もみ」は紅色に染めた絹布。紅花を揉んで染めたことからいう。「ふくさ」は一枚物または表裏二枚合せの方形の絹布。進物の上に掛けたり物を包むのに用いる。

で手《て》がせにかけて、手まりにまいて一ィ二ゥ三ィよ、丁ど是で百ついた。

鶯が〳〵、たま〳〵都へ上《のぼ》るとて〳〵、梅の小枝に昼寝して、ひるねの夢はなんと見た〳〵、こちのざしきはせまけれど、むしろ三枚ござ三枚、六枚屏風をひきつめて、ゆうべ呼んだ花嫁御、奥の座敷に直らして、金襴緞子をぬはすれば〳〵、衿とおくびをえつけいで、ほろり〳〵とおなきやるは、なにが悲してお泣きやるぞ〳〵、何も悲しはござらぬが、わしが弟の千松が、七つ八つから金山《かなやま》へ、かねがないやら死んだやら、一年待てどもまだ見えず〳〵、二年待つてもまだ見えず、三年三月《みつき》の夜《よる》の夜中《よなか》に文が来た、ふみの文章なにとかく〳〵、傾城かはず女郎かはず、あたりの娘に手はさゝず、まめで勤めて居る程に、必ず案じて下さるな〳〵、丁ど是で百。

むかふ通りやる熊野道者が、肩にかけたる帷子《かたびら》、かたとすそとは梅の折り枝、なかは御前《ごぜん》のそりはし、そりはしのはやるものとて、ちよきりこきり小女房は、どこでうたした、吾妻かい道でうたした、あづまかいどうの、茶やのむすめは、日本てき、ときこえた、一つではち、をのみそめ、二つではちくびはなして、三つで手ならひしそめた、四つではしよげい覚えて、五つでは糸をよりそめ、六つでは布はたおりそめ、七つでは小袖したて、、八つで学問しそめて、九つでよめりしそめて、十《とを》でとのごとねそめて、十一で玉の様なるわ子をもうけて、せわにそなたをすつとんと。

○まわりのまわりの小仏（まわりのまわりのこぼとけ）

⬇222ページ

［阿保記録］

回々《マハリマハリ》ノ小仏《コボトケ》ハ、ナゼセイガヒクイナ、親ノヒニ魚食《トヽク》テ、ソレデセイガヒクイナ。

［嬉遊笑覧］

三人已上にて一人は立てゐ、その外は手を引あひ立たるものをかこみて旋り、

まはりの〳〵の小仏はなぜせいがひくい、親の日にとゝ喰て、それでせいがひくい。

　といひつゝ一同にめぐる。中なる者はめぐらせ、一匝《メグリ》してかゞみ居る時、中に立しものめぐりの者の首《カシラ》を何れより共心まかせに指先にて数ふるに、

線香抹香花まつかう、樒の花でおさまつた。

　といふ。

［熱田手毬歌］

小仏〳〵、なんぜ背がひくいの、親の日にえびをくつたで、それでせがひくいの。

○向こうのおばさん（むこうのおばさん）

⬇226ページ

［幼稚遊昔雛形］

此のあそびは、むかひあふたるはしらに、ふたりつかまつてゐて、かた〳〵のものが、

　むかふのおばさん　ちよつとおいで。

トよべば、

　おにがこはくて　いかれません。

そんならむかひに　まいりましよ。
トゆくところを、あひだにおにがゐて、むかふよりこちらのはしらへくるところをつかまへて、その子を又おに、してあそぶのなり。りやうはうのはしらは、ヲカといつて、つかまりどころなり。

［守貞漫稿］
［むかひばゞさんちゃ〱のみごんせ］「おにがこおふてようさんじません」「そんならてつぽうかたげてよつささ」

［あづま流行　時代子供うた］
甲向ふのおバさん一寸《ちよいと》おいで。乙鬼が怖くて行《ゆ》かれません。
甲お駕籠に乗《のつ》てお来《いで》なさい。乙それでも怖くて行《ゆか》れません。
甲そんなら私《わた》しがお迎ひに。

○目無千鳥（めんないちどり）⬇230ページ

［守貞漫稿］
めんないちどり、てのなるほうへ、〱。

○もぐら打ち（もぐらうち）⬇232ページ

［長崎歳時記］
土龍打は科《とが》なし、ぼうの目〱祝ふて三度、しゃん〱のしやん。
といひて打やみ家に入る。銭を乞ふ。もし銭をあたへざれば又帰りにふみだんをうつ。其こと葉に曰く、
打戻せ〱、一《いち》まつぼう二まつぼう三まつぼう四まつぼう、鬼子《おにこ》もて子もて。
といひ捨《すて》て又其隣《となり》へゆく。

○もじ絵（もじえ）⬇232ページ

［尾張童遊集］
建中寺の門前で、一して棒してチヨイとして、棒して〱三ツして、くるりと廻ってヲチヨチヨノチヨイ。
東ゑい山の門前に、立たる御札をながむれば。

○雪遊び（ゆきあそび）⬇236ページ

［出羽国秋田領答書］
鎌倉の鳥追は、頭切て塩付て、塩俵へうちこんで、佐渡が島へ追てやれ、佐渡が島近くば、鬼が島へ追てやれ。

［菅江真澄日記］

早稲鳥《ワセドリ》ほい〱、おく鳥もほいほい、ものをくふ鳥は頭《アタマ》割ツて塩《シホ》せて、遠嶋さへ追て遣《ヤ》れ、遠しまが近からば、蝦夷が嶋さへ追てやれ。

朝鳥はより、夕鳥はより、長者どの、かくちは、鳥は一羽もゐないかぐぢだ、はより〱。

あさ鳥ほゝほ、ゆふ鳥ほゝほ、長者どの、囲地《かくち》には、鳥もないかくちだ、やいほいはた〱。

朝鳥ほい〱、夕どりほい〱、長者殿の囲地《カクチ》さ、鳥が一羽おりた、どうこの鳥だ、鎌倉の鳥だ、頭《カシラ》きつてしほつけて、塩俵《シヨダラ》にぶちこんで、佐渡が嶋さへぼつてやれ〱。

あさ鳥ほい〳〵、よん鳥ほい〳〵、長者殿の囲地《カクチ》には鳥もないちやおざる、能代のおかんこは、鳥ぼつてたもれ、何鳥ぼつてすゞみやか、すゞみ、あら駒に鞍おいて、じやほれ〳〵、稲こく鳥は、かしらきつてしほ漬て、しよだらへぶちこんで、佐渡が嶋さへぼいあげれ〳〵、ことしの世中《ヨナカ》よいよなか、升はおいて箕で斗《ハカ》る〳〵。

いちばんにくい鳥は、烏と雀、尾羽切り首切り、しほ俵へうち込て、流し島へながせよ、ほいほい。

[北越月令]

鳥の中でにくいものは、すずめからす、笹岡にてこれよりすゑを天窓わつて塩つけて佐渡が島へおつてやろといふ。尻をきつてかしらきつて、鬼が島へおつてやろ、鬼が島にせきがなか、佐渡が島へおつてやろう、ホヲイ。

大鳥小鳥、とり中のわるいやつは、しつぽきつて頭きつて、さるがばばへほうへ〳〵。

[菅江真澄日記]

けふはたれが鳥追、太郎殿の鳥追か、二郎どののとりおひか、をらもちと追てやろ、ほんからほ。

[弄鳩秘抄]

こんやはどこのとり追だ、鎌倉どののとりおひだ、わあほい〳〵。

[北越月令]

ありや〳〵が鳥追ひどう、何をもておつてきた、柴ぬいておつてきた、柴の鳥もかはの鳥も、たちあがれ、ほうい〳〵。

新ン田ンばうの子供は、いぢのわるい子供で、雪隠[注1]口へわァなかけ、てのまらふんづぶした。

[北越雪譜]

あのとりや、どこからおつてきた、しなぬのくにからおつてきた、なにをもつておつてきた、しばをぬくべておつてきた、しばのとりもかばのとりも、たちやがれほい〳〵。

おらがうらのさなへだのとりは、おつても〳〵すゞめすはどりたちやがれほい〳〵。

[諺苑]

雪コン〳〵ヨ、霰コン〳〵ヨ、御寺ノ茶ノ木ニ、チョットトマレコンヨ。

[弄鳩秘抄]

雪こん〳〵よ、おてらの茶の木に雪一ぱいたまつた。

[熱田手毬歌]

ゆきふれこんこ、あめふれこんこ。

[山の手の童謡]

雪こん〳〵よ、おべたい氷。

○雪転がし（ゆきころがし） ➡240ページ

[筆のかす]

大山《だいせん》やまの、雪ころび〳〵や。

注1 雪隠（せっちん）便所のこと。

○指切り（ゆびきり） ⬇242ページ

［幼稚遊昔雛形］
ゆびきり　かまきり、おやのあたまへ　はりせんぼん。

［熱田手毬歌］
ゆびきりかねきり、うッそいふとゆびがくさるよ。

［山の手の童謡］
指きりかまつきりこれッきり。

○淀の川瀬の水車（よどのかわせのみずぐるま） ⬇244ページ

［守貞漫稿］
淀の川瀬の大水車ちよい〳〵、ゆんべふいた風は大津い聞へて、大津はおんま、槌の子は鎗持、ようやりもつた、晩にだいてねて味噌すつてねぶらそ、夫がいやなら一文で飴しよ、二文で女郎、じやろうはだれじや、茜屋のお仙、おせんにや児があろ、子があろとままよ、ままははにかけて糸びい〳〵よ、びとかへりかりましよ。

［あづま流行　時代子供うた］
淀の川瀬の水車、どんどと落《おち》るは滝の水。

○蓮華の花（れんげのはな） ⬇248ページ

［童謡集］
れんげ〳〵。つゥぼんだ〳〵。ヤッとことッちやつぼんだ。
ひらいた〳〵。ヤッとことッちやひらいた〳〵。

［幼稚遊昔雛形］
れんげのはな、ひらいた〳〵、ひらいたと　おもつたら、やつとこさと　つぼんだ。つぼんだと　おもつたら、やつとこさと　ひらいた。

［あづま流行　時代子供うた］
開《ひいら》いた〳〵、何《なん》の花開《ひいら》いた、蓮華《れんぐげ》の華《はな》ア開《ひいら》いた、開《ひいら》いたと思ツたら漸《やつと》こさと凋《つう、》ぼんだ。凋《つう、》ぼんだ凋《つう》ぼんだ、何の花凋《つう》ぼんだ、蓮華《れんぐげ》の華凋《はなつう》ぼんだ、凋《つう》ぼんだ思ツたら漸《やつとこ》さと開《ひい》イらいた。

笹間良彦（ささま・よしひこ）

1916年、東京生まれ。文学博士、元日本甲冑武具歴史研究会会長。（主な著書）『日本の甲冑』『日本甲冑図鑑』上中下三巻『甲冑と名将』『日本甲冑名品集』『趣味の甲冑』『江戸幕府役職集成』『戦国武士事典』『武士道残酷物語』『日本の軍装』上下二巻『古武器の職人』『日本の名兜』上中下三巻『図解・日本甲冑事典』『甲冑鑑定必携』『歓喜天信仰と俗信』『弁才天信仰と俗信』（以上、雄山閣出版）、『龍』（刀剣春秋社）、『真言密教立川流』『ダキニ天信仰と俗信』（以上、第一書房）、『日本甲冑大鑑』（五月書房）、『図説・日本武道辞典』『図説・江戸町奉行所事典』『日本甲冑大図鑑』『図録・日本の甲冑武具事典』『資料・日本歴史図録』『図説・日本未確認生物事典』『図説・世界未確認生物事典』『図説・日本戦陣作法事典』（以上、柏書房）、『絵解き・江戸っ子語大辞典』『図説・龍の歴史大事典』『大江戸復元図鑑〈庶民編〉〈武士編〉』『絵で見て納得！ 時代劇のウソ・ホント』『絵で見て楽しむ！江戸っ子語のイキ・イナセ』（以上、遊子館）他多数。

遊子館 歴史図像シリーズ3

日本こどものあそび図鑑

2010年8月23日　第1刷発行

著　者　笹間良彦
発行者　遠藤　茂
発行所　株式会社 遊子館
107-0052　東京都港区赤坂7-2-17赤坂中央マンション304
電話 03-3408-2286　FAX.03-3408-2180
印刷・製本
シナノ印刷株式会社
装　幀　中村豪志
定　価　カバー表示

ISBN978-4-86361-010-1 C3675

◆江戸時代の庶民と武士の生活を平易に図解！◆

笹間良彦 著画

大江戸復元図鑑〈庶民編〉

江戸庶民の組織から、商店、長屋、専門職、行商、大道芸、農民・漁民の暮らし、食生活や服装、娯楽、信仰、年中行事まで、大江戸庶民の全貌を豊富な復元図で解説。姉妹編の〈武士編〉とともに、臨場感あふれる図で解説した驚きと発見となるほど「大江戸図解学」の決定版。

Ａ５判上製四〇八頁・定価（本体六八〇〇円＋税）

笹間良彦 著画

大江戸復元図鑑〈武士編〉

江戸時代の武家社会の組織全般と年中行事から、各役職の武士の仕事内容、家庭生活、住居、武士の一生のモデルまで、武士の世界を膨大な量の復元図で解説。姉妹編の〈庶民編〉とともに、臨場感あふれる図と平易な解説で「大江戸」の全体像を知ることができる最適の書。

Ａ５判上製四〇〇頁・定価七一四〇円（本体六八〇〇円）

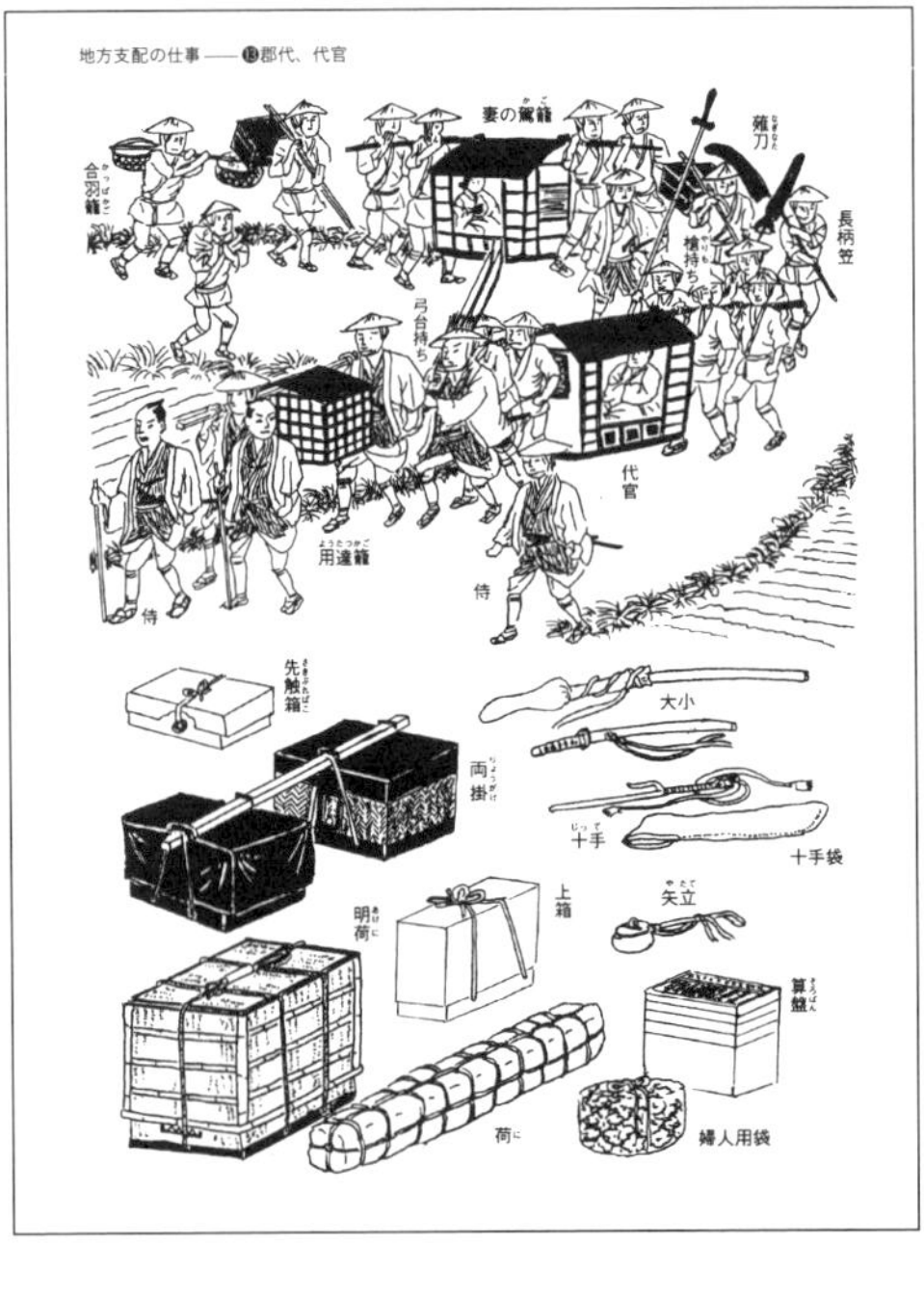